Geld und Kredit

Einführung in die Geldtheorie und Geldpolitik

Von
Professor Dr. Manfred Borchert

3., durchgesehene Auflage

R. Oldenbourg Verlag München Wien

Die Deutsche Bibliothek – CIP-Einheitsaufnahme

Borchert, Manfred:
Geld und Kredit : Einführung in die Geldtheorie und Geldpolitik / von Manfred Borchert. – 3., durchges. Aufl. – München ; Wien : Oldenbourg, 1994
ISBN 3-486-22960-5

Druck: Grafik + Druck, München
Bindung: R. Oldenbourg Graphische Betriebe GmbH, München

ISBN 3-486-22960-5

Inhaltsverzeichnis

Vorwort zur 3. Auflage

Für einen Autor ist es immer erfreulich, wenn sein Buch auch anderen gefällt. So ist die 2. Auflage dieses Lehrbuchs recht rasch abgesetzt worden. Dennoch hätte es sich angeboten, jetzt empirische Belege zu ergänzen und auch einige bisher nicht berücksichtigte Aspekte neu aufzunehmen. Aus technischen Gründen war dies leider nicht mehr möglich.

Vieleicht wären Autor und Verlag ja auch des Versuchs gescholten worden, mit geringfügigen Änderungen die gesamte 2. Auflage auf dem Markt obsolet werden zu lassen. So bleibt die Hoffnung, daß der bewährte Inhalt der alten Auflage auch in der neuen Zuspruch findet.

Vorwort zur 2. Auflage

Diese neue Auflage wurde erheblich ergänzt, erweitert und überarbeitet. Besonderer Wert wurde dabei auf die Einbeziehung institutioneller Gegebenheiten in theoretischen Modelle gelegt sowie die der Herausarbeitung ihrer empirischen Relevanz. Dies gilt für alle Teile dieses Buches.

Insbesondere gilt dies für die Definition der Geldmengenarten, die zwar international gleich benannt werden, die jedoch inhaltlich nicht vergleichbar sind. Die Komponenten der Geldmenge als Refinanzierungsquelle für Geschäftsbanken – also das Geldangebot – wurden theoretisch wie empirisch gegenüber der üblichen, geldnachfrage-theoretischen Sehweise herausgearbeitet. Die Liquiditätstheorie sowie neuere Entwicklungen der Geldangebotstheorie wurden systematisch in die Darstellung einbezogen. Die Geldnachfragetheorie wurde um Entwicklungen der Portfolio-Theorie, das Tobin-q und innerhalb der monetaristischen Theorie erheblich erweitert.

Die Darstellung über Träger und Instrumente der Geldpolitik ist weitestgehend neu konzipiert worden. Dies gilt auch für die Struktur des internationalen Zentralbanken-Systems wie auch des nationalen Geschäftsbanken-Systems. Der Katalog sowie die Wirkungsanalyse geldpolitischer Maßnahmen ist umfassender geworden, die geldpolitische Bedeutung der Finanzintermediäre wurde mitberücksichtigt.

Diese zweite Auflage ist gegenüber der ersten ein neues Buch geworden. An der Einarbeitung meiner zahlreichen Vorarbeiten seit Erscheinen der ersten Fassung hat sich mein Mitarbeiter Herr Dr. **Frank Richter** sehr geschickt und einfühlsam verdient gemacht. Meine Mitarbeiter, Herr Dipl.-Volksw. **Martin Leschke** und Herr Dr. **Mathias Erlei**, haben noch einige Verbesserungsvorschläge angebracht. Letzterer und Herr cand. rer. pol. **Daniel Meuthen** haben die Korrekturfahnen gelesen. An der Bearbeitung des Autoren- und Sachregisters waren neben den genannten Mitarbeitern auch Frau Dipl.-Volksw. **Christiane Vogell** beteiligt. Die Herstellung des Manuskripts oblag meiner außerordentlich tüchtigen und umsichtigen Sekretärin Frau **Susanne Esselmann**. Allen habe ich für ihre Mitwirkung zu danken.

Vorwort zur 1. Auflage

Dieses Buch soll in die Geldtheorie und daraus abgeleitete Konsequenzen für die Geldpolitik einführen; theoretische, politische sowie institutionelle Aspekte werden dabei verknüpft.

Nach einem knappen Überblick über die historische Entwicklung des Geldwesens sowie die Funktionen des Geldes und des Kredites wird auf das Angebot von Geld und Kredit, die Geldnachfrage und schließlich in einer gesamtwirtschaftlichen Analyse auf das Zusammenwirken von Geldangebot und Geldnachfrage eingegangen. Es werden auch fiskalpolitische und außenwirtschaftliche Aspekte berücksichtigt. Das Schwergewicht liegt dabei auf dem Vergleich zwischen der postkeynesianischen und monetaristischen Position, den beiden Hauptrichtungen in der Entwicklung der monetären Theorie und Politik.

Im Anschluß daran werden darauf aufbauend Ansätze für die Geldpolitik, deren Träger und Institutionen sowie die geldpolitischen Instrumente vorgestellt.

Für die Hilfe bei der Fertigstellung dieses Buches habe ich insbesondere meinem lieben Kollegen, Herrn Prof. Dr. **Rainer Thoss** zu danken, der das Manuskript durcharbeitete und mich auf eine Reihe von Ungenauigkeiten aufmerksam machte. An den Vorarbeiten waren in Besprechungen meine ehemaligen Mitarbeiter Herr Dr. **Helmut Ross** und Herr Dr. **Heino Schulz** sowie von meinen gegenwärtigen Mitarbeitern Herr Dr. **Hugo Godschalk** beteiligt, der auch zusammen mit meinen anderen jetzigen Mitarbeitern Herrn Dipl.-Volksw. **Roman Hadjio**, Herrn Dipl.-Volksw. **Franz Kruthaup** und Herrn Dipl.-Volksw. **Joachim Vonalt** die Korrekturen gelesen sowie das Namens- und Stichwortverzeichnis angefertigt hat.

Ihnen allen habe ich für ihre Hilfe zu danken, insbesondere auch Frau **Angelika van Dillen** für die sorgfältige Übertragung des Manuskriptes.

Kritische Anmerkungen zu diesem Buch werde ich jederzeit gern entgegennehmen.

Manfred Borchert

I. Die Entwicklung des Geldwesens

1. Vorbemerkungen

In grauer Vorzeit hatten verschiedene Güter die Funktion des Geldes innegehabt; eine besondere Rolle spielte dabei auch einmal das Vieh (pecunia, lat. **pecus** = Rindvieh; später: Pfennig; Rupie, ind. **rupa** = Viehherde). Im Laufe der Zeit übernahmen dann schließlich Edelmetalle diese Aufgabe. Dafür gibt es neben irrationalen auch rationale Erklärungen, wie

- Fungibilität (homogene Qualität jeder einzelnen Geldeinheit),
- beliebige Teilbarkeit,
- Haltbarkeit und
- Seltenheit

des Metallgeldes. Schon **Herodot** berichtete, daß die Lydier die Münzen im 7. oder 8. Jahrhundert v. Chr. geprägt hätten. Ursprünglich wurden Münzen von Kaufleuten oder Banken ausgegeben, viel später erst setzte sich die staatliche Autorität durch.

Schließlich kam es dann zu einer Entmetallisierung des Geldes. Private Wirtschaftssubjekte wie Goldschmiede und Banken gaben Empfangsbescheinigungen für die Hinterlegung von Edelmetallen aus. Diese zunächst verzinslichen, später unverzinslichen Schuldscheine wurden oft zu Zahlungszwecken weitergegeben. Bereits im Jahre 1609 betrieb die **Amsterdamer Girobank** und 10 Jahre später die **Hamburger Bank** einen hochentwickelten bargeldlosen Zahlungsverkehr. Die Hamburger Bank schuf eine eigene Verrechnungseinheit, den **marco banco**.

2. Geldverfassung (Währung i.e.S.)

2.1 Geldordnungen

Unter einer Währung im engeren Sinne versteht man traditionell die Geldverfassung, also die konkrete Ausgestaltung der nationalen Geldeinheit. Sie ist zum einen der juristisch kodifizierte Aspekt der nationalen Geldordnung und zum anderen, im internationalen Bereich, der zwischen den Ländern vertraglich vereinbarte Teil der internationalen Währungsordnung. Es hat sich deshalb eingebürgert, national von Geldeinheit, international von Währungseinheit zu sprechen. Dennoch gilt auch national eine grundlegende Änderung in der Deklaration eines offiziellen Zahlungsmittels als Währungs- und nicht als Geldreform.

Bei den Währungsarten wird allgemein unterschieden zwischen einer an ein bestimmtes Medium gebundenen und einer freien (manipulierbaren) Währung, der heute üblichen Papierwährung (Banknoten). Gebundene Währungen können durch eine bestimmte Menge eines Währungsmetalls oder aber auch eines bestimmten Waren- oder Währungskorbes definiert werden. Es existieren folgende Erscheinungsformen:

(1) Metallistische Währungen

(a) monometallistische Währung

- Goldwährung (Goldstandard)
  - Goldumlaufswährung, mit umlaufenden Goldmünzen (Kurantmünzen); im Deutschen Reich seit 1871.
  - Goldkernwährung (Goldbarrenwährung), mit durch einen Goldschatz bei der Zentralbank gedeckten Banknoten, die jederzeit in Gold einlösbar sind; in Deutschland seit 1924.
  - Metallwährung mit gesperrter Prägung, bei der eine freie Ausprägung von Währungsmetallmünzen durch den Staat verboten ist. Regelmäßig ist hierbei der offizielle Geldwert höher als der Wert des Währungsmetalles.
  - Golddevisenwährung, mit durch Gold einer ausländischen Zentralbank gedeckten Devisen im Besitz der inländischen Zentralbank (Gold-Devisen-Standard).
- Silberwährung; in Deutschland überwiegend bis 1871.

(b) bimetallistische Währung

- Doppelwährung, mit zwei verschiedenen Währungseinheiten in einem fest vorgegebenen Wertverhältnis, z.B. Gold und Silber im Verhältnis von 15,5:1.
- Parallelwährung, wie die Doppelwährung, aber ohne festes Wertverhältnis der verwendeten Währungsmetalle.

(2) Korbwährungen

(a) Warenreservewährung,
mit der Festlegung des Wertes einer Währungseinheit durch einen Warenkorb. Er enthält eine bestimmte, mengenmäßige Zusammensetzung von Gütern, die bestimmten Erfordernissen genügen müssen. Sie sollen unverderblich sein, allgemeine Verwendung finden und keinen Modeschwankungen unterliegen.

(b) Währungskorb-Währung,
wie die Warenreservewährung, jedoch findet statt eines Warenkorbes ein Währungskorb Verwendung. Er ist mit einer bestimmten, mengenmäßigen Zusammensetzung von Währungseinheiten unterschiedlicher Länder ausgestattet. Solche Währungsvereinbarungen werden regelmäßig nur international getroffen.

Für **gebundene Währungen** gilt allgemein, daß eine Instanz für die Aufrechterhaltung des Währungswertes verantwortlich ist. Diese Instanz, regelmäßig die Zentralbank, hat durch Käufe und Verkäufe des Währungsmediums (Metall, Warenkorb, Devisen) am Markt dafür zu sorgen, daß der nationale Währungswert konstant bleibt. Damit ist ein Güterpreis (Metall oder Güter des Warenkorbes, aber auch Devisen) in der Volkswirtschaft vorgeben, so daß bei gegebener Preisstruktur aller Güter (Portfoliotheorie) auch das Güterpreisniveau rein theoretisch vorgegeben und unveränderlich ist. Die Geldpolitik hat sich in diesem Falle darauf zu beschränken, jeweils die Geldmenge in einem solchen Ausmaß zu variieren, daß der Wert des durch das Geld ausgedrückten Mediums erhalten bleibt. Dies kann zu einer unzureichenden Geldmengenentwicklung führen, beispielsweise wenn bei einer Goldwährung die Goldproduktion nur zu steigenden Kosten möglich ist („**goldene Bremse der Kreditmaschine**").

Bei einer gebundenen Währung richtet sich dieses Augenmerk auf den Preis eines repräsentativen Gutes (oder Warenkorbes), der bei gegebener Preisstruktur sämtlicher Güter dann das allgemeine Preisniveau bestimmt. In einer **ungebundenen Währung** ist Geld nicht an ein bestimmtes Medium gebunden. Hier wird regelmäßig die Geldmenge in einem solchen Ausmaß zur Verfügung gestellt bzw. zu stellen beabsichtigt, so daß die Preise der damit umgesetzten Güter im Durchschnitt stabil bleiben. Umlaufende Münzen in einer ungebundenen Währung sind Scheidemünzen, die regelmäßig nur bis zu einem bestimmten Höchstbetrag annahmepflichtig sind. Bei ungebundenen Währungen richtet sich also das Augenmerk der Geldpolitik auf das Preisniveau sämtlicher mit dem zur Verfügung gestellten Geld umgesetzten Güter.

Bei solchen freien (Papier-)Währungen ist die Herstellung des Geldes relativ billig, auch wird die Geldschöpfung nicht exogen behindert, z.B. durch Verknappung des Währungsstoffes. Dies aber ist auch ein Nachteil, da die Wertbeständigkeit des Geldes nicht mehr garantiert ist. Die ungebundene Papierwährung steht in den folgenden Kapiteln im Vordergrund der Betrachtung und soll deshalb in diesem Abschnitt nicht mehr gesondert vorgestellt werden.

2.2 Monometallistische Währungen

Monometallistische Währungen gab es als Silberwährung in Deutschland bis 1871 – am längsten in China bis 1935 – und als Goldwährung, wobei ein bestimmtes Verhältnis zwischen Währungsmetall und Geld, d.h. der Währungseinheit, festgelegt ist. Goldwährungen unterschiedet man in eine reine Goldwährung (**Goldumlaufswährung**), bei der Goldmünzen mit dem Goldgehalt des auf der Münze aufgedruckten Wertes umlaufen (Kurantmünzen) und der **Goldkernwährung**.

Ursprünglich bestanden überwiegend Silberwährungen. Als erstes Land ging England 1774 von der Silber- zur reinen Goldwährung über;

das	Deutsche Reich folgte	1871,
	Skandinavien	1872–1876,
	Niederlande	1875,
	Frankreich	1878,
	Österreich	1879,
	Japan	1897,
	Rußland	1899,
	USA	1900.

Die reine Goldwährung bestand allerdings nur bis zum 1. Weltkrieg. Bei der Goldkern-(Goldbarren-)Währung gilt Gold zwar noch Zahlungsmittel, befindet sich jedoch nicht mehr im Umlauf. Gold wird in diesem Fall als Goldschatz (Goldkern) bei der Zentralbank gehalten. Für umlaufende Noten und Münzen besteht hierbei jedoch eine Goldeinlösepflicht zur vereinbarten Parität. Ein solches System der Metallkernwährung geht auf **David Ricardo** zurück, der allerdings an eine Silberkernwährung dachte.

Die Goldkernwährung wurde von den

Philippinen	1903,
von Britisch-Indien	1906,
von Österreich	1922,
auf Empfehlung der Weltwirtschaftskonferenz Genua	
von Deutschland	1924,
und von England	1925

eingeführt. Ab 1929 bestand in 80 von den damals 84 selbständigen Staaten der Welt eine Goldkern- oder Golddevisenwährung.

Die **Golddevisenwährung** ist eine Abart der Goldkernwährung. Bei ihr wird die eigene Währung durch Golddevisen gedeckt, d.h. durch Forderungen auf ausländische Zahlungsmittel, die in Gold einlösbar sind. Ein Vorteil dieser Währung ist, daß Währungsreserven in Golddevisen zinstragend bei Banken im emittierenden Land angelegt werden können. Nachteilig ist jedoch, daß die eigene Währung bei dieser Deckung immer abhängig von Wertbewegungen der ausländischen Währung ist.

Die Goldwährung brach endgültig in der großen Wirtschaftskrise 1929 bis 1933 zusammen, obgleich durch die Gründung der Bank für Internationalen Zahlungsausgleich BIZ im Jahre 1930 in Basel ein Rettungsversuch dieses Systems unternommen wurde. Eigentlicher Grund für diesen Zusammenbruch waren die Reparationsleistungen, die dem Deutschen Reich nach dem 1. Weltkrieg aufgebürdet wurden.

Die feste Goldbindung nationaler Währungen führte international zu festen Wechselkursen. Gold war ein numeraire in diesem System. Der Goldmechanismus sei an einem Beispiel verdeutlicht. Garantieren die jeweiligen Zentralbanken den Kurs für eine Mark gleich 0,5 gr. Gold und für ein britisches Pfund Sterling gleich 2 gr. Gold, so beträgt der Wechselkurs zwischen Mark und Pfund 4:1; sowohl 4 Mark als auch 1 Pfund entsprechen 2 gr. Gold. Weicht dieser Wechselkurs von der Goldparität ab, beispielsweise durch eine einseitige Geldmengenausdehnung im Deutschen Reich, so wertet das Pfund gegenüber der Mark auf. Ein Pfund wird jetzt z.B. mit 5 Mark bezahlt. Diese Konstellation eröffnet die Möglichkeit zur Arbitrage, also zur Ausnutzung von Preisdifferenzen für ein möglichst homogenes Gut – hier das Gold – auf räumlich getrennten Märkten. Es ist vorteilhaft in Deutschland bei der **Deutschen Reichsbank** 4 Mark gegen 2 gr. Gold zu tauschen, es nach England zu transportieren und es dort bei der **Bank of England** gegen 1 Pfund zu wechseln. Der anschließende Rücktausch Pfund in Mark am Markt führt zu einem Gewinn für den Arbitrageur in Höhe von 1 Mark, abzüglich der Kosten, die mit dem Transport des Goldes von Berlin nach London verbunden waren.

Die Arbitrage geht in eine neue Runde. Übersteigen die Transportkosten den Arbitragegewinn, so wird der Arbitrageur in Untätigkeit verharren. Wechselkursschwankungen sind nur innerhalb der durch die Transportkosten vorgegebenen Schwankungsbreite möglich. Entsprechen sich Gewinn und Kosten, so stößt der Wechselkurs wie in Abbildung 1 an seinen **oberen bzw. unteren Goldpunkt**. Jenseits dieser Punkte wird die Devisennachfrage DN bzw. das Devisenangebot DA unendlich elastisch.

Die einsetzende Arbitrage führt den Wechselkurs nicht nur auf seine ursprüngliche Goldparität zurück, sondern korrigiert auch die der Wechselkurs-Änderung

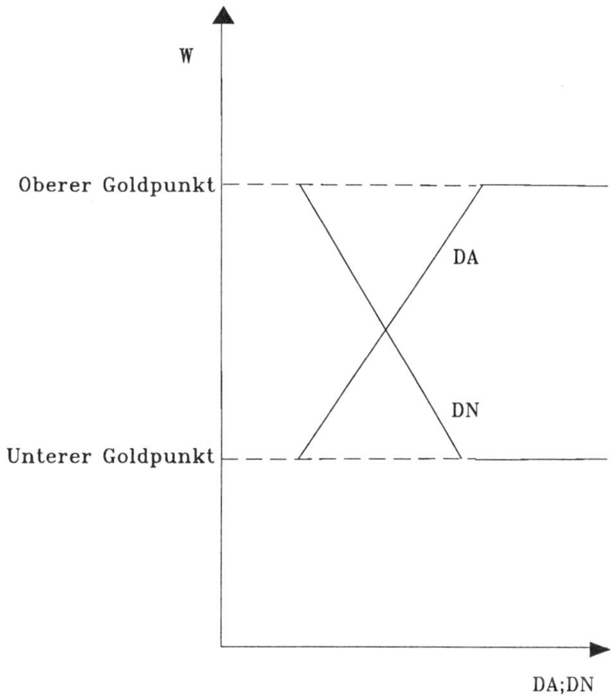

Abbildung 1

zu Grunde liegende Geldmengenausweitung in Deutschland. Durch den Tausch Mark in Gold bei der **Deutschen Reichsbank** reduziert sich die in Deutschland umlaufende Geldmenge; durch den Tausch Gold in Pfund erhöht sich die umlaufende englische Geldmenge. Geldmengenveränderungen im Ausland haben also Rückwirkungen auf die Geldmenge im Inland, et vice versa. Im Beispiel importiert England inflationäre Tendenzen aus Deutschland.

Parallel dazu reduzieren bzw. erhöhen sich die jeweiligen Goldbestände der betroffenen Zentralbanken. Die Voraussetzung für den Goldwährungsmechanismus ist eine strikte Einhaltung seiner Spielregeln: Ankaufs-, Verkaufspflicht bei Bedarf, die Golddeckungspflicht sowie die Beweglichkeit sämtlicher Preise nach oben und unten, Freihandel und eine unveränderliche Goldparität.

Als **Vorteile** des Goldwährungsmechanismus werden häufig

- Stabilität der Wechselkurse,
- freie Konvertibilität,
- Möglichkeit zu multilateralem Güterhandel,
- goldene Bremse der Kreditmaschine,
- Schutz vor Inflation sowie
- unkomplizierte Handhabung der Geldmengenregulierung

angeführt.

Diesen möglichen Vorteilen stehen allerdings auch **Nachteile** gegenüber, wie:

- magische Vielecke der Wirtschaftspolitik (wie Vollbeschäftigung, angemessenes Wirtschaftswachstum, Preisniveaustabilität und außenwirtschaftliches

Gleichgewicht) können durch geldpolitische Maßnahmen nicht gleichzeitig verwirklicht werden,
- die binnenländische Konjunktur wird auslandsabhängig,
- die Tendenz zur Deflation,
- hohe Kosten der Geldbeschaffung und
- die Abhängigkeit der Geldmenge von der Goldproduktion, wodurch eine Geldmengensteuerung nach volkswirtschaftlichen Kriterien erschwert wird.

Gold dient auf Grund seiner spezifischen Eigenschaften als Rohstoff in der gewerblichen Produktion und auf Grund seiner Knappheit sowie beliebigen Haltbarkeit als monetäres Medium. International dient es seit Jahrhunderten als **Währungsmetall** und auch heute noch als Währungsreserve.

Der **Goldpreis** wird auf dem **Goldmarkt** ermittelt, und zwar regelmäßig als Dollarpreis pro Feinunze (31,1 gr.) Gold, der Feingehalt des Währungsgoldes liegt bei 999‰. In der Zeit des Währungssystems von Bretton Woods war der Preis des Währungsgoldes mit 35 US-$ pro Feinunze Gold fixiert. Bei dem laufend steigenden allgemeinen Preisniveau bedeutete das, daß bei ebenfalls steigenden Produktionskosten die Goldförderung nicht sehr stark ausgedehnt werden konnte. Um den Goldpreis überhaupt so lange auf dem Niveau von 35 US-$ pro Feinunze halten zu können, mußte der sog. **Goldpool** – dem die Zentralbanken Belgiens, Deutschlands, Großbritanniens, Italiens, der Niederlande, der Schweiz, der USA und Frankreichs angehörten – laufend Gold verkaufen. Zwischen den Zentralbanken spielten **Goldswaps** eine gewisse Rolle, bei denen Gold gegen Devisen mit der Auflage verkauft wurde, es per Termin wieder zurückkaufen zu können.

Mit der Freigabe der Preisbindung des Goldes stieg dessen Preis rapide an. Das Goldangebot stammte hauptsächlich aus der Goldförderung in der UdSSR und in Südafrika (75% der Weltproduktion), aus der Mobilisierung von Goldbeständen der Zentralbanken sowie aus privaten Horten. Die wesentlichen Goldmärkte in Europa sind Zürich, London und Paris, in Amerika ist es Mexiko City und in Asien sind es Bombay und Beirut. Insbesondere die privaten Goldgroßhändler in London und Zürich führen den Goldmarkt, auf dem zwei Mal täglich der Goldpreis festgelegt wird (**Fixing**).

Neben diesen von Privaten organisierten Goldmärkten hatten auch das amerikanische Schatzamt 1975 und der Internationale Währungsfond ab 1976 verschiedene Goldauktionen gestartet.

2.3 Bimetallistische Währungen

Als bimetallistische Währungen sind die Doppelwährung, die Parallelwährung und die Metallwährung mit gesperrter Prägung bekannt.

Bei der **Doppelwährung** laufen zwei verschiedene Währungseinheiten gleichzeitig um. Historisch funktionierte die Doppelwährung mit Gold und Silber im Wertverhältnis 15,5 : 1 bis ins 19. Jh., solange das festgelegte Wertverhältnis beider Währungsmetalle auch ihre Marktpreise bzw. ihre Marktpreisrelation widerspiegelte.

Das **Gresham**'sches Gesetz (**Sir Thomas Gresham**, 1519-1579) besagt, daß das „schlechte" Geld das „gute" Geld verdrängt. Zur Erläuterung geht man von einem bestimmten offiziellen Wertverhältnis unterschiedlicher Geldarten, z.B. bei einer bimetallistischen Währung von 15,5 : 1 aus (also 1 gr. Gold = 15,5 gr. Silber), deren freie Marktpreise aber durchaus voneinander abweichen können. Steigt nun der freie Goldpreis, so wird Gold gehortet und als Zahlungsmittel vom „schlechteren" Silbergeld verdrängt, so daß nur noch das geringer bewertete Metall umläuft.

Im Gegensatz zur Doppelwährung besteht bei einer **Parallelwährung** kein festes Wertverhältnis mehr zwischen den verschiedenen, gleichzeitig umlaufenden Währungen. Sie war bis zu Beginn des 19. Jh. international verbreitet. Da kein offiziell festgelegtes Wertverhältnis zwischen parallel zueinander umlaufenden Währungen besteht, ist auch genau eine entgegengesetzte Wirkung wie beim Greshamschen Gesetz möglich. Dies besagt das **Anti-Greshamsche** Gesetz von **Friedrich A. von Hayek**.

Bei der **Metallwährung mit gesperrter Prägung** – z.B. einer Metall-(Silber-)Währung, bei der Silber gesetzliches Zahlungsmittel ist –, wird die freie Ausprägung durch Private vom Staat verboten. Hier ist regelmäßig der offizielle Geldwert höher als der Wert des Währungsmetalls. Durch ein solches System ist bereits der Übergang zur völlig ungebundenen Währung vollzogen.

2.4 Korbwährungen

Bei einer **Warenreservewährung** wird der Wert einer Geldeinheit durch ein bestimmtes Produkt oder Güterbündel ausgedrückt, wobei feste Güterpreise vereinbart werden. Da die Marktpreise von Gütern in der Realität aber teilweise beträchtlich schwanken, kann ein Festpreis für das Währungsgut oder Währungswarenbündel nur gesichert werden, wenn eine zentrale Agentur durch Offenmarktoperationen die zum vereinbarten Festpreis entstehenden Nachfrage- oder Angebotsüberhänge ausgleicht. Die zentrale Agentur muß also bei einer Preisreduktion der Währungswaren am Markt Güter zusätzlich nachfragen, um den Festpreis zu halten; sie wird dabei allerdings nicht konkrete Güter erwerben, sondern Warenzertifikate dieser Produkte.

Die zentrale Agentur eines solchen Warenreservewährungssystems könnte die Zentralbank sein – dann jedoch müßte den Geschäftsbanken, wie bei einer Metallwährung, die Geldschöpfungsmöglichkeit genommen werden, z.B. durch eine Mindestreserveverpflichtung von 100% –, aber auch eine parallel dazu existierende Institution wie z.B. die Deutsche Rentenbank in den 20er Jahren, die jedoch eine andere Funktion ausübte. Der **Hart-Kaldor-Tinbergen**-Plan sieht sogar ein solches System auf internationaler Ebene vor, bei dem der Internationale Währungsfonds IMF in eine Weltzentralbank umgewandelt werden könnte, deren Verbindlichkeiten in Lagerzertifikaten der Reservewaren bestehen.

Für ein Warenreservesystem ist das Spektrum geeigneter Reservewaren natürlich sehr gering; die betreffenden Produkte dürfen nicht verderblich sein, keinen Modeschwankungen unterliegen oder technisch schnell überholt sein. Sie müssen zugleich aber auch repräsentativ für die volkswirtschaftliche Produktion sein, damit der Festpreis der Reservewaren auch das allgemeine Preisniveau stabilisiert. Im übrigen erforderte dieses System relativ hohe Bereitstellungs-Kosten.

Währungskorb-Währungen sind als allgemein akzeptiertes internationales Zahlungsmittel konzipiert. Beispiele hierfür sind die **Sonderziehungsrechte (SZR)**

des **Internationalen Währungsfonds IWF** oder die **ECU**. Innerhalb des **Europäischen Währungssystems EWS** ist die ECU als künftige Parallel- oder Doppelwährung konzipiert, die neben den nationalen Währungen zunächst gleichberechtigt umlaufen könnte.

Eine Währungskorb-Währung kann unterschiedlich ausgestaltet werden. Der **standard basket** legt den Wert einer Währungskorb-Währung als Summe verschiedener, in ihm enthaltener Währungen fest. Die einzelnen Währungen gehen mit festen, unabänderlichen Gewichten in die Kunstwährung ein. Ihr Wert, ausgedrückt in einer nationalen Währung, ergibt sich über die Kursrelationen der Teilnehmerwährungen untereinander. Das Kursverhältnis ist jedoch nicht absolut fix; Auf- und Abwertungen sind – wenn auch selten – möglich. Bei Wechselkursänderungen variiert also der Wert der Korbwährung, gemessen in nationalen Währungseinheiten. Auf- und Abwertungen werden durch den standard basket allerdings abgeschwächt.

Der **adjustable basket** läßt nicht, wie der standard basket, die Menge der Währungseinheiten bei Wechselkursänderungen im Währungskorb konstant. Vielmehr variiert er mit der Auf- oder Abwertung einer Währung deren Gewichtung im Korb derart, daß sein Wert konstant bleibt. Eine Abart des adjustable basket ist der **asymmetrical basket**, der in gleicher Weise wie der adjustable basket bei Abwertungen, überhaupt nicht aber bei Aufwertungen reagiert; bei Aufwertungen gilt für den asymmetrical basket folglich die gleiche Wirkung wie beim standard basket.

3. Deutsche Währungsgeschichte

3.1 Die Entwicklung bis zum 1. Weltkrieg

In Deutschland gab es bis 1871 keine einheitliche Währung. Erst mit dem Münzgesetz vom 14.12.1871 wurde neben den zu jener Zeit umlaufenden Kurantmünzen die Mark als gesetzliches Zahlungsmittel (**legal tender**) mit dem Wert von 1/1393 eines Pfundes Feingold geschaffen. Damit war sie für jedermann annahmepflichtig.

Die wichtigsten Währungen vor 1871 waren:

- Taler (Nord-, Mitteldeutschland),
- Gulden (Süd-, Mitteldeutschland),
- Franken (Elsaß-Lothringen),
- Goldtaler (Bremen),
- Taler-Mark (Hamburg, Lübeck) und
- Banko (Hamburger Großhandel).

Ab 9.7.1873 war die Mark alleiniges Zahlungsmittel, und zwar nicht mehr parallel zu den anderen deutschen Zahlungsmitteln. Am 30.4.1874 lösten schließlich Reichskassenscheine im Umfang von 120 Mio. Mark das von 21 deutschen Staatsbanken ausgegebene Papiergeld ab. Für diese Reichskassenscheine bestand jedoch kein Annahmezwang für Private.

Im gleichen Jahr 1874 erfolgte die Gründung der **Deutschen Reichsbank** als Zentralbank. Seit dem 20.2.1906 hatte allein die **Deutsche Reichsbank** das Recht zur Ausgabe von Banknoten als gesetzlichem Zahlungsmittel.

Die gesamte Geldmenge des Deutschen Reiches im Jahre 1914 setzte sich aus

4000 Mio. Mark	Goldmünzen,
1396 Mio. Mark	Scheidemünzen,
2909 Mio. Mark	Reichsbanknoten,
1258 Mio. Mark	Giroverbindlichkeiten der Reichsbank,
69 Mio. Mark	Privatbanknoten und
240 Mio. Mark	Reichskassenscheine

zusammen mit einer Gesamtsumme von knapp 9,9 Mrd. Mark. Bis zu diesem Zeitpunkt war sie aber durch Gold gedeckt.

3.2 Entwicklung 1914–1923

Mit Beginn des 1. Weltkrieges blieb die Mark offizielles Zahlungsmittel, doch wurde die Goldeinlösepflicht am 4.8.1914 rückwirkend zum 31.7.1914 aufgehoben, da das Deutsche Reich nur einen relativ geringen Goldbestand aufwies. Reichskassenscheine wurden gesetzliches Zahlungsmittel. Außerdem wurden Darlehnskassenscheine von der neu gegründeten **Darlehnskasse**, in enger Anlehnung an die **Deutsche Reichsbank** eingeführt, um die kriegsbedingten Haushaltsdefizite zu finanzieren.

Während der vier Kriegsjahre stieg der Zahlungsmittelumlauf von 9,9 Mrd. Mark auf 28,4 Mrd. Mark, also auf das Dreifache, und bis 1921 wegen der hohen Demobilisierungskosten noch einmal auf das Zwölffache gegenüber der Geldmenge von 1914.

Der Versuch zur Erfüllung der Reparationsleistungen des Deutschen Reiches ließ die Geldmenge und mit ihr das Preisniveau stark ansteigen. So stieg der Umlauf an Stückgeld von 28 Mrd. Mark im November 1918 auf 108 Mrd. Mark im November 1921, danach bis auf 400 Trillionen Mark im November 1923. Außerdem erhöhte sich die Umlaufgeschwindigkeit exorbitant, weil Gehaltszahlungen schließlich täglich erfolgten und das verdiente Einkommen wegen der galoppierenden Preisniveausteigerungen jeweils noch am gleichen Tage ausgegeben werden mußte. Papierfabriken und Druckereien konnten den Bedarf der **Deutschen Reichsbank** an Banknoten nicht mehr erfüllen. Die Reichsregierung konnte nur noch 1% ihrer Ausgaben durch Steuereinnahmen decken, der Rest mußte durch die Schaffung neuen Geldes finanziert werden.

Der Dollarkurs war am 20.11.1923 auf 4,2 Billionen Papiermark geklettert. Es kam in dieser Zeit zu **Repudiationen** (Zurückweisung von Geld) bei der Begleichung von Schulden bzw. Güterkäufen. Als Zahlungsmittel fungierten jetzt andere Medien, wie ausländische Währungen oder auch bestimmte Waren. Da die Güterproduktion und der Handel nicht mehr kalkulierbar waren, brach auch der Außenhandel zusammen, und die Arbeitslosigkeit stieg stark an. Am 20.11.1923 kam es zur **ersten Währungsreform** in Deutschland.

3.3 Die Entwicklung von 1924 bis 1945

Im Herbst 1923 wurde schließlich die **Rentenmark** eingeführt, der eine Idee von **Karl Helfferich** für ein „wertbeständiges“ Zahlungsmittel zu Grunde lag. Die Mark wurde von der Rentenmark abgelöst, die formal durch Grundschulden gedeckt war. Die Ausgabe der Rentenmark wurde durch Verordnung vom 15.10.1923 der neugegründeten Deutschen Rentenbank übertragen.

Das Kapital der **Deutschen Rentenbank** bestand in land- und forstwirtschaftlich sowie gärtnerisch genutzten Grundstücken, in industriellen, gewerblichen und Handels-Betrieben, die mit 6% verzinslichen Grundschulden bzw. Schuldverschreibungen belastet wurden. Aufgrund dieser Belastung erfolgte die Ausgabe von Rentenpfandbriefen im gleichen Betrag. Dieses neue **„Roggengeld“** war zwar kein gesetzliches Zahlungsmittel, mußte aber zumindest von allen öffentlichen Kassen angenommen werden.

Die Rentenmark wurde ab 20.11.1923 zu einem Kurs von 1 Bio. Mark = 1 Rentenmark umgetauscht. Sie wurde sehr schnell zu einem allgemein akzeptierten Zahlungsmittel. Entscheidend für den Erfolg der neuen Rentenmark war aber nicht ihre „Deckung“, sondern die restriktive Geldpolitik der **Deutschen Reichsbank**, die keine weiteren Diskontierungen von Reichsschatzanweisungen mehr vornahm.

Es bestanden jetzt zunächst zwei Währungen – Mark und Rentenmark – sowie zwei Notenbanken: **Deutsche Reichsbank** und **Deutsche Rentenbank**. Aufgrund einer Empfehlung des internationalen **Dawes**-Komittees wurde am 30.8.1924 ein neues Bankgesetz erlassen, mit dem dann zusätzlich die **Reichsmark** eingeführt wurde. Die neue Währung war eine Goldkernwährung. Die Rentenmark blieb zwar weiterhin im Umlauf, ihre Bedeutung sank jedoch immer stärker.

Die Rentenmark war eine reine Binnenwährung gewesen. Die neue Reichsmark RM wurde rasch auch wieder zu einer Außenwährung, die frei konvertibel war. Es bestand ein Austauschverhältnis von 4,2 Reichsmark = 1 US-Dollar. Erst mit der Weltwirtschaftskrise 1929–1933, insbesondere ab 1931 kam es wegen umfangreicher Kapitalabflüsse aus Deutschland wieder zu einer Devisenbewirtschaftung. Ab 15.6.1939 wurde die Goldkernwährung schließlich auch formal aufgehoben.

Der Banknotenumlauf in jener Zeit stieg wieder rapide an. Er verdoppelte sich von Ende 1933 bis Juli 1939 von 4,2 Mrd. RM auf 9 Mrd. RM. In der Zeit des Zweiten Weltkrieges stieg der Geldumlauf dann von Ende 1939 bis Anfang 1945 von 11,8 Mrd. RM auf 73 Mrd. RM an. Dennoch kam es in dieser Zeit zu keiner gravierenden Inflation, da ein Preis-, Miet- und Lohnstopp eingeführt worden war.

3.4 Entwicklung nach 1945

Nach dem 2. Weltkrieg entlud sich nun die zuvor zurückgestaute Inflation. Der Kaufkraftüberhang im April 1945 betrug immerhin 250 Mrd. RM.

Die Produktion ging durch die Kriegszerstörungen stark zurück. Da seit 1936 ein Lohn- und Preisstopp bestand, erfolgten Zuteilungen über „Marken“. Damit verlor das Geld seine Funktion als Tauschmittel, es kam wieder zur **Repudiation**.

Es war die Zeit der Zigarettenwährung, die allgemein als Zahlungsmittel akzeptiert wurde.

3.5 Die zweite Währungsreform

Eine Währungsreform ist die grundlegende Neugestaltung einer Währung in einem Land. Diese erfolgt immer dann, wenn das Geld einer Volkswirtschaft seine Geldfunktionen (Recheneinheit, allgemeines Zahlungsmittel, Wertaufbewahrungsmittel) nicht mehr erfüllt, d.h. von den Wirtschaftssubjekten nicht mehr akzeptiert wird. Im Jahre 1948 wurden zwei Währungsreformen in Deutschland durchgeführt. Diese **zweite Währungsreform** in Deutschland erfolgte am 21.6.1948, als wegen des großen Geldüberhanges die Reichsmark nicht mehr als allgemeines Zahlungsmittel akzeptiert wurde. Die zweite Währungsreform in Deutschland wurde zu gleicher Zeit für das alte Gebiet der Bundesrepublik Deutschland (Währungsreform West) und (zwei Tage später) für das Währungsgebiet der ehemaligen DDR (Währungsreform Ost) durchgeführt. Mit der Währungsreform West wurde als neues Zahlungsmittel die **Deutsche Mark (DM)** emittiert, mit der Währungsreform Ost zunächst ebenfalls eine Währungseinheit DM, die später als Mark der Deutschen Notenbank MDN und schließlich als **Mark** umlief.

3.5.1 Währungsreform in der Bundesrepublik Deutschland

Neben der Einführung einer neuen Währungseinheit wurde mit der Währungsreform West die vorhandene Geldmenge reduziert und die vorhandenen Vermögen neu bewertet. Nach einem Plan von **Cohn** und **Goldsmith** im Auftrag der amerikanischen Militärregierung wurde der Geldüberhang im Umfang von 1:10 im westlichen Teil Deutschlands gekürzt. An die Stelle der **Deutschen Reichsbank** trat die **Bank deutscher Länder** BdL mit Sitz in Frankfurt, deren Grundkapital 100 Mio. Deutsche Mark betrug.

Die Umstellung von der RM zur DM erfolgte nach dem **1. Gesetz zur Neuordnung des Geldwesens** vom 20.6.1948 (**Währungsgesetz**) und dem **2. Gesetz zur Neuordnung des Geldwesens** vom 20.6.1948 (**Emissionsgesetz**) im Verhältnis von 1:10; bei Löhnen, Gehältern, Mieten und anderen laufenden Leistungen erfolgte sie im Verhältnis von 1:1. Als Erstausstattung erhielt jeder Einwohner 60 DM, wofür 60 RM einzuzahlen waren. Alle natürlichen Personen erhielten ein Kopfgeld von 40 DM im Umtausch gegen 40 RM, ein weiterer Betrag von 20 DM wurde im August 1948 ausgezahlt. Wirtschaftsunternehmen erhielten als Erstausstattung auf ihren Konten 60 DM pro Arbeitnehmer gutgeschrieben. Die Umstellung alter Forderungen wurde nach dem **3. Gesetz zur Neuordnung des Geldwesens** (**Umstellungsgesetz**) vom 20.6.1948 im Verhältnis von 1:10 vorgenommen, wobei allerdings nur die Hälfte ausgezahlt und die andere Hälfte einem Festkonto gutgeschrieben wurde; mit dem **4. Gesetz zur Neuordnung des Geldwesens** vom 4.10.1948 wurden davon 70% gestrichen, so daß das endgültige Abwertungsverhältnis für Altforderungen 100:6,5 betrug.

Altguthaben der öffentlichen Hand wurden vollständig gestrichen. Diese zweite Währungsreform nahm bewußt Verteilungsänderungen im Vermögensbesitz in Kauf, indem unterschiedliche Abwertungsraten fixiert wurden. Gleichzeitig ging man von der Zentralplan-Wirtschaft zur Marktwirtschaft über. Das Geld konnte nun wieder seine Funktion als allgemeines Zahlungsmittel erfüllen, so daß auch die Güterverteilung über Zuteilungsmarken entfiel.

Eine wichtige Etappe in der Entwicklung des Geldsystems der Bundesrepublik Deutschland war die Umwandlung des zweistufigen Zentralbanksystems (BdL und Landeszentralbanken) in eine „Einheitszentralbank", die **Deutsche Bundesbank**. Sie wurde durch das Gesetz vom 26.7.1957 geschaffen, mit der die Landeszentralbanken als neue Zweigstellen der **Deutschen Bundesbank** in diese übergeleitet wurden.

Aus Anlaß der Neuordnung des Geldwesens vom 11.8.1958 wurden den Geschäftsbanken durch Rechtsverordnung **Ausgleichsforderungen** gegen Bund und Länder zugeteilt, um eine Neufestsetzung des Nennkapitals von Banken in der Rechtsform von Kapitalgesellschaften durchführen zu können. Die Geschäftsbanken hatten nach dieser Verordnung eine Umstellungsrechnung aufzustellen, praktisch also eine DM-Eröffnungsbilanz, bei der die Ausgleichsforderungen die Wertveränderungen in der Geschäftsbankenbilanz ausglichen.

3.5.2 Währungsreform in der ehemaligen DDR

Nach der Besetzung von 1945 wurden im östlichen Teil Deutschlands alle Banken geschlossen und die bei ihnen unterhaltenen Guthaben gesperrt. Mit **Befehl der sowjetischen Militär-Verwaltung Nr. 111** vom 23.6.1948 wurden im Umlauf befindliche RM für ungültig erklärt und bis zu 70 RM im Verhältnis von 1:1 gegen DM-Ost umgetauscht. Für darüber hinausgehende Beträge galt ein Umrechnungssatz von 10:1. Sparguthaben bis 100 RM wurden im Verhältnis 1:1, solche bis 1000 RM im Verhältnis 5:1 und bis 5000 RM im Verhältnis 10:1 umgetauscht. Bei Guthaben darüber hinaus erfolgte eine Prüfung der Rechtmäßigkeit des Erwerbs. Die Ausgabe der neuen Währung erfolgte durch die **Deutsche Notenbank**. Die Währungseinheit lautete zunächst MDN (Mark der Deutschen Notenbank), später allein M (Mark).

Die zentrale Planung der Güterproduktion in der Kriegswirtschaft blieb auch in der Sozialisierung der Wirtschaft erhalten. Damit war die Währungseinheit kein allgemeines Tauschmittel, so daß auch die Güterverteilung noch weiterhin über Zuteilungsmarken erfolgen mußte.

3.6 Die deutsche Währungsunion von 1990

Die Revolution vom 9.11.1989 in der ehemaligen DDR enthielt mehr als lediglich **Gorbatschows Perestrojka** – also mehr als die Umgestaltung des Sozialismus. Zur Jahreswende 1989/90 brach die Mauer in Berlin. Damit rückte die deutsche Wiedervereinigung, die ein halbes Jahr vorher noch als absurder Traum erschien, in greifbare Nähe. Politisch verwirklichte sich die deutsche Einheit durch die Beitrittserklärung der Volkskammer der ehemaligen DDR zum Geltungsbereich des Grundgesetzes der Bundesrepublik Deutschland zum 3.10.1990.

Ihr voraus ging am 2. Juli 1990 die ökonomische Vereinigung Deutschlands. Zu diesem Stichtag trat die **Währungs-, Wirtschafts- und Sozialunion** in Kraft.

Unter einer Währungsunion versteht man den Zusammenschluß souveräner Staaten mit vorher unterschiedlichen Währungen zu einem einheitlichen Währungsgebiet. In dem neugeschaffenen Währungsraum läuft nur eine einzige Währung um; sie ist das gesetzliche Zahlungsmittel.

Aus Sicht des Beitrittsgebietes, also der ehemaligen DDR, bedeutete die Währungsunion eine Währungsreform; für die alte Bundesrepublik war diese Währungsunion allein eine Ausdehnung des Währungsgebietes. In der ehemaligen DDR wurden durchschnittlich Sparkonten und Bargeld bis zu einem Betrag von 4000 Mark im Verhältnis von 1:1 umgestellt. Im einzelnen erfolgte eine Staffelung nach dem Alter der DDR-Bürger. DDR-Bürger bis zum 14. Lebensjahr erhielten einen Umstellungsrahmen von 2000 Mark, vom 15. bis 59. Lebensjahr einen solchen von 4000 Mark und ältere einen von 6000 Mark eingeräumt. Für Beträge darüberhinaus galt ein Umtauschverhältnis von 2:1, für Bürger und Firmen mit Wohnsitz außerhalb der neuen Bundesländer war ein Umstellungskurs von Mark in DM im Verhältnis 3:1 vorgesehen.

Insgesamt wurden so gut 120 Mrd. DM an Kaufkraft aus Spareinlagen geschaffen. Die umlaufende Bargeldmenge von ungefähr 20 Mrd. DM nahm sich dagegen bescheidener aus. Damit betrug die Erstausstattung ca. 8500 DM je Neu-Bürger.

Die 4000 DM-Komponente bei der Umstellung der Sparguthaben bedeutete eine gleichmäßige Verteilung der Erstausstattung, so wie es bei einer normalen Währungsreform üblich ist. Die Währungsreform 1990 stattete die ehemalige DDR mit DM-Kaufkraft aus, die der Hälfte des dortigen Bruttosozialproduktes entsprach. Verbindlichkeiten der Betriebe wurden allgemein im Verhältnis 2:1 abgewertet.

Literatur zum I. Kapitel

Borchardt, Knut: Währung und Wirtschaft, in: Währung und Wirtschaft in Deutschland 1876-1975, hrsg. Deutsche Bundesbank Frankfurt 1976.

Borchert, Manfred: On the German Monetary, Economic, and Social Union, Paris 1991.

Born, Karl Erich: Geld und Banken im 19. und 20. Jahrhundert, Stuttgart 1976.

Irmler, Heinrich: Die Bankenkrise und Vollbeschäftigung, in: Währung und Wirtschaft in Deutschland 1876-1957, hrsg. Deutsche Bundesbank, Frankfurt 1976.

Köllner, Lutz: Chronik der deutschen Währungspolitik 1871-1971, Taschenbücher für Geld, Bank und Börse, Bd. 61, Frankfurt am Main 1972.

Möller, Hans: Währung, in: Handwörterbuch der Sozialwissenschaften, 11. Bd. (1961), S. 430ff.

Möller, Hans: Zur Vorgeschichte der Deutschen Mark, Die Währungsreformpläne 1945-1948, Tübingen 1961.

Pfleiderer, Otto: Die Reichsbank in der großen Zeit der Inflation, die Stabilisierung der Mark und die Aufwertung der Kapitalforderungen, in: Währung und Wirtschaft in Deutschland 1876-1976.

Schultz, Bruno: Kleine deutsche Geldgeschichte des 19. und 20. Jahrhunderts, Berlin 1976.

Starbatty, Joachim: Zur Umkehrung des Greshamschen Gesetzes bei der Entnationalisierung des Geldes, in: Kredit und Kapital, 1982, S. 387ff.

Stucken, Rudolf: Deutsche Geld- und Kreditpolitik 1914-1963, 3. Aufl., Tübingen 1964.

Stucken, Rudolf: Schaffung der Reichsmark, Reparationsregelungen und Auslandsanleihen, Konjunkturen, in: Währung und Wirtschaft in Deutschland 1876-1975, hrsg. Deutsche Bundesbank, Frankfurt 1976.

Spindler, Joachim von u.a.: Die Deutsche Bundesbank, 4. neub. u. erw. Aufl., Stuttgart 1973.

Veit, Otto: Grundriß der Währungspolitik 3. Aufl., Frankfurt am Main 1969.

II. Wesen und Bedeutung von Geld und Kredit

Die Geldtheorie beschäftigt sich mit den Einflußfaktoren der verschiedensten Wirtschaftssubjekte auf die Geldschaffung (**Geldangebot**) und Geldverwendung (**Geldnachfrage**). Die Theorie der Geldpolitik dagegen untersucht, ausgehend von gesetzten Zielen der Zentralbank, wie geldpolitische Instrumente auf die Geldschaffung des monetären Bereichs und von dort auf die Geldverwendung im realwirtschaftlichen Bereich einer Volkswirtschaft (Produktionsniveau und über das Preisniveau auf die Wirtschaftsstruktur) einwirken. Die (Theorie der) Geldpolitik verwendet also bei ihren Überlegungen über den bewußten Einsatz von Impulsen zur Erreichung angestrebter Ziele die von der Geldtheorie allgemein ermittelten Wirkungszusammenhänge.

Diese Beziehung zwischen Theorie und Politik in der Geldlehre gilt wie bei jedem anderen Teilgebiet der Volkswirtschaftslehre. Im Gegensatz zu diesen ist jedoch in der Geldlehre die Frage nach dem, was Geld eigentlich ist – also die Essenz des Geldes, nicht dessen unleugbare Existenz – ein wesentliches Problem. Dies führt unmittelbar zu den Geldarten, wie Bargeld (Teil des Zentralbankgeldes) und Geschäftsbankengeld sowie den Geldsubstituten (Liquiditätstheorie). Mit Geld werden Käufe durchgeführt oder Schulden bezahlt. Allerdings ist dies nicht hinreichend zur Definition von Geld. Denn wenn es nur darauf ankäme, daß Geld ein Medium ist, mit dem solche Transaktionen (auf Grund von Kauf-, Kredit- oder Schenkungsverträgen) durchgeführt werden können, müßten auch andere Aktiva im Besitz der Wirtschaftssubjekte „Geld“ darstellen, sofern mit ihnen Transaktionen durchgeführt werden. Dies könnten Wertpapiere, Realkapital, Grund und Boden etc. sein, im Prinzip also jedes handelbare Gut in einer Volkswirtschaft.

Geld ist dann offenbar alles, was als Zahlungsmittel akzeptiert wird. Hiermit werden die Geldfunktionen angesprochen. Mit der Menge der Aktiva, die als Geld akzeptiert werden, ist die Liquidität der Wirtschaftssubjekte bestimmt. Nicht überall und nicht zu allen Zeiten wird Geld in der engen Abgrenzung von Bargeld und/oder Geschäftsbankengeld von jedermann als Zahlungsmittel akzeptiert. So ist z.B. die Akzeptanz von inländischem Geld in sozialistischen Volkswirtschaften eingeschränkt, weil die Güterverteilung über den Markt nicht durch freie Preisbildung erfolgt, sondern durch Warteschlangen (Lieferfristen) oder Zuteilungen ergänzt werden muß; Devisen marktwirtschaftlich organisierter Volkswirtschaften mit freier Konvertibilität dagegen werden dort jederzeit als allgemeines Zahlungsmittel akzeptiert.

Aber auch in Marktwirtschaften wird das Geld einer Geschäftsbank dann nicht mehr als Zahlungsmittel akzeptiert, wenn die betreffende Bank in Zahlungsschwierigkeiten gerät und deshalb ihre Schalter schließen muß. Selbst offizielles Bargeld wird zu bestimmten Zeiten repudiiert, wenn in einer Inflation der Geldwert rapide sinkt.

Die **klassische Quantitätstheorie**, nach der die Geldmenge das Preisniveau determiniert, wird durch die moderne **Neoquantitätstheorie** der Monetaristen erweitert. Grundgedanken der alten **Bankingtheorie**, nach der das Preisniveau die verwendete Geldmenge bestimmt, gehen in die moderne **Liquiditätstheorie** ein. Beide Theoriezweige legen schließlich ihren Betrachtungen auch die Vermögensstruktur, also nicht allein die laufende Produktion bzw. das Volkseinkommen, zu Grunde und erweitern damit ihr Theoriegebäude durch die **Portfoliotheorie**; die keynesianische Sehweise (der man – berechtigt oder nicht – den **Fiskalismus** zuschreibt) und die des Monetarismus nähern sich damit in ihrem theoretischen Untersuchungsergebnis einander an.

Geldangebot und Geldnachfrage bestimmen auf dem Geldmarkt das nominelle Niveau des Zinses. Der Zinssatz ist ganz allgemein der Preis für die zeitweise Überlassung von Geld, z.B. in Form eines Kredites; dies kann lang- oder kurzfristig sein. Die Fristigkeit und Art der Kreditsicherung führt zu unterschiedlichen Zinssätzen, die in der Zinstheorie als Zinsstruktur untersucht werden.

1. Grundlagen der Geldtheorie

Die Grundlagen der Geldtheorie lassen sich in zwei Problemkreise einordnen, einem **qualitativ-statischen Geldproblem** – das den Charakter des Geldes (Wesen) untersucht – und einem **quantitativ-dynamischen Geldproblem**, das seine Veränderungen und dessen Folgewirkungen untersucht.

1.1 Qualitativ-statische Geldtheorien

Im Rahmen der Geldtheorie werden die Eigenschaften des Geldes mit dessen Geldfunktionen beschrieben. Diese an das Geld gestellten Aufgaben lassen jedoch seine konkrete Ausgestaltung offen. Mit dem Wesen des Geldes beschäftigen sich zwei grundlegende Theorien: Die **metallistische** und die **nominalistische Geldtheorie**.

1.1.1 Metallistische Geldtheorien

Nach metallistischer Auffassung hat Geld nur dann einen Wert, wenn sein Stoffwert (z.B. Gold) dem aufgedruckten Wert entspricht. Der Wert des Geldes besteht nach metallistischer Auffassung durch seinen Stoffwert. Diese These wurde bereits von den Merkantilisten vertreten. Die merkantilistische Wirtschaftspolitik war daher auch auf Aktivierung der Zahlungsbilanz gerichtet. Je mehr Gold und Silber als Geldstoff ein Land besitzt, desto reicher erschien es; Zahlungsbilanzüberschüsse, die zu einem Zustrom an Gold als internationalem Zahlungsmittel führten, sollten den Reichtum eines Landes erhöhen. Dies führte durch Anhäufung von Beständen an Gold und Silber zu Inflationen im 16. Jh. in Spanien und im 17. Jh. im übrigen Europa. Theoretisch fundiert wurden metallistische Vorstellungen durch den Physiokraten **Anne Robert Turgot** und den englischen Klassiker **Nassau William Senior**, aber auch schon durch **Adam Smith** und **David Ricardo**. **Karl Marx** war übrigens ebenso Metallist wie die meisten Vertreter der Historischen Schule (**Karl Knies, Bruno Hildebrand, Wilhelm Roscher**).

Alle Theorien, die das Wesen des Geldes in seinem Stoffwert sehen, betonen seine **Wertaufbewahrungsfunktion**. So war für Metallisten der Besitz von Edelmetallen als Vermögensbestand sogar Selbstzweck. Man glaubte, der Wert von Edelmetallen sei absolut; man übersah dabei aber, daß die Edelmetalle natürlich erst durch ihre Verwendung als Geld und die dadurch verursachte Nachfrage einen ökonomischen Wert und folglich hohe Preise brachten.

Die metallistische Auffassung schreibt dem Geld also Warencharakter zu, es hat danach einen Wert durch sich selbst. Dies gilt in einer Währungsverfassung wie der Gold-, Silber- oder einer bimetallistischen Geldverfassung. Im System einer Metallwährung wird also ein knappes Gut – aus dem gesamten Spektrum an in einer Volkswirtschaft vorhandenen Produkten – als Bezugseinheit für die Tauschrelationen zwischen den einzelnen Gütern ausgewählt.

Da es jedoch unpraktisch ist, und auch gefährlich sein kann, stets eine bestimmte Menge an Metallgeld mit sich herumzutragen, wurden von Banken schon sehr frühzeitig (17. Jh.) Schuldscheine für das Hinterlegen einer bestimmten Goldmenge emittiert, die als Zahlungsmittel dienten. Diese Bezugseinheit muß nicht unbedingt Gold sein, es kann auch jedes andere Aktivum – z.B. Wertpapiere, Kreditverträge oder, bei einer Warenreservewährung, ein repräsentativer Warenkorb – dafür gewählt werden.

Die Verwendung von Geld in Form von (anonymen) Schuldscheinen kann in einer sich ständig entwickelnden Volkswirtschaft immer noch lästig und auch zeitraubend sein. Dies führt dann zu einer reinen Umbuchung von Schuldversprechen auf den Konten der Geldemittenten; das Medium Geld erscheint dabei in Form eines Buchungsbeleges oder in einer bargeldlosen Computergesellschaft als elektronischer Impuls auf einer Geldkarte (**chip**) und braucht nicht anonym zu sein. Der Übergang von anonymem zu nichtanonymem Geld hat allerdings gravierende Folgen soziologischer Art: **Schattenwirtschaft** (z.B. Schwarzarbeit) wird erschwert.

Für die Geldemittenten gilt also, daß das ursprüngliche, vollwertige Geld als ein von allen akzeptiertes Basisgut (z.B. Gold) durch Forderungsrechte auf irgendein Aktivum abgelöst wurde. Dieses abstrakte Geld ist deshalb nicht unterwertig, denn in dem Umfang, wie ein jeder Geldemittent Geld (in Form von Schuldscheinen oder allgemein: einer Verbindlichkeit) in den Umlauf bringt, stehen ihm zugleich Aktiva gegenüber. Dieser Begriff entspricht dem heute gebräuchlichen Ausdruck Geldvermögen als Summe aller Forderungen; der Saldo aus Forderungen und Verbindlichkeiten ist das **Nettogeldvermögen**. Für jeden Geldemittenten gilt daher das Bilanzschema.

Bilanzschema für Geldemittenten

Geldemittent

Gold	Geld
Kredite	
Wertpapiere	
Sonst. Aktiva	Sonst. Passiva

Eine Geldvermehrung kann nur bei vermehrter Produktion von Gold oder durch die Emission von Forderungsrechten erfolgen. Die sog. **Banking-Theorie**, nach der sich die Wirtschaftssubjekte selbst das von ihnen benötigte Geld schaffen, unterstellt somit, daß Geld im Umfang der Produktionssteigerung durch Gold oder Kredite bzw. Wertpapiere geschaffen wird; die sog. **Currency-Theorie** bezieht sich dagegen eher auf die unabhängig von der Produktion und dem Vermögensbestand zusätzlich geschaffenen Aktiva (z.B. staatliche Wertpapiere), die damit zu einer Geldwertminderung führen.

Es ist jedoch Konvention, den Geldwert mit dem Preisniveau der gehandelten Güter und Dienste in Beziehung zu setzen. Dies bedeutet, daß konventionell nur diejenigen Passiva Geld darstellen können, mit denen Käufe von Gütern und Diensten abgewickelt werden. Damit bestehen je nach Emittent folgende Medien, die die Funktionen des Geldes übernehmen:

- Zentralbankgeld,
- Geschäftsbankengeld,
- Geldsubstitute (u.a. in der **Liquiditätstheorie**).

1.1.2 Nominalistische Theorien

Nominalistische Geldtheorien beschreiben das Wesen des Geldes durch andere Kriterien als den Metallwert. Nach nominalistischer Auffassung verdient ein Zahlungsmittel dann die Bezeichnung Geld, wenn es als solches (z.B. durch Konvention oder staatliche Proklamation) allgemein von den Wirtschaftssubjekten akzeptiert wird; sein Wert muß dabei nicht seinem Stoffgehalt entsprechen. In diesem Falle ist aber nach Motiven zu suchen, um eine solche Akzeptanz eines Zahlungsmittels als Geld erklären zu können.

Nach der **Konventionstheorie** beruht das Wesen des Geldes auf einer stillschweigenden oder formal vereinbarten Übereinkunft der Menschen, um den Gütertausch zu erleichtern. Der Staat hat bei formaler Übereinkunft das Recht, den Geldwert vollständig und willkürlich festzusetzen. Bei den ursprünglich verwendeten Metallmünzen als Geld bedeutete dies, daß der Stoffwert nicht unbedingt mehr dem nominellen (aufgedruckten) Wert entsprechen muß. So kam es dazu, daß die Landesherren häufig den Geldwert verschlechterten, um den dadurch entstehenden Münzgewinn für sich zu behalten. Da aber auch eine stillschweigende Konvention bestand, nur vollwertiges Geld (Gold- gleich Geldwert) zu akzeptieren, kam es zu einer Diskrepanz zwischen der stillschweigenden, gewachsenen Konvention und dem geldwertverschlechternden Vorgehen der **Kipper und Wipper**. Geld wurde schließlich nicht mehr allgemein als Zahlungsmittel akzeptiert.

Der **Münzgewinn (seigniorage)** resultiert begrifflich aus einer Zeit, als Geld in Form von Metallmünzen verwendet wurde. Für diesen Fall ist er als Differenz zwischen dem Emissionswert, also dem der Münze aufgedruckten Wert, und den Produktionskosten definiert. Der Münzgewinn kann dabei als eine Art Steuer für den Souverän aufgefaßt werden, der den Wirtschaftssubjekten das Zahlungsmittel Münzgeld zur Verfügung stellt. Der Münzgewinn ist also kein Bankgewinn, wie er in einer Bankbilanz ausgewiesen werden könnte, sondern eine Monopolrente kraft staatlicher Konzession. Mit dem Münzgewinn entstehen zugleich soziale Verluste für alle Geldverwender, da der Geldwert nicht dem Stoffwert der Münze entspricht; volkswirtschaftliche Gewinne entstehen dadurch, daß mit der Verwendung von hinsichtlich des Stoffwertes unterwertigem Geld der Gütertausch erleichtert wird. Ohne Geld ist nur ein bilateraler Gütertausch möglich, mit der Einführung von Geld wird ein **multilateraler Tausch** möglich, bei dem ein

Gut verkauft wird, ohne vom Käufer, sondern von einem ganz anderen Wirtschaftssubjekt eine naturale Gegenleistung zu erhalten.

Die **Anweisungs- oder Zeichentheorie** erklärt das Wesen des Geldes aus seiner Funktion als **Tauschmittel** und **Recheneinheit**. Geld stellt danach eine Anweisung auf Güter und Dienstleistungen dar. Nicht erklärt wird allerdings, weshalb Geld auch von den Wirtschaftssubjekten als solches akzeptiert wird.

Nach der **staatlichen Theorie des Geldes (Georg Friedrich Knapp)** kommt dem Geld wieder ein Warencharakter zu, wonach Zahlungsmittel nur als vollwertiges Geld im Tausch akzeptiert werden. Geld entsteht aber erst dann, wenn ein Zahlungsmittel durch staatliche Proklamation zu Geld erklärt wird, womit allerdings nicht sein Wert, sondern nur seine Gültigkeit durchgesetzt wird.

Schließlich liegt nach neueren Ansichten das Wesen des Geldes in seinen Funktionen begründet (**Funktionswerttheorien**), z.B. in seinem Gebrauch als Tauschmittel. Diese Tauschmittelfunktion kann auch ein Geld ohne Warenwert leisten. Motive für das Akzeptieren von Geld sind also seine produktiven Dienste, die durch Leistungen wie die **Tauschmittel-**, **Recheneinheit-** und **Wertaufbewahrungsfunktion** sichtbar werden.

1.2 Quantitativ-dynamische Geldtheorien

Veränderungen des Geldwertes können den Binnen- oder aber den Außenwert des Geldes betreffen; den Außenwert des Geldes benennt man regelmäßig auch Währungswert, obgleich der Begriff Währung im engeren Sinn eigentlich auf die formale Geldverfassung abstellt.

1.2.1 Binnenwert des Geldes

Der Geldwert gibt an, welche Menge an Gütern und Dienstleistungen oder des Volkseinkommens mit einer Geldeinheit erworben werden kann.

Der Binnenwert des Geldes ist gleichzusetzen mit der **Kaufkraft des Geldes**. Sie ist als reziproker Ausdruck des Preisniveaus p, also durch 1/p definiert. Ein steigendes Preisniveau bedeutet somit, daß mit einer Geldeinheit quantitativ immer weniger gekauft werden kann; die Kaufkraft des Geldes sinkt dann.

Der Binnenwert des Geldes kann durch die Produktionskostentheorie und die Quantitätstheorie erklärt werden. Nach der **Produktionskostentheorie** wird der Wert von Metallgeld durch die Produktionskosten bestimmt. Eine steigende Goldproduktion, z.B. zur Erhöhung der Goldgeldmenge, führt zu höheren Stückkosten und damit zu steigendem Wert des Metallgeldes. Die Geldmengenproduktion wird somit bei steigenden Produktionskosten durch den Goldwert begrenzt (**Goldene Bremse** der Geldproduktion). Die **Quantitätstheorie des Geldes** stellt demgegenüber nicht auf seine Produktionskosten ab, sondern auf die mit ihm umgesetzten Güter x. Eine bestimmte Geldmenge M hat damit den gleichen Wert wie der Umsatz $x \cdot p$ der gehandelten Güter, also $M = xp$.

Allgemein wird als Begründer dieser Quantitätstheorie **Jean Bodin** angesehen, der die Preissteigerungen im 16. Jh. auf die Geldmengen-Vermehrung zurückführte. **David Hume** hob später hervor, daß nur das umlaufende Geld (also keine

Geldhorte) sowie die tatsächlich auf den Markt gelangenden Waren (also keine Läger) zueinander in Beziehung gesetzt werden dürften. **John Locke** wies schließlich darauf hin, daß sich die Anpassung von Warenpreisen und Geldmenge nur allmählich vollziehe. Da eine solche, zeitlich verzögerte Anpassung von Geldmenge und Güterumsätzen nur möglich ist, wenn eine bestimmte Geldmenge häufiger oder seltener Kaufakte finanziert, war damit implicite der Begriff der Umlaufgeschwindigkeit U in die Diskussion eingeführt worden.

Richard Cantillon endlich bezog auch die Banknoten in die Diskussion mit ein und unterstrich die dadurch hervorgerufene Beschleunigung des Geldumlaufs. Die **Quantitätsgleichung** in ihrer klassischen Ausprägung $M \cdot U = p \cdot x$ war damit bereits zwar nicht formuliert, so doch im wesentlichen beschrieben. Alle wichtigen Elemente (Preisniveau P, Realproduktion x, Geldmenge M und Umlaufgeschwindigkeit U) waren von den Vorläufern der klassischen Ökonomie entwikkelt worden.

Inwieweit der Geldwert durch die Aktivitäten aller Wirtschaftssubjekte bestimmt wird oder durch die Geldpolitik mit ihrem Einsatz geldpolitischer Instrumente, ist ein Streitpunkt, der seit jeher die geldtheoretische Diskussion beherrscht. Nach der sog. **Bankingtheorie** wird das allgemeine Preisniveau einer Volkswirtschaft auf den Märkten bestimmt, und die Wirtschaftssubjekte beschaffen sich die für Umsätze benötigten Zahlungsmittel selbst; nach der sog. **Currency-Theorie** bestimmt die von der Zentralbank beeinflußte Zentralbankgeldmenge, insb. die **monetäre Basis**, die in einer Volkswirtschaft verwendete Geldmenge und damit erst das allgemeine Preisniveau. Im Kern besteht die Kontroverse zwischen der Banking- und der Currency-Theorie des 19. Jh. bis heute in Form der Kontroverse zwischen Monetarismus und Fiskalismus fort.

1.2.2 Außenwert des Geldes

Der Außenwert des Geldes beschreibt das Wertverhältnis verschiedener Währungen zueinander und wird durch den

Devisenkurs $\left(\frac{\text{inländische Währungseinheit}}{\text{ausländische Währungseinheit}}\right)$,

Wechselkurs $\left(\frac{\text{ausländische Währungseinheit}}{\text{inländische Währungseinheit}}\right)$ und

intervalutarischen Geldwert $\left(\frac{\text{ausländische Währungseinheit x}}{\text{ausländische Währungseinheit y}}\right)$

ausgedrückt. Zur Erklärung von Veränderungen des Währungswertes wurden verschiedene Theorien aufgestellt, deren Notwendigkeit sich allerdings erst nach Loslösung der meisten Währungen von ihrer metallistischen Grundlage ergab. Denn bei Metallwährungen kann ja der Wechselkurs nur im Umfang der Transportkosten vom Goldgehalt der Währungseinheiten (Münzparität) abweichen. Sollte nämlich einmal der Wechselkurs zwischen zwei Währungen vom Verhältnis ihres Goldgehaltes abweichen, käme es sofort zu internationalen Goldkäufen in dem Land, dessen Währung abgewertet wurde. Da der Goldtransfer aber Kosten verursacht, lohnt sich eine solche Arbitrage nur dann, wenn der Umtauschgewinn größer als die Transportkosten sind. In diesem Fall aber wird die Nachfrage nach der abgewerteten Währung verstärkt und in dem betreffenden Emissionsland die Gold- und damit Geldmenge reduziert. Es kommt wieder zu einer Aufwertungstendenz. Der Wechselkurs kann in einem solchen Falle also nur innerhalb der von den Transportkosten eines möglichen Goldtransfers begrenzten Marge schwanken, dem **Oberen** und **Unteren Goldpunkt**. Bei Papierwährungen dagegen gilt dies nicht; hier ist der Wechselkurs nur über eine Wechselkurstheorie ableitbar.

Nach der Zahlungsbilanztheorie bestimmen Angebot an und Nachfrage nach Devisen den Wechselkurs. Langfristig wird nach der **Kaufkraftparitätentheorie** dieser Wechselkurs durch das Verhältnis der in- und ausländischen Preise gleicher Güter determiniert. **Gustav Cassel** beschreibt, daß sich der Wechselkurs nur äußerlich nach den Schwankungen der Zahlungsbilanz richtet, daß aber letztlich für die Gestaltung der Wechselkurse der Binnenwert des Geldes maßgeblich ist, international also die Kaufkraftparität

$$KP = \frac{p_i}{p_a}$$

Gültigkeit hat, mit KP = Kaufkraftparität und p = Güterpreise; die Indices stehen für Inland (i) und Ausland (a). Allerdings werden nicht alle Waren und Dienstleistungen eines Landes international gehandelt, weshalb diese Theorie noch zu modifizieren wäre; außerdem werden keine Handelshemmnisse berücksichtigt.

2. Volkswirtschaftliche Funktionen des Geldes

Es war bereits auf die Funktionen des Geldes als allgemeines Tauschmittel, als Recheneinheit und als Wertaufbewahrungsmittel hingewiesen worden, um zu zeigen, warum Geld als Zahlungsmittel akzeptiert wird. Unter Geldfunktionen versteht man die Anforderungen, bei deren Wirksamkeit man einem Zahlungsmittel den Charakter von Geld zuschreibt. Die heute üblicherweise geforderten Geldfunktionen sind

- allgemeines Tauschmittel,
- Recheneinheit (numéraire),
- Wertaufbewahrungsmittel.

2.1 Tauschmittelfunktion

Als allgemeines **Tauschmittel** wird Geld nur in einer marktwirtschaftlich organisierten Volkswirtschaft mit völlig freier Preisbildung von jedermann akzeptiert. Bestehen auf den Märkten für Güter und Dienste z.B. Ungleichgewichte in Form von Nachfrageüberhängen (Warteschlangen, Lieferfristen), so werden zusätzliche Zuteilungskriterien als der Preis für die Verteilung von Gütern und Diensten zu Grunde gelegt. Geld verliert in diesem Falle zumindest z.T. seine Funktion als

Medium des Tausches, obgleich es weiterhin gesetzliches Zahlungsmittel ist. Kommt es schließlich zur Bildung von Schwarzmärkten, können andere Medien die Funktion des allgemeinen Tauschmittels übernehmen („Zigarettenwährung"), die kein gesetzliches Zahlungsmittel darstellen.

Die Funktion des Geldes als allgemeines Tauschmittel setzt eine sachliche Tauschfreiheit voraus. Diese besteht nur bei freier Preisbildung, d.h. völliger Beweglichkeit der Preise. Liegt diese sachliche Tauschfreiheit nicht vor, wird ein Ausgleich von angebotenen und nachgefragten Warenmengen und damit auch ein Tausch von Geld und Waren und vice versa verhindert. Es entstehen Nachfrageüberhänge, Lieferfristen, Warteschlangen, schwarze Märkte usw.

Als wirklich allgemeines Tauschmittel funktioniert Geld nur in einer Marktwirtschaft. Dagegen sinkt das Geld in einer total zentralgeleiteten Volkswirtschaft zur Bedeutungslosigkeit herab. In sozialistischen Wirtschaften mit freier Konsumwahl und freier Wahl des Arbeitsplatzes ist die Tauschmittelfunktion des Geldes auf Konsumgüter und Arbeitsleistungen beschränkt, ohne daß damit auch eine Aussage über „richtige" Preise gemacht wäre.

2.2 Funktion der Recheneinheit

Tauschrelationen sind realwirtschaftlich Mengenverhältnisse, in denen Waren gegeneinander getauscht werden. Preise sind damit Tauschrelationen, die auf eine Recheneinheit bezogen werden. Existieren z.B. 4 Güter – x_1, x_2, x_3 und x_4 mit 6 (genauer $(n^2-n)/2$, wobei n = Anzahl der Güter) Tauschrelationen –, so gelten z.B. folgende Relationen:

$$x_1 : x_2 = 1:2, \qquad x_2 : x_3 = 2:3,$$
$$x_1 \cdot x_3 = 1:3, \qquad x_2 : x_4 = 2:4 \text{ und}$$
$$x_1 : x_4 = 1:4, \qquad x_3 : x_4 = 3:4.$$

Wählt man nun x_1 als Bezugseinheit bzw. Recheneinheit, so ergeben sich folgende $(n-1)$ Preisverhältnisse:

$$x_2 = 2x_1,$$
$$x_3 = \frac{3}{2}x_2 = 3x_1 \text{ und}$$
$$x_4 = \frac{4}{3}x_3 = 4x_1.$$

Mit der Einführung einer allgemeinen Bezugseinheit (**numeraire**) sinkt also die Zahl der Tauschrelationen von $(n^2-n)/2$ auf $(n-1)$; damit werden erhebliche Ressourcen frei, die ansonsten zur Informationsbeschaffung aufgewendet werden müßten; Geld ist damit (berechenbar) produktiv!

Das Gut x_1 hat in diesem Falle den Charakter, den man dem Geld als allgemeiner Bezugseinheit zuschreibt. Unterstellt man eine andere Ware als Recheneinheit, so ändert sich zwar die absolute Höhe, nicht aber auch die Struktur der Preise.

2.3 Funktion des Wertaufbewahrungsmittels

Die Funktion des Geldes als **Wertaufbewahrungsmittel** bewirkt, daß es auch über eine gewisse Zeit als Träger von Kaufkraft gehalten werden kann. Geld erleichtert damit die Anhäufung und Aufbewahrung von Werten. Wichtige Voraussetzung für diese Funktion ist die „zeitliche Tauschfreiheit", d.h. die freie Wahl der Umsatz- und Zahlungstermine für einen **intertemporalen Tausch**.

Dies ist allerdings nur bei ausreichender Stabilität des Geldwertes möglich, wenn die Umsatz- und Zahlungstermine ohne Risiko einer zwischenzeitlichen Wertungleichheit gewählt werden können. Ist dies nicht der Fall, so resultieren daraus ganz bestimmte Konsequenzen. Bei erwarteter Geldentwertung (Inflation) werden Kauftermine vorverlegt. Es kommt zu Vorratskäufen und Lageraufstockungen („Flucht in die Sachwerte"). Geld wird nicht gehalten, sondern sogleich mit seinem Eingang wieder ausgegeben. Die Kassenhaltung wird verringert. Geld wird nun häufiger wieder ausgegeben, d.h. seine **Umlaufgeschwindigkeit** steigt.

Gleichzeitig sinkt die Neigung, Kredite zu gewähren. Die Wertminderung aller auf Geld lautenden Forderungen benachteiligt ja die Gläubiger, deren Risiko durch einen Zinsertrag allein nicht ausgeglichen wird. Es werden Wertsicherungsklauseln (**Indexierungen**) gefordert, die in der Bundesrepublik Deutschland allerdings nicht gestattet sind. Teilweise verwendet man dann Recheneinheiten, die man für wertstabiler hält als die offizielle Währungseinheit. Hierzu gehören ausländische Währungseinheiten, „Warenkörbe" mit Preisindices oder sogar bestimmte Mengen anderer Güter. In diesem Fall liegt eine „Funktionsspaltung" des Geldes vor, d.h. es wird zwar weiterhin als Tauschmittel verwendet, aber bei Kreditgeschäften wird eine andere Recheneinheit zugrunde gelegt.

Eine **Indexwährung** ist die Bindung des Währungswertes an einen bestimmten Preis-Index. Bei einer ungebundenen Währung ist es möglich, daß das allgemeine Preisniveau der gehandelten Güter bei einer Geldmengenausdehnung ansteigt. Da dieser Preisniveauanstieg jedoch nicht sämtliche Forderungen in einer Volkswirtschaft gleichmäßig erfaßt – so z.B. Löhne und Gehälter gegenüber Güterpreisen oder Realkapitalpreise gegenüber (festverzinslichen) Wertpapieren –, wird auch eine **Indexbindung** der von einer allgemeinen Preisniveauerhöhung benachteiligten Werte an einen **Preisindex** vorgeschlagen. Eine solche Indexierung bedarf nach **§ 3 des Währungsgesetzes** in Verbindung mit **§ 49 des Außenwirtschaftsgesetzes** in der Bundesrepublik Deutschland der Zustimmung der **Deutschen Bundesbank**. Theoretisch werden aber **Indexwährungen**, bei denen der Wert aller oder eines ausgewählten Teils von Forderungsrechten an **Gleitklauseln** (Preisindexbindung) gebunden sind, immer wieder – insbesondere in Zeiten starker Geldentwertungen – diskutiert. International sind diese Gleitklauseln üblich, national nur in Form von **Zinsgleitklauseln**.

Wird eine bestimmte Geldeinheit als gesetzliches Zahlungsmittel vom Staat proklamiert, so gilt dies im Prinzip nur für das vom Staat bzw. von der staatlichen Zentralbank (Notenbank) emittierte Geld. Das von Geschäftsbanken geschaffene Geschäftsbankengeld muß von diesen so ausgestaltet werden, daß seine Zahlungsfähigkeit dem des Zentralbankgeldes entspricht.

3. Die Produktivität des Geldes

Die grundlegende Frage, warum Individuen in einer Volkswirtschaft Geld verwenden, wurde zunächst durch bestimmte Funktionen beantwortet. Von **John Maynard Keynes** wurden außerdem als Motive für die Geldhaltung in einer arbeitsteiligen Wirtschaft das Halten von Transaktionskasse, Vorsichts- und Spekulationskasse angeführt. Argumente für diese Geldhaltung sind Unsicherheit und mangelnde Synchronisation zwischen Einnahmen und Ausgaben, Transaktionskosten und nichtpekuniäre Erträge.

3.1 Bedeutung des Geldes bei der Informationsbeschaffung

Alle bisher angeführten Argumente erklären nicht, warum Geld selbst in einer Inflation noch verwendet wird. Geld muß in einem solchen Fall an sich produktiv sein, wenn es Dienste erfüllt, die zu nichtpekuniären Erträgen führen. Dafür gibt es auch einen einfachen Grund: Die Existenz von Geld senkt die Informationskosten bei der Ermittlung von Marktpreisen über die in den Begehrskreis der Haushalte fallenden Gütern.

Um beim Kauf von Gütern möglichst viele Ressourcen sparen und gleichzeitig einen großen Nutzen erzielen zu können, braucht der Haushalt Informationen. Dieser Aspekt konnte in älteren Theorien nicht berücksichtigt werden, weil in diesen Modellen vollständige Information vorausgesetzt wurde. Tatsächlich ist jedoch die Spannweite der Preise und die Qualität der angebotenen Produkte dafür zu umfangreich. Hierauf ist auch die große Streuung der Preise bei an sich gleichen Produkten zurückzuführen; bei vollständiger Information gäbe es für ein Gut ja nur einen einzigen Marktpreis. Die aufzuwendenden Informationskosten variieren natürlich mit der Häufigkeit und damit der Vertrautheit bei bestimmten Transaktionen.

Die Produktivität des Geldes, ausgedrückt als Kostenreduktion durch zusätzliche Informationen, läßt sich an zwei Teilaspekten zeigen: An seiner Funktion als Recheneinheit und an seiner Funktion als Tauschmittel.

3.2 Produktivität des Geldes als Recheneinheit

Eine allgemeine **Recheneinheit** bewirkt, daß alle Tauschrelationen in einer Volkswirtschaft auf ein und dasselbe Medium bezogen werden. Ohne eine solche Recheneinheit müßte jedes Wirtschaftssubjekt bei Güterkäufen sämtliche Tauschrelationen der in seinen Begehrskreis fallenden Produkte kennen. In seiner Funktion als Recheneinheit kann Geld Ressourcen sparen, indem durch seine Verwendung die Verarbeitung einer großen Zahl an Tauschrelationen reduziert wird. Gibt es auf den Märkten einer Volkswirtschaft n Güter, so muß das einzelne Wirtschaftssubjekt in einer Naturaltauschwirtschaft $(n^2-n)/2$ unabhängige Tauschrelationen kennen; das sind bei $n = 100$ Gütern immerhin 4950 Tauschraten, während es in einer Geldwirtschaft lediglich n Tauschraten kennen muß, also im genannten Beispiel nur 100; wenn Geld als eines dieser n Güter fungiert, bestehen nur $(n-1)$ Tauschraten.

Es müssen bei einer Verwendung von Geld als Recheneinheit weniger Ressourcen für die Informationsbeschaffung aufgewendet werden, die nun für andere Verwendungen eingesetzt werden können. Um sich über die verschiedenen Preisrelationen zu informieren, müssen ja Zeit und Kosten aufgewendet werden. Diese Informationskosten reduzieren sich beträchtlich, wenn man von einer Tauschwirtschaft zu einer Geldwirtschaft mit der allgemeinen Recheneinheit Geld übergeht; bei nur 100 Gütern verringert sich die Anzahl der Preisrelation von 4950 auf 99 (das Gut „Geld" ist die Bezugseinheit), über die man sich informieren muß. Damit werden Informationskosten eingespart, die anderweitig zum Einkommenserwerb und zur Beschaffung von Gütern und Diensten eingesetzt werden können. Da diese (Real-) Einkommenssteigerung auf die Einführung des Geldes zurückzuführen ist, stellt sie zugleich den produktiven Beitrag des Geldes dar. Geld ist also meßbar produktiv.

3.3 Die Produktivität des Geldes als Tauschmittel

In seiner Funktion als Tauschmittel kann Geld ebenfalls den Nutzen seiner Verwender erhöhen. Um dies zu zeigen, sei an Hand eines Beispiels von **Karl Brunner** unterstellt, daß einem Wirtschaftssubjekt ein Anfangskapital x_0 in der Periode t_0 zur Verfügung stehe. Dieses Wirtschaftssubjekt hat nun die Möglichkeit, seine Ausstattung zu gegenwärtigem Verbrauch C_0, zur Sicherstellung künftiger Produktion bzw. künftigen Einkommens x_1 oder zur Informationsbeschaffung I aufzuteilen. Da das künftige Einkommen gegenwärtig noch nicht in seiner Höhe

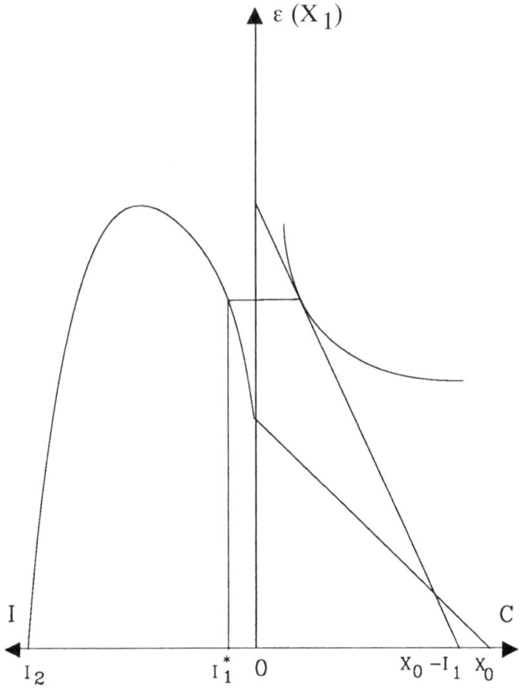

Abbildung 2

bekannt ist bzw. seine Höhe mit den aufgewendeten Investitionen über Informationen günstiger Käufe variiert, muß der Erwartungswert des künftigen Einkommens $\varepsilon(x_1)$ verwendet werden. Die Budgetrestriktion des Wirtschaftssubjektes lautet dann:

$$x_0 = C_0 + \varepsilon(x_1) + I_0.$$

Dieses System kann an der Darstellung in Abbildung 2 verdeutlicht werden.

Im linken Quadranten wird auf der Ordinate der Informationswert der eingesetzten Informationskosten als erwartetes, künftiges Einkommen dargestellt; in der Ausgangssituation wird ein gegebener Informationsstand unterstellt. Je höher der Umfang an aufgewendeten Informationskosten ist, desto höher ist das künftig zu erwartende Einkommen. Wird aber die gesamte Anfangsausstattung x_0 zur Informationsgewinnung aufgewendet, muß logisch $C_0 = 0$ und $\varepsilon(x_1) = 0$ sein; in diesem Fall entspricht x_0 den Informationsaufwendungen I_2. Die Kurve für den Informationswert erreicht also irgendwann ein Maximum und fällt dann wieder bis auf Null.

Wenn das Wirtschaftssubjekt einen Teil I_1 von x_0 zur Informationsbeschaffung aufwendet, sinkt zwar der Teil, der für den gegenwärtigen Konsum ausgegeben werden kann auf $x_0 - I_1$, gleichzeitig steigt aber auch die Möglichkeit, günstig Güter zu erwerben und damit auch das künftige Realeinkommen $\varepsilon(x_1)$ zu steigern. Die Budgetgerade verschiebt sich nach links und nimmt einen steileren Verlauf an. Wenn nun eine solche Budgetgerade aus der Vielzahl möglicher Budgetlinien zur Tangente an eine Indifferenzkurve des Nutzens aus gegenwärtigem und künftigen Einkommen wird, ist der optimale Nutzen bezüglich der Informationsinvestition erreicht; ihre optimale Höhe ist mit I^* ermittelt.

Diese **transaktionskostentheoretische** Darstellung zeigt den fundamentalen Nutzen jeder Informationsbeschaffung. Hinzu kommt nun noch der zusätzliche Nutzen, den das Geld als allgemeines Tauschmittel stiftet.

Durch die Verwendung eines die Informationskosten reduzierenden Mediums erhöht sich bei gleicher Investition der Erwartungswert $\varepsilon(x_1)$; hinzu kommt, daß mit der Gewöhnung an ein bestimmtes Tauschmedium die Routine in seiner Verwendung wächst. Dies war bei der Darstellung des Geldes als Recheneinheit bereits angedeutet worden.

Die Einführung eines Mediums Geld führt somit zu der Konsequenz, daß sich die Budgetgerade in Abbildung 3 auch ohne Investitionen in Informationen von B_1 auf B_2 verlagert; gleichzeitig damit wird der Informationswert von Informationsinvestitionen gesteigert. Bei unvollkommener Markttransparenz erhöht also die Verwendung von Geld den Umfang an Ressourcen, der zur Produktion und zum Konsum verwendet werden kann. Geld ist produktiv!

3.4 Sozialer Nutzen des Geldes

Da Geld ressourcensparend wirkt – und das auf zwei Arten: nämlich als Recheneinheit und als Tauschmittel – können die freiwerdenden Ressourcen anderweitig verwendet werden, und damit kann die volkswirtschaftliche Produktion expandieren. Durch diese Argumentation wird auch der Umfang der Produktivität des Geldes darstellbar. In Abbildung 3 ist es die absolute Steigerung der Budgetgera-

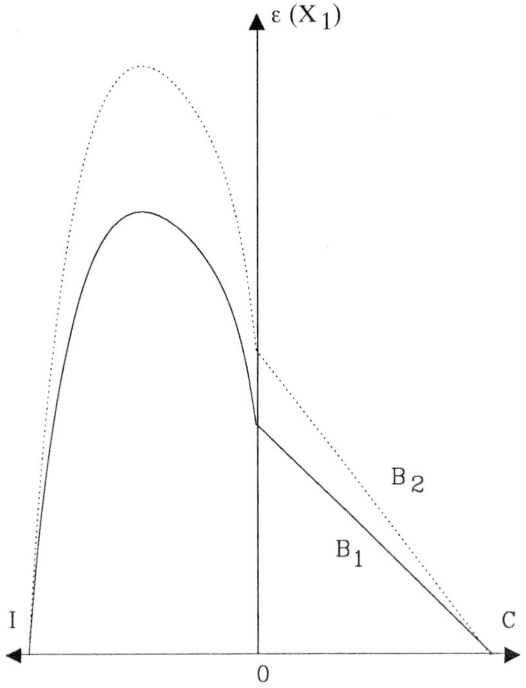

Abbildung 3

den. Für diese Produktivitätssteigerung bei der Einführung des Geldes wird kein Preis bezahlt!

Je unsicherer nun die wirtschaftliche Lage ist, desto produktiver wirkt Geld, weil es die Wirtschaftssubjekte beweglicher und anpassungsfähiger macht. Eine Inflation muß schon ziemlich hohe Preisniveausteigerungsraten erreichen, bevor die Kosten der Geldentwertung die Erträge der Existenz des Geldes überkompensieren, also bevor Wirtschaftssubjekte auf andere Medien ausweichen, die dann als „Geld" fungieren.

4. Die Funktionen eines Kredites

4.1 Eigenschaften des Kredites

Der Kredit ist die leihweise Überlassung von Gegenwartsgütern oder **Geld** gegen Zukunftsgüter. Es ist als reines **Kreditgeschäft**, aber auch im Zusammenhang mit einem Gütertausch oder Kauf möglich. Die wesentliche Eigenschaft eines Kredites ist es, Zeit bei Kauf- bzw. Tauschakten zu überbrücken. Ein Kredit kann daher ohne die Existenz von Geld bestehen.

Während bei einem **reinen Tausch** zu einem bestimmten Zeitpunkt t ein Gut x_t gegen ein Gut y_t getauscht wird, besteht ein **Tausch auf Kredit** dann, wenn das

Gut x_t gegen ein zu einem späteren Zeitpunkt t + 1 zu lieferndes Gut y_{t+1} getauscht wird. Überläßt man dagegen das Gut x_t gegenwärtig gegen ein gleiches, zu einem späteren Zeitpunkt zurückzulieferndes Gut x_{t+1}, so besteht ein reiner **Naturalkredit**. So kann ein Gütertausch durch Zwischenschalten des Mediums Geld als indirekter Tausch erfolgen, aber auch als reiner Naturaltausch (direkter Tausch) vollzogen werden. Der Grund für das Dazwischenschalten des Geldes besteht in der Möglichkeit des **multilateralen Tausches**.

Ein Gütertausch kann aber auch in zeitlicher Staffelung – als direkter oder indirekter Tausch – erfolgen, so daß ein Kredit entsteht. Verzichtet nämlich der Verkäufer eines Gutes auf sofortige Gegenleistung in Geld oder Ware, so gewährt er dem Käufer einen Kredit; dies ist der typische **Lieferantenkredit**.

Bei einem **Kauf** wird zu einem bestimmten Zeitpunkt t ein Gut x_t gegen das Gut Geld G_t getauscht. Um einem **Kauf auf Kredit (Lieferantenkredit)** handelt es sich dann, wenn das Gut x_t gegen zu einem späteren Zeitpunkt zu „lieferndes" Geld G_{t+1} überlassen wird. Die häufigste und bedeutendste Form eines Kredites ist der **Geldkredit**, bei dem gegenwärtig Geld G_t gegen später zurückzuzahlendes Geld G_{t+1} getauscht wird. Die gleiche Situation besteht, wenn der Verkäufer eines Gutes dem Käufer kein Zahlungsziel gewährt, dafür aber eine Geschäftsbank dem Käufer einen bestimmten Geldbetrag ausleiht, damit die Zahlung des Güterkaufs erfolgen kann. In diesem Fall erwirbt die Bank eine (Rück-)Forderung an den Käufer als Kreditnehmer. Zweck dieses Kredites ist also die unmittelbare Abwicklung eines Kaufes, dessen Gegenleistung erst später erfolgen soll.

Sowohl der Kreditgeber als Gläubiger wie der Kreditnehmer als Schuldner haben ein Interesse an der Abwicklung eines Kreditgeschäftes. Da der gegenwärtige Besitz von Gütern und Geld regelmäßig höher eingeschätzt wird als der künftige, muß dem Kreditgeber als Ausgleich für diese Nutzeneinbuße ein **Zins** für die leihweise Überlassung von Gütern oder Geld gezahlt werden. Der Kreditnehmer kann zeitiger als ohne Kredit die von ihm benötigten Güter kaufen und so als Haushalt seinen Nutzen steigern – gegenwärtiger Konsum wird höher bewertet als künftiger (**Agio-Theorie**) – oder als Unternehmung über Investitionen die Produktivität steigern (**Produktivitäts-Theorie**).

Der Kreditgeber vertraut (**lat.: credere**) darauf, daß der Kreditnehmer den aufgenommenen Kredit tilgen wird. Selbst wenn das Risiko eines Kredites durch Kreditsicherheiten (Hypotheken etc.) eingeschränkt wird, so bleibt stets noch ein Restrisiko. Der Kreditgeber muß, wenn er auf die eigene Verwendung von Mitteln vorübergehend verzichtet, einen Nutzenentgang oder Produktionsverzicht in Kauf nehmen; er wird also eigene Mittel nur dann zur Verfügung stellen, wenn er einen höheren Ertrag vom Kreditnehmer als Vergütung für den Kredit erhält als er selbst bei eigener Verwendung erzielen könnte; dies ist der Zins. Kredite sind deshalb nur bei ungleichen Nutzenvorstellungen und/oder ungleichen Produktivitätsentwicklungen unter den einzelnen Wirtschaftssubjekten vorstellbar.

Anbieter und Nachfrager von Kredit am **Kreditmarkt**, also Kreditgeber und Kreditnehmer, kann im Prinzip jedes Wirtschaftssubjekt sein. Hauptsächlich nehmen aber in einer Volkswirtschaft die **Geschäftsbanken** und **Kreditvermittler** die Funktion des Kreditgebers wahr, daneben noch die **Deutsche Bundesbank** als Kreditgeber der Banken. Die vom Kreditbetrag her bedeutendsten **Kreditnehmer** sind die öffentliche Hand und die Unternehmen. Geschäftsbanken haben nun die Aufgabe, „freie" Tauschmittel zu sammeln und über eine Kreditvergabe an andere Wirtschaftssubjekte auszuleihen.

Kreditgebende Geschäftsbanken erfüllen eine wesentliche, volkswirtschaftliche Funktion. Sie sind der Vermittler zwischen – den bei Banken einlegenden – Sparern und den Kreditnehmern, vor allen den Investoren. Dabei transformieren sie kurzfristige Einlagen in langfristige Ausleihungen und vice versa (**Transformationsfunktion**). Je nach Ausgestaltung des Kreditvertrages bieten die Banken ihren Kreditnehmern Kontokorrent-, Raten-, Hypotheken- und Kommunalkredite an; auf dem Kreditwege refinanzieren sie sich durch **Schuldverschreibungen** (z.B. Obligationen) oder Diskont- und Lombardkredite bei der **Deutschen Bundesbank**. Die unterschiedliche Laufzeit und Ausgestaltung der Kreditverträge führt zu einer ganz bestimmten Zinsstruktur.

Auf Grund institutioneller Gegebenheiten sind Geschäftsbanken sogar in der Lage, selbst Geld zu schaffen und deshalb zusätzliche Kredite – also über die reine Kreditvermittlung hinaus – vergeben zu können. Geschäftsbanken sind in der Lage, Kredit zu schöpfen, indem sie selbstgeschaffenes Buchgeld (**Geldschöpfung**) gegen einen Kreditvertrag (regelmäßig mit Sicherheiten) verleihen. In der Bilanz der Geld verleihenden Bank erscheint dann der Kreditvertrag als Forderung (Aktivum) gegen den Kreditnehmer und der verliehene Buchgeld-Betrag in gleicher Höhe als Verbindlichkeit (Passivum) dieser Bank. Die Kreditschöpfungsmöglichkeit einer Bank wird begrenzt durch institutionelle und unternehmenspolitische Vorgaben. Ohne eigene Geldschöpfungsmöglichkeiten wären die Banken nicht in der Lage, zusätzliche Kredite zu schöpfen; umgekehrt gilt jedoch nicht auch, daß Banken ohne eigene Kreditschöpfungsmöglichkeit kein Geld schöpfen könnten.

Wie auf jedem anderen Markt gilt auch für den Kreditmarkt ein typischer Verlauf der Kreditangebotskurve K_A des Kreditgebers und ein solcher der Kreditnachfragekurve K_N des Kreditnehmers. Für Unternehmer als Kreditgeber z.B. gilt, daß

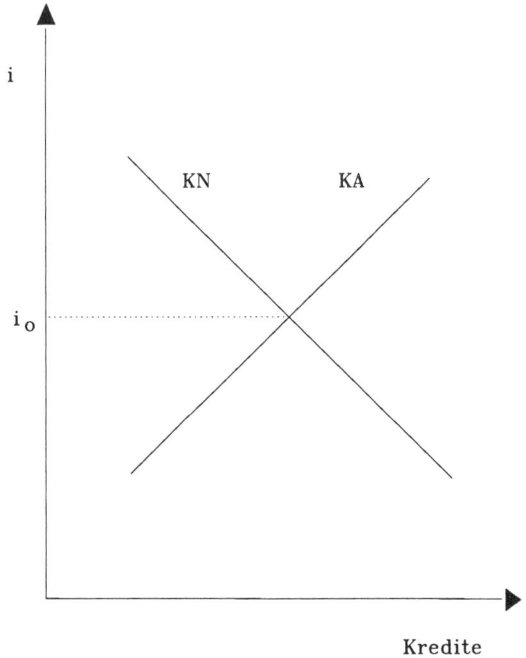

Abbildung 4

bei steigendem Kreditzins vermehrt auf eigene Verwendung von Geld verzichtet wird, weil eigene Investitionen nicht so ertragreich zu werden versprechen wie der zugesagte Kreditzins; die **Opportunitätskosten** (relativer Verzicht bei eigener Verwendung) steigen. Für Unternehmer als Kreditnehmer gilt, daß bei steigendem Kreditzins die Kosten des Kredits mögliche Erträge aus Investitionen aufzehren, was dann immer mehr Investitionen unrentabel erscheinen läßt und deshalb den Umlauf der Kreditnachfrage reduziert.

Aus dem Kreditangebot und der Kreditnachfrage resultiert dann in Abbildung 4 ein gleichgewichtiger Zinssatz i_0.

Die Kreditmarktbetrachtung führte in der **loanable funds-Theorie** zur Einbeziehung der Geldschöpfung in die Angebotskurve für Kredite, der die Kreditnachfrage der Investoren und auch das Horten als Eigenkreditnachfrage der Einkommensbezieher gegenübersteht. Der Marktzinssatz ergibt sich nach dieser **Theorie ausleihbarer Fonds** wie auf jedem anderen Markt durch ein Gleichgewicht von Kreditangebot und Kreditnachfrage.

4.2 Grundannahmen zum Zins

Die Existenzberechtigung des Zinses ergibt sich aus der Knappheit von Krediten am Kreditmarkt. Auf ihm ergibt sich durch Kreditangebot und Kreditnachfrage, als Preis für Kredite, der Zins. Er ist das Einkommen des Produktionsfaktors Kapital, so wie der Lohn das Einkommen der Arbeit und die Grundrente das Einkommen des Produktionsfaktors Natur darstellt (**Grenzproduktivitätstheorie**). Allein aus diesem Grund ist der alte Satz von **Aristoteles**, Geld hecke keine Jungen, falsch, mit dem lange Zeit ein Zinsverbot begründet wurde.

Es war bereits darauf hingewiesen worden, daß ein Zinssatz als Preis für die zeitweilige Überlassung von Zahlungsmitteln oder auch für den zeitweiligen Verzicht auf naturale Gegenleistung vereinbart wird. Eine Investition des Kreditnehmers lohnt sich nur, wenn er mit dem ihm auf Grund eines Natural- oder Geldkredites zufließenden Ressourcen einen höheren, künftigen Ertrag (Produktion, Einkommen) erzielt als es den Kreditgebern gegenwärtig möglich ist; im anderen Fall würde der Kreditgeber einen höheren Zins für die Überlassung von gesparten Ressourcen erwarten als der Kreditnehmer zu zahlen in der Lage ist.

Die **Zinstheorie** erklärt das Niveau des Zinses auf dem Kreditmarkt, Kreditanbieter (Sparer) und Kreditnachfrager (in erster Linie Investoren, aber auch der Staat) verhandeln dort über die Zinshöhe. Nach der **Grenznutzentheorie** wird ein Zinssatz deshalb gezahlt, weil Kreditanbieter für ihren zeitweiligen Konsumverzicht (Nutzenentgang) entlohnt werden müssen; diese **Agio-Theorie** geht auf **Eugen von Böhm-Bawerk** zurück. Da die Kreditanbieter relativ zinsunelastisch, d.h. zinsunempfindlich sind, ist das gesamte Kreditangebot auf dem Kreditmarkt bei gegebenem Volkseinkommen, gegenüber Liquidität, gegebenen Erwartungen und Risiken in seinem Umfang bekannt.

Wird gegenwärtig auf den Konsum eines Teils des vorhandenen Einkommens x_0 verzichtet, um investieren zu können, so muß der künftig erwartete Ertrag ε (x_1) größer als der gegenwärtige Konsumverzicht sein. Diese Transformation von gegenwärtigem Konsumverzicht in zusätzliches künftiges Einkommen wird in Abbildung 5 der Einfachheit halber linear dargestellt. In der Regel wird dieser Zu-

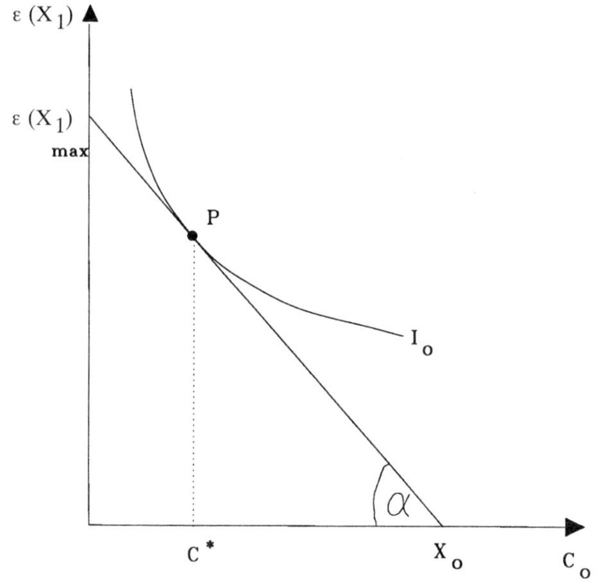

Abbildung 5

sammenhang jedoch zu einer konkav zum Ursprung verlaufenden Budgetkurve führen, da mit zunehmendem Investitionsvolumen der erwartete künftige Ertrag wahrscheinlich abnehmen wird. Dies ist der Ansatz der Grenzproduktivitätstheorie.

In Abbildung 5 muß folglich die Budgetgerade eine Steigung $tg\alpha > 1$ aufweisen, damit der erwartete Zuwachs an künftiger Produktion $\Delta\varepsilon(x_1)$ größer als der teilweise Verzicht an gegenwärtigen Konsum Δx_0 ist. Mit der Annahme der linearen Budgetgeraden ist auch der Zinssatz eindeutig bestimmt; es gilt ja

$$tg\alpha = \frac{\varepsilon(x_1)}{x_0} = \frac{x_0 + \Delta\varepsilon(x_1)}{x_0} = 1 + \frac{\Delta\varepsilon(x_1)}{x_0} = \text{const.},$$

$$\text{mit dem Zinssatz } i = \frac{\Delta\varepsilon(x_1)}{x_0}.$$

Wäre eine gekrümmte Budgetgerade unterstellt worden, ergäbe sich natürlich die gleiche Definition für den Zinssatz, allerdings wäre sein Wert nicht mehr eindeutig bestimmt, da in diesem Falle $tg\alpha \neq \text{const.}$ wäre.

Aber auch dann, wenn der Zinssatz bereits als bekannt unterstellt werden kann, ist das Investitionsvolumen und damit das Kreditvolumen – von einer Selbstfinanzierung sei der Einfachheit halber abgesehen – noch nicht gegeben. Dazu bedarf es einer weiteren Annahme, und zwar der nutzentheoretischen Überlegung der **Agio-Theorie**. Es muß eine Annahme über die Bewertung der Wirtschaftssubjekte hinsichtlich der Dringlichkeit gegenwärtigen Konsums gegenüber eines künftig höheren Verbrauchs gemacht werden. Dies führt zum Instrument der Indifferenzkurve. Mit ihr kann dann in Abbildung 5 eine Aussage über den optimalen Gegenwartskonsum C* und die optimale Investition bzw. das optimale Kreditvolumen $x_0 - C^*$ gemacht werden.

Bei gekrümmter Budgetlinie wäre bei einer Vielzahl an sich möglicher Zinssätze außerdem der optimale Zinssatz mit der Steigung der Indifferenzkurve im Punkt P bestimmt. Bei unterschiedlichen Laufzeiten käme hier noch der Risikoaspekt hinzu, der für längere Perioden einen höheren Zinssatz (höheres Risiko) als für kürzere Periodenlängen bedingt und zu einer gleichgewichtigen Zinsstruktur führt.

Hieraus werden auch die unterschiedlichen Wirkungen der Produktivität von Geld und Kredit deutlich. Die Produktivität des Geldes bei seiner Einführung ist an der Verlagerung der Budgetlinie (vgl. Abbildung 3), die Produktivität des Kredites dagegen ist entlang einer gegebenen Budgetlinie (vgl. die im Prinzip gleiche Abbildung 5) ablesbar. Es sollte beachtet werden, daß es hierbei um die Produktivität des **Geldes an sich** (seine Existenz) geht. Eine erhöhte Geldmenge steigert daher nicht auch diese Produktivität; im Gegenteil, die produktiven Dienste des Geldes können durch seine Vermehrung in einer Inflation abnehmen. Die Produktivität des Kredites dagegen bezieht sich im Prinzip auf eine Produktionssteigerung der durch ihn möglichen Investition bzw. auf eine Nutzensteigerung des mit ihm möglichen höheren Konsums; eine vergrößerte Kreditmenge steigert mithin regelmäßig die Produktivität.

Da jedoch die Verantwortlichen für die Bereitstellung von Geld, also die Zentralbank, keinen Preis für die Inanspruchnahme des umlaufenden Geldes verlangen, wird auch kein Zins dafür bezahlt. Dies aber wäre durchaus möglich, da ja der Ertrag des Geldes in ersparten Informationsausgaben bzw. Opportunitätskosten besteht; in der **Schwundgeld-Theorie** von **Silvio Gesell** wird dieser Aspekt durch eine sukzessive Nominalwert-Reduktion durchaus berücksichtigt – allerdings mit einer anderen Zielsetzung. Für die Bereitstellung von Krediten wird ein Zins erhoben, da Kreditverträge frei aushandelbar sind.

Die Kreditnachfrage zu Investitionszwecken ist bei gleichen Randbedingungen wie beim Kreditangebot durch das Grenzprodukt der Investition bzw. den marginalen Kapitalkoeffizienten bei alternativem Investitionsvolumen bestimmt. Damit ist der **reale Zinssatz (natürlicher Zins)** determiniert. Seine Mindesthöhe entspricht der **Grenzleistungsfähigkeit des Kapitals** und kann als **interner Zinssatz** ermittelt werden, d.h. als derjenige Diskontierungsfaktor, bei dem alle auf den gegenwärtigen Zeitpunkt abdiskontierten erwarteten Erträge in der Zukunft als Summe genau den Anschaffungskosten entsprechen.

Die Entwicklung des realen Zinssatzes (als Funktion der Investitionstätigkeit) ist durch Maßnahmen der Geldpolitik nicht beeinflußbar, es sei denn, es gelänge, die Erwartungen der Investoren über die künftige Ertragsentwicklung zu beeinflussen. In gewissem Umfang ist jedoch das Sparvolumen (durch Veränderungen des realen Volkseinkommens) und das Geldangebot manipulierbar, so daß die Höhe des realen Zinssatzes – nicht dessen Verlauf – variiert werden kann. So kann bei zunächst gegebenem Preisniveau durch Senkung des Darlehnszinses auf dem Geldmarkt unter das Niveau des realen Zinssatzes (sog. **natürlicher Zins** nach **Knut Wicksell**) die Investitionstätigkeit solange angeregt werden, bis der natürliche Zins dem Marktzins entspricht; dies ist der sog. **Wicksellsche Prozeß**. Wird die Senkung des Marktzinses allerdings durch eine Geldmengenausdehnung bewirkt, kann es zu allgemeinen Preissteigerungen $\dot{p}$ kommen, die den Marktzins inflatorisch aufblähen (bei Freiheit von **Geldillusion**), ohne den realen

Zinssatz i_r zu verändern; der Marktzins entspricht dann dem nominellen Zinssatz i_n mit $i_n = i_r + \dot{p}$. Dies ist auch der Grund dafür, daß bei erwarteten Preissteigerungen der nominelle Zinssatz steigt (**Fisher-Effekt**). Dies erklärt auch das sog. **Gibson-Paradoxon**, das in einer durch Geldexpansion ausgelösten inflatorischen Entwicklung eine Erhöhung des (nominellen) Zinssatzes feststellte und nicht – wie theoretisch erwartet – eine Senkung.

Neben der zinsabhängigen Kreditnachfrage der Investoren (**klassische Theorie**) wird durch die **Liquiditätstheorie** auch eine zinsabhängige Kassenhaltung postuliert. Danach halten Wirtschaftssubjekte in Abhängigkeit vom Zinssatz bzw. von der Rendite alternativer Anlagen (z.B. festverzinslicher Wertpapiere) Geld, um eine günstige Gelegenheit zur Aufstockung des Wertpapiervermögens ausnutzen zu können. Wird das Geldangebot erhöht, so muß der Zinssatz sinken, um in die Kassenhaltung aufgenommen zu werden; dies ist der **Liquiditätseffekt**. Steigen nun die Investitionen, so wird damit das Volkseinkommen erhöht; dies ist der **Einkommenseffekt**.

Die Zinsabhängigkeit der Geldnachfrage ist auch Bestandteil der **Portfoliotheorie**. Danach ist jede Geldhaltung zinsabhängig, da ihre Opportunitätskosten (entgangene Zinserträge bei einer möglichen rentablen Anlage) stets von den Wirtschaftssubjekten berücksichtigt werden.

Die **klassische Theorie** stellt bei der Bestimmung der Zinshöhe im Prinzip auf die Stromgröße Investition ab und vernachlässigt in ihrer Argumentation die Bestandsgröße Vermögen (Anlagen, Wertpapiere etc.); die **Liquiditätstheorie** stellt demgegenüber die Kassenhaltung in den Vordergrund. Nach der **loanable-funds-Theorie** schließlich wird der Zinssatz auf dem Markt für ausleihbare Fonds bestimmt. Das Kreditangebot auf diesem Markt wird durch Kredite aus Ersparnissen und zusätzlicher Geldschöpfung, die Nachfrage durch das Investitionsvolumen und Horten bestimmt. Im Prinzip enthält die **Kreditmarkttheorie** sämtliche der genannten Einflüsse, um das Zinsniveau aus Kreditangebot und Kreditnachfrage zu ermitteln.

4.3 Die Funktion der Kreditmärkte

Der **Kreditmarkt** ist die gedankliche Zusammenfassung aller Teilmärkte des Angebotes und der Nachfrage von Krediten. Ein Kredit (credit) wird immer dann nachgefragt bzw. aufgenommen (genauer: Leihe (loan), eine Verbindlichkeit in Form eines Kredites eingegangen), wenn Geld benötigt wird, um zu investieren oder zu konsumieren. Ganz allgemein wird durch einen Kredit die zeitliche Vorwegnahme von Zahlungen in Geld bzw. Verwendung von Leistungen ermöglicht, die ohne ihn erst durch Sparen in der Zukunft abgewickelt werden könnten. Ein Kredit wird immer dann angeboten bzw. gewährt (genauer: eine Forderung in Form eines Kreditvertrages erworben), wenn man vorhandenes Geld nicht selbst verwenden möchte. Der Kredit (als Aktivum) stellt somit das Pendant zum Geld (als Passivum des Emittenten) dar, enthält jedoch außerdem naturale Kreditbeziehungen wie etwa den Lieferantenkredit. Diese Beschreibung für Kredite gilt allgemein, also für verschiedene Wirtschaftssubjekte, für verschiedene Kredittypen (Fristigkeit, Art der Sicherung) und für unterschiedliche Marktorganisationen.

Neben dem interpersonalen Ausgleich an Spar- und Investitionsmitteln, der auf zeitlicher Verschiebung von Kapitaldispositionen (Fristentransformation durch das Bankensystem) beruht, ermöglicht der Kreditmarkt eine Transformation kleinerer, angebotener Sparbeträge in umfangreichere, nachgefragte Kredite; dies erfolgt in der Regel durch Geschäftsbanken (Kreditgrößentransformation durch das Bankensystem). Dem Zinssatz kommt dabei die Aufgabe zu, das angesammelte Sparkapital in seine produktivste Verwendung zu lenken.

Jedes Kreditangebot setzt Sparen voraus, also den Verzicht auf sofortige Ausgaben von Einkommen zu Investitions- oder Konsumzwecken. Dieser kann entweder im eignen Bestand **gehortet** werden – in diesem Fall besteht ein subjektives Bedürfnis an Besitz – oder aber anderen Wirtschaftssubjekten vorübergehend zur Verfügung gestellt werden; nur in diesem Falle spricht man von **sparen**. Will man jemanden dazu veranlassen, (vermehrt) zu sparen und weniger zu horten oder zu konsumieren, so muß dafür ein Preis – der Zins – als Ausgleich für den Verzicht auf

- Horten (Besitzerstolz),
- Liquidität (Sicherheit, Terminrisiko),
- gegenwärtigen Konsum (gegenwärtiger Nutzenentgang),
- Risikoaversion (Ausfall-, Währungsrisiko),

gezahlt werden.

Außer durch privates Sparen kann das Kreditangebot aber auch durch die Geldpolitik beeinflußt werden, die damit immer auch das Vermögen in einer Volkswirtschaft – also den Wert des historischen Sparens (nicht verbrauchtes Einkommen der Vergangenheit) – manipuliert.

Die Kreditnachfrage beruht vor allem auf Erwartungen über die Produktivität von Investitionsvorhaben (Grenzproduktivitätstheorie), aber auch auf vorübergehenden Engpässen in der gegenwärtigen Liquidität oder der Vorwegnahme eigentlich erst künftig durch Sparen möglichen Konsums (Konsumentenkredit).

Mit der Kreditnachfrage und dem Kreditangebot wird auf dem Kreditmarkt das Zinsniveau bestimmt. Die Rolle des Mittlers zwischen Kapitalgebern und Kapitalnehmern wird vom gesamten Finanzsektor übernommen. Zu ihm gehören die Geschäftsbanken, Bausparkassen, Versicherungen sowie Kapitalgesellschaften, aber auch die Zentralbank, die jedoch nicht auf den Kreditmärkten als Marktteilnehmer auftritt. Die Tätigkeit des Finanzsektors wird nach unterschiedlichen Merkmalen den verschiedenen Märkten mit üblichen Verläufen von Angebots- und Nachfragekurven zugeordnet, und zwar dem:

- **Kapitalmarkt**
  als Markt für langfristige Forderungen (langfristige Kredite), die in der Regel als Effekten verbrieft sind (Industrieobligationen, Staatsanleihen); die Laufzeit dieser Wertpapiere beträgt mindestens 4 Jahre. Anbieter auf dem Kapitalmarkt sind alle Wirtschaftssubjekte mit Ausnahme der Zentralbank, Nachfrager sind ebenfalls alle Wirtschaftssubjekte, mit Ausnahme wiederum der Zentralbank, und auch der Bausparkassen und Versicherungen. Die Kapitalmarktsätze entsprechen der Rendite von Wertpapieren (Anleihen) r_W.
- **Kreditmarkt**
  als Markt für Bankkredite in Form von Kontokorrent- und Wechselkrediten und Darlehen mit kurz-, mittel- und langfristiger Laufzeit. Als **Marktpartner** treten Banken als Kreditanbieter und Nichtbanken sowie alle anderen Wirt-

schaftssubjekte als Kreditnachfrager auf. Als Kreditmarktsätze gelten die Sollzinsen i_S.

- **Bankeinlagenmarkt**
  als Markt für von Banken bei allen übrigen Sektoren nachgefragte Finanzmittel wie Sicht-, Termin- und Spareinlagen. Hierzu gehören mittelbar auch die Teilmärkte für Bankschuldverschreibungen sowie Forderungen an Bausparkassen und Versicherungen. Die Zinssätze der Banken (Publikumssätze) sind die Habenzinsen (Zinssatz für Sicht-, Termin- und Sparguthaben) i_H.
- **Markt der Kreditvermittler** (finanzielle Intermediäre, sekundäre Finanzierungsinstitute, financial intermediaries)
  Marktpartner sind Versicherungsgesellschaften, Hypothekenbanken, Kapitalanlagegesellschaften (Investmentfonds) etc. als Kreditanbieter und Banken sowie Nichtbanken als Kreditnachfrager. Die Zinsfindung erfolgt in Anlehnung an die Kapitalmarkt- und Bankkreditzinsen.
- **Geldmarkt**
  als Markt für kurzfristige Interbankenkredite. Handelsobjekt ist ausschließlich Zentralbankgeld. Innerhalb des Bankensystems dient der Geldmarkt dem kurzfristigen horizontalen und vertikalen Liquiditätsausgleich. Marktpartner sind – sowohl als Anbieter als auch als Nachfrager – die Geschäftsbanken und die Zentralbank.

Relevante Geldmarktsätze sind die

- Zinssätze für Kredite der Zentralbank an Geschäftsbanken
  Diskontsatz (Diskontpolitik) d,
  Lombardsatz (Lombardpolitik),
  Satz für Wertpapierpensionsgeschäfte,
  Rendite der Offenmarktpapiere (Offenmarktpolitik) s und der
- Zinssatz für Kredite der Geschäftsbanken untereinander, der Tagesgeldsatz i_T etc.

Die Zentralbank hat allein auf dem Geldmarkt geldpolitischen Einfluß; sie setzt den Diskontsatz d und die Rendite für das Halten von Offenmarktpapieren s (z.B. für Schatzwechsel) fest. Geschäftsbanken können nun Liquidität in Offenmarktpapieren zum Ertragssatz s anlegen oder aber an andere Geschäftsbanken zum Tagesgeldsatz i_T ausleihen; dies werden sie aber nur dann tun, wenn $i_T > s$. Andere Geschäftsbanken benötigen Liquidität und können diese auf dem Kreditweg entweder bei der Zentralbank – für die Hergabe von Handelswechseln – zum Diskontsatz d oder aber von anderen Geschäftsbanken erhalten; an diese wenden sie sich aber nur, wenn $i_T < d$. Daraus ergibt sich zunächst

$$d > i_T > s.$$

Einen Diskontkredit bei der **Deutschen Bundesbank** erhält eine Geschäftsbank allerdings nur zu ganz bestimmten Usancen; die eingereichten Wechsel müssen noch mindestens eine Restlaufzeit von 5 Tagen aufweisen; bei Wechseln unter 5000 DM werden Zinsen von minimal 10 Tagen berechnet. Wenn daher Banken nur Liquidität für ein bis zwei Tage benötigen, oder aber ihr Kreditrahmen bei der Zentralbank ausgeschöpft ist, wird auch $i_T > d$ möglich, was übrigens regelmäßig der Fall ist. Bei angespannter Liquiditätslage kann der Tagesgeldsatz sogar exorbitante Höhen erreichen – in der Bundesrepublik Deutschland wurde sogar einmal ein Tagesgeldsatz von fast 40% p.a. bezahlt –, da Tagesgeld eben nur für ganz kurze Laufzeiten aufgenommen wird.

Geschäftsbanken fragen Liquidität auch beim Publikum nach, indem sie Sparkonten (mit Kündigungsfristen), Sparbriefe, Terminkonten (mit vereinbarter Laufzeit) oder Inhaberschuldverschreibungen anbieten. Dies werden sie jedoch nur dann tun, wenn $i_H < s$; im anderen Falle könnten sie sich die benötigte Liquidität günstiger durch Rückgabe von Offenmarktpapieren an die Zentralbank besorgen.

Geldanbietende Banken können entweder Offenmarktpapiere bei der Zentralbank zum Renditesatz s oder aber Wertpapiere am Kapitalmarkt zum Renditesatz r_W erwerben; dort fragen sie Wertpapiere (Aktien, festverzinsliche Wertpapiere – Renten, bonds –) nur nach, wenn $r_W > s$. Statt Wertpapiere zu kaufen, werden Banken aber auch Kredite anbieten, wenn $i_S > r_W$.

Daraus läßt sich dann eine institutionelle Zinsstruktur ableiten,

$$i_S > r_W > (i_T) > d > i_T > s > i_H,$$

die sich auch aus Abbildung 6 für die Bundesrepublik Deutschland ablesen läßt.

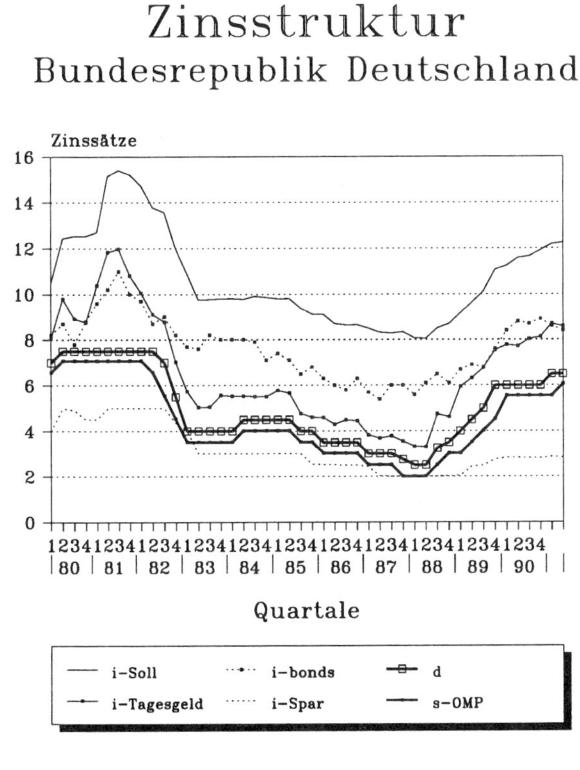

Quelle: Monatsberichte Bundesbank

Abbildung 6

Alle Kreditmärkte sind über die auf ihnen ausgehandelten Zinsen miteinander verbunden. Es bildet sich damit eine ganz bestimmte Zinsstruktur heraus. Sollte der Zinssatz auf einem der Kreditmärkte steigen, werden Kreditnachfrager versuchen, sich auf einem anderen Markt Kredite zu besorgen. Gleichzeitig werden Kreditanbieter verstärkt auf den Märkten mit höherem Zinsniveau Kredite anbieten. Sinkende Nachfrage und steigendes Angebot bedingen nun wieder eine Annäherung des Zinsniveaus (die Zinssätze passen sich wieder ihrer alten Struktur an) auf allen Märkten, das sich dann nur noch wegen verschiedener Fristigkeit und unterschiedlichem Risiko (Terminrisiko, Zinsänderungsrisiko und Ausfallrisiko) von dem anderer Kreditmärkte unterscheidet. Die dabei zu berücksichtigende Fristigkeit drückt sich in der steigenden Zinshöhe bei längerfristigen Anlagen aus.

Dennoch aber kann es zu einer **Anomalie der Zinsstruktur** kommen, wenn man sich bei einer erwarteten Senkung des allgemeinen Zinsniveaus nur vorübergehend verschulden will, um später einen umso geringeren, langfristig fixierten Zinssatz in Anspruch nehmen zu können; während dieser Phase kann daher der kurzfristige vorübergehend über den längerfristigen Zinssatz zu liegen kommen. Die sich ergebende Zinsstruktur wird damit durch Überlegungen der Portfoliotheorie erklärt.

Da die Zinselastizität des Sparens sehr gering ist, also das Sparvolumen zinsunempfindlich reagiert, spielt das Verhältnis zwischen den Zinsniveaus auf den einzelnen Kreditmärkten eine wesentliche Rolle für die Verteilung des Sparvolumens auf diese Teilmärkte. Diese Teilkreditmärkte und damit die dort ausgehandelten Zinssätze unterscheiden sich nach den teilnehmenden Institutionen sowie nach der Fristigkeit und Sicherung der gehandelten Kredite.

Die **Zinsstrukturtheorie** zeigt, wie sich die Zinssätze unterschiedlicher Kreditmärkte zueinander verhalten und wodurch dieses Verhältnis bestimmt ist.

Nach der **Erwartungstheorie** von **Irving Fisher** entspricht der langfristige Zins dem Durchschnitt der erwarteten kurzfristigen Zinssätze, da es einem Kreditgeber, gleichgültig sein kann, ober er einen langfristig zur Verfügung gestellten Geldbetrag von vornherein für die beabsichtigte Anlagedauer ausleiht oder aber sukzessive eine kurzfristige Festlegung erneuert. Da gewöhnlich der langfristige Zinssatz über dem kurzfristigen liegt, müßte die Erwartungstheorie praktisch postulieren, daß die Wirtschaftssubjekte langfristig eine laufende Erhöhung der kurzfristigen Zinssätze erwarten.

Die **Liquiditätsprämientheorie** von **John R. Hicks** geht von der Vorstellung von **John Maynard Keynes** über die Liquiditätspräferenz aus, nach der für die vorübergehende Aufgabe von Liquidität als Ausgleich eine Prämie in Form des Zinses zu leisten ist. Anlagen mit einer kurzen Restlaufzeit weisen eine große Liquiditätsnähe, Anlagen mit langer Restlaufzeit eine geringe Liquiditätsnähe auf. Je länger also die Bindungsdauer von Liquidität ist, desto höher muß die Prämie für die zeitweilige Aufgabe von Liquidität sein.

Die **Marktsegmentationstheorie** von **John M. Culbertson** geht schließlich davon aus, daß alle Teilmärkte des Kreditmarktes isoliert sind und deren Zinssätze nur begrenzt durch Arbitrage, also durch Ausnutzen von Ertragsmöglichkeiten wie der Fristentransformation der Geschäftsbanken, ausgeglichen werden können. Die Unvollkommenheit der Substitution von Krediten verschiedener Teilkreditmärkte erklärt die zeitliche Verzögerung bei der Anpassung von Zinsstrukturänderungen.

Eine Erklärung der Anomalie der Zinsstruktur zwischen kurz- und langfristigen Zinssätzen läßt die Marktsegmentationstheorie allerdings nicht zu. Eine solche Anomalie ist nur durch die Erwartung von Kreditnachfragern und Kreditanbietern plausibel, die eine Reduktion der langfristigen Zinssätze annehmen und sich bis zu einer langfristigen Bindung kurzfristig vorfinanzieren; dies kann ja den kurzfristigen Zinssatz vorübergehend über den langfristigen ansteigen lassen.

Bei Anlagemöglichkeiten in unterschiedlichen Ländern kann der Zinssatz selbst bei qualitativ völlig gleichartigen (homogenen) Wertpapieren international voneinander abweichen, wenn ein **Wechselkursrisiko** besteht. Dieses Risiko wird durch den **Swapsatz** (Swappolitik) ausgeglichen, der damit die Kurssicherungskosten darstellt.

Zinsstruktur und Zinsniveau spielen sowohl für die Kreditnachfrage von Investoren wie für das Kreditangebot der Banken (und Kreditvermittler) eine Rolle. Das Zinsniveau wird durch die **Kreditmarkttheorie** des Geldangebotes von **Karl Brunner** und **Allan H. Meltzer** erläutert. Nach dieser Kreditmarkttheorie wird das Kreditangebot durch die **bereinigte Geldbasis** (Zentralbankgeld) beeinflußt, das zugleich das Geldangebot darstellt. Die Kreditangebotsfunktion wird durch Liquiditätsanlagen der Kreditanbieter und damit durch alternative Anlagemöglichkeiten (Opportunitätskosten) erklärt; mit steigendem Kreditzins steigt damit das Kreditangebot. Auf dem Kreditmarkt wird durch das Kreditangebot und die Kreditnachfrage der Investoren der Marktzinssatz bestimmt. Steigt nun auf Grund besserer Erwartungen über die künftige Ertragsentwicklung die Kreditnachfrage, kommt es bei gegebener Kreditangebotsfunktion zu einem steigenden Zinssatz; gleichzeitig folgt daraus ein steigendes Geldangebot bei steigendem Zinsniveau. Kann das Kreditangebot ohne Erhöhung der Refinanzierungskosten der Kreditgeber gesteigert werden, so kann das Kredit- und Geldangebot ohne Zinssatzänderung vermehrt werden; Kredit- und Geldangebot sind dann vollkommen **zinselastisch**. Bei völlig zinsunelastischem Kredit- und Geldangebot dagegen führt eine gesteigerte Kreditnachfrage ausschließlich zu Zinssatzsteigerungen.

Literatur zum II. Kapitel

1. Abschnitt

Andrea, Wilhelm: Geld und Geldschöpfung, Wien 1953.
Fuhrmann, Wilfried: Geld und Kredit, 2. und erw. Auflage, München 1987.
Issing, Otmar: Einführung in die Geldtheorie, 7. Auflage, München 1990.
Jarchow, Hans-Joachim: Theorie und Politik des Geldes, I. Geldtheorie, 8. Auflage, Göttingen 1990.
Laum, Bernhard: Die Funktionen des Geldes aus historischer Sicht. In: Geldtheorie und Geldpolitik, Hrsg. **Andreae** u.a., Berlin 1968.
Schmölders, Günter: Geldpolitik, 2. Auflage, Tübingen, Zürich 1968.
Stavenhagen, Gerhard: Geschichte der Wirtschaftstheorie, 4. erw. Auflage, Göttingen 1969.
Zottmann, Anton: Allgemeine Volkswirtschaftslehre IV (Geld und Kredit), Stuttgart/Düsseldorf 1969.

2. Abschnitt

Deppe, Hans-Dieter: Betriebswirtschaftliche Grundlagen der Geldwirtschaft, Bd. 1: Einführung und Zahlungsverkehr, Stuttgart 1973.
Köhler, Claus: Geldwirtschaft, Bd. 1: Geldversorgung und Kreditpolitik, 2. veränd. Auflage, Berlin 1977.
Schilcher, Rudolf: Geldfunktionen und Buchgeldschöpfung. Ein Beitrag zur Geldtheorie, 2. Auflage, Berlin 1973.
Stobbe, Alfred: Gesamtwirtschaftliche Theorie des Geldes, Tübingen 1966.
Veit, Otto: Reale Theorie des Geldes, Tübingen 1966.

3. Abschnitt

Brunner, Karl/Meltzer, Allan H.: Die Verwendung von Geld: Geld in der Theorie einer Tauschwirtschaft. In: Geldtheorie, Hrsg. **Brunner u.a.**, Köln 1974.
Goodhart, Charles A. E.: The Role, Functions and Definition of Money. In: The Microeconomic Foundations of Macroeconomics, Hrsg. **Harcourt, G. C.**, London 1977.
Niehans, Jürg: Geld und Tausch im allgemeinen Gleichgewicht mit Transaktionskosten. In: Geldtheorie, Hrsg. **Badura, J./Issing, O.**, Stuttgart 1979.
Siebke, Jürgen/Willms, Manfred: Theorie der Geldpolitik, Berlin-Heidelberg-New York 1974.

4. Abschnitt

Bruns, G. und Häuser, Karl (Hrsg.): Institutionen des deutschen Kapitalmarktes, Frankfurt a.M. 1982.
Büschgen, Hans-Egon: Der deutsche Geldmarkt, Wien 1969.
Deppe, Hans-Dieter: Betriebswirtschaftliche Grundlagen der Geldwirtschaft, Bd. 1: Einführung und Zahlungsverkehr, Stuttgart 1973.
Duwendag, Dieter/Ketterer, Karl-Heinz/Kösters, Wim/Pohl, Rüdiger/Simmert, Diethard B.: Geldtheorie und Geldpolitik, 3. Auflage, Köln 1985.
Eilenberger, Guido: Die Geldpolitik der Kreditinstitute. Inländische und internationale Geldmärkte. Optimal- und Realbedingungen der Geldposition. 2. neubearb. und stark erw. Auflage, Frankfurt 1984.
Faßbender, Heino: Zur Theorie und Empirie der Fristigkeitsstruktur der Zinssätze, Berlin 1973.
Gebauer, Wolfgang: Realzins, Inflation und Kapitalzins, Berlin u.a. 1982.
Grunwald, J. G.: Die Ergiebigkeit des Kapitalmarktes unter besonderer Berücksichtigung des wechselnden Anlegerverhaltens im Konjunkturverlauf, Stuttgart 1979.
Halm, George N.: Geld, Außenhandel und Beschäftigung, 4. Auflage, Berlin 1966.
Herrmann, A.: Die Geldmarktgeschäfte, 2. Auflage, Frankfurt a.M. 1980.
Hübl, Lothar: Bestimmungsgründe der nominalen Zinsentwicklung in der Bundesrepublik Deutschland, Berlin 1973.
Issing, Otmar: Einführung in die Geldtheorie, 7. Auflage, München 1990.
Kath, Dietmar: Die verschiedenen Ansätze der Zinsstrukturtheorie, in: Kredit und Kapital, 5. Jg. (1972), S. 28ff.
Lutz, Friedrich A.: Zinstheorie, 2. Auflage, Zürich/Tübingen 1967.
Mülhaupt, Ludwig: Einführung in die Betriebswirtschaftslehre der Banken, 2. Auflage, Wiesbaden 1980.
Rösler-Schubäus J.: Gesamtwirtschaftliche Bestimmungsgründe der Zinsentwicklung, Stuttgart 1979.
Wieners, Klaus: Kredit, in: Evangelisches Soziallexikon, 7. Auflage, Stuttgart, Berlin 1980.
Weiß, V.: Kapitalmarkt, Bankenliquidität und Geldmenge, Frankfurt a.M. 1978.
Woll, Arthur: Allgemeine Volkswirtschaftslehre, 8. Auflage, München 1984.
Zottmann, Anton: Allgemeine Volkswirtschaftslehre IV (Geld und Kredit), Stuttgart/Düsseldorf 1969.

III. Das Angebot an Geld und Kredit

Das Geldangebot wird durch die Geldemittenten (die Notenbank und Geschäftsbanken) zur Verfügung gestellt. Die Geldtheorie interessiert bei der Untersuchung des Geldangebotes, wer in welchem Umfang Geld zur Verfügung stellt. Geht man von dem traditionell in der Praxis verwendeten Geldbegriff aus, so gelten nur das Zentralbankgeld und Sichteinlagen bei Geschäftsbanken als Geld, womit auch die Geldanbieter bestimmt sind. Das Bargeld z.B., ein Teil des Zentralbankgeldes, ist als gesetzliches Zahlungsmittel (**legal tender**) höherrangig gegenüber dem Giralgeld der Geschäftsbanken, die erst durch den Besitz von Zentralbankgeld (**Geldbasis**) eigenes Geld schaffen können. Das gesamte Geldangebot in modernen, marktwirtschaftlich organisierten Volkswirtschaften ist daher in einem **einstufigen Mischgeldsystem** organisiert, mit dem gegenüber Geschäftsbanken höherrangigen Zentralbankgeld bzw. der Geldbasis und dem Geschäftsbankengeld. Die Theorie des Geldangebotes untersucht die geldpolitisch wichtige Beziehung zwischen der Geldbasis B, also der Zentralbankgeldmenge im Besitz der Geschäftsbanken, und dem gesamten Geldangebot M, also die Beziehung $B \cdot m = M$.

Vor allem die Einflüsse aller Wirtschaftssubjekte auf den Geldschöpfungsmultiplikator m sind für die Steuerungsmöglichkeit des Geldangebotes über die Geldbasis für die Zentralbank als geldpolitischer Instanz von wesentlicher Bedeutung. Das zusätzliche Geldangebot der Geschäftsbanken $M - B$, als der umfangreichere Teil des gesamten Geldangebotes M, wird durch ihre Liquidität und durch die Geldpolitik bestimmt.

Die Geldangebotsfunktion wird durch die Refinanzierungsmöglichkeiten der Geschäftsbanken bei der Zentralbank bestimmt und ist von den Refinanzierungskosten abhängig. Das Geldangebot kann somit zugleich mit dem Kreditangebot durch die Kreditmarkttheorie erklärt werden. Dadurch ist es möglich, das Geldangebot unabhängig von der Geldnachfrage der Nichtbanken darzustellen. Da mit steigendem Geld- und Kreditangebot die Refinanzierungskosten steigen – es müssen immer mehr rentable Anlagen liquidisiert werden –, steigt das Geldangebot regelmäßig mit zunehmendem Zinsniveau.

Neben den Geschäftsbanken, die Geld durch Kreditschöpfung schaffen können, werden aber Kredite ohne Geldschöpfung auch von **reinen Kreditvermittlern**, die nicht zu den Geschäftsbanken zählen, angeboten. Dies ist für das gesamte Geldangebot einer Volkswirtschaft – das ja von der Zentralbank durch geldpolitische Maßnahmen kontrolliert werden soll – von großer Bedeutung. Zu diesen reinen Kreditvermittlern (Kapitalsammelstellen, Finanzintermediäre, auch financial intermediaries genannt) zählen Realkreditinstitute, Kreditinstitute mit Sonderaufgaben und Teilzahlungskreditinstitute, die nicht oder nur in unbedeutendem Maße verpflichtet sind, Mindestreserven zu unterhalten; außerdem gelten Individual- und Sozialversicherungen sowie Kapitalanlagegesellschaften (Investmentfonds) und Bausparkassen als solche reine Kreditvermittler.

Die Geldangebotstheorie geht traditionell von einer prinzipiellen Steuerungsmöglichkeit des Geldangebotes aus, da die Zentralbank weitgehend den Umfang an monetärer Basis bestimmen kann. Faßt man jedoch den Begriff **„Geld“** wie die **Banking-Theorie** sehr weit, so stellt im Prinzip jedes Wirtschaftssubjekt, das eine schriftlich fixierte und von anderen akzeptierte Verbindlichkeit eingeht, Zahlungsmittel und damit Geld zur Verfügung; nach der **Currency-Theorie** in der sehr engen Fassung muß Geld in Gold gedeckt sein, so daß der Kreis der Geldanbieter und der Umfang des Geldangebotes sehr begrenzt ist. Es hängt offensichtlich von der Definition der Geldmenge ab, um deren Angebotsvolumen und zugleich deren Emittenten bestimmen zu können.

1. Geldarten

1.1 Das Zentralbankgeld

Zentralbankgeld gilt in jeder Volkswirtschaft als Geld höchster Ordnung, das von der Notenbank emittiert wird. Es stellt eine Verbindlichkeit der Zentralbank dar, die durch Aktiva, z.B. Gold, Devisen, Forderungen etc. gedeckt ist.

1.1.1 Das Zentralbankgeld von seiner Verwendungsseite

Banknoten und Münzen werden von jedermann als Geld angesehen. Sie werden von der Zentralbank ausgegeben; in der Bundesrepublik Deutschland stellt die **Deutsche Bundesbank** den Wirtschaftssubjekten die Banknoten und die Bundesregierung die Münzen – **Kurantmünzen** oder Scheidemünzen, die nur bis zu einem bestimmten Betrag als Zahlungsmittel akzeptiert werden müssen – über die **Deutsche Bundesbank** zur Verfügung. Ein möglicher Bilanzgewinn der **Deutschen Bundesbank** wird an die Bundesregierung abgeführt.

Der Bilanzgewinn der **Deutschen Bundesbank** wird häufig auch als **Münzgewinn** (**seigniorage**) bezeichnet. Ein Münzgewinn entsteht auch bei der Schaffung von Banknoten, Giralgeld oder auch von internationalen Zahlungsmitteln wie den **Sonderziehungsrechten** oder auch der Europäischen Währungseinheit (**ECU**). Häufig wird dabei der Münzgewinn als Differenz zwischen dem Nominalwert der entsprechenden Geldart und den Druck-, Verwaltungs- und evtl. entstehenden Opportunitätskosten (Verzicht auf Zinserträge bei alternativer Verwendung) aufgefaßt. Diese Sehweise würde jedoch zu einem unangemessen hohen Münzgewinn verleiten: Der Münzgewinn der **Deutschen Bundesbank** entspräche dann dem gesamten Banknotenumlauf, da deren Produktionskosten vernachlässigbar gering sind; der Münzgewinn der Geschäftsbanken entspräche fast der gesamten Giralgeldmenge, da Zins- und Verwaltungsausgaben nur einen Bruchteil des Giralgeldvolumens ausmachen. Der Münzgewinn würde bei weitem höher ausgewiesen als etwa der unternehmerische Bankgewinn.

Ermittelt man dagegen den Münzgewinn (als Gewinn aus der Geldschöpfung) bilanzmäßig in der gleichen Art wie ursprünglich bei Metallmünzen, so gilt für ihn die Differenz zwischen dem Wert der Geldmenge (Passivseite der Bilanz) und der diesem Wert gegenüberstehende Wert an Aktiva (Aktivseite der Bilanz) beim Geldemittenten. Dennoch aber ist der Münzgewinn nicht einfach diesem unternehmerischen Bankgewinn gleichzusetzen. Ein Münzgewinn bei umlaufenden Metallmünzen entsteht ja erst dadurch, daß der Souverän Exklusivrechte zum Prägen unterwertiger Münzen vergibt. Er ist damit also nichts anderes als der –

gegenüber der Konkurrenzsituation zwischen Geldemittenten – entstehende zusätzliche Gewinn (das gleiche gilt auch für den Wert des **good will** einer Bank); er ist gleich hoch wie ein durch hoheitliche Konzession entstehender Monopolgewinn.

Damit stellt sich die Frage, wem dieser Münzgewinn eigentlich zusteht. Nach **Milton Friedman** und **Harry G. Johnson** sollte durch eine Verzinsung der Kassenhaltung der Münzgewinn auf die Geldverwender verteilt werden, die ja durch die staatliche Konzession bei der Geldschaffung den Münzgewinn eigentlich tragen. Dies gilt auch für den Münzgewinn, der bei der Schaffung von internationalen Zahlungsmitteln wie **Sonderziehungsrechten** anfällt. Da hier jedoch die Geldverwender, d.h. insbesondere die Industriestaaten, zugleich Handelsprotektionismus betreiben, wird auch gefordert, den Münzgewinn internationaler Zahlungsmittel den vom Protektionismus diskriminierten (Entwicklungs-)Ländern zuzugestehen. Dies jedoch würde eine nur geringe Verzinsung der Sonderziehungsrechte zulassen, womit ihre Attraktivität als internationales Zahlungsmittel beeinträchtigt würde.

Eine Verteilung des Münzgewinns wird deshalb angestrebt, weil er eine optimale Geldversorgung verhindere. Diese optimale Kassenhaltung besteht nämlich dann, wenn der zusätzliche Nutzen einer vermehrten Kassenhaltung Null ergibt. Um diese optimale Kassenhaltung anzustreben, für die kein Zinsertrag anfällt, schlägt **Milton Friedman** vor, die Geldmenge so zu steuern, daß das Preisniveau in einem Umfang fällt, bei dem der reale Zinssatz Null ergibt. Eine Rendite der Kassenhaltung ergibt sich dabei durch eine sich steigernde Realkasse.

In der Ausgestaltung entgegengesetzt ist das von **Silvio Gesell** vorgeschlagene **Schwundgeld**, bei dem der den Banknoten aufgedruckte Wert periodisch reduziert wird; dieses **Schwundgeld** führt zu einer starken Steigerung der Umlaufgeschwindigkeit des Geldes.

Banknoten waren ursprünglich ein Schuldversprechen der ausgebenden Bank, die Banknote zum Nennwert jederzeit auch in Gold bzw. Silber einzulösen. Dies ist heute natürlich nicht mehr der Fall. Dennoch aber stellen Banknoten auch heute noch eine Verbindlichkeit der Zentralbank dar. Daraus ergibt sich, daß auch andere Verbindlichkeiten der Zentralbank Zahlungsmittelfunktion ausüben, denn bei bargeldlosem Zahlungsverkehr kommt es ja nur darauf an, was als Zahlungsäquivalent akzeptiert wird. So kann es einem Wirtschaftssubjekt gleichgültig sein, ob ein Zahlungsmedium in einem umlaufenden Zahlungsversprechen oder aber in einer verbuchten Forderung bei der Zentralbank besteht.

Der Umfang des Zentralbankgeldes und seine Zusammensetzung läßt sich an der Bilanz der **Deutschen Bundesbank** ablesen. In vereinfachter Form besteht diese Bilanz aus den in Tabelle 1 dargestellten Positionen.

Als Zentralbankgeld i.w.S. müßten alle Positionen auf der Passivseite der Bilanz – mit Ausnahme des Posten **„Sonstiges“** (Positionen 11. bis 17.) – gelten, also

$$ZBG = C + MR + ES + EP + EA,$$

denn über diese Positionen kann jederzeit zu Zahlungszwecken verfügt werden. Dies ist jedoch eine unüblich weite Definition der Zentralbankgeldmenge. Tatsächlich werden die Einlagen der öffentlichen Hand, der Ausländer sowie die der inländischen Nichtbanken (einschließlich der **Deutschen Bundespost** mit ihrem

Tabelle 1

Deutsche Bundesbank 1990 (in Mrd. DM)

1. Währungsreserven R	117,37	6. Noten N	166,91	
2. Kredite an Banken KB	208,55	7. Einlagen von Banken MR	76,68	
3. Kredite an die öffentlichen Haushalte KS	9,43	8. Einlagen der öffentlichen Haushalte ES	19,15	SP
4. Wertpapiere WP	4,25	9. Einlagen von Unternehmen und Privaten EP (z.B. Bundespost)	6,42	SP
5. Sonstiges SA	20,95	10. ausländische Einleger EA	49,11	SP
		11. andere Verbindlichkeiten	4,76	SP
		12. Gegenposten für die Bewertung des Goldbestandes beim EFWZ	10,93	SP
		13. Ausgleichsposten	2,57	SP
		14. Rückstellungen	4,95	SP
		15. Grundkapital	8,11	SP
		16. Sonstiges	8,73	SP
		17. Bilanzgewinn	2,23	SP
	360,55		360,55	

Quelle: Monatsberichte der Deutschen Bundesbank, Februar 1991.

Giroverkehr) **nicht** zum Zentralbankgeld gezählt. Üblicher Weise wird eine engere, modifizierte Definition für die Zentralbankgeldmenge zu Grunde gelegt – die **Geldbasis B (monetäre Basis, monetary base, high powered money)** –, um geldpolitische Aktivitäten der Zentralbank adäquater erfassen zu können. Die **monetäre Basis** ist durch

$$B = C + MR$$

bestimmt. Dies ist das **Zentralbankgeld von der Verwendungsseite** her definiert. Neben den Banknoten laufen als Bargeld noch Scheidemünzen bzw. Münzgeld SM um. Das Recht zur Münzausgabe, das **Münzregal**, liegt bei der Bundesregierung. Im Jahre 1990 hatten diese umlaufenden Scheidemünzen einen Wert von DM 12,,8 Mrd. Der gesamte Bargeldbestand bzw. **Bargeldumlauf** C erreichte im Jahr 1990 ein Größe von

$$C = N + SM = 179{,}69 \text{ Mrd. DM.}$$

Im Jahre 1990 betrug die Menge an **Basisgeld B** = 256,37 Mrd. DM. Sie ist die entscheidende Größe für die Geldschöpfung der Banken in Form von Geschäftsbankengeld. Da die Banken noch die Möglichkeit haben, durch Auflösen inländischer Geldmarktpapiere GM_i ihre Liquidität an Zentralbankgeld zu erhöhen, wählt man zur Beurteilung der Geldschöpfungsmöglichkeit durch Banken häufig eine um solche Einflußmöglichkeiten **korrigierte Geldbasis** $\mathbf{B_k}$; sie wird manchmal durch von Banken bereits bei der **Deutschen Bundesbank** in Anspruch genommene Kredite (rediskontierte Wechsel RW und Lombardverbindlichkeiten LV) reduziert. Diese **korrigierte (bereinigte) Geldbasis** hat die Definition:

$$B_k = B + GM_i - RW - LV;$$

sie entspricht in ihrer Zusammensetzung der sogenannten **Zentralbankgeldmengenbereitstellung**. Von der **Deutschen Bundesbank** wird die Zentralbankgeldmenge als wichtiges Aggregat angesehen.

1.1.2 Das Zentralbankgeld von seiner Entstehungsseite

Die bisher angeführte weite Definition für die Zentralbankgeldmenge wie die engere Definition für die monetäre Basis sind praktisch von ihrer Verwendungsseite her definiert worden. Da jede Bilanz ausgeglichen ist, kann die gleiche Zentralbankgeldmenge auch durch alle anderen Positionen, jetzt von der Entstehungsseite her, definiert werden. Beschreibt man das **Zentralbankgeld von seiner Entstehungsseite** her, so werden die Positionen der Aktivseite gezählt, von denen die nicht Zentralbankgeld darstellenden Passivposten abgezogen werden, also

$$ZBG = R + KB + KS + WP - S,$$

wobei in $S = SA - SP$ sämtliche sonstigen Aktiv- und Passivposten enthalten sind. Sie zeigt, über welche Positionen die Zentralbankgeldmenge durch Maßnahmen der Geldpolitik variiert werden kann.

Die **Deutsche Bundesbank** verwendet eine andere Definition für die Zentralbankgeldmenge, auf die weiter unten noch ausführlicher eingegangen wird; wenn auf diese Definition zurückgegriffen wird, wird aber stets auch auf ihren Urheber hingewiesen.

Die Zentralbankgeldmenge von ihrer Entstehungsseite gibt zugleich auch einen wesentlichen Anhaltspunkt über geldpolitische Komponenten ihrer Beeinflußbarkeit an. Die binnenwirtschaftlichen Komponenten der Zentralbankgeldmenge bestehen in Krediten an Banken wie z.B. Wechseldiskont und Lombardkredite, in Krediten an öffentliche Haushalte wie Kassenkredite und in Wertpapieren z.B. als Offenmarkttitel.

Die Währungsreserven der **Deutschen Bundesbank** sind die außenwirtschaftliche Komponente der Zentralbankgeldmenge. Auf ihren Bestand hat die **Deutsche Bundesbank** bei festen Wechselkursen keinen Einfluß, da in diesem Falle Devisen im Umfang der Zahlungsbilanzdefizite oder -überschüsse durch die Zentralbank finanziert bzw. übernommen werden müssen, um den Wechselkurs auf seinem fixierten Niveau halten zu können. Bei frei beweglichen Wechselkursen ist eine Zentralbank nicht verpflichtet, Devisen aufzunehmen oder abzugeben.

1.1.3 Die außenwirtschaftliche Komponente des Zentralbankgeldes

Gegenwärtig besteht für die Bundesrepublik innerhalb der **Europäischen Gemeinschaften** ein System fester Wechselkurse, zu anderen Ländern im Prinzip ein System beweglicher Wechselkurse. Die Höhe des Bestandes an Währungsreserven ist damit also teilweise von der **Deutschen Bundesbank** nicht manipulierbar, sondern zahlungsbilanzabhängig.

Die wesentlichen Positionen der deutschen Zahlungsbilanz ergeben sich aus den Salden der Unterbilanzen in Tabelle 2.

Tabelle 2

Deutsche Zahlungsbilanz 1990 (in Mrd. DM)

1.	Leistungsbilanz		
1.1.	Handelsbilanz	+ 104,47	
1.2.	Dienstleistungsbilanz	+ 5,65	
1.3.	Übertragungsbilanz	− 38,19	+ 71,93
2.	Kapitalbilanz (Kapitalexport: -)		
2.1.	Langfristiger Kapitalverkehr	− 62,55	
2.2.	Kurzfristiger Kapitalverkehr	− 27,52	− 90,07
3.	Sonstige Salden		
3.1.	Salden der statistisch nicht aufgliederbaren Transaktionen	+ 29,11	
3.2.	Ausgleichsposten zur Auslandsposition der Deutschen Bundesbank	− 5,11	+ 24,00
4.	Devisenbilanz (Veränderungen der Nettoauslandsaktiva der Deutschen Bundesbank)		+ 5,68

Quelle: Monatsberichte der Deutschen Bundesbank, Februar 1991.

Die Auslandsposition der **Deutschen Bundesbank** ist die bilanzmäßige Aufstellung ihrer außenwirtschaftlichen Aktiva, also die **Devisenbilanz**. Die Devisenbilanz enthält somit den Liquiditätssaldo aller außenwirtschaftlichen Transaktionen; sie erfaßt im Gegensatz zur Leistungs- und Kapitalbilanz, in der Stromgrößen festgehalten werden, die Veränderung von Beständen der Auslandsposition (Gold, Devisen, Auslandsforderungen und -verbindlichkeiten) bei der **Deutschen Bundesbank**.

Die Auslandsposition der **Deutschen Bundesbank** besteht aus den in Tabelle 3 festgehaltenen Positionen.

Tabelle 3

Auslandspositionen der Deutschen Bundesbank 1990 (in Mrd. DM)

Währungsreserven:		**Auslandsverbindlichkeiten:**	
1. Gold	13,7	6. Verbindlichkeiten aus dem Auslandsgeschäft	51,68
2. Devisen und Sorten	64,52	7. Verbindlichkeiten gegenüber dem EFWZ	0,0
3. Reserveposition im IMF und SZR	7,37		
4. Forderungen an den EFWZ	29,37	8. Saldo: Nettowährungsreserven	52,35
5. Gegenposten zur Bewertung des vorläufig in den EFWZ eingebrachten Goldes	− 10,93		
	104,03		104,03

Quelle: Monatsberichte der Deutschen Bundesbank, Februar 1991.

Werden zu den Nettowährungsreserven Kredite und sonstige Forderungen an das Ausland (Kredite im Rahmen des mittelfristigen EG-Währungsbestandes u.ä.) hinzugezählt, ergibt sich die **Nettoauslandsposition** der **Deutschen Bundesbank**; zu Ende des Jahres 1990 betrug sie DM 52,35 Mrd. Die jährliche Veränderung dieser Nettoauslandsposition stellt den Saldo in der Devisenbilanz dar.

Aus Tabelle 3 geht bereits die internationale Interdependenz der geld- und währungspolitischen Aktivität einer Zentralbank hervor. Der Begriff der Devisenbilanz ist dabei etwas eng, denn der eigentliche, außenwirtschaftliche Liquiditätssaldo der Zentralbank enthält wesentlich mehr als nur Devisen (ausländisches Geschäftsbankengeld) und Sorten (ausländische Zentralbanknoten). Neben dem Gold zählen dazu auch Kreditfacilitäten beim **Internationalen Währungsfonds IWF** und dessen **Sonderziehungsrechte SZR**, aber auch Forderungen an den **Europäischen Fonds für währungspolitische Zusammenarbeit EFWZ** in den Europäischen Gemeinschaften EG als Aktivpositionen. Die Position (4.) auf der Aktivseite der Bilanz der Auslandsposition enthält Nettoforderungen an den **EFWZ**. In der Bilanz der **Deutschen Bundesbank** erscheinen auf der Aktivseite die Reserven beim EFWZ mit 29,37 Mrd. DM (brutto), denen auf der Passivseite ein „Gegenposten mit den in dem EFWZ eingebrachten Gold- und Dollarreserven" von 10,93 Mrd. DM gegenübersteht; beide Positionen saldiert ergeben die Nettoforderung an den EFWZ.

Diese unterschiedliche Vorgehensweise für die Devisenbilanz und die Bilanz der Deutschen Bundesbank ergibt sich aus der strengen Befolgung des **Niederstwertprinzips** für die Aufstellung der Bundesbankbilanz. In ihr werden die Bestände an Gold und Devisen mit dem vor Jahren niedrigeren Anschaffungswert ausgewiesen. Da die in die internationalen Währungs-Fonds IMF und EFWZ eingebrachten Gold- und Devisenbestände mit dem **Tageswert** bewertet werden, muß dies in der Bundesbankbilanz durch einen Korrekturposten ausgeglichen werden.

Für die Kreditinstitute sowie für die gesamte Volkswirtschaft kann ebenfalls deren Auslandsposition ermittelt sowie nach Regionen aufgeschlüsselt werden.

1.2 Das Geschäftsbankengeld

Das Geschäftsbankengeld ist die umfangreichste Geldart in einer Volkswirtschaft. Die meisten Zahlungen werden heute in der Regel über Konten bei Geschäftsbanken abgewickelt. Offensichtlich gilt auch für Geschäftsbanken, daß deren Verbindlichkeiten – Einlagen von Wirtschaftssubjekten bei einer solchen Bank – als Zahlungen akzeptiert werden.

Weil Geld als Verbindlichkeit eines Geldemittenten definiert ist, stellen im Prinzip sämtliche auf fremde Namen lautende Positionen der Passivseite einer Bankbilanz (die sich nicht auf andere Geldemittenten beziehen) Geld dar. In vereinfachter Form besteht die zusammengefaßte Bilanz der deutschen Geschäftsbanken aus den Positionen in Tabelle 4.

Die wichtigsten Passivposten der konsolidierten Bilanz der Kreditinstitute in Tabelle 4 sind die Einlagen der Geschäftsbanken untereinander (13.) sowie die Einlagen der Nichtbanken (14.); diese Position (14.) besteht in Geld darstellenden Verbindlichkeiten der Banken, die jedoch nicht alle auch als Zahlungsmittel gelten. Als Zahlungsmittel der Banken werden ausschließlich Sichteinlagen angesehen. Im Umlauf befindliche Schuldverschreibungen der Banken (15.) sind Wertpapiere, die sie für die ihnen überlassene Liquidität aus dem Nichtbankensektor emittiert haben.

Die Guthaben der Kreditinstitute bei der Zentralbank (2.) in der Bilanz der Kreditinstitute in Tabelle 4 sollten eigentlich in ihrer Höhe identisch mit den Einla-

Tabelle 4

Deutsche Kreditinstitute 1990 (in Mrd. DM)

1. Kassenbestand	18,59	13. Einlagen auf aufgenommene		
2. Guthaben bei der Deutschen		Kredite von Kreditinstituten		1222,18
Bundesbank	88,57	14. Einlagen und aufgenommene		
3. Schecks, Inkassoscheine	5,79	Kredite von Nichtbanken		
4. Kredite an Kreditinstitute	1568,87	a) Sichteinlagen	349,30	
5. Buchkredite und Darlehen		b) Termineinlagen		
an Nichtbanken	2474,76	– bis zu 3 Monaten	266,35	
6. andere Kredite an Nichtbanken	156,37	– 3 Monate bis		
7. Wertpapiere	193,46	4 Jahre	136,91	
8. Ausgleichsforderungen	1,66	– 4 Jahre und darüber	498,83	
9. Mobilisierungs- und		c) Spareinlagen	703,48	
Liquiditätspapiere	1,40	d) Sparbriefe	225,79	
10. Schuldverschreibung eigener		e) durchlauf. Kredite	67,21	2247,87
Emissionen	9,61	15. Inhaberschuldver-		
11. Beteiligungen	59,28	schreibungen im Umlauf		840,53
12. Sonstige Aktiva	92,13	16. Rückstellungen		37,69
		17. Wertberichtigungen		17,68
		18. Grundkapital		175,28
		19. Sonstige Passiva		129,26
	4670,49			4670,49

Quelle: Monatsberichte der Deutschen Bundesbank, Februar 1991.

gen der Banken (7.) in der Bilanz der **Deutschen Bundesbank** in Tabelle 1 sein; hier ergibt sich jedoch ein Differenzbetrag von DM 11,89 Mrd. Dieser Differenzbetrag erklärt sich daraus, daß in der Zentralbankbilanz die Einlagen der Banken und die der Deutschen Bundespost ((9.) in Tabelle 1) gesondert gezählt werden, in der zusammengefaßten Bilanz der Kreditinstitute dagegen nicht. Wesentlich wichtiger aber noch ist, daß die Einlagen der Banken in der Zentralbankbilanz reine Bucheintragungen enthalten, während als Guthaben der Kreditinstitute bei der **Deutschen Bundesbank** sowohl diese Bucheintragungen wie auch die Kassenbestände als Forderung an die Zentralbank erscheinen. Die Banken nehmen hier also eine Doppelzählung ihrer Kassenbestände vor, die zwar von der Sache her formal nicht gerechtfertigt erscheint, jedoch geschäftspolitisch für sie einen Sinn haben mag; darauf wird später noch näher eingegangen.

Die Einlage einer Bank bei einer anderen Geschäftsbank beruht i.d.R. auf dem Überweisungsverkehr zwischen Wirtschaftssubjekten, die bei unterschiedlichen Kreditinstituten ein Konto unterhalten. Diese Bankeinlage ist als Aktivposten eine sog. **Nostroforderung** und als Passivposten eine sog. **Nostroverbindlichkeit**. Dabei entsteht der Geschäftsbank durch den **float**, d.h. durch die ersparten Zinskosten bei einem zeitlichen Auseinanderfallen zwischen der Belastung auf dem Konto eines Geld überweisenden Kunden und der Gutschrift dieser Überweisung auf dem Konto eines anderen Kunden (Postlaufzeit), ein zusätzlicher Ertrag. Da Nostroforderungen und -verbindlichkeiten im **clearing** bei Zweigstellen der Zentralbank verbucht und damit in Zentralbankgeld ausgeglichen werden, kommen Geschäftsbanken durch den float auch in den zeitweiligen Besitz von Zentralbankgeld.

Das Geld einer Geschäftsbank mit dem höchsten Liquiditätsgrad sind die Sichteinlagen (Sichtguthaben des Publikums = Sichtverbindlichkeiten der Bank).

Über diese Giroeinlagen werden durch Abhebungen oder Überweisungen Zahlungen vorgenommen. Die Zahlungen erfolgen dabei durch Eintragungen auf Konten in Büchern (heute auf elektronischen Magnetbändern) einer Geschäftsbank. Über dieses Buchgeld (Giralgeld) kann vom Publikum jederzeit in unbeschränktem Umfang verfügt werden. Da die Bank deshalb über die Sichteinlagen nur begrenzt für andere Zwecke disponieren kann, zahlt sie dafür auch nur einen vernachlässigbar geringen Zinssatz.

Die zusammengefaßte Bilanz der Kreditinstitute in Tabelle 4 zeigt auch, daß mit dem Zentralbankgeld im Besitz der Banken (Positionen 1. und 2. auf der Aktivseite) diese eine weitaus größere Geschäftsbankgeldmenge (Position 14. auf der Passivseite) der Volkswirtschaft zur Verfügung stellen, indem sie gleichzeitig Kredite (Positionen 5. und 6. auf der Aktivseite) schaffen. Dieser Vorgang muß noch genauer betrachtet werden.

Wenn Geschäftsbanken von ihnen selbst geschaffenes Geld zur Verfügung stellen, so benötigen sie dafür einen gewissen Umfang an Zentralbankgeld; i.d.R. erfolgt eine Geldschöpfung durch Kreditgewährung an das Publikum (private und öffentliche Nichtbanken). Dabei müssen die Banken Vorschriften über das Halten von **Mindestreserven** an Zentralbankgeld beachten.

1.3 Quasigeld

Geldsurrogate sind Tauschmittel, die von Nichtbanken geschaffen werden und weniger umlauffähig sind als offizielle Zahlungsmittel. So ist z.B. der Handelswechsel dann ein Geldsurrogat, wenn er durch Erfüllen bestimmter qualitativer Anforderungen (Bonität der Schuldner, Anzahl der Unterschriften und Laufzeit) rediskontierbar wird. Er ist nicht selbst Geld, kann aber als Zahlungsersatz anerkannt werden.

Ähnliches gilt für Aktiva, die von Nichtbanken leicht – vielleicht mit einer gewissen zeitlichen Verzögerung – bei Banken in Zahlungsmittel konvertiert werden können (**near money**).

Wird einer Bank Liquidität für einen bestimmten Zeitraum (Termineinlage) zur Verfügung gestellt, so kann sie damit Kredite gewähren. Nach Ablauf des vereinbarten Termins gehen die Termineinlagen in Sichteinlagen über und können vom Einleger wieder zu Zahlungen verwendet werden. Termineinlagen gelten deshalb als **Quasigeld** (near money), in der Bundesrepublik Deutschland allerdings nur bei einer Laufzeit bis zu vier Jahren. Zum Quasigeld zählen auch die **Spareinlagen mit gesetzlicher Kündigungsfrist**, von denen monatlich bis zu 2000 DM ohne Kündigungsfrist abgehoben werden können. Ab 1.1.1993 sollen allerdings in den **EG** nur noch natürliche Personen sowie gemeinnützige, karitative und kirchliche Organisationen solche Spareinlagen halten dürfen.

Die anderen Positionen auf der Passivseite der Bankbilanz

- Termineinlagen mit vierjähriger Laufzeit und darüber,
- Spareinlagen mit vereinbarter Kündigungsfrist,
- Sparbriefe,
- Inhaberschuldverschreibungen im Umlauf (nach Abzug der Bankschuldverschreibungen einschl. der Bankschuldverschreibungen in ausländischem Besitz),

- Eigenkapital und Rücklagen,

stellen **Geldkapital** dar.

2. Schöpfung und Vernichtung von Geld und Kredit durch Geschäftsbanken

2.1 Die volkswirtschaftliche Geldmenge

Der Begriff der Geldmenge wird unterschiedlich definiert. Schon im 19. Jh. diskutierte man darüber, ob die wirksame Geldmenge in einer Volkswirtschaft allein aus Münzen und Noten (**Currency-Theorie**) oder aus Münzen, Noten, Sichtguthaben bei Geschäftsbanken und Wechsel (**Banking-Theorie**) bestünde. Dies ist ein wesentlicher Aspekt, denn nach der Currency-Theorie wird die Geldmenge exogen manipuliert, während umgekehrt nach der Banking-Theorie die private Wirtschaft sich selbst die erforderliche Geldmenge endogen beschafft.

Die **Currency-Theorie** fordert die volle Deckung einer genau abgegrenzten Geldmenge. Für die Frage nach den Wirkungen des Geldes ist nämlich dessen genaue Definition wesentlich. Nach der alten Quantitätstheorie haben sowohl die Geldmenge wie deren Umlaufsgeschwindigkeit einen Einfluß auf das Preisniveau. Nach **David Ricardo** (1772-1823) entspricht die vorhandene Geldmenge (Geldangebot) eines Landes auch seinem Bedarf (Geldnachfrage). Denn würde sich die Geldmenge gegenüber dem Geldbedarf erhöhen, so bewirkt dies eine Erhöhung der Güterpreise, was zu Handelsbilanzdefiziten und damit zu einem Abfluß an Geld führen müßte. Jedes Land besitzt daher auf Dauer diejenige Geldmenge, die es gerade braucht.

Diese Überlegungen gehen von einer Goldwährung (**Goldstandard**) aus, bei der die einzelne Geldeinheit zu 100% in Gold gedeckt ist. Eine Zunahme der Geldmenge ist in diesem Falle nur dann möglich, wenn in entsprechendem Umfange auch die Goldproduktion gesteigert wird. Bei steigenden Produktionskosten in der Goldförderung wird dies nur bei Produktivitätssteigerungen (Kostensenkungen) der volkswirtschaftlichen Produktion erfolgen können. Entfällt dagegen ein Teil des Geldumlaufs auf Banknoten – die zwar jederzeit in Gold einlösbar, deren gesamter Umlauf jedoch nicht zu 100% in Gold gedeckt ist –, so wird der Umfang umlaufender Banknoten von der Notenbank geregelt.

Anhänger der Currency-Theorie sind deshalb der Auffassung, daß mit einer willkürlichen Regelung des Banknotenumlaufes der Geldwert regelmäßig verringert wird. Sie fordern deshalb eine volle metallische Deckung emittierter Banknoten. Die Currency-Theorie beruht also auf einer engen Warenwert-Definition des Geldes. Diese Vorstellung führt 1844 zum Erlaß der **Peelschen Bankakte** in England, nach der alle Banknoten der **Bank of England** voll durch Gold gedeckt sein sollten; allein ein zu dieser Zeit ungedecktes Geldkontingent (fiduziäres Geld) war von dieser Regel ausgenommen.

Die volle Golddeckung von emittierten Banknoten muß sich konsequenter Weise auch auf Geschäftsbankengeld erstrecken, da sonst weiterhin die Geldmenge willkürlich beeinflußbar bliebe. Erstreckt man jedoch die Golddeckung auch auf das Geschäftsbankengeld, können die Banken keine zusätzlichen Kredite mehr schöpfen. Im Prinzip entspricht dies dem ehemaligen Plan von **Milton Friedman** – einem Vertreter des Monetarismus –, der für ein optimales, geldpolitisches Konzept u.a. einen Mindestreservesatz von 100% vorsieht (**100%-Plan**).

Gegen die Ansicht der Currency-Theorie wandten die Vertreter der **Banking-Theorie** ein, daß Wirtschaftssubjekte nur dann mehr Geld nachfragen, wenn Umsätze und Preise bereits gestiegen sind. Das, was in der einen Theorie als Ursache gilt, ist für die andere Theorie die Folge, et vice versa.

Die Banking-Theorie besagt im Gegensatz zur Currency-Theorie, nach der Geld vollständig durch Gold gedeckt sein sollte, daß das Geld nicht Ursache, sondern seine Mengenänderung eine Folge von Umsatz- bzw. Preissteigerungen ist. Wird nämlich die Geldmenge durch Diskontierung von Handelswechseln ausgedehnt, so wird diese bei Fälligkeit der Wechsel wieder eingeschränkt (**Fullartonsches Rückströmungsprinzip**), so daß die Geldmengenausdehnung nur von kurzer Dauer ist. Eine Kreditvergabe zur Finanzierung von Investitionen steigert die Produktion in gleichem Umfang, so daß auch dies nicht zu inflatorischen Wirkungen führen könne.

Hervorragende Vertreter der Banking-Theorie waren **Thomas Tooke** (1844), **John Fullarton** (1844), aber auch **Adolph Wagner** (1835-1917). Der Grundgedanke der Banking-Theorie ist später in die Liquiditätstheorie des Geldes eingegangen, die auf dem sog. **Radcliffe-Report** (1959) beruht.

Die Geldmenge wird im Gegensatz zur Currency-Theorie, nach der nur Zentralbanknoten und Münzen Geld darstellen, von der Banking-Theorie wesentlich weiter gefaßt; sie umfaßt auch Privatbanknoten, Geschäftsbankengeld und auch Handelswechsel. Da die Geldmenge in dem Umfange steigt wie sie zur Abwicklung von Umsätzen (Kaufverträgen) notwendig ist, kann es nur dann zu Preissteigerungen kommen, wenn ein steigender Geldbedarf der Wirtschaftssubjekte durch eine noch größere Geldmenge befriedigt wird. Dies ist dann der Fall, wenn die erwarteten Umsätze nicht der mit Krediten vorfinanzierten Produktion entsprechen. In einem solchen Fall ist bei gegebenem Preisniveau die Geldnachfrage geringer als das Geldangebot, was zu einer Senkung des Zinssatzes führen muß. Allerdings macht die Banking-Theorie keine Aussage über die Höhe des Zinssatzes, der zu einer preisniveauneutralen Befriedigung des Geldbedarfs notwendig ist.

Die Geldmenge umfaßt theoretisch sämtliche als Geld in einer Volkswirtschaft möglicherweise verwendbaren Aktiva, einschl. von Geldsubstituten. In der Praxis wird dagegen zur Geldmenge ausschließlich das von der Zentralbank und den Geschäftsbanken emittierte Geld gerechnet, allerdings einschließlich des Quasigeldes. Heute ist es üblich, bei der Bestimmung der endogen geschaffenen Geldmenge die Bestände der Banken an Bargeld (Noten, Münzen) und Zentralbank-Giroguthaben (Mindestreserveeinlage) als **monetäre Basis B** einerseits und andererseits als **„Geldmenge“** M die Geldbestände der inländischen Nichtbanken zu definieren. Dies ermöglicht eine Unterscheidung zwischen der **„Geldnachfrage“** der Nichtbanken als Geld-Verwender und dem **„Geldangebot“** der Banken, das allerdings durch Zentralbankgeld erst geschaffen werden kann.

Die Ausklammerung aller Zentralbankeinlagen der öffentlichen Haushalte aus der monetären Basis ist problematisch. Der Grund dafür ist die exklusive Betrachtung der Beziehung zwischen Zentralbank und privaten Wirtschaftssubjekten. Bei der öffentlichen Hand geht man davon aus, daß sie die Politik der Zentralbank unterstützt und somit in den geldpolitischen Kalkül nicht einbezogen zu werden braucht.

Dennoch aber kann man Sichteinlagen der öffentlichen Hand bei der **Deutschen Bundesbank** nicht schlechthin als Horte auffassen. Dies gilt besonders dann, wenn die öffentliche Hand aus konjunkturpolitischen Gründen Geld auf Sonderkonten bei der **Deutschen Bundesbank** stillegt (**thesauriert**) oder abzieht und damit das volkswirtschaftliche Geldangebot auch im privaten Sektor beeinflußt.

Es hat sich international eingebürgert, zwischen den Geldmengenarten M1, M2 und M3 zu unterscheiden. Allerdings sind die Inhalte dieser Geldmengenarten von Land zu Land verschieden! Sie können deshalb auch nicht ohne weiteres mit einander verglichen werden. Am ehesten ist dies bei der Geldmenge M1 möglich, die überall Zahlungsmittel umfaßt, wenn auch mit teilweise unterschiedlicher Zusammensetzung. Dies jedoch macht internationale Vergleiche bei M1 nicht sinnlos, im Gegenteil: Es sollen ja sämtliche Zahlungsmittel eines individuellen Landes in die Geldmenge M1 eingehen. In der Bundesrepublik Deutschland werden folgende Geldmengendefinitionen verwendet:

M1 = Bargeld und Sichteinlagen der Nichtbanken bei Geschäftsbanken (**cash** und **current accounts**),

M2 = M1 + Termineinlagen bis zu einer Laufzeit von 4 Jahren (**time deposits**),

M3 = M2 + Spareinlagen mit gesetzlicher Kündigungsfrist (**saving deposits**) und

M3-erweitert = M3 + kurzfristige Geldanlagen von Inländern im Ausland + Bankschuldverschreibungen bis 2 Jahre Ursprungslaufzeit.

Bis 1971 hatte die **Deutsche Bundesbank** neben der Geldmenge M1 auch eine Geldmenge M1a ausgewiesen, die zusätzlich zur Geldmenge M1 noch die Termineinlagen mit einer Befristung von 1 Monat bis unter 3 Monaten enthielt.

Die Entwicklung der Geldmengen in der Bundesrepublik Deutschland ist in Abbildung 7 dargestellt. Dabei ergibt sich in der zeitlichen Entwicklung im dritten Quartal 1990 ein Bruch, der durch die Erweiterung des Währungsraumes der Bundesrepublik Deutschland anläßlich der **Währungsunion** am 2.7.1990 mit der damals noch formal bestehenden DDR verursacht wurde.

Diese globale Entwicklung gibt einen groben Anhaltspunkt über die Größenordnung der verschiedenen Geldmengenarten an. Aus ihr läßt sich jedoch noch nicht ihre Struktur ablesen, d.h. wie sich die einzelnen Geldmengen-Arten zueinander verhalten; allenfalls läßt sich aus Abbildung 7 ablesen, daß bei steigendem Niveau der Geldbestände trendmäßig alle Geld-Komponenten zunehmen: Wenn man „reicher" wird, dann werden eben auch alle Komponenten dieses „Reichtums" – mehr oder weniger stark – zunehmen.

In den USA z.B. haben in den 70er Jahren Geschäftsbanken dem Publikum eine Einlagenart angeboten, die als Termineinlage relativ hoch verzinst wird, über die jedoch wie bei einer Sichteinlage jederzeit verfügt werden kann; es sind die sog. **NOW-Accounts (Negotiable Orders of Withdrawal)** und **ATS-Accounts (Automatic Transfer Services)**. Für diese Einlagen wurden den Geschäftsbanken von der Zentralbank zwar Mindestreservesätze für Termineinlagen berechnet, sie wurden jedoch vom Publikum zumindest z.T. wie Sichteinlagen verwendet. Das

Geldmengen-Entwicklung
Bundesrepublik Deutschland

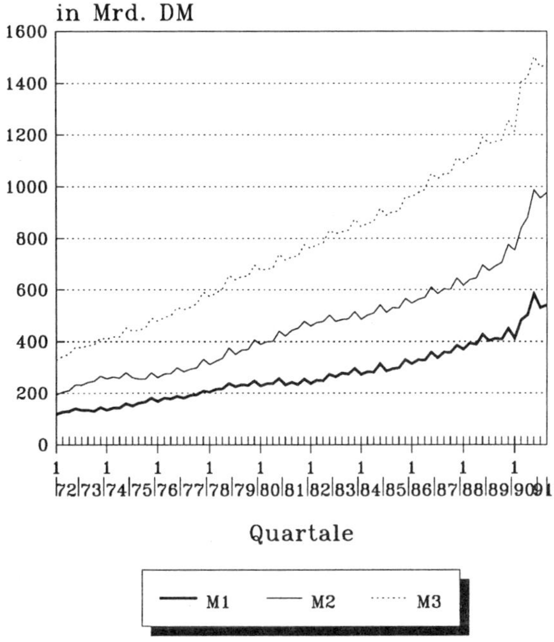

Quelle: Monatsberichte Bundesbank

Abbildung 7

amerikanische Zentralbanksystem (**Federal Reserve System**) hatte daher vor einiger Zeit auch eine Geldmenge M1A (identisch mit M1) sowie eine Geldmenge M1B (M1A + NOW- sowie ATS-Accounts) ausgewiesen. Seit 1982 gab das Federal Reserve System nur die Geldmenge „new M1" in der Definition von M1B bekannt.

Gegenwärtig bestehen in den USA folgende Geldmengendefinitionen

M1 = Bargeld (**currency**) + Sichteinlagen (**checkable deposits**, incl. NOW-accounts und ATS-accounts)
+ Reiseschecks

M2 = M1 + ganz kurzfristige Anlagen (Übernacht-Rückkaufvereinbarungen → RPs: **repurchasing agreements**; Übernacht-Eurodollars),
+ sehr liquide Anlagen: (1) Geldmarktfonds auf Gegenseitigkeit → **MMMF**: money market mutual fund (Einlagenzertifikate CDs → **certificates of deposits** und kurzfristige Schatzwechsel, auf die Schecks über mehr als 500 US-$ gezogen werden können); (2) Geldmarktanlagekonten → **MMDAs**:

			money market deposit accounts (auf die Schecks gezogen werden können)
		+	alle Spareinlagen
		+	„kleine" Termineinlagen (< 100000 US-\$).
M3 =	M2	+	„große" Termineinlagen (> 100000 US-\$)
		+	Termin-Rückkaufvereinbarungen (RPs mit längerer Laufzeit als eine Nacht; sie werden von Banken – insbesondere Sparkassen – gehalten).
L =	M3	+	Eurodollar(> 1 Nacht)
		+	Staatsobligationen
		+	Bankakzepte
		+	Handelswechsel
		+	Schatzwechsel.

Wie in Deutschland enthält die Geldmenge M1 in den USA Zahlungsmittel; auch Reiseschecks sind in den USA ein typisches Zahlungsmittel.

Die Geldmenge M2 enthält in den USA mit den ganz kurzfristigen Anlagen gleich am folgendem Tag verfügbare und, mit den sehr liquiden Anlagen, sofort verfügbare Zahlungsmittel. Diese beiden Anlagen haben praktisch die gleichen Eigenschaften wie M1. Die anderen Komponenten der Geldmenge M2 in den USA stellen auf „kleine" Einlagenbeträge ab, die selbst keine Zahlungsmittel darstellen.

Die Geldmenge M3 stellt auf „größere" Einlagenbeträge und – wie insbesondere die Geldmenge L – sogar auf Bankaktiva ab.

Die Geldmengen M2 und M3 unterscheiden sich daher in den USA und Deutschland erheblich. In Deutschland wird auf die künftige, mittelfristige (bis 4 Jahre!) Umwandlungsmöglichkeit der Termin- und Spareinlagen in Sichteinlagen abgestellt, in den USA dagegen – abgesehen von den ganz kurzfristigen und sehr liquiden Anlagen, die im Prinzip stets Zahlungsmittelfunktion haben – auf die Höhe der Einlagen. Die Geldmenge L in den USA hat kein Pendant in Deutschland.

Die deutschen Geldmengendefinitionen stellen auch aus der Sicht der **Deutschen Bundesbank** mit ihrem Bezug auf die Laufzeit bzw. Kündigungsfrist von Bankeinlagen auf die Bedeutung des Geldes für die **Geldnachfrage** ab. Definitionen des **Federal Reserve Systems** und spezifische Bedeutung der Geldmengenkomponenten in den USA dagegen deuten eher auf deren Rolle für das **Geldangebot** hin.

Bei der Darstellung dessen, was als Geld M1 angesehen werden sollte, wird auch auf die in der Realität meistens bestehende Unverzinslichkeit des Geldes als Zahlungsmittel verwiesen. Darauf aber kommt es gar nicht an! Es ist die jederzeitige Verfügbarkeit, also die fehlende Festlegungsdauer $n = 0$, die einen Vermögenstitel zu Geld in Form von Zahlungsmitteln macht.

So wird z.B. der Wert V_K unendlich lange produzierenden Realkapitals bzw. dauerhaft angelegter Wertpapiere (**Konsols**), also $n = \infty$, durch

$$V_K = \frac{E}{i}$$

ermittelt, mit E = Erwartungswert der jährlichen Erträge (bzw. Zinszahlung) und i = Marktzinssatz. Der Wert V_B eines endlich lange in **Bonds** angelegten Sparbetrags S, also bei $0 < n < \infty$, wird durch

$$V_B = Sq^{-n} + E \frac{q^n - 1}{q^n (q-1)}$$

ermittelt, mit q = 1 + i. Für den Wert eines Vermögenstitels ohne Festlegungsdauer, also bei n = 0, gilt dann

$$V_G = Sq^0 + E \frac{q^0 - 1}{q^n (q-1)} = S.$$

Es mag für einen solchen Vermögenstitel ein Zinssatz i = 0 wie regelmäßig bei Sichteinlagen, i > 0 wie bei NOW-accounts oder sogar i < 0 wie beim Schwundgeld von **Silvio Gesell** vorgegeben sein, es ist immer Geld in Form von Zahlungsmitteln, wenn n = 0, also bei fehlender Festlegungsdauer. Da bei n = 0 keine Opportunitätskosten für Geldnachfrager bestehen, also keine Rendite für (nicht verwendetes) Bargeld anfällt, liegt es an den Geschäftsbanken als Geldanbieter, ob sie durch Zinszahlungen zusätzliche Sichteinlagen attrahieren wollen. Ein Verbot der Verzinsung von nicht verwendeten Sichteinlagen (Bodensatz) bedeutet daher ihre **zwanghafte Einordnung in eine geldnachfragetheoretische Sichtweise**.

2.2 Ansatzpunkte der Geldschaffung

Durch Geldschöpfung erweitert sich ein bestehendes Geldangebot der Zentralbank sowie das der Geschäftsbanken. Eine Zentralbank schafft neues Geld, indem die Menge umlaufender Banknoten oder die Einlagen bei der Zentralbank erhöht werden; Komponenten für die Entstehung von Zentralbankgeld ergeben sich aus der oben angeführten Definition von Zentralbankgeld.

Die Vermehrung der Geldmenge durch die Zentralbank unterliegt heute volkswirtschaftlichen Zielen der Geldpolitik und ist insofern autonom (Ausnahme bei festem Wechselkurs), die Vermehrung der Geldmenge durch die Geschäftsbanken erfolgt dagegen nach betriebswirtschaftlichen Zielen der Rentabilität. Geschäftsbanken kreieren immer dann Geld, wenn sich das Geschäftsbanken-Geldvolumen in der Hand der Nichtbanken erhöht. Beim umgekehrten Vorgang spricht man von einer Geschäftsbanken-Geldvernichtung.

2.2.1 Passive Entstehung von Geschäftsbankengeld

Auch bei passivem Verhalten einer Geschäftsbank kann Geschäftsbankengeld geschöpft werden, wenn durch Aktivitäten von Nichtbanken Zentralbankgeld in Geschäftsbankengeld umgewandelt wird. Eine Geschäftsbank nimmt Zentralbankgeld entgegen und schreibt dem Einleger den betreffenden Betrag in Geschäftsbankengeld auf einer Sichtdeposite gut. Dies verändert das gesamte Geldvolumen der Nichtbanken jedoch nicht; die gesamte Geldmenge bleibt unverändert.

Passiv entsteht Geschäftsbankengeld also durch

(1) Einzahlung von Bargeld auf das Geschäftsbank-Girokonto einer Nichtbank

oder

(2) Überweisung von einem Zentralbank-Girokonto einer Nichtbank auf ihr Geschäftsbank-Girokonto.

In beiden Fällen wird gleichzeitig Zentralbankgeld dem Geldumlauf entzogen.

2.2.2 Aktive Entstehung von Geschäftsbankengeld

Geschäftsbanken schaffen Geld, indem sie von Nichtbanken im Rahmen des Aktivgeschäftes primäre Aktiva (Gold, Devisen, Anlagen), die nicht selbst inländische Zahlungsmittel darstellen sowie sekundäre Aktiva (Forderungsrechte wie Wechsel, Kredite, Wertpapiere) erwerben und der Nichtbank den Gegenwert als Sichteinlage gutschreiben.

Aktiv entsteht neues Geschäftsbankengeld, wenn durch die Initiative einer Bank Aktiva, die nicht selbst Geld darstellen, **„monetisiert"** werden; dies geschieht, wenn eine Bank

- Sachgüter aller Art, wie z.B. Grundstücke, Gebäude und Mobiliar;

oder

- Forderungen, und zwar
  - zentralbankfähige Forderungen, das sind „liquide Anlagen" als potentielles Zentralbankgeld sowie Wechsel

  und

  - nicht zentralbankfähige Forderungen – wie z.B. bei der Einräumung von Direktkrediten an Nichtbanken, aber auch Kapitalmarktpapiere privater und öffentlicher Emittenten – durch Gutschrift auf einem Konto bei dieser Bank

kauft. Beim Erwerb zentralbankfähiger Forderungen findet im Banksystem allein eine Umschichtung zwischen aktuellem und potentiellem Zentralbankgeld statt; alle anderen Vorgänge bedeuten eine Geldschöpfung der Banken über den bisherigen Bestand an Geld hinaus.

Im Rahmen des Passivgeschäftes wird Quasigeld oder Geldkapital in Sichteinlagen umgewandelt.

2.3 Geld und Kreditschöpfung

Der Vorgang der Geldschöpfung einer Geschäftsbank soll nun etwas ausführlicher dargestellt werden, um später auch besondere Möglichkeiten und Grenzen einer Geldschöpfung durch Geschäftsbanken zeigen zu können.

2.3.1 Einbanksystem

Der Einfachheit halber soll zunächst davon ausgegangen werden, daß es in einer Volkswirtschaft nur eine einzige Bank gebe; sämtliche Zahlungen sollen bargeldlos erfolgen, also ausschließlich über Sichtguthaben bei dieser einzigen Bank. Zahlungen erfolgen damit durch Buchungen bei der Universalbank, der sog. **Wicksellschen Idealbank**. Es kommt hier zu einer Geldschöpfung, indem diese Bank Aktiva (z.B. Anlagen) von Nichtbanken (z.B. einer Unternehmung) kauft, die nicht Zahlungsmittel der heimischen Wirtschaft sind und mit Zahlungsmittel darstellenden Forderungen zahlt. Wenn der Kauf von Aktiva einen Umfang von 1000 Währungseinheiten aufweist, ergeben sich in der Bilanz der beiden angesprochenen Wirtschaftssubjekte damit folgende Positionsänderungen:

Bank B

Anlagen	+ 1 000,–	Sichtguthaben U	+ 1 000,–

Unternehmung U

Anlagen	– 1 000,–		
Sichtguthaben bei B	+ 1 000,–		

In der Bilanz der Unternehmung kommt es zu einer Umschichtung von Aktiva, in der Bilanz der Bank mit der Einräumung eines Guthabens (Sichtguthaben) an die Unternehmung zur Neuschaffung von Geld.

Statt des Handels mit Anlagen könnten natürlich auch andere Geschäfte zu Grunde gelegt werden, wie z.B.

(1) ein Devisenkauf durch die Bank oder
(2) die Diskontierung eines Wechsels von einer Nichtbank durch die Bank, der von einem dritten Wirtschaftssubjekt ausgestellt wurde.

Bei einer weiteren Möglichkeit erfolgt Geldschöpfung durch Kreditgewährung. Dabei jedoch werden auch in der Bilanz der Unternehmung beide Bilanzseiten, sowohl die Aktiv- wie auch die Passivseite, betroffen; die Unternehmung geht ja mit der Aufnahme eines Kredites eine Verbindlichkeit ein.

Bank B

Kredit an U	+ 1 000,–	Sichtguthaben U	+ 1 000,–

Unternehmung U

Sichtguthaben bei B	+ 1 000,–	Verbindlichkeiten an B	+1 000,–

Die Bank schafft bei diesem Vorgang Kredite (Aktivseite ihrer Bilanz), und in gleichem Umfang schöpft sie dabei Geld (Passivseite).

Die Bank ist in diesem Falle immer liquide, denn sie besitzt

(a) die Fähigkeit, Verbindlichkeiten jederzeit durch eigenes Geld zu erfüllen und
(b) die Fähigkeit, stets neue Zahlungsverpflichtungen zu übernehmen.

Es besteht in diesem Fall somit keine Grenze der Geldschöpfung. Ein solches Einbanksystem – allerdings auch mit Bargeld – besteht in sozialistischen Volkswirtschaften. Der entscheidende Nachteil eines solchen Banksystems ist allerdings nicht die beliebige Geldschöpfungsmöglichkeit, sondern vor allem der nicht bestehende Zwang, Kreditnachfragen auf ihre Bonität prüfen zu müssen. Eine solche einzige Bank kann nach Gutdünken Kredite gewähren.

2.3.2 Mehrbankensystem

Es soll nunmehr angenommen werden, daß nicht mehr eine, sondern mehrere Banken, z.B. zwei Banken existieren; alle Zahlungen sollen weiterhin bargeldlos erfolgen. In diesem Fall wird der Geldschöpfungsspielraum begrenzt.

Um die Zahlungsvorgänge in einem solchen Fall deutlich zu machen, sei angenommen, daß eine Nichtbank A Zahlungen an die Nichtbank C im Umfange von 600 und an die Nichtbank D im Umfange von 400 DM zu leisten hat. Die Nichtbanken A und C unterhalten jeweils ein Konto bei der Bank B_1, die Nichtbank D dagegen bei der Bank B_2.

Wenn das Wirtschaftssubjekt A ursprünglich über keine eigenen Zahlungsmittel verfügt, läßt es sich einen Kredit im Umfang von 1000 DM einräumen, um seine Zahlungsverpflichtungen an C und D erfüllen zu können. In der Ausgangssituation bestehen dann folgende Bilanzstrukturen:

Bank B_1

Kredit an A	1000,–	Sichtguthaben A	1000,–
		Sichtguthaben C	0,–
		Sichtguthaben B_2	0,–

Bank B_2

Aktiva	0,–	Sichtguthaben D	0,–

Wenn jetzt die Nichtbank A ihre Zahlungen leistet, schrumpft ihr Sichtguthaben auf Null, das Konto der Nichtbank C steigt auf 600 DM und das der Nichtbank D auf 400 DM. Da jedoch die Nichtbank D kein Konto bei der Bank B_1 hat, wird die Bank B_1 der Nichtbank D, also der Bank B_2, den Betrag von 400 DM gutschreiben, der dann von der Bank B_2 deren Kunden D gutgeschrieben wird. Damit ergibt sich die neue Bilanzstruktur:

Bank B_1

Kredite an A	1000,–	Sichtguthaben A	0,–
		Sichtguthaben C	600,–
		Sichtguthaben B_2	400,–

Bank B_2

Guthaben bei B_1	400,–	Sichtguthaben D	400,–

Bank B_2 ist nun Gläubiger der Bank B_1 geworden. Dies – und das ist wesentlich – setzt aber das Einverständnis der Bank B_2 voraus, daß sich die Bank B_1 bei ihr verschuldet. Das ist immer dann der Fall, wenn sich auch Bank B_2 bei Bank B_1 verschulden kann. Dies aber kann für die Bank B_2 riskant werden, wenn die Bank B_1 eine laxe Kreditpolitik verfolgt, bei der einige Kreditnehmer **fallieren**. Damit ist eine beliebige Geldmengenausweitung im Mehrbankensystem nur noch bei Kreditwährung **im Gleichschritt** unter allen Banken möglich!

Ein solches Mehrbankensystem ist auch ohne Zentralbank vorstellbar. Nach einem Vorschlag von **Friedrich A. von Hayek** soll ein Wettbewerb von Banken mit nur selbst geschaffenen Währungen dazu führen, daß die „beste" Bank – also die mit der stabilsten Währung – obsiegt; dies ist das **Anti-Greshamsche Gesetz**. Im hier gezeigten Beispiel würde die bei der Geldmengenausdehnung zurückhaltende Bank alle anderen Banken damit zu einer „seriösen“ Kreditgewährung zwingen.

Im **Zahlungsverkehr** zwischen den einzelnen Banken werden regelmäßig die Forderungen gegeneinander aufgerechnet (**clearing**). Der Zahlungsverkehr besteht in Übertragungen von Zahlungsmitteln, d.h. in Gegenleistungen für offene Forderungen bzw. in Ausgleichsleistungen für offene Verbindlichkeiten zwischen den Wirtschaftssubjekten. Diese Zahlungen erfolgen gewöhnlich in Bargeld und Giralgeld oder Geldsubstituten, könnten im Prinzip aber auch in jeder anderen, von den Geschäftspartner akzeptierten Form durchgeführt werden. National wie international wird der Zahlungsverkehr ganz überwiegend in Giralgeld und Geldsubstituten abgewickelt.

Damit Zahlungen zwischen Wirtschaftssubjekten, die jeweils ihre Konten bei den verschiedensten Geschäftsbanken haben, abgewickelt werden können, müssen die den Zahlungsverkehr tragenden Banken institutionell miteinander verbunden sein. Diese Verknüpfung der Zahlungskanäle erfolgt durch überregionale Verrechnungsstellen der unterschiedlichen Banken. In der Bundesrepublik Deutschland gibt es fünf solcher Verrechnungsnetze mit **zentralen Clearingstellen**:

(1) **Deutsche Bundesbank** mit ihren Landeszentralbanken und deren Filialen,
(2) Sparkassen mit ihrer **Deutschen Girozentrale/Deutsche Kommunalbank** in Frankfurt a.M. und den Girozentralen (in Bundesländern),
(3) Kreditgenossenschaften mit ihrer **Deutschen Genossenschaftsbank** in Frankfurt a.M. und ihren genossenschaftlichen Zentralbanken (regional),
(4) **Deutsche Bundespost** (für ihre Postscheckämter (regional) und Postsparkassenämter (lokal)) und
(5) Kreditbanken, die – insbesondere bei den Großbanken – unternehmensinterne Verrechnungsnetze aufgebaut haben.

Nur danach noch bestehende Salden werden in Zentralbankgeld beglichen; in der Bundesrepublik geschieht dies bei den Landeszentralbanken.

2.3.3 Multiple Geldschöpfung

In einem der Realität entsprechenden **Mischgeld-Banken-System** ist den Geschäftsbanken eine Zentralbank übergeordnet. Der Zahlungsverkehr soll nun nicht mehr ausschließlich bargeldlos erfolgen. Die Zentralbank besitzt das Emissionsmonopol für Bargeld, das allein die Funktion des gesetzlichen Zahlungsmittels (**legal tender**) ausübt. Nur das Zentralbankgeld (Bargeld und die Sichteinlagen bei der Zentralbank) ist alleiniges, definitives Zahlungsmittel.

Die Geldschöpfung der Geschäftsbanken ist damit begrenzt und zwar durch ihren Bedarf an

- **Barreserve (working balances**; Zentralbankgeld in Form von Bargeld zur Abwicklung des täglich laufenden Zahlungsverkehrs; daneben auch Sorten, d.h. ausländisches Bargeld),
- **Mindestreserven** (von der Zentralbank im Wege der Mindestreservepolitik geforderter Umfang an Zentralbankgeld im Besitz einer Geschäftsbank).

Je größer das Volumen an Sichtguthaben bei einer Geschäftsbank ist, desto mehr Bargeld als Barreserve benötigt sie, um Barabhebungen erfüllen zu können. Der Umfang der **working balances** ist abhängig von den **Zahlungssitten** der Nichtbanken. Früher galt ein Erfahrungssatz von 1:9 als notwendiger Kassenbestand gegenüber dem Volumen an Sichtguthaben. Der Erfahrungssatz verringert sich jedoch mit zunehmendem Umfang des bargeldlosen Zahlungsverkehrs. In einer **cashless society**, in der sämtliche Zahlungen über Computer und elektronische Datenträger (**chip-card**) abgewickelt werden, tendiert der Bargeldbedarf gegen Null; hier braucht man Bargeld nur noch in der **Schattenwirtschaft** (Schwarzarbeit, Drogen etc.).

Aus geldpolitischen Gründen sind die Geschäftsbanken in einem solchen System verpflichtet, bei der Zentralbank Sichteinlagen (sog. **Mindestreserven**) in Höhe eines bestimmten Prozentsatzes ihrer Einlagen zu halten; in der Bundesrepublik Deutschland können sich die Geschäftsbanken ihre Kassenbestände an inländischem Bargeld bis zu 50% ihrer Mindestreserveverpflichtung auf das **Mindestreserve-Soll** anrechnen lassen. Weil Einlagen als Zahlungsmittel auf der Passivseite einer Bankbilanz verbucht werden, spricht man auch von einer **Passiv-Mindestreserve**.

Die gleichzeitige Existenz einer Zentralbank und von privaten Geschäftsbanken bedeutet ein Mischgeldsystem, da neben dem Zentralbankgeld auch das Giralgeld der privaten Banken Zahlungsmittel darstellt. Für die Zentralbank besteht in diesem System kein Liquiditätsproblem, und die Zentralbankgeldschöpfung wird in einer geschlossenen Volkswirtschaft nur durch sie selbst begrenzt, im Gegensatz zum Geschäftsbankengeld, für dessen Schaffung Zentralbankgeld erforderlich ist, um die aus Passivgeschäften resultierenden Zahlungen leisten zu können (Auszahlungen an Gläubiger, Mindestreserveeinlagen bei der Zentralbank).

Die Geschäftsbank erhält an jedem Tag neben Auszahlungen auch wieder Einzahlungen. Jedoch muß häufig zu Ultimo von anderen Banken Zentralbankgeld aufgenommen werden (**Tagesgeld**), um der Mindestreserveverpflichtung nachkommen zu können. Dies geschieht

- über den Geldmarkt (Austausch von Zentralbankgeld-Überschüssen zwischen den Geschäftsbanken) oder
- durch die Kreditaufnahme bei der Zentralbank oder
- über die Weitergabe geldmarktfähiger Aktiva.

Das Geld- und Kreditschöpfungspotential der Geschäftsbanken ist nun mit der Annahme einer Mindestreserveregelung eindeutig begrenzt. Eine Geschäftsbank kann somit nur dann zusätzliches Geld schöpfen, wenn sie über Zentralbankgeld verfügt oder sich beschaffen kann, das nicht durch Mindestreserveverpflichtungen gebunden ist.

Erhält eine Bank B_1 eine Einzahlung von DM 100,– in Noten und Münzen, also in Zentralbankgeld, so wird sie dem Einzahler A diesen Betrag als Sichtguthaben gutschreiben. Sieht man der Einfachheit halber zunächst von weiteren Barzahlungen ab, so benötigt die Bank B_1 von dem ihr zugeflossenen Zentralbankgeld für die **Mindestreserve MR** einen Anteil von $r = 0{,}10$, dem hier unterstellten Mindestreservesatz; der restliche Teil der Einzahlung bedeutet für die Bank B_1 sogenannte **Überschußreserve ÜR**.

(a) Entstehung von Geschäftsbankengeld

Bank B_1

Kasse	100	Sichtguthaben A	100

(b) Aufteilung des Zentralbankgeldes

Bank B_1

MR	10	Sichtguthaben A	100
ÜR	90		

Die Überschußreserven von ÜR = 90 bringt der Bank B_1 keinen Ertrag, so daß sie sie so bald als möglich zinsbringend anlegen wird. Eine Möglichkeit dazu ist die Vergabe von zusätzlichen Krediten.

(c) Verwendung des Zentralbankgeldes

Bank B_1

MR_A	10	Sichtguthaben A	100
MR_C	90		
Kredite (ΔKr)	900	Sichtguthaben C (ΔM1)	900

Im Extremfall wäre es der Bank B_1 daher möglich, solange Kredite an Kreditnehmer C zu vergeben, bis die ursprünglich bestehende Überschußreserve genau der Mindestreserveverpflichtung für diese zusätzlichen Kredite entspricht. Dies ist dann der Fall, wenn die Überschußreserve dem Anteil r an den neuen Krediten ΔKr entspricht, also

$$\Delta Kr \cdot r = \ddot{U}R, \quad \text{oder}$$

$$\Delta Kr = \frac{1}{r}\,\ddot{U}R.$$

Mit einer Überschußreserve von DM 90,– kann bei einem Mindestreservesatz von r = 0,10 also ein zusätzliches Kreditvolumen und damit eine zusätzliche Geschäftsbankgeldmenge von ΔM1 im Umfange von DM 900,– geschaffen werden. Der Quotient 1/r ist dabei der **Buchgeldschöpfungsmultiplikator**, der hier einen Wert von m = 1/r = 10 aufweist.

Die Geschäftsbanken können also einen Geldbestand M schöpfen, wenn sie über eine solche Menge an monetärer Basis B^B verfügen, wie sie durch den Mindestreservesatz r von der Geldpolitik gefordert wird. Es gilt dann das **Geldbasiskonzept** der Geldschöpfung

$$M \cdot r = B^B \quad \text{oder} \quad M = \frac{1}{r}\,B^B.$$

Das maximale Geldschöpfungspotential M* der Geschäftsbanken beruht auf dem Zentralbankgeldbestand in der Hand der Nichtbanken B^N – also dem Bargeldumlauf –, das die Geschäftsbanken anwerben könnten, sowie auf dem Zentralbankgeldbestand in der Hand von Banken B^B – also ihrem Kassenbestand sowie ihrem Zentralbankeinlagen. Das Geldschöpfungspotential ist dann durch $M^* = m \cdot B$ mit $B = B^N + B^B$ gegeben.

Allerdings muß eine Bank auch damit rechnen, daß ein Teil des ihr zugeflossenen Zentralbankgeldes in Form von Noten und Münzen auch wieder bar abgezogen wird. Dies wird um so eher der Fall sein, je häufiger Wirtschaftssubjekte in einer Volkswirtschaft Barzahlung gegenüber Scheckzahlungen verwenden. In diesem Fall versickert also Zentralbankgeld im Nichtbankensektor.

Wenn die **Bargeldquote** $c = 0{,}25$ beträgt und ein Mindestreservesatz von $r = 0{,}1$ gilt, kann die Kreditwirtschaft nicht die gesamte Überschußreserve ÜR von 90 in zusätzliche Kredite in Höhe von 900 umwandeln, wie dies in einer bargeldlosen Wirtschaft möglich wäre. Um die Zahlungsfähigkeit des Geschäftsbankensektors sicherzustellen, muß ein Kassenbestand in Höhe von $ÜR - c \cdot KV$ garantiert sein. Jetzt sind nur noch zusätzliche Kredite und somit auch Sichteinlagen in Höhe von $KV\,(1-c)$ kreierbar. Dieses – mit dem Mindestreservesatz – bewertete Einlagen- bzw. Kreditvolumen kann den gehaltenen Kassenbestand nicht übersteigen. Es gilt:

$$\underbrace{ÜR - c\,\Delta KV}_{\text{Kasse}} = \underbrace{\underbrace{\Delta KV\,(1-c)}_{\text{Sichteinlagen SI}} \cdot r}_{\Delta MR}$$

$$\Leftrightarrow \qquad ÜR = \Delta KV\,[(1-c) \cdot r + c]$$

$$\Leftrightarrow \qquad \Delta KV = \frac{1}{(1-c) \cdot r + c} \cdot ÜR.$$

In dem gewählten Zahlenbeispiel ist also eine zusätzliche, maximale Kreditvergabe durch die Banken in Höhe von

$$\Delta KV = \frac{1}{0{,}325} \cdot 90 = 276{,}92$$

möglich.

In der Bilanz ergibt sich dabei folgendes Bild:

Bank$_1$

$Kasse_{t0}$	100	SI_{t0}	100
MR_{t0}	10		
$ÜR_{t0}$	90		
ΔKV_{t1}	276,92	ΔSI_{t1}	207,69
ΔMR	20,77		
$ÜR_{t1} = Kasse_{t1}$	69,23		

Der Kassenbstand zum Zeitpunkt t_1 in Höhe von 69,23 entspricht exakt der sofortigen, 25prozentigen Barabhebung der neuen Kreditnehmer von den ihnen eingeräumten Sichtdepositen.

Der Quotient $1/((1-c) \cdot r + c)$ ersetzt nun der Buchgeldschöpfungsmultiplikator m, der jetzt nur noch einen Wert von $m = 3{,}077$ aufweist.

Es muß also berücksichtigt werden, daß die Nichtbanken bei gegebenen Zahlungssitten natürlich nicht ihren gesamten Bargeldbestand B^N aufgeben werden. Diese Bargeldquote c modifiziert den Buchgeldschöpfungsmultiplikator zu

$$m = \frac{1}{(1-c) \cdot r + c}.$$

Aus dem Buchgeldschöpfungsmultiplikator m kann auch der Spielraum der Geschäftsbanken zur Kreditschöpfung abgeleitet werden. Wenn die Banken durch ihr Kreditangebot Sichteinlagen zur Verfügung stellen, so muß der Umfang der geschöpften Geschäftsbankgeldmenge M der damit anfallenden Mindestreserveverpflichtung in Form von monetärer Basis B^B im Besitz der Geschäftsbanken und dem Kreditvolumen K entsprechen:

$$M = B^B + K, \quad \text{oder}$$
$$K = m \cdot B^B - B^B = B^B(m-1),$$

mit $(m - 1)$ als **Kreditschöpfungsmultiplikator**. Diese Kreditschöpfung und ihr Einfluß auf das Geldangebot wird von der Kreditmarkttheorie untersucht.

Die Geld- und Kreditschöpfungsmultiplikatoren sinken, wenn die Zahlungssitten sich zu verstärkter Bargeldzahlung ändern (c steigt) oder wenn der Mindestreservesatz r erhöht wird; m steigt, wenn c und/oder r sinken. Sofern die Geschäftsbanken über keine Überschußreserve verfügen, müssen sie über zentralbankfähige Aktiva verfügen, um Geld schöpfen zu können. Auch bestimmte Refinanzierungsmöglichkeiten bei der Zentralbank, z.B. Wechselkredite oder Lombardkredite, oder der Verkauf von Offenmarktpapieren an die Zentralbank können den Geldschöpfungsspielraum der Geschäftsbanken erweitern. Umgekehrt führt eine Einschränkung des Refinanzierungsspielraums oder eine Erhöhung des Mindestreservesatzes zu einer erzwungenen Reduktion der Geschäftsbankengeldmenge und damit zu einer Geldvernichtung. Die Grenze der Kredit- und Geldschöpfung ist also abhängig von

- dem Umfang frei verfügbaren Zentralbankgeldes,
- der Höhe des Mindestreservesatzes und
- den Zahlungssitten im Nichtbankensektor.

Allerdings werden Bankiers oft bestreiten, daß sie mehr Geld schöpfen als sie selbst an Zentralbankgeld besitzen; sie werden vielmehr behaupten, daß sie nur so viel an Krediten vergeben und damit an Einlagenvolumen schaffen, wie ihnen an Zentralbankgeld vorher zugeflossen ist. Für die Bank B_1 ergibt sich dabei folgendes Bild:

Bank B_1

MR	10	Sichteinlagen A	100
ÜR	90		
ΔKr	90	Sichteinlagen C	90

In diesem Fall hat die Bank B_1 von den bei ihr zunächst bestehenden Überschußreserven im Umfang von $ÜR = 90$ nur $MR_1 = 9$ als Mindestreserve durch zusätzliche Kreditvergabe gebunden; ihr Kreditnehmer C hat dabei als Sichteinlage einen Betrag von DM 90,– gutgeschrieben erhalten.

Wenn nun der Kreditnehmer C seinem Gläubiger D, der ein Konto bei der Bank B_2 unterhält, den Betrag von DM 90,– überweist, entsteht folgendes Bild:

Bank B_1

MR_A	10	Sichteinlagen A	100
MR_C	9		
ÜR	81	Sichteinlagen C	0
ΔKr	90	Sichteinlagen B_2 (Nostroverbindlichkeit)	90

Bank B_2

Guthaben B1 (Nostroforderung)	90	Sichteinlagen D	90

Die Bank B_2 ist Gläubiger der Bank B_1 geworden; die Bank B_1 ist eine **Nostroverbindlichkeit** gegenüber der Bank B_2 eingegangen, und die Bank B_2 hat eine **Nostroforderung** gegenüber der Bank B_1 erworben. Diese **Interbankenverbindlichkeiten** (B_1 gegenüber B_2) und **Interbankenforderungen** (B_2 gegenüber B_1) werden im **Clearing** der Banken zunächst gegeneinander aufgerechnet und der verbleibende Rest dann in Zentralbankgeld bei den Landeszentralbanken beglichen.

Im obigen Beispiel bedeutet dies, daß die Bank B_2 im Clearing von der Bank B_1 Zentralbankgeld im Umfang von DM 90,– erhält; in der Regel natürlich nicht in Banknoten und Münzen, sondern als Einlageguthaben bei der Zentralbank. Zu dieser Zahlung ist die Bank B_1 auch in der Lage, da neben ihrer Überschußreserve ÜR = 81 mit der Zahlung der Nichtbank C an die Nichtbank D auch die Mindeskeserve MR_C wieder freigeworden ist. Die neue Bilanzstruktur nach dem Clearing hat dann folgendes Bild:

Bank B_1

MR	10	Sichteinlagen A	100
ΔKr	90	Sichteinlagen C	0

Bank B_2

Zentralbankeinlage	90	Sichteinlagen D	90
(a) MR 9			
(b) ÜR 81			

Nun besitzt die Bank B_2 eine Überschußreserve ÜR = 81, die sie jetzt zu zusätzlicher Kreditvergabe z.B. an einen Kreditnehmer E verwenden kann. Sollte dieser dann Zahlungen an seine Gläubiger, die ein Konto bei der Bank B_3 unterhalten, vornehmen, erfolgen die gleichen Vorgänge, wie sie gerade zwischen Bank B_1 und Bank B_2 beschrieben wurden. Das Ergebnis des Geld- und Kreditschöpfungsprozesses ist dann das gleiche, wie es oben vereinfachend für nur eine einzige Bank dargestellt wurde.

Der Buchgeldschöpfungsmultiplikator ändert sich bei dieser Betrachtungsweise nur dann, wenn wieder ein Sickereffekt im Nichtbankensektor bei Barabhebungen zugelassen wird. Nimmt man nämlich an, daß der Kreditnehmer C sich den Kreditbetrag von DM 90,– – die gesamte Überschußreserve ÜR der Bank B_1 – bar ausbezahlen läßt, um seine Verbindlichkeiten zu bezahlen, so wird bei einer Bargeldquote von c der Gläubiger D bei seiner Bank B_2 nur einen Betrag von $(1-c)\,90$ einbezahlen, den er dann auf seinem Girokonto bei der Bank B_2 gutgeschrieben bekommt. Die Bank B_2 hat von diesem Betrag eine Mindestreserve von r zu halten, kann also einem Kreditnehmer E den Betrag von $(1-r)\,(1-c)\,90$ als Kredit zur Verfügung stellen. Wird auch dieser Kreditbetrag bar abgehoben und versickert mit einem Anteil c im Nichtbankensektor, so wird ein Gläubiger F der Nichtbank E dann nur noch einen Betrag von $(1-c)\,(1-r)\,(1-c)\,90$ bei seiner Bank B_3 einzahlen, die dafür einen Anteil r als Mindestreserve zu halten hat. Die Bank B_3 ist dann in der Lage, einem weiteren Kreditnehmer G den Betrag von $(1-r)^2\,(1-c)^2\,90$ als Kredit zur Verfügung zu stellen.

Spielt man diesen Vorgang genügend lange durch, erhält man eine geometrische Reihe für die sukzessive Kreditgewährung der Banken $B_1, B_2, B_3 \ldots B_n$

$$90 + (1-c)\,(1-r)\,90 + (1-c)^2\,(1-r)^2\,90 + \ldots + (1-c)^n\,(1-r)^n\,90,$$

mit der Summenformel

$$\sum_{i=1}^{n\to\infty} Kr_i = \frac{1}{1-(1-c)\,(1-r)}\,ÜR_1 = \frac{1}{(1-c)\,r+c}\,ÜR_1;$$

in diesem Umfang ist auch die Geschäftsbankengeldmenge M1 in der Volkswirtschaft gestiegen.

2.4 Erweiterungen der Geldangebotstheorie

Auf Grund der modellmäßigen Darstellung der mechanistischen Geldangebotstheorie könnte leicht die Auffassung entstehen, daß bei konstantem Buchgeldschöpfungsmultiplikator (r, c = konstant) eine Zentralbank die volkswirtschaftliche Geldmengenexpansion genau bestimmen könnte. Man muß jedoch berücksichtigen, daß

- die Geschäftsbanken auch freiwillig auf Grund von Portfolioentscheidungen teilweise und vorübergehend Überschußreserven halten,
- die freien Liquiditätsreserven der Geschäftsbanken neben deren Bestand an Überschußguthaben bei der Zentralbank (primäre Liquiditätsreserven) auch von der Höhe der sekundären Liquiditätsreserven bestimmt werden.

In der Bundesrepublik rechnen zu den **freien Liquiditätsreserven** der Geschäftsbanken

- **Überschußguthaben**, also Zentralbankguthaben der Banken abzüglich des **Mindestreserve-Solls**.
- **inländische Geldmarktpapiere** im Bestand der Banken, u.a. **Schatzwechsel** mit einer Laufzeit von 3 Monaten und **unverzinsliche Schatzanweisungen** mit einer Laufzeit von 3 Monaten, 6 Monaten bis zu 2 Jahren („U-Schätze") des Bundes,

der Bundespost, der Bundesbahn und der Länder, Vorratsstellenwechsel, Privatdiskonten. Diese Wertpapiere sind auch Gegenstand der Offenmarktpolitik der **Deutschen Bundesbank**, die **„Offenmarkttitel“** zur **„Geldmarktregulierung“** an- und verkauft.

- **unausgenutzte Rediskontkontingente**, also die den Geschäftsbanken zugestandenen Rediskontkontingente (Kontingent, in dessen Rahmen Geschäftsbanken Handelswechsel bei der Bundesbank zum Rediskont, d.h. zur Zentralbankgeldbeschaffung, einreichen können) abzüglich des Betrages an bereits rediskontierten Wechseln im Bestand der **Deutschen Bundesbank**.
- **kurzfristige Auslandsanlagen** der Banken, und zwar Forderungen an ausländische Banken mit einer Frist bis zu einem Jahr und die als Geldmarktanlage erworbenen Auslandswechsel sowie ausländische Schatzwechsel; sofern freie Konvertibilität und feste Wechselkurse zwischen den betreffenden Währungen bestehen. Nicht dazu gerechnet werden auf fremde Währung lautende, täglich fällige Forderungen, die als **„working balances“** gelten, d.h. für das laufende Geschäft benötigt werden.

Da die Zentralbank verpflichtet ist, für zentralbankfähige Aktiva den Geschäftsbanken Zentralbankgeld einzuräumen, können die Banken dieses „potentielle Zentralbankgeld“ ihrem Zentralbankgeldbedarf anpassen. Nach Auffassung der **Deutschen Bundesbank** bilden die freien Liquiditätsreserven eine Art autonomen Expansionsspielraum der Banken, weil sich die Notenbank hinsichtlich der künftigen Schaffung von Zentralbankgeld die Hände gebunden hat. Die **freien Liquiditätssreserven** sollten eigentlich den Spielraum für eine Kreditexpansion der Geschäftsbanken beschreiben. Da aber die Kreditinstitute normalerweise kurzfristig unbegrenzt auf die **Lombardfacilität** zurückgreifen konnten und die **Deutsche Bundesbank** zunehmend Zentralbankgeld über Wertpapierpensionsgeschäfte bereitstellte, konnte das Konzept der freien Liquiditätsreserven die ihm zugedachte Aufgabe im Zeitablauf immer weniger genügen.

Aus diesem Grund rückte die **Deutsche Bundesbank** 1982 von dieser Konzeption ab. Außerdem beeinflussen die Interbankverbindlichkeiten die Liquidität einer Bank. Dies wird besonders deutlich bei den Gironetzen einzelner Banksysteme. Durch die Bildung von multilateralen Clearingzentralen wird durch eine gegenseitige Verrechnung von Interbankverpflichtungen der Bedarf an Zentralbankgeld für die einzelnen Mitglieder minimiert. Es kommt dabei praktisch zu einer optimalen Allokation von Zentralbankgeld. Dadurch erhöht sich die Geldschöpfungsfähigkeit natürlich beträchtlich.

Dies gilt auch bei einer Reduzierung der Bargeldquote c. Neben saisonalen Schwankungen läßt sich für die westlichen Industrienationen vor allem durch die Zunahme des bargeldlosen Zahlungsverkehrs langfristig eine Senkung des Anteils des Bargeldes an der gesamten Geldmenge feststellen. Auf Grund der zur Zeit im Aufbau befindlichen elektronischen Zahlungsverkehrssysteme (Geldausgabeautomaten, elektronische Ladenkassenterminals, Bildschirmtext usw.) geht man sogar in Richtung auf eine **„bargeldlose Gesellschaft“ („cashless society“)**.

Im Zahlungsverkehr geleistete Zahlungen erfüllen die Funktion einer Informationsübermittlung über finanzielle Ansprüche, also über die Berechtigungen für Ressourcen zwischen den Wirtschaftssubjekten. Geld und Geldsurrogate stellen dabei die Datenträger dar, die bei Giralgeldüberweisungen und Kreditkarten sogar ohne Beleg bestehen. In einer bargeldlosen Gesellschaft erfolgt der Zahlungsverkehr nur noch durch elektronische Impulse über Computer. Dazu muß zur Absicherung gegen fremde Eingriffe in den eigenen Computergeld-Bestand eine Identifikationskarte verwendet werden, die zusätzlich durch eine dem Berechtigten bekannte Geheimnummer (**PIN – personal identification number**) gesichert ist. In der Bundesrepublik Deutschland ist seit etwa 1970 bisher nur ein einziger Datenträgeraustausch zwischen den einzelnen Zahlungsverkehrsnetzen vorhanden, doch geht die Entwicklung des Zahlungsverkehrs hin in Richtung eines **home banking**, bei dem am privaten Heimcomputer sämtliche Zahlungen via Bildschirmtext **on-line** abgewickelt werden.

Mit dem elektronischen Zahlungsverkehr verschwindet nicht nur das Bargeld, die Liquidität der Geschäftsbanken gegenüber dem Publikum wird bedeutungslos; ein Liquiditätsproblem besteht nur noch gegenüber der Zentralbank. Ein besonderes Problem stellt dabei das Transmissionsnetz dar, das auf Grund hoher Einrichtungskosten monopolisiert – in Deutschland von der **Telecom** – sein wird. Dies schafft Wettbewerbs-, aber auch Datenschutzprobleme, da innerhalb des Netzes die Gefahr des **„Anzapfens“** durch die verschiedensten Institutionen besteht.

Der elektronische Zahlungsverkehr bringt aber auch geldpolitische Probleme der Geldangebotssteuerung. Die Grenze zwischen Geschäftsbanken und Finanzintermediären sowie die zwischen den einzelnen Geldmengenarten wird verwischt, die Umlaufsgeschwindigkeit steigt stark an. Mit dem elektronischen Zahlungsverkehr und dem Verschwinden von Bargeld ergeben sich aber auch volkswirtschaftliche Vorteile, etwa die Einschränkung der Schattenwirtschaft, die stets ihre Zahlungen in bar abwickelte (Schwarzarbeit, Drogenhandel etc.).

Ebenso wird durch das Portfolio-Verhalten der Nichtbanken die Höhe des Geldschöpfungsmultiplikators m beeinflußt. Das heutige **cash-management** in Unternehmen kann nämlich eine Verlagerung (**shifting**) zwischen den verschiedenen Einlagearten bewirken – u.a. abhängig von deren Verzinsung – und so die Geldmengen M1 und M2 sowie gleichzeitig damit die Höhe der Mindestreserveguthaben beeinflussen, da ja für verschiedene Einlagebefristungen auch unterschiedliche Mindestreservesätze gelten. Durch die Mindestreservepolitik schreibt die Zentralbank den Geschäftsbanken vor, in welchem Verhältnis zum Umfang an Sicht-, Termin- und Spareinlagen eine Bank über Zentralbankgeld verfügen muß. Wenn die Umwandlungskosten zwischen den einzelnen Einlagearten relativ niedrig sind, können diese **shifting-Prozesse** dazu führen, daß de facto Termin- und Spareinlagen direkt zu Zahlungszwecken eingesetzt werden.

Schließlich haben die **Finanzintermediäre** oder paramonetäre Institutionen – die bankähnliche Funktionen ausüben, ohne der direkten Kontrolle der Zentralbank zu unterliegen – einen Einfluß auf das volkswirtschaftliche Kreditangebot, sie beeinflussen jedoch nicht direkt das Geldangebot. Auf ihre Rolle wird weiter unten noch eingegangen werden.

In einer offenen Volkswirtschaft entsteht ein zusätzliches Liquiditätsproblem, da die für Transaktionen mit dem Ausland notwendigen Devisen oder international akzeptierten Zahlungsmittel (Gold, Sonderziehungsrechte, ECU) vom inländischen Bankensystem nicht autonom geschaffen werden können. Außerdem kann in einer offenen Volkswirtschaft eine Veränderung der inländischen Geldmenge durch Interventionen der Zentralbank an der Devisenbörse erfolgen, z.B. indem die Zentralbank Devisen ankauft und mit Zentralbankgeld bezahlt.

Obwohl also die Zentralbankgeldmenge als Basis für die Giralgeldschöpfung der Geschäftsbanken dient, kann die Zentralbank in einem Mischgeldsystem die Geldmenge nur indirekt mit Hilfe der ihr zur Verfügung stehenden geldpolitischen Instrumente steuern. Die mechanistische Geldangebotstheorie liefert also eine nur begrenzte Erklärung für die in der Realität beobachtbaren Geldangebotsprozesse.

2.5 Bankverhalten und Geldangebot

2.5.1 Das Mengenverhalten der Geschäftsbanken

Anders als eine Zentralbank werden Geschäftsbanken bei ihrer Geldschöpfung auf Rentabilität und Liquidität achten. Besondere Bedeutung hat hier die **Goldene Bankregel**, nach der jedes Aktivum denselben Liquiditätsgrad aufweisen soll wie das zu seiner Finanzierung verwendete Passivum. Bei Befolgen dieser **Goldenen Bankregel** würde jedoch die Rentabilität stark beeinträchtigt, aber auch eine Fristentransformation (von kurzfristigen Einlagen in langfristige Kredite et vice versa) unmöglich gemacht. Eine Bank muß daher eine optimale Struktur ihrer Aktiva realisieren, eine bestmögliche Verbindung von Rentabilität und Liquidität; dies führt zur Einbeziehung von Portfolioentscheidungen.

Die volkswirtschaftlichen Wirkungen eines solchen Bankverhaltens sollen hier für eine expansive Offenmarktpolitik dargestellt werden. Kauft die Zentralbank (ZB) von den Geschäftsbanken (GB) Wertpapiere (WP), so steigt zunächst deren Überschußreserven (ÜR).

ZB				GB		
WP	+ 100	GB	+ 100	WP	− 100	
				ÜR	+ 100	

Wenn die Geschäftsbanken keine Schuldentilgung bei der Zentralbank durchführen – was bei expansiver Geldpolitik regelmäßig erfolgt – oder freiwillig Überschußreserven halten, kann diese zusätzliche Überschußreserve zu unterschiedlichen Impulsen führen.

Sollte die private Kreditnachfrage KN in ausreichendem Umfange vorhanden sein, kann die Geschäftsbank ihr Kreditvolumen und damit die Geldmenge M1 ausdehnen. Bei einem Mindestreservesatz für Sichteinlagen von z.B. $r = 50\%$ beträgt das maximale Kreditschöpfungspotential (bei Vernachlässigung des Bargeldabzugs) für diese Bank $\Delta Kr = \Delta M1 = 200$.

Der Aktivtausch der Geschäftsbank zwischen Wertpapierbestand und Überschußreserve im Wege der Offenmarktpolitik reduziert zwar zunächst ihre Rentabilität, da die Überschußreserven unverzinslich bei der Zentralbank gehalten werden müssen. Die Rentabilität erhöht sich aber sofort dann, wenn Kredite an Nichtbanken vergeben werden können. Dabei gilt natürlich, daß die Rendite aus dem ursprünglichen Halten von Wertpapieren geringer ist als die aus der Vergabe von Krediten.

Mit der Kreditvergabe und dem Einräumen einer Sichteinlage D an den Kreditnehmer wird die Überschußreserve zu einer Mindestreserveverpflichtung MR, was gleichzeitig die freie Liquidität der Geschäftsbank verringert.

GB

WP	– 100		
ÜR	+ 100		
	– 100		
MR	+ 100		
Kr	+ 200	D	+ 200

Ist dagegen keine ausreichende Kreditnachfrage vorhanden, weil Investoren pessimistische Ertragserwartungen haben, kann die Geschäftsbank nur zusätzlich Wertpapiere nachfragen; jetzt aber vom Publikum (z.B. Aktien), da die Zentralbank ja nicht durch Verkauf von Offenmarkttiteln ihre eigene Politik konterkarieren würde. Private Vermögensbesitzer werden ihre Wertpapiere aber nur dann abgeben, wenn ihnen als Alternative eine ausreichende Rendite angeboten wird. Alternativen im Banksystem könnten jedoch nur Termineinlagen oder Spareinlagen sein. Sichteinlagen sind keine Alternative, da (fast) unverzinslich.

Wenn die Bank Wertpapiere im Umfang von 100,– DM mit Bargeldzahlungen von den privaten Wirtschaftssubjekten erwirbt, verliert sie im gleichen Umfang Zentralbankgeld. Das Geld fließt jedoch annahmegemäß wieder als Spar- oder Termineinlagen zu den Geschäftsbanken zurück. Da der Mindestreservesatz für Spar-/Termineinlagen niedriger als der für Sichteinlagen ist, z.B. $r_T = 25\%$, steigt nun die Geldmenge M3 um 400 DM. Diese Umschichtung von Wertpapieren zu Termineinlagen ist abhängig von der Kurs- bzw. Zinshöhe und sonstigen Portfolioüberlegungen der privaten Wirtschaftssubjekte.

GB

WP_{ZB}	– 100		
ÜR	+ 100		
	– 100		
MR	+ 100		
$WP_{Priv.}$	+ 400	Termineinlagen	+ 400

Damit steigt die Geldmenge M2 bzw. M3, ohne M1 zu beeinflussen. Die ursprüngliche Zunahme der monetären Basis führt also in jedem Falle zu einer Beeinflussung von M3 nicht jedoch auch zu einer von M1, der konjunkturell bedeutsamen Geldmenge.

Wenn die Nichtbanken aber z.B. aus Liquiditätsgründen das Geld auch als Bargeld oder Sichteinlagen (vgl. z.B. NOW-accounts in den USA) halten, ist die endgültige Geldmengenwirkung ungewiß. Die monetäre Basis könnte natürlich sogar sinken, ohne den Bestand an M1, M2 oder M3 zu ändern, wenn die Geschäftsbanken die ihnen durch Offenmarktoperationen zugeflossene Zentralbankgeldmenge zur Schuldenfinanzierung bei der Zentralbank verwenden würden.

Schematisch läuft der beschriebene Transmissionsmechanismus wie folgt ab:

┌── Schuldentilgung bei der Zentralbank: ÜR↓

Impuls (Kauf von Offenmarktpapieren) → ÜR↑ ($B_{potential}$↑) → KA↑ (i↓), KN, KVOL↑, M1↑ ⇒ $B_{tatsächlich}$↑

└── WPN↑ (Kurs↑, i↓), Termin/Spar↑, M3↑ ⇒ $B_{tatsächlich}$↑ ($\overline{M1}$)

Manchmal wird sogar argumentiert, es seien auch Umsätze ohne Geld möglich, selbst wenn die Zahlungen über Geschäftsbanken abgewickelt würden. Der Grundgedanke dabei ist, daß Bankkunden, die sich einen Kredit bei einer Bank B_1 haben einräumen lassen, ihre Zahlungen direkt über ihr Kreditkonto abwickeln. Hat z.B. ein Kunde 1 einen Kredit von 100,– DM, ein Kunde 2 einen Kredit von 200,– DM, so kann eine Zahlung des Kunden 1 an den Kunden 2 erfolgen, ohne daß die betreffende Bank Geschäftsbankengeld bzw. Sichteinlagen bewegt; diese Bank könnte z.B. auf der Passivseite ihrer Bilanz allein Nostroverbindlichkeiten gegenüber einer anderen Bank B_2 aufweisen.

Bank B_1 (1.)

Kredit 1	100,–	Bank B_2	300,–
Kredit 2	200,–		

Zahlungen zwischen den Bankkunden sind jetzt dann möglich, wenn die Bank B_1 dem Kunden K_1 einen zusätzlichen Kredit von z.B. K_3 = 50,– DM einräumt, den dieser für eine Zahlung an den Kunden K_2 verwendet. Wird dieser Kunde K_2 damit seinen Kredit tilgen, braucht auf der Passivseite der Bankbilanz keine Buchung anzufallen, so daß auch kein Giralgeld bewegt wird. Nach Abschluß dieses Zahlungsvorganges entsteht die neue Bankbilanz:

Bank B_1 (2.)

Kredit 1 (K_3)	150,–	Bank B_2	300,–
Kredit 2	150,–		

Natürlich läßt sich dieser Vorgang theoretisch auch mit Rückgriff auf die Passivseite der Bankbilanz darstellen. Durch den Kredit K_3 = 50,– DM wird dem Kunden K_1 ein Sichtkonto eingeräumt, das mit der Zahlung an K_2 auf den Verfügungsbetrag 0 reduziert wird; zugleich steigt das Sichtkonto des Kunden K_2 um 50 an.

Bank B_1 (3.)

Kredit 1	100,–	Bank B_2	300,–
K_3	50,–	K_1	+ 50,–
			– 50,–
Kredit 2	200,–	K_2	+ 50,–

Verwendet nun der Kunde K_2 den ihm zugeflossenen Betrag zur Tilgung seines Kredites, ergibt sich die gleiche Bilanzstruktur wie oben (Bank B_1 (2.)). Die Passivseite der Bankbilanz wird also dann von Zahlungsvorgängen nicht berührt, wenn diese so schnell erfolgen, daß die Buchungen auf der Passivseite praktisch in einem Zeitpunkt zusammenfallen (1 Tag!).

2.5.2 Allgemeine Zinsbeeinflussung

Bisher wurden die geldpolitischen Maßnahmen der Zentralbank allein unter dem Mengenaspekt behandelt. Daneben aber gibt es auch einen Preiseffekt, oder besser: Zinseffekt.

Mit dem von der Zentralbank festgelegten **Lombardsatz** (Zinssatz für die Verpfändung lombardfähiger Wertpapiere durch Geschäftsbanken bei der Zentralbank) wird die Obergrenze des „Zinsniveaus“ am Geldmarkt (Tagesgeldsätze) bestimmt. Für diese Obergrenze gilt, daß beim Handel der Banken am Geldmarkt mit zunehmender Knappheit des Zentralbankgeldes der dafür zu zahlende Tagesgeldsatz sich dem Lombardsatz annähert. Der Tagesgeldsatz bleibt aber unter dem Lombardsatz, da sonst auf Lombardkredite bei der Zentralbank zurückgegriffen würde; das **Lombardfenster** öffnet sich. Die Untergrenze der Tagesgeldsätze wird durch die Abgabesätze für Geldmarktpapiere (Offenmarktpapiere) festgesetzt. Tagesgeldsätze, die die Kreditinstitute im Geldhandel verabreden, werden diese Abgabesätze nicht unterschreiten. Sinken also die Tagesgeldsätze infolge zuströmenden Zentralbankgeldes zu Banken und Publikum, dann kommen sie bei den Abgabesätzen zum Stillstand. Denn sollte der Tagesgeldsatz unter dieses Niveau zu sinken tendieren, wird keine Bank mehr bereit sein, Zentralbankgeld auf dem Geldmarkt auszuleihen; sie würde stattdessen ertragreicher Offenmarktpapiere damit erwerben.

Offenmarktpapiere und Tagesgeld sind zwar nahe, doch keine vollständigen Substitute. Es lohnt sich für Banken mit Überschußreserve nur, Schatzwechsel zu kaufen, wenn sie sie zwei bis drei Tage behalten kann; u.U. ist es aber besser, Tagesgeld zu verleihen, obwohl der Schatzwechsel höher verzinst ist. Am geringsten ist die Differenz zwischen beiden Sätzen, wenn die Wechsel nur noch eine geringe Laufzeit haben.

Innerhalb der durch den Lombard- und den Schatzwechselabgabesatz gezogene Bandbreite erfolgt die Steuerung der Geldmarktzinsen über **Offenmarktgeschäfte mit Rückkaufvereinbarung**. Eine herausragende Position nehmen hier die **Wertpapierpensionsgeschäfte** ein. Es handelt sich um reversible Ausgleichsoperationen mit deren Hilfe den Geschäftsbanken befristet Zentralbankgeld gegen die Hinterlegung von lombardfähigen Wertpapieren zugeführt wird. Das Geschäft besteht aus einer Kassa- und einer Termintransaktion. Zum Zeitpunkt des Kassageschäfts werden die Konditionen des Termingeschäfts, also Fälligkeit und Rückzahlungsbetrag, vereinbart. Die Differenz zwischen Kassa- und Terminkurs entspricht dem von den Kreditinstituten zu zahlenden Zins. Auf diesem Wege bereitgestelltes Zentralbankgeld vernichtet sich bei Fälligkeit von selbst. In der Regel haben Wertpapierpensionsgeschäfte eine Laufzeit von 4 bis 9 Wochen.

Neben den Wertpapierpensionsgeschäften spielen **Devisenswapgeschäfte, Devisenpensionsgeschäfte, Wechselpensionsgeschäfte, Schnelltender** und **§ 17 BBankG** nur eine untergeordnete Rolle[1]. Ihre Laufzeit beschränkt sich auf wenige Tage.

Das klassische Instrument der deutschen Geldpolitik – der Diskontkredit – spielt heute in der Geldmarktsteuerung kaum eine Rolle mehr. Der Diskontsatz hat jede Geldmarktnähe verloren. Er unterschreitet das Geldmarktniveau kontinuierlich um 1½ – 3 v.H. Damit hat die Bereitstellung von Zentralbankgeld über den Diskontkredit Subventionscharakter.

Die Zinspolitik am Geldmarkt beeinflußt aber auch das Zinsniveau am Kapitalmarkt, dem Markt für langfristige Anlagen; denn ein erhöhter Zins am Geldmarkt führt zu einem verstärkten Liquiditätszustrom in diesen Markt, was zugleich einen Liquiditätsabzug vom Kapitalmarkt bedingt, wodurch sich auch dort

---

[1] Vgl. die Erläuterungen auf S. 257ff.

wegen der nun gestiegenen Knappheit das Zinsniveau erhöht. Der Kapitalmarktzins kann somit nur innerhalb gewisser Grenzen vom Geldmarktzins abweichen. Entscheidend hierbei ist, daß nicht so sehr die absolute Zinshöhe, sondern seine Veränderung das Verhalten der Banken und des Publikums beeinflußt.

2.5.3 Liquidität des Bankensystems und die Publikumszinssätze

Theoretisch ist die Schöpfung zusätzlicher Sichteinlagen ΔD bei Geschäftsbanken eine Funktion der Überschußresene ÜR,

$$\Delta D = f(\ddot{U}R).$$

Banken werden sich vor allem dann bei der Zentralbank verschulden, wenn es zu einer Abnahme von Zentralbankgeld kommt; zufließendes Zentralbankgeld dagegen wird zunächst zum Schuldenabbau verwendet. Eine Geschäftsbank, die knapp an Zentralbankgeld ist, besorgt es sich durch Aufnahme von Tagesgeld, über Rediskonte oder über die Ausgabe von Schuldscheinen (Obligationen).

Aus diesen Überlegungen ergibt sich auch der Zusammenhang der Geldmarktsätze zu den Publikumssätzen:

Publikumssätze
- Haben-Zinsen
  - Sicht-einlagen
  - Termin-einlagen
  - Spar-einlagen
- Soll-Zinsen (Kontokorrentkredite)

Im Prinzip besteht zwar zwischen den Habenzinsen und den Geldmarktsätzen keine direkte Substitutionsmöglichkeit, doch werden die Habenzinsen indirekt an den Diskontsatz angelehnt, wenn auch mit zeitlicher Verzögerung. Diese indirekte Beziehung besteht deshalb, da für die Banken eine Substitutionsmöglichkeit zwischen langfristigen Wertpapieren und Schatzwechseln besteht, und langfristige Wertpapiere wiederum durch Spareinlagen finanziert werden können. Da das Risiko bei langfristigen Wertpapieren aber größer ist als bei einer Spareinlage, wird deshalb $i_{Wertpapiere} > i_{Sparen}$ sein. Dies schlägt sich dann auch als Renditeüberlegung auf die anderen Habenzinsen nieder.

Die Beziehung zu den Sollzinssätzen ist einfacher darstellbar. Wenn nämlich der Ertrag aus Wertpapieren geringer als der aus Kontokorrentkrediten wird, werden die Geschäftsbanken ihre Liquidität verstärkt zur Kreditvergabe verwenden. Steigt die Nachfrage nach Kontokorrentkrediten, so sinkt die Nachfrage der Banken nach Schatzwechseln und langfristigen Wertpapieren, so daß deren Zinssätze wieder steigen. In der Regel steigen die kurzfristigen Zinssätze schneller als die langfristigen.

2.5.4 Das Geldangebotsverhalten der deutschen Banken

Zu den theoretischen Erläuterungen zum Geldangebot der Geschäftsbanken lassen sich auch einige empirische Anhaltspunkte anführen. Geht man einmal von der Bundesbankbilanz in Tabelle 1 auf Seite 42, so ist die **monetäre Basis B**

(a) von der Entstehungsseite

$B = R + KB + KS + WP + S,$

mit $S = SA - SP$

(b) von der Verwendungsseite

$B = N + MR$

definiert.

Die reservepflichtigen Verbindlichkeiten der deutschen Geschäftsbanken betrugen im gleichen Jahr 1990 insgesamt DM 1283,2 Mrd. Sie setzten sich zusammen aus

	inländische Einleger	ausländische Einleger
Sichtverbindlichkeiten	289,9	21,3
Terminverbindlichkeiten	401,2	10,1
Spardepositen	552,9	7,8
	1 244 Mrd.	39,2 Mrd.

Aus diesen Verbindlichkeiten berechnete sich ein Mindestreserve-Soll von DM 77,7 Mrd. (darunter 3,4 Mrd. für ausländische Verbindlichkeiten). Da seit März 1978 die Kassenbestände der Banken zur Mindestreserve angerechnet werden – in der Zeit zuvor wurden sie als **working balances** (für den täglichen Geschäftsverkehr), zu denen auch die Sorten (ausländische Noten) im Gegensatz zu Devisen (ausländische Geschäftsbankeneinlagen) zählen, nicht auf die Mindestreserveerfüllung angerechnet –, bleibt nach Absetzen der anrechenbaren Kassenbestände im Umfang von DM 15,8 Mrd. ein Mindestreserve-Soll von DM 61,9 Mrd. Durchschnittlich betrugen diese Einlagen der Geschäftsbanken im Jahre 1989 allerdings nur DM 62,8 Mrd., so daß sich als durchschnittliche Überschußreserve ein vernachlässigbarer Betrag von DM 0,9 Mrd. ergab.

Sollte nun die **Deutsche Bundesbank** eine restriktive Geldmengenpolitik betreiben, könnten Banken versucht sein, statt sich zu einem sehr hohen Tagesgeldsatz bei anderen Geschäftsbanken – teilweise mit Tagesgeldsätzen von 30% und mehr –, eher auf eine Erfüllung ihrer Mindestreserveverpflichtung zu verzichten. Dafür wäre ein Strafzins von 3% über dem Lombardsatz zu entrichten, was wesentlich billiger als der Tagesgeldsatz sein würde. So etwas aber **„tut man nicht“**, Banken würden in diesem Fall auch künftig aufmerksam von der Zentralbank betrachtet.

Im Falle einer restriktiven Geldpolitik werden die Geschäftsbanken statt dessen die privaten Nichtbanken durch günstige Habenzinsen anregen, ihr Geld in Termineinlagen zu halten, um so mittelfristig über in der Höhe kalkulierbare Mittel zu verfügen. Als z.B. von Februar 1972 bis Juni 1973 der Diskontsatz sukzessive von 3% bis 7% anstieg und auch die Mindestreservesätze angehoben wurden, erfolgte eine Einschränkung von Sichteinlagen und Spareinlagen zu Gunsten von Termineinlagen, was 1974 bei sinkendem Diskontsatz mit umgekehrtem Effekt rückgängig gemacht wurde.

Für das Kreditangebot der Geschäftsbanken ist also sowohl das ihr zufließende Zentralbankgeld wie auch ihre Liquidität maßgeblich. Zusätzlich werden sie ihre Zinskonditionen variieren, um eine Finanzierung von Krediten zumindest mittelfristig durch Termineinlagen abzusichern.

2.6 Verhalten der Nichtbanken und Geldangebot

Die traditionelle Multiplikatortheorie hat das Verhalten des Publikums kaum integriert, obwohl durch eine Änderung der Zahlungssitten – z.B. durch die der Barabhebungsquote, sowie Shifting-Prozesse – der Geldschöpfungsmultiplikator erheblich beeinflußt werden kann. Neuere Ansätze analysieren daher die Portfolioentscheidungen der Nichtbanken und deren Determinanten, sowie ihre Nachfrage nach Bankkrediten.

Neben der Bargeldquote c (Bargeld/gesamte Geldmenge) und dem Kassenhaltungskoeffizienten k (Bargeld/Sichteinlagen) werden dabei auch die Terminguthaben-Quote t (Termin-/Sichteinlagen) sowie die Sparguthaben-Quote s (Spar-/Sichteinlagen) in der Multiplikatortheorie als Verhaltensparameter berücksichtigt.

So gilt für die Geldmenge definitionsgemäß

(1) $$M = C + D,$$

mit M = Geldmenge, C = Bargeldumlauf und D = Sichteinlagen (Depositen) bei Geschäftsbanken, und für die monetäre Basis B gilt

(2) $$B = C + MR.$$

Da die Mindestreserven in einem bestimmten Verhältnis (hier: bei theoretisch gleichem Mindestreservesatz für Sicht- und Spar- sowie Termineinlagen) zu den Einlagen gehalten werden, folgt

(3) $$MR = r\,(D + T + S),$$

mit S = Spareinlagen und T = Termineinlagen.

Nun soll ein bestimmtes Verhalten der Nichtbanken gegenüber dem Halten verschiedener Einlagearten angenommen werden:

(4a) $$C = k \cdot D, \text{ mit } k = \text{Sichteinlagenkoeffizient},$$

(4b) $$T = t \cdot D, \text{ mit } t = \text{Termineinlagenkoeffizient},$$

(4c) $$S = s \cdot D, \text{ mit } s = \text{Spareinlagenkoeffizient}.$$

Werden die Gleichungen (4) und (3) in (2) eingesetzt, folgt

(2a) $$B = k \cdot D + r(D + tD + sD),$$
$$B = D(k + r + rt + rs),$$

oder

(2b) $$D = \frac{1}{k + r(1+t+s)} \cdot B.$$

Setzt man die Gleichungen (2b) und (4a) in Gleichung (1) ein, so ergibt sich schließlich

(1a) $$M = \frac{1 + k}{k + r(1+t+s)} \cdot B$$

und damit ein Geldschöpfungsmultiplikator unter Berücksichtigung zusätzlicher Verhaltenshypothesen für Nichtbanken.

Die Parameter der einzelnen Einlagearten sind hier der Einfachheit halber als konstant angenommen. Die Nachfrage der Nichtbanken nach den einzelnen Geldarten ist aber auch von anderen Variablen abhängig. So ist die Nachfrage nach Bargeld zinsabhängig – im ökonometrischen Modell der **Deutschen Bundesbank** negativ zinsabhängig –, weil mit der Bargeldhaltung Opportunitätskosten anfallen; z.B. wird auf Zinserträge aus Termineinlagen verzichtet. Termin- und Spareinlagen sind positiv mit dem Zinssatz korreliert. Und da alle diese Parameter eine Funktion des Zinssatzes sind, werden sie eben auch durch die Angebotspolitik der Geschaftsbanken beeinflußt.

2.7 Weiterentwicklung der Geldangebotstheorie

2.7.1 Die Liquiditätstheorie des Geldes

Als **Geld** kann im Prinzip jede zur Begleichung einer Forderung akzeptierte Verbindlichkeit angesehen werden; Zentralbankgeld in Form von Banknoten ist dann nur eines von vielen möglichen Zahlungsmitteln, allerdings das mit allgemeiner Akzeptanz. Liquidität ist nun die Eigenschaft, über von Gläubigern akzeptierte Zahlungsmittel zu verfügen. Nach **Wolfgang Stützel** ist zwischen

- der **Liquidität von Wirtschaftssubjekten** (Zahlungsfähigkeit, Verfügbarkeit an liquiden Mitteln) und
- der **Liquidität von Vermögensobjekten** (Grad der Akzeptanz liquidisierbarer Werte)

zu unterschieden. Geld gilt definitionsgemäß als Gut mit der höchsten Liquidität (als Vermögensobjekt), da es in normalen Zeiten von jedermann als Zahlungsmittel zur Begleichung von Verbindlichkeiten akzeptiert wird. Wenn ein Gut nicht als Zahlungsmittel akzeptiert wird, ist es insofern kein Geld. Dies folgt aus der funktionalistischen Geldlehre, nach der Geld genau das ist, was bestimmte Funktionen erfüllt. Werden auch andere Verbindlichkeiten neben Geld zumindest von bestimmten Gläubigern als Zahlungsmittel akzeptiert – z.B. Schuldscheine, Wechsel oder reine Zahlungsversprechen –, die durch Forderungsrechte abgesichert sind, so stellen auch sie Liquidität dar. Die Bedeutung der Liquidität für die Entwicklung des Preisniveaus beschreibt die **Liquiditätstheorie**. Je näher ein Aktivum dieser als Zahlungsmittel akzeptierten Liquidität steht, desto höher ist sein **Liquiditätsgrad (des Vermögensobjektes)**, je größer der Anteil an von jedermann akzeptierten Zahlungsmitteln am gesamten Bestand an Aktiva bei einem bestimmten Wirtschaßssubjekt ist, desto höher ist sein **Liquiditätsgrad (des Wirtschaftssubjektes)**.

Werden Bargeld und Giralgeld als Güter mit der von jedermann akzeptierten, höchsten Liquidität angesehen, so entstehen Umwandlungskosten bei der Liquidisierung anderer Aktiva in Geld; diese müssen verkauft werden (Wertpapiere, Anlagen) oder aufgelöst werden (Quasigeld wie Termineinlagen und Spareinlagen), wobei auch auf Zinserträge verzichtet werden muß. Allgemein gilt, je niedriger der Liquiditätsgrad eines Vermögensobjektes ist, desto höher seine Rendite (einschließlich der Risikoprämie für mögliche Wertverluste).

Bargeld und Giralgeld sind Güter höchster Liquidität für Nichtbanken. Für Geschäftsbanken ist der Besitz von Zentralbankgeld notwendig, um Geschäftsbankengeld und Kredite schöpfen zu können. Für Geschäftsbanken kann daher nur Zentralbankgeld unmittelbar Liquidität (**Primärliquidität**) darstellen; dies sind ihr Kassenbestand und ihre Guthaben bei der **Deutschen Bundesbank**. Ihre **Sekundärliquidität** besteht in Aktiva, die jederzeit und ohne Verluste in Zentralbankgeld umgewandelt werden können; dazu zählen die in ihrem Besitz befindlichen Wertpapiere, die im Wege der Offenmarktpolitik und Diskontpolitik jederzeit in Zentralbankgeld konvertiert werden können. Die nicht als Mindestreserve festgelegten Zentralbankguthaben der Geschäftsbanken, also die Überschußreserve, zählt zusammen mit der Sekundärliquidität zu den **freien Liquiditätsreserven** der Geschäftsbanken. **Tertiärliquidität** bilden schließlich diejenigen Vermögenswerte von Geschäftsbanken, die regelmäßig nur mit Verlust in Zentralbankgeld umgewandelt werden können, wie etwa Aktien.

Ein besonderes Liquiditätsproblem ergibt sich aus der **Fristentransformation** insbesondere kurzfristiger Einlagen in langfristige Ausleihungen. Verfolgt eine Geschäftsbank die **„Goldene Bankregel“**, nach der jedes Passivum durch ein gleichfristiges Aktivum gedeckt sein soll, so wird die Bankrentabilität durch diese Fristenkongruenz von Aktiva und Passiva stark beeinträchtigt. Als Sicherheitsreserve für die Durchführung dieser Fristentransformation benötigen die Geschäftsbanken eine **„eiserne“** Liquiditätsreserve. Deshalb wird mit der **Liquiditätsquote** das Verhältnis zwischen freien Liquiditätsreserven und den gesamten Einlagen der Geschäftsbank(en) ausgedrückt, als Anhaltspunkt über den Liquiditätsgrad der Bank.

Neben der Bankenliquidität hat insbesondere die **internationale Liquidität** eine erhebliche Bedeutung. Die Liquidität einer Volkswirtschaft, Zahlungen in ausländischer Währung leisten zu können, hängt bei festen Wechselkursen vom Bestand an Währungsreserven ab. Dieses internationale Liquiditätsproblem begrenzt die nationalen Einsatzmöglichkeiten der Geldpolitik und Fiskalpolitik.

Liquiditäts-Theoretiker bestreiten die Möglichkeit einer genauen Abgrenzung der für die ökonomische Aktivität relevanten Geldmenge. Wegen der Existenz von Geldsubstituten und geldnahen Aktiva wird eine empirische und theoretische Abgrenzung des Geldmengenbegriffs ersetzt durch den Liquiditätsbegriff, allerdings wird dieser Begriff nicht eindeutig definiert; am einfachsten – wenn auch nicht unumstritten – wäre eine Definition in der Form: monetäre Basis plus freie Liquiditätsreserven der Banken (**Liquiditätssaldo**). In dieser Weise wird auch von der **Deutschen Bundesbank** in ihrem ökonomischen Modell die **Zentralbankgeldmengenbereitstellung** definiert; die Komponente monetäre Basis (oder auch: Zentralbankgeldmenge) ist dabei zwar abhängig vom Verhalten der Banken und Nichtbanken, die jedoch mit einer Beeinflussung der monetären Basis zugleich auch die Bankenliquidität ändern, ohne die Zentralbankgeldbereitstellung zu variieren. Da hierbei eine zweckmäßige Geldmengenabgrenzung nicht möglich ist und nur die gesamtwirtschaftliche Liquidität als entscheidende Variable der gesamtwirtschaftlichen Nachfrage gewertet werden könne, wird von Liquiditäts-Theoretikern die auf der traditionellen Geldangebotstheorie aufgebaute Geldmengenpolitik abgelehnt.

Die Liquiditätstheorie weist insbesondere auf die Bedeutung der Liquidität der Wirtschaftssubjekte hin. Steigen z.B. bei zunehmender Konjunktur die Investitionsvorhaben, so werden Forderungsrechte durch Geschäftsbanken monetisiert, deren Geldangebot erhöht sich damit. Wie die **Bankingtheorie** wird also auch von der **Liquiditätstheorie** das Geld als passives Medium gesehen, das nicht selbst irgendwelche wirtschaftlichen Aktivitäten anregt. Vielmehr setzt eine steigende Geldmenge eine erhöhte Wirtschaftsaktivität voraus. Aber nicht nur die Geldmenge ist entscheidend für die Umsatzmöglichkeiten in einer Volkswirtschaft, sondern auch die Geldsubstitute (Geldsurrogate), die ebenso wie Geld als Zahlungsmittel dienen. Als Geldsubstitute gelten Zahlungsanweisungen (Schecks, Reiseschecks), Zahlungsverpflichtungen (Wechsel) und Kreditkarten, die also nach traditioneller Auffassung nicht zu den Geldmengenarten gerechnet werden. Kreditkarten stellen dabei eine Besonderheit dar, da sie nicht eigentlich zu einer Zahlung führen, sondern eher zu einer Kreditaufnahme; diese wird zusammen mit anderen Forderungen und Verbindlichkeiten verrechnet, und nur in Höhe des Saldos aller Kontenvorgänge eines Wirtschaftssubjektes führt sie bei einer Verrechnungsstelle zu einer Zahlung.

Die Liquidität der Wirtschaftssubjekte, die unmittelbar zu Zahlungen eingesetzt werden kann, setzt sich sowohl aus Geld wie auch aus Geldsubstituten zusammen. Es wird deshalb für die Geldnachfrage auch manchmal eine **Kreislaufgeschwindigkeit der Liquidität** formuliert, der die gleiche Bedeutung wie der Umlaufsgeschwindigkeit des Geldes zukommt.

Die Liquiditätstheorie beschreibt die Beziehung zwischen monetärem und realwirtschaftlichem Bereich einer Volkswirtschaft durch das **Liquiditätssaldo-Konzept**, das **Kreditverfügbarkeitskonzept** und das **Konzept der subjektiven Liquidität(seinschätzung** individueller Wirtschaftssubjekte).

(1) Nach dem **Liquiditätssaldo-Konzept** ist die Beziehung zwischen gebundener Liquidität und der Summe aller Liquiditätssalden (Bestände an aktuellem und potentiellem Zentralbankgeld, also im Prinzip: Die Mindestreserveeinlagen der Geschäftsbanken einschließlich der freien Liquiditätsreserven, d.h. die Zentralbankgeldmengenbereitstellung) für monetäre Wirkungen entscheidend. Sinkt der Liquiditätssaldo durch restriktive geldpolitische Maßnahmen, so sinkt tendenziell das Kreditangebot bei steigendem Zinsniveau. Diese steigenden Kreditkosten führen so zu einer Reduktion der Kreditnachfrage und damit des Kreditvolumens auf dem Kreditmarkt.

(2) Aber auch das **Kreditverfügbarkeitskonzept** mit seiner Wirkung auf das Kreditangebot spielt eine Rolle. Danach sinkt bei steigendem Kreditangebot das Zinsniveau, so daß für Kreditgeber die Opportunitätskosten für alternative Anlagen steigen; statt Kredite zu vergeben, werden nun die Kreditanbieter ihre Nachfrage nach Wertpapieren steigern, so daß das Kreditangebot tendenziell wieder reduziert wird. Im Prinzip gehen in dieses Konzept also auch Überlegungen der **Portfoliotheorie** ein.

(3) Nach dem **Konzept der subjektiven Liquidität** schließlich wird das **„Gefühl finanzieller Bewegungsfreiheit"** (**Gustav Schmölders**) der Wirtschaftssubjekte und damit ihr Verhalten durch geldpolitische Maßnahmen beeinflußt.

Die Liquiditätstheorie geht auf Untersuchungsergebnisse des **Radcliffe-Reports** von 1959 zurück. Ihre deutschen Begründer sind **Claus Köhler**, **Günter Schmölders** und **Wolfgang Stützel**.

Durch liquiditätstheoretische Untersuchungen über die Rolle der Finanzintermediäre, die Umlaufgeschwindigkeit des Geldes sowie über Umgehungsstrategien des Finanzsektors auf geldpolitische Maßnahmen hat diese **„New-View"** neue Impulse für die Geldtheorie geliefert.

2.7.2 Die Zentralbankgeldnachfrage der Kreditinstitute

Die Geschäftsbanken fragen Zentralbank nach ganz bestimmten Kriterien nach, um Kredite anbieten zu können. Nach der **need-Theorie** werden Geschäftsbanken für ihr Kreditangebot Zentralbankgeld in einem ganz bestimmten, vorgegebenen Umfang nachfragen. Nach der **profit-Theorie** tun sie es nur dann, wenn der Interbankzins (Tagesgeldsatz) unterhalb des Kreditzinssatzes liegt. Schließlich kombiniert die **reluctance-Theorie** beide dieser Ansätze. Zu erwähnen ist noch die **Erwartungs-Theorie**, die jedoch keinen Einfluß auf die Diskussion über die Motive der Zentralbankverschuldung ausüben konnte.

2.7.2.1 Die need-Hypothese

Die **need-Theorie** wurde von **W. R. Burgess** und **W. W. Riefler** entwickelt. Ihr Ansatz stellt das Bedarfsmotiv als den Bestimmungsfaktor für eine Zentralbankkreditaufnahme in den Vordergrund. Die Hypothese besagt, daß Banken den Zentralbankkredit nur dann in Anspruch nehmen, wenn ein unabweisbarer Refinanzierungsbedarf auftritt und er anders, beispielsweise über den Geldmarkt, nicht zu befriedigen ist. Bargeldabflüsse sind normalerweise der Hauptgrund für eine Kreditaufnahme. Weitere Gründe wären das Absinken der gehaltenen Reserven unter das geforderte Mindestniveau oder die schnelle und ausreichende Befriedigung von Kreditwünschen der Nichtbanken, denen die Banken aus langfristigen Gewinnüberlegungen nicht ausweichen können.

Das **need-Motiv** basiert auf einer traditionell negativen Haltung des amerikanischen Bankensystems gegenüber einer Verschuldung beim **Federal Reserve System FRS**. Die **„tradition against borrowing"** hat ihre Ursache in der Einstellung der Kreditinstitute, daß Verbindlichkeiten gegenüber der Zentralbank, die juristisch gegenüber Einlagen von Nichtbanken als vorrangig eingestuft werden, mit den Grundsätzen des Bankgeschäfts nicht vereinbar sind.

Mit der Inanspruchnahme des Notenbankkredites ist eine Verschlechterung des **standing** verknüpft. Eine hohe Verschuldung oder eine langfristige Kreditaufnahme amerikanischer Banken beim **FRS** gilt als unsolide. Bonitätsverluste bzw. eine Reduzierung der Kreditwürdigkeit (**rating**) sind die Folge. Dies führt zu höheren Refinanzierungskosten an den Geld- und Bondmärkten. Sollte ein Notenbankkredit unausweichlich sein, so ist die kreditnehmende Bank bestrebt, die eingegangenen Verbindlichkeiten schnellstmöglich zu tilgen. Möglich ist dies durch Beschränkungen in der Neukreditvergabe, den Verkauf von Wertpapieren oder einer Verschuldung auf dem Interbankengeldmarkt.

Tritt dennoch eine solche Situation ein, so muß sich das betreffende Institut auf eine strenge Überprüfung durch das **FRS** einstellen. Eine exzessive Verschuldung wird durch nicht-pekuniäre Sanktionen geahndet: Der Kreditnehmer wird einer intensiven Überwachung unterzogen.

Notenbankkredite sollen grundsätzlich nur dann gewährt werden, um einen saisonalen und vorübergehenden Mittelbedarf der Banken zu befriedigen und nicht um den Gewinn der Kreditinstitute zu steigern. Entsprechend gewährt die amerikanische Zentralbank generell nur dann Kredite, wenn unvorhergesehene Einlagenabflüsse zu kompensieren sind (**lender of last resort**) bzw. um den Instituten einen nicht abweisbaren Kreditwunsch guter Kunden erfüllen zu helfen. Die Kreditlaufzeit ist auf maximal 15 Tage beschränkt; dennoch erfolgt eine Kredittilgung im Durchschnitt bereits nach fünf Tagen. Lediglich bei ungewöhnlichen Umständen ist die amerikanische Zentralbank bereit, Liquidität mit einer Laufzeit von bis zu 90 Tagen bereitzustellen. Prinzipiell erfolgt die Kreditvergabe nur gegen Hinterlegung erstklassiger Deckungssicherheiten wie Handelswechsel, **commercial papers** oder Staatspapiere.

Die empirische belegbare **„tradition against borrowing“** ist von dem FRS nicht nur gewünscht, sondern wird von ihm gefördert. Im Gegensatz zu deutschen Banken haben US-amerikanische Banken keinen quantifizierbaren Anspruch auf den Notenbankkredit. Damit sind die Banken auf die Bereitschaft der Notenbank angewiesen, ihren Kreditwünschen zu entsprechen. Institutionalisiert wurde die historisch gewachsene Verschuldungsabneigung in den 50er Jahren durch die **Regulation A.** Sie erlaubt ausschließlich dann eine Kreditvergabe, wenn unvorhergesehene Einlagenabflüsse eingetreten sind oder wenn ein saisonaler Kreditbedarf besteht, der momentan nicht aus bankeigenen Mitteln gedeckt werden kann.

Zins- und Kostenkalküle sind nach dem need-Ansatz nicht entscheidungsrelevant. Zwar erkennen **Burgess** und **Riefler** solche **profit**-Motive an, billigen ihnen jedoch lediglich eine untergeordnete Rolle zu.

2.7.2.2 Die profit-Hypothese

Die Prädominanz der **Bedarfsaspekte** als Bestimmungsgründe einer Notenbankverschuldung wird von **Robert C. Turner** bezweifelt. Sein Ansatz rückt den Gewinnaspekt in den Vordergrund.

Turner unterstellt ein rational handelndes Kreditinstitut, das nach Gewinnmaximierung strebt. Um hohe Renditen im Aktivgeschäft, die sich in hohen Marktsätzen dokumentieren, zu erwirtschaften, sind die Banken bereit, ihre Zentralbankkreditaufnahme auszuweiten. Die Kreditinstitute sind demnach bereit, Notenbankkredite aufzunehmen, solange

- die Grenz-(refinanzierungs-)kosten kleiner sind als die Grenzerträge des Aktivgeschäfts oder
- der Zentralbankkredit kostengünstiger als alternative Refinanzierungsquellen ist bzw. der Zugang zu solchen Quellen versperrt ist.

Diesen **profit**-Überlegungen folgend sind die Geschäftsbanken nicht bestrebt, ihr Obligo bei der Notenbank so schnell wie möglich zurückzuführen. Im Gegenteil, sie sind bereit, dauerhafte Debitpositionen zu halten, solange mit diesem Zentralbankgeld positive Nettoerträge erzielbar sind. **Turner** räumt allerdings ein, daß die Zentralbankverschuldung der Kreditinstitute nicht ausschließlich durch **profit**-Motive beeinflußt wird. Neben anderen Faktoren, wie Standard, Größe und Portfoliostruktur einer Bank, ist dieses Motiv allerdings dominierend. Die anderen Einflußgrößen bestimmen lediglich eine Obergrenze für die Nachfrage nach Notenbankkrediten. Damit erkennt **Turner** eine **„tradition against borrowing“** an, spricht ihr aber einen alles andere überlagernden Einfluß ab. Eine unter anderem durch sie gezogene Verschuldungsgrenze ist für ihn nicht absolut. Die Abneigung gegen den Notenbankkredit wächst mit zunehmendem Schuldenstand. Der Auslastungsgrad der Zentralbankfacilitäten ist ebenso wie die durch die Verschuldungsabneigung gezogene Verschuldungsgrenze abhängig von sich bietenden Gewinnmöglichkeiten, also von **profit**-Überlegungen.

2.7.2.3 Die reluctance-Hypothese

M. E. Pollakoff und **William L. Silber** versuchten eine Verbindung der oben vorgestellten Grundmotive zu einem einzigen Theoriegebäude. Nach ihrer **reluctance-These** wird die Kreditnachfrage der Banken durch zwei gegenläufige Tendenzen bestimmt. Dem Gewinnmotiv folgend sind die Kreditinstitute grundsätzliche zu einer Verschuldung bei der Notenbank bereit. Diese Bereitschaft setzt eine positive Zinsdifferenz (**profit spread**) zwischen Refinanzierungs- und Ertragssätzen im Aktivgeschäft voraus.

Parallel mit einem ansteigenden Verschuldungsvolumen vergrößern sich jedoch sogenannte **„disutilities“**. Es handelt sich um psychologische Kosten der Verschuldung, die – bei steigender Kreditaufnahme – eine wachsende Abneigung gegen eine erneute Notenbankinanspruchnahme entstehen läßt. Die **„disutilities“** stellen damit ein Sammelbecken für folgende Tatbestände dar:

- Institutionelle Regelungen: Die Androhung bankaufsichtlicher Konsequenzen, z.B., könnte zu (negativen) Anreizen und damit zur freiwilligen Schuldenstand-Begrenzung führen, wenn die eingegangenen Zentralbankverbindlichkeiten ein gewisses Volumen überschreiten.
- Eine hohe Zentralbank-Verschuldung der Kreditwirtschaft ist mit einer individuell unterschiedlich ausgeprägten **„tradition against borrowing“** unvereinbar.
- Bei ausgeschöpften Refinanzierungslinien besteht das Risiko, sich bei unvorhergesehenen Barabzügen und/oder Clearingsalden nicht entsprechend refinanzieren zu können. Daher halten sich die Banken einen Refinanzierungsspielraum offen und zwar unabhängig von ihnen sich bietenden Gewinnchancen.

Die **reluctance-Hypothese** geht also von einer prinzipiellen Verschuldungsbereitschaft aus. Eine steigende Kreditaufnahme ist aber mit wachsenden **„disutilities"** verbunden, was dämpfend auf die Nachfrage nach Zentralbankkrediten einwirkt.

Aufgrund der aufgezeigten Tendenzen existiert für die Kreditwirtschaft eine optimale Verschuldung. Sie ist dann erreicht, wenn das Verhältnis aus positivem Grenznutzen (Gewinn) und negativen Grenznutzen (**disutilities**), resultierend aus einer zusätzlichen Verschuldung gerade der Netto-Gewinnmarge entspricht.

Die Anreize **Gewinnerzielung** und **Verschuldungsnachteile** sind beides Argumente einer Nutzenfunktion; sie stehen in einem substitutiven Verhältnis zueinander. Es gilt

(1) $$U = U_1(G) + U_2(K),$$

mit G = Gewinn und K = Kreditaufnahme; außerdem ist $U_1' > 0$ und $U_2' < 0$ unterstellt. G wiederum ist abhängig vom Volumen der Kreditaufnahme:

(2) $$G = K(i_m - i_D)$$

mit i = Zins; die Indices stehen für Markt (m) und Refinanzierung (D). Bildet man die erste Ableitung der Nutzenfunktion

$$\frac{dU}{dK} = \frac{\delta U}{\delta G}\,\frac{\delta G}{\delta K} + \frac{\delta U}{\delta K},$$

setzt diese gleich Null und bezieht (2) mit ein, so ergibt sich die Optimalbedingung für eine nutzenmaximierende Kreditaufnahme

(3) $$-\frac{\dfrac{\delta U}{\delta K}}{\dfrac{\delta U}{\delta G}} = i_m - i_D.$$

Die linke Gleichungsseite entspricht der Grenzrate der Substitution. Unter der Annahme eines zunehmenden Grenzverschuldungsnachteils und eines konstanten Grenzgewinnutzens steigt die Grenzrate der Substitution grundsätzlich an. Es ergibt sich eine konvexe Indifferenzkurvenschar mit positiver Steigung. Je weiter eine Indifferenzkurve vom Ursprung entfernt ist, desto größer ist der durch sie repräsentierte Nutzen.

Die rechte Gliederungsseite, der **least-cost-spread**, ist mittels einer Opportunitätslinie darstellbar. Auf ihr liegen alle, bei gegebener Zinsdifferenz realisierbaren G/K-Kombinationen. Ihr Steigungswinkel ist durch den Tangens der Zinsdifferenz bestimmt.

Die nutzenmaximale Kreditaufnahme ergibt sich jetzt durch den Tangentialpunkt zwischen Indifferenzkurve und Opportunitätslinie; hier ist Gleichung (3) erfüllt.

Graphisch ist die optimale Verschuldung in Abbildung 8 dargestellt.

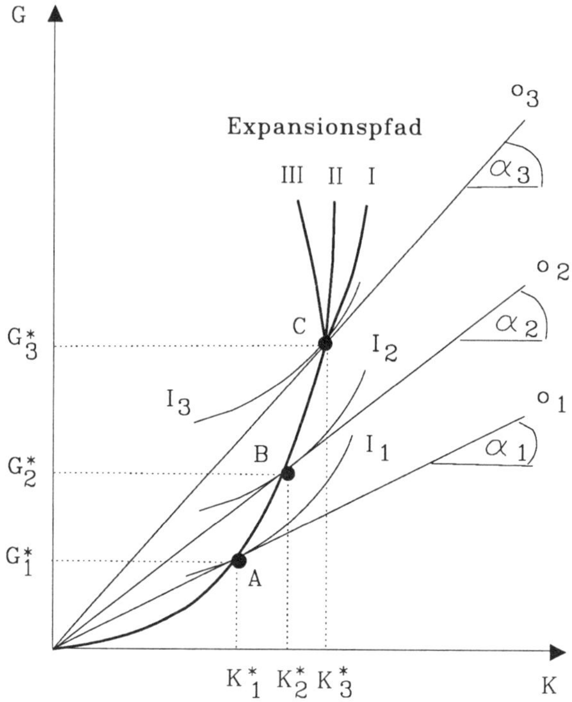

Abbildung 8

Mit einer Veränderung der Netto-Zinsmarge variiert die Steigung der Opportunitätslinie. Dies führt zu neuen Tangentialpunkten. Die Verbindungslinie aller Tangentialpunkte ist der **Expansionspfad**. Um seinen Verlauf zu bestimmen, sind weitere Annahmen nötig.

Für **Pfad I** gilt ein starkes Absinken der Verschuldungsbereitschaft bei ansteigender Netto-Kreditaufnahme. Der marginale Verschuldungsnachteil steigt ab einem bestimmten Refinanzierungsobligo relativ stark an. Dies ist dann der Fall, wenn bestimmte Einflußgrößen, beispielsweise eine **„tradition against borrowing"**, bei einem geringen Schuldenstand nicht entscheidungsrelevant sind und erst bei zunehmender Verschuldung an Bedeutung gewinnen.

Zusätzlich zu den Annahmen für Pfad I gilt bei **Pfad II** eine absolute, nicht überschreitbare Obergrenze für die insgesamt von der Zentralbank gewährten Kredite. Dieser Grenze (z.B. eingeräumte Rediskontingente) nähert sich Expansionspfad II asymptotisch an.

Pfad III postuliert schließlich einen, bei steigenden Gewinnen abnehmenden Grenzgewinnnutzen.

2.7.2.4 Die Erwartungshypothese

Hauptvertreter der **Erwartungshypothese** ist **Willard Smith**. Er betrachtete die Ankündigungseffekte von Diskontsatzänderungen. Neben **profit-** und **need-**Aspekten sind auch Erwartungen über die zukünftige Geldpolitik für die Nachfrage nach Zentralbankkrediten relevant. Die Erwartungshypothese besagt, daß die Kreditwirtschaft Zinsänderungstendenzen zu antizipieren trachtet, um sich in ihrer Verschuldungspolitik frühzeitig neu auszurichten.

Werden kontraktive geldpolitische Maßnahmen erwartet, so ist eine vermehrte Kreditaufnahme sinnvoll, da die künftig höheren Refinanzierungskosten zumindest vorläufig noch vermieden werden können. Ein umgekehrtes Geschäftsbankenverhalten ist zu erwarten, wenn sie eine Lockerung der geldpolitischen Zügel als wahrscheinlich einstufen. Jetzt besteht ein Anreiz, die Verbindlichkeiten so weit wie möglich zu reduzieren, um die Debitpositionen nach erfolgtem, politischen Kurswechsel wieder aufzufüllen.

2.7.3 Die Kreditmarkttheorie des Geldangebotes (Brunner-Meltzer-Modell)

Im Gegensatz zu der traditionellen (mechanistischen) Geldangebotstheorie wird die Geldmenge in der monetaristisch orientierten **„Kreditmarkttheorie des Geldangebotes"** nicht exogen betrachtet, sondern als Vermögenstitel, deren Höhe neben der von der Zentralbank bereitgestellten Geldbasis vom Portfolioverhalten der Geschäftsbanken und Nichtbanken abhängt. Das Geldangebot wird daher auch von der Kreditnachfrage (Verhalten der Nichtbanken) bestimmt und ist damit zinsreagibel. So führt in einem solchen Modell z.B. eine Erhöhung der Kreditnachfrage **ceteris paribus** zu einem Zinsanstieg, wodurch die Geschäftsbanken angeregt werden, ihre Überschußreserven oder Refinanzierungsmöglichkeiten bei der Zentralbank zur Erhöhung des Kreditangebotes und damit auch des Geldvolumens einzusetzen.

Grundlage der multiplen Geldschöpfung in der mechanistischen Geldangebotstheorie ist die Kreditgewährung der Geschäftsbanken. Dieser Ansatz impliziert eine unendlich große Kreditnachfrage durch die Nichtbanken, da ja das Kreditangebot der Banken vollständig aufgesogen wurde. Selbstverständlich stellt sich die Situation **in realiter** anders dar. Das von dem Geschäftssektor kreierte Kreditvolumen ist von der vorhandenen Kreditnachfrage seitens des Publikums abhängig. Im folgenden soll deshalb der Kreditmarkt analysiert werden. Aus der gleichgewichtigen Kreditmenge ist dann im nächsten Schritt das Angebot an Geld ableitbar. Anschließend wird der Frage nachgegangen, ob es sich bei diesem Geldangebot um die Geldmenge M1 oder um ein anderes Geldmengenaggregat handelt.

Den Kreditinstituten wird gewinnmaximierendes Verhalten unterstellt. Das **Kreditangebot der Banken** ist abhängig von den Ertrags- und Kostensätzen der Kreditvergabe. Sie korreliert positiv mit den Ertragszinsen (Kreditzinsen) und negativ mit den durch die Kreditvergabe hervorgerufenen Refinanzierungs- und Opportunitätskosten.

Die **Kreditnachfrage** des Publikums ist determiniert durch die Kreditkosten, das nominelle Volkseinkommen und das Vermögen der Nichtbanken. Die Nachfrage nach Bankkrediten wächst mit steigendem Volkseinkommen und Vermögen, sie schrumpft mit zunehmenden Kreditzinsen.

Es gilt also:

$$KA = KA\,(i; d; r) \quad \text{und}$$

$$KN = KN\,(i; y; V) \quad \text{mit}$$

KA = Kreditangebot; KN = Kreditnachfrage; i = Sollzins; d = Diskontsatz; r = Mindestreservesatz; y = nominales Volkseinkommen und V = Vermögen.

Beide Funktionen, die den Kreditmarkt symbolisieren, sind in einem Kredit/Zins-Diagramm in Abbildung 9 dargestellt.

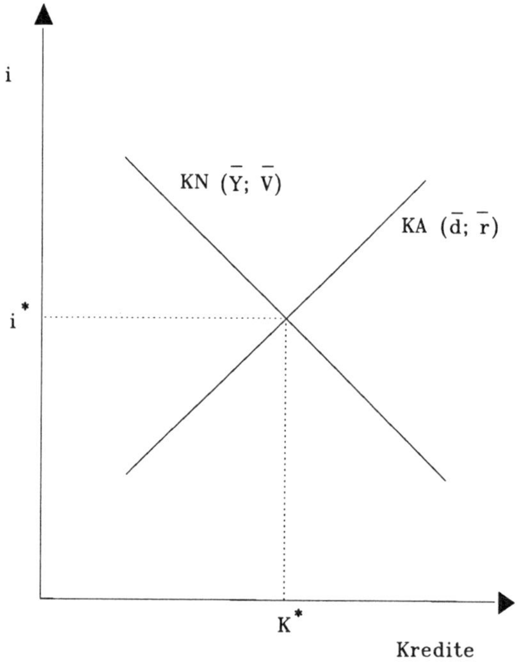

Abbildung 9

Das Angebot von und die Nachfrage nach Bankkrediten kommen in Abbildung 9 im Punkt A zum Ausgleich. Es ergeben sich das gleichgewichtige Kreditvolumen (K*) und der dazu gehörende gleichgewichtige Kreditzins (i*).

Ein größeres Kreditvolumen kann jetzt aus einer erhöhten Nachfrage (beispielsweise durch ein gestiegenes Volkseinkommen) oder aus einer Angebotssteigerung (beispielsweise induziert durch eine expansive Geldpolitik) resultieren. Diese ist in Abbildung 10 dargestellt.

Im ersten Fall (Punkt B) kommt es zu einem höheren Kreditzins i_2, der wiederum die Kreditinstitute anregt ihr Kreditangebot auszudehnen. Im zweiten Fall wird Punkt C realisiert. Da es auf der Nachfrageseite zu keiner strukturellen Änderung gekommen ist, ist das gewachsene Kreditangebot nur zu einen niedrigeren Zins (i_3) am Markt absetzbar.

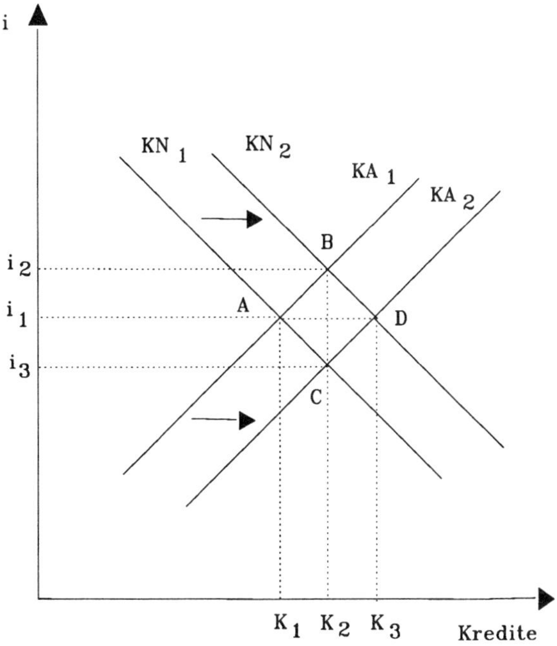

Abbildung 10

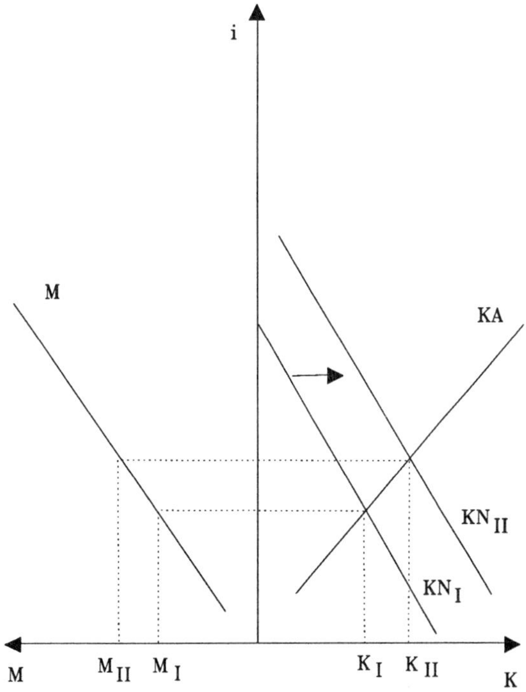

Abbildung 11

Treten beide beschriebenen Variationen gleichzeitig auf, so kommt es im Punkt D zu einem neuen Gleichgewicht. Die Kreditmenge K_3 wird zu dem unveränderten Zinssatz (i_1) von der Nachfrage aufgenommen.

Aus einer gegebenen Kreditangebotsfunktion ist jetzt in Abbildung 11 die Geldangebotsfunktion ableitbar, da einer bestimmten Kreditmenge auch eine spezifische Geldmenge zugeordnet wird.

Eine Veränderung der Kreditnachfrage der Nichtbanken – von KN_I zu KN_{II} in Abbildung 11 – führt sowohl zu einem gestiegenen Zins als auch zu einer erhöhten Geldmenge (von M_I zu M_{II} in Abbildung 11). Es kommt zu einer Bewegung entlang der gegebenen Geldangebotsfunktion. Die M-Funktion ist in ihrer Lage konstant, da ihre Lageparameter unverändert bleiben. Gleiches gilt für die Kreditangebotsfunktion der Banken. Geändert hat sich beispielsweise das Volkseinkommen; hieraus resultiert die gestiegene Kreditnachfrage, die aber erst zu einem höheren Kreditzins von den Banken befriedigt wird.

Dennoch ist das Geldangebot eine zunehmende Funktion des Zinssatzes. Der ansteigende Zins induziert eine Ausweitung des Kreditangebotes, bei entsprechender Kreditnachfrage auch ein Anstieg des Kreditvolumens und damit der Sichtdepositen im Geschäftsbankensektor. Eine Kreditvolumenausweitung erfordert also eine erhöhte Menge an Basis-Geld, welches die Kreditinstitute über diverse Refinanzierungsmechanismen von der Notenbank oder den privaten Nichtbanken erhalten. Sind die Refinanzierungsquellen erschöpft, würde in Abbildung 11 sowohl das Kreditangebot und auch Geldangebot zur Vertikalen. Beide wären dann in bezug auf den Zins völlig unelastisch.

Kommt es zu einer veränderten Geldpolitik, schwenkt die Zentralbank z.B. auf einen expansiven Kurs ein, so verschiebt sich die Geld- und mit ihr die Kreditangebotsfunktion. Dies ist in Abbildung 12 dargestellt.

Eine gestiegene monetäre Basis im Verfügungsbereich der Banken animiert diese zu einer Ausdehnung ihres Kreditangebotes. Es kommt bei sinkenden Zinsen zu einer Erhöhung des Kreditvolumens und der Geldmenge. Dieser Prozeß kann aber auch vom Publikum ausgehen! Ein expansiver Impuls tritt immer dann ein, wenn die Nichtbanken ihre Bargeldbestände zugunsten von Buchgeld abbauen. Auch so wird dem Geschäftsbankensektor zusätzliche, ungebundene monetäre Basis zur Verfügung gestellt.

Die **Kreditmarkttheorie** weist jedoch Mängel auf – Lage und Verlauf der Geldmengenfunktion treffen nur für ganz bestimmte Liquiditätssituationen zu – und definiert nicht eindeutig die von ihr unterstellte Geldmengenart. Der Verlauf der Geldmengenfunktion ist jedoch in jedem Fall **nicht eindeutig**! Zur Verdeutlichung sei als Ausgangspunkt eine Boomphase gewählt. Die Geschäftsbanken wollen eine gestiegene Kreditnachfrage des Publikums wie in Abbildung 11 mit entsprechend lukrativen Gewinnmöglichkeiten befriedigen. Die Politik der Zentralbank bleibe unverändert, sie will eine konjunkturelle Überhitzung vermeiden. Die Notenbank sei nicht bereit, den Kreditinstituten über die bereits gewährten Refinanzierungsbedingungen hinaus Zentralbankgeld zur Verfügung zu stellen. Ungebundenes Zentralbankgeld stellt aber eine zwingende Voraussetzung dar, wenn die Banken die gestiegene Kreditnachfrage des Publikums befriedigen wollen.

Eine Möglichkeit, in den Besitz von noch nicht durch die Mindestreservepflicht gebundenes Basisgeld zu gelangen, besteht darin, die Nichtbanken über entspre-

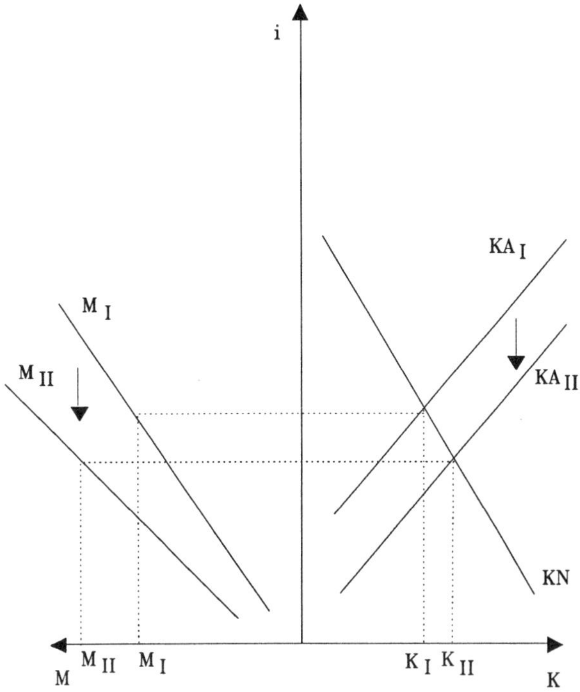

Abbildung 12

chende Zinsanreize und/oder gezielte Beratungsgespräche zu Umschichtungen in deren Portefeuille zu veranlassen. Reduzieren die Nichtbanken ihre Sichtdepositen zugunsten einer anderen, ertragsreicheren Anlageform wie Termin- und Sparguthaben oder auch nicht mindestreserveverpflichteten Sparbriefen, so wird dadurch bisher gebundene Mindestreserve zur frei verfügbaren Überschußreserve. Dieser Effekt basiert auf ein nach der Fristigkeit der Passiva differenzierten Mindestreservesätzen. Dies sei an einem Beispiel verdeutlicht.

Es gelte:

$$r_D > r_{T/S} \quad \text{mit z.B. } r_D = 0{,}1 \text{ und } r_T = r_S = 0{,}05.$$

Transferiert jetzt eine Nichtbank (NB_1) DM 100 von ihrer Sicht – auf eine Termindeposite, so entsteht eine Überschußreserve in Höhe von DM 5; M1 ist gesunken (– 100 DM), M2 bleibt von diesem Vorgang unberührt. Die neu gewonnene Überschußreserve versetzt jetzt die Geschäftsbank in die Lage, einer anderen Nichtbank (NB_2) einen Kredit von maximal DM 50 bereitzustellen, womit die Überschußreserve wieder in der Mindestreservepflicht gebunden ist. Die Geldmenge M1 steigt jetzt wieder um DM 50. Da sie zunächst um DM 100 gesunken war, ist sie netto um DM 50 reduziert worden. Die Geldmenge M3 und das Kreditvolumen steigen netto um DM 50.

Bei gesunkener Geldmenge M1 und gestiegener Wirtschaftsaktivität – dies ist letztendlich das Motiv für eine Kreditaufnahme –, muß es zu einer Erhöhung der Umlaufgeschwindigkeit U gekommen sein.

Dieses Ergebnis soll noch einmal an Hand der Bankbilanz verdeutlicht werden:

Zeitpunkt t_0:

GB

MR	10	D	100	M1 = 100
WP	90	T	0	M3 = 100
				KV = 0
	100		100	

Zeitpunkt t_1:

GB

MR	5	D	0	M1 = 0
ÜR	5	T	100	M3 = 100
WP	90			KV = 0
	100		100	

Zeitpunkt t_2:

GB

MR	10	D	50	M1 = 50
Kred	50	T	100	M3 = 150
WP	90			KV = 50
	150		150	

Graphisch ist dies für die Geldmenge M1 in Abbildung 13 dargestellt und für die Geldmenge M3 in Abbildung 14. Doch auch für diese könnte sich eine negative Korrelation mit dem Zinssatz ergeben, wenn in einer rezessiven Phase Nichtbanken von sich aus an Banken herantreten, um ihre Sichteinlagen in Termin- und Spareinlagen bei allerdings dann sehr niedrigem Zinssatz umzuschichten; dieser Fall soll hier jedoch nicht weiterverfolgt werden.

Neben der Initiierung von Umschichtungsprozessen innerhalb der Passiva existiert für die Kreditinstitute eine weitere Möglichkeit, sich mit benötigtem Zentralbankgeld zu versorgen, ohne auf Refinanzierungsfacilitäten der Zentralbank zurückgreifen zu müssen. Sie können festverzinsliche Wertpapiere an Nichtbanken verkaufen; es kommt zu einer Bilanzverkürzung, da sowohl die Bestände an Wertpapieren als auch die Bestände an Sichteinlagen abnehmen. Auch hier wird Mindestreserve freigesetzt, gleichzeitig sinken alle Geldmengenaggregate von M1 bis M3. Die jetzt vorhandene Überschußreserve kann wieder zur Kreditvergabe eingesetzt werden. Alle Geldmengenaggregate erreichen nun ihr Ursprungsniveau bei gleichzeitig gestiegenem Kreditvolumen. Folglich muß auch hier die Umlaufsgeschwindigkeit U zugenommen haben.

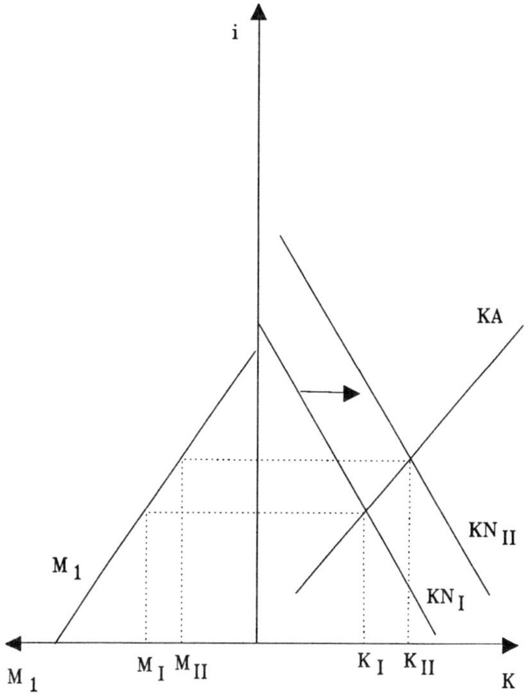

Abbildung 13

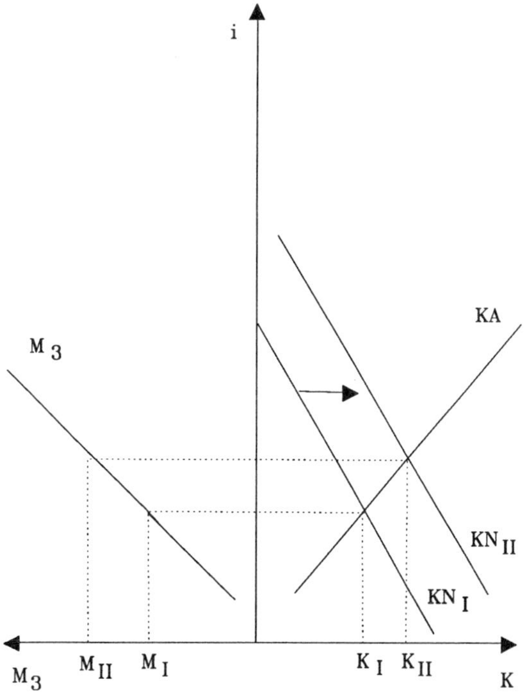

Abbildung 14

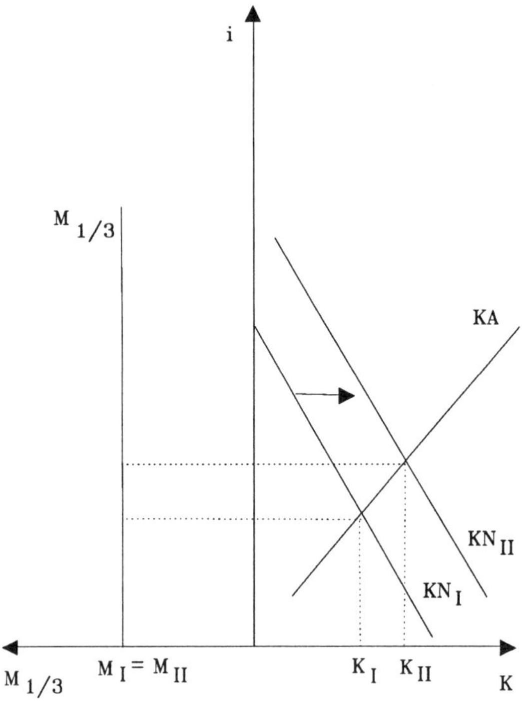

Abbildung 15

Bilanziell stellt sich die Situation wie folgt dar:

Zeitpunkt t_0:

GB

MR	10	D	100
WP	100	sonstige Passiva	0
	110		110

$M_1 = 100$
$M_3 = 100$
$KV = 0$

Zeitpunkt t_1:

GB

ÜR	10	sonstige Passiva	10
	10		10

$M_1 = 0$
$M_3 = 0$
$KV = 0$

Zeitpunkt t_2:

GB

MR	10	D	100
Kred	100	sonstige Passiva	10
	110		110

$M_1 = 100$
$M_3 = 100$
$KV = 100$

In diesem Fall bleiben das Volumen der Geldmengen M1 und M3 durch die Transaktion unverändert, allerdings steigt das Kreditvolumen, wie es auch in Abbildung 15 dargestellt werden kann.

In beiden angeführten Fällen kommt es zu einer Erhöhung der Umlaufgeschwindigkeit. Dies resultiert aus der Tatsache, daß einige Nichtbanken ihre Sichtdepositen zugunsten längerfristiger Anlageformen aufgeben. Offensichtlich benötigen sie ihr Verfügungsrecht über die Sichteinlagen nicht. Durch Zinsanreize gelingt es den Kreditinstituten ruhende Kassenbestände (**idle money**) zu aktivieren.

Die Annahme einer mit dem Zins positiv korrelierten Geldangebotsfunktion hat sich – gleichgültig, welche Geldmengenart man auch betrachtet – als nicht eindeutig herausgestellt. Ihr Verlauf hängt vielmehr von der Finanzierungsart der Kreditangebotsausweitung ab.

Literatur zum III. Kapitel

1. Abschnitt

Bechler, Ekkehard: Geld und Währung, Band 1: Theorie des Geldes und der Geldpolitik, München 1978.

Claassen, Emil-Maria: Die Definitionskriterien der Geldmenge: M_1, M_2, ... oder M_x? In: Kredit und Kapital, Band 7 (1974), S. 273ff.

Duwendag, Dieter/Ketterer, Karl-Heinz/Kösters, Wim/Pohl, Rüdiger/Simmert, Diethard B.: Geldtheorie und Geldpolitik, 3. Auflage, Köln 1985.

Euba, Norbert: Der „Münzgewinn" der Geldschöpfung und seine Verteilung, in: Wirtschaftswissenschaftliches Studium, 7. Jg., Heft 2 (1978).

Friedman, Milton: Die optimale Geldmenge und andere Essays, München 1970.

Issing, Otmar: Einführung in die Geldtheorie, 7. Auflage, München 1990.

Jarchow, Hans-Joachim: Theorie und Politik des Geldes, I. Geldtheorie, 8. Auflage, Göttingen 1990.

Johnson, Harry G.: Beiträge zur Geldtheorie und Geldpolitik, Berlin 1976.

Köhler, Claus: Geldwirtschaft, Band 1: Geldversorgung und Kreditpolitik, 2. Auflage, Berlin 1977.

2. Abschnitt

Bockelmann, Horst: Streitfragen zur Kontrolle der Geldschöpfung durch die Notenbank, in: Probleme der Geldmengensteuerung, Hrsg. **Ehrlicher, Werner** und **Oberhauser, Alois** Schriften des Vereins für Socialpolitik N.F., Bd. 99, Berlin 1978.

Bofinger, Peter/Kloten, Norbert: Geldpolitik in einem europäischen Finanzbinnenmarkt, in: Kredit und Kapital Beiheft 10, Berlin 1988.

Brunner, Karl: Zwei Alternative Theorien des Geldangebotsprozesses: Geldmarkt versus Kreditmarkttheorie, in: Geldtheorie, Hrsg. **Brunner u.a.**, Köln 1974.

Burger, A. E.: The Money Supply Process, Belmont 1971.

Burgess, R.: The Reserve Banks and the Money Market, New York 1927.

Committee on the Working of the Monetary System: Report, London 1959.

Claassen, Emil-Maria: Grundlagen der Geldtheorie, 2. Auflage, Berlin u.a., 1980.

Deppe, Hans Dieter: Betriebswirtschaftliche Grundlagen der Geldwirtschaft, Band 1: Einführung und Zahlungsverkehr, Stuttgart 1973.

Duwendag, Dieter: Liquidität, volkswirtschaftliche, in: Handwörterbuch der Finanzwissenschaft, Stuttgart 1976, Sp. 1293.

Deutsche Bundesbank: Zinsentwicklung und Veränderung der Zinsstruktur in der Bundesrepublik seit 1967; Monatsberichte der Deutschen Bundesbank, April 1978, S. 11ff.

Deutsche Bundesbank: Ertragsentwicklung im Bankengewerbe; Monatsberichte der Deutschen Bundesbank, Nov. 1976, S. 16ff.

Deutsche Bundesbank: Zentralbankgeldmenge und freie Liquiditätsreserven der Banken, Ertragsentwicklung im Bankengewerbe; Monatsberichte der Deutschen Bundesbank, 26. Jahrgang (1974), Nr. 7, Frankfurt a.M., S. 14ff.

Fisher, Irving: 100 Percent Reserves, New Haven 1935.

Flesch, J. R.: Struktur des Bankensystems und Geldpolitik, Göttingen 1978.

Franke, Hans Herrman: Der Einfluß von Finanzinnovationen auf die Geldangebotskontrolle und des geldpolitischen Instrumentariums, in: Kredit und Kapital Beiheft 10, Berlin 1988.

Friedman, Milton: Die optimale Geldmenge und andere Essays, München 1970.

Friedman, Milton: A Program for Monetary Stability, New York 1959.

Friedmann, Willy: Die Mindestreserve im deutschen Finanzsystem, in: Kredit und Kapital Beiheft 10, Berlin 1988.

Geiger, Helmut: Das Verhältnis von Refinanzierungs- und Offenmarktpolitik, in: Kredit und Kapital Beiheft 10, Berlin 1988.

Gerding, R./Starbatty, Joachim: Zur Entnationalisierung des Geldes, Eine Zwischenbilanz, Tübingen 1980.

Gleske, Leonhard: Die Liquidität der Kreditwirtschaft, Frankfurt 1954.

Glöggler, A.: Die Liquiditätstheorie des Geldes, Freiburg 1972.

Godschalk, Hugo: Computergeld, Entwicklungen und ordnungspolitische Probleme des elektronischen Zahlungsverkehrssystems, Diss., Frankfurt a.M. 1983.

Hayek, Friedrich A., von: Entnationalisierung des Geldes, Tübingen 1977.

Hartmann, M.: Die Bestimmungsgründe der Zentralbankgeldbeschaffung und der freien Liquiditätsreserven der Kreditinstitute, Berlin 1980.

Hübel, Lothar: Bestimmungsgründe der nominellen Zinsentwicklung in der Bundesrepublik Deutschland, Berlin 1973.

Helmstädter, Ernst: Wirtschaftstheorie II (Makroökonomische Theorie), 2. Auflage, München 1981.

Issing, Otmar: Einführung in die Geldtheorie, 7. Auflage, München 1990.

Jacob, Klaus-Dieter: Geldlehre, Theorie und Politik, 1981.

Jarchow, Hans-Joachim: Theorie und Politik des Geldes, Band 1: Geldtheorie, 8. Auflage, Göttingen 1990.

König, Heinz/Wolters, Jürgen: Über den Zusammenhang zwischen kurz- und langfristigen Zinssätzen: eine Spektralanalyse der westdeutschen Zinsstruktur, Zürich 1969.

Liedschulte, W.: Internationale Geschäftsbeziehungen der Kreditinstitute aus währungspolitischer Sicht, Frankfurt, Zürich 1975.

Lipfert, Helmut: Einführung in die Währungspolitik, 8. Auflage, 1974.

Lutz, Friedrich A.: Das Grundproblem der Geldverfassung, in: Geld und Währung, gesammelte Abhandlungen, Tübingen 1962.

Neldner, Manfred: Die Bestimmungsgründe des volkswirtschaftlichen Geldangebotes, Berlin-New York 1976.

Neldner, Manfred: Der Einfluß der Nichtbanken auf das gesamtwirtschaftliche Geldangebot, in: Kredit und Kapital; 10. Jahrgang (1977).

Neumann, Manfred J. M.: Einführung in die Geldangebotsanalyse (I) und (II), in: WiSu 1974 (Nr. 3/4).

Polakoff, M.: Reluctance Elasticity, Least Cost and Member-Bank Borrowing: A Suggested Integration, in: Journal of Finance, Vol. 15 (1960), S. 1-18.

Rhode, Armin: Mengensteuerung und Zinssteuerung, Berlin 1985.

Richter, Frank: Die Zentralbankgeldmärkte der Bundesrepublik Deutschland, Diss., Münster 1992.

Riefler, W.: Money Rates and Money Markets in the United States, New York 1930.

Rieken, H. J.: Die Beziehungen zwischen der Notenbank und den Trägern der Girosysteme. Eine Analyse unter dem Gesichtspunkt der Geldschöpfung, 1964.
Salomo, Wolfgang: Geldangebot und Zentralbankpolitik, Tübingen 1971.
Schilcher, Rudolf: Geldfunktionen und Buchgeldschöpfung. Ein Beitrag zur Geldtheorie, 2. Auflage, Berlin 1973.
Schittko, R.: Der Liquiditätsansatz in der Geldtheorie, Bochum 1980.
Schlesinger, Helmut: Das Konzept der Deutschen Bundesbank, in: Kredit und Kapital Beiheft 10, Berlin 1988.
Schmölders, Günter: Von der „Quantitätstheorie" zur „Liquiditätstheorie" des Geldes, in: **Dürr, Ernst** (Hrsg.), Geld- und Bankpolitik, Köln, Berlin 1969, S. 77ff.
Schneider, Erich: Einführung in die Wirtschaftstheorie, 3. Teil; Geld und Kredit, Volkseinkommen und Beschäftigung, Tübingen 1955.
Siebke, Jürgen: Geldangebotstheorie, in: WiSt, Heft 10, 1974.
Siebke, Jürgen/Willms, Manfred: Theorie der Geldpolitik, Berlin-Heidelberg-New York 1974.
Siebke, Jürgen/Willms, Manfred: Die Determinanten des Zinsniveaus; in: WiSu, 1972, Heft 10.
Siepmann, U.: Vorschläge zur Reforrn der Geldverfassung: Ein Überblick, in: WiSt, Heft 6, 1978.
Stavenhagen, Gustav: Geschichte der Wirtschaftstheorie, 4. Auflage, Göttingen 1969.
Starbatty, Joachim (Hrsg.): Geldordnung und Geldpolitik in einer freiheitlichen Gesellschaft, Tübingen 1982.
Stützel, Wolfgang: Liquidität. Handwörterbuch der Sozialwissenschaften, Stuttgart, Tübingen, Göttingen 1959, Band 6, S. 622-629.
Teigen, Ronald L.: The Demand for and Supply of Money; in: **Teigen, Ronald L.** (Hrsg.), Readings in Money, National Income and Stabilization Policy, 4. Auflage, Homewood/Ill. 1978.
Thomas, Karl: Das Verhältnis von Refinanzierungs- und Offenmarktpolitik, in: Kredit und Kapital Beiheft 10, Berlin 1988.
Timmermann, Vincenz: Interbankkredite und Geldpolitik; in: Kyklos 1976.
Tobin, James: Geschäftsbanken „Geld"-Schöpfer; in: Geldtheorie, Hrsg. **Brunner u.a.**, Köln 1974.
Turner, R.: Member-Bank Borrowing, Columbus/Ohio 1930.
Westphal, Uwe: Theoretische und empirische Untersuchungen zur Geldnachfrage und zum Geldangebot, Kieler Studien, Nr. 110, Tübingen 1970.
Willms, Manfred: Zinstheoretische Grundlagen der Geldpolitik, Berlin 1971.
Willners, G.: Die Wertpapieranlage der Kreditbanken und ihre Bestimmungsfaktoren, Diss., Wiesbaden 1966.

IV. Die Geldnachfrage

Die **Theorie der Geldnachfrage** erklärt den Bedarf an Geld. In der Geldtheorie kann die Frage nach dem, was Geld ist, nur dann beantwortet werden, wenn man die Motive derjenigen kennt, die Geld verwenden bzw. nachfragen. Für alle Theorien über die Geldnachfrage gilt, daß sie als Gleichgewichtsbedingung für den Geldmarkt i.w.S. eine Gleichheit zwischen Geldnachfrage L und Geldangebot M, also $L \stackrel{!}{=} M$ unterstellen. Weiterhin gilt regelmäßig, daß die Geldnachfrage den einen oder anderen oder alle der folgenden Bestimmungsfaktoren enthält: den Zinssatz i, das in einer Periode produzierte Volkseinkommen Y – also eine Verkürzung des Handelsvolumens um die Umsätze zwischen den Unternehmungen – und das Vermögen w, also die in der Vergangenheit angesparten Bestände aus Realkapital und Wertpapieren. Dies führt zu der allgemeinen Geldnachfrage-Funktion $L = f(Y, i, w)$.

Der Umfang der Nachfrage von Nichtbanken nach Bankkrediten hängt einerseits von den Kreditzinsen und andererseits vom Ertrag bzw. Nutzen ab, den sich die Kreditnehmer von der Verfügung über zusätzliche Geldmittel versprechen: So fragen **private Haushalte** Kredite zur Finanzierung meist langlebiger Konsumgüter nach (Konsumentenkredit), **Unternehmen** fragen Kredite zur kurzfristigen Umsatzfinanzierung und zur längerfristigen Investitionsfinanzierung nach, und **öffentliche Haushalte** fragen Bankkredite zur Überbrückung von Kassenein- und -ausgängen und zur Finanzierung von Haushaltsdefiziten nach.

Darin kommt bereits zum Ausdruck, daß Kredite und Geld in erster Linie für **Transaktionszwecke** (Geld als Tauschmittel) nachgefragt wird. Daneben spielen Motive der Geldhaltung zur Vermeidung von Illiquidität (**Vorsichtsmotiv**) und als Vermögensanlage (Geld als **Wertaufbewahrungsmittel**) eine erhebliche Rolle; dafür werden aber keine Kredite nachgefragt. Die Geldnachfrage ist also umfassender als die Kreditnachfrage.

Geht man davon aus, daß bei einer Geldmengenausdehnung die Wirtschaftssubjekte wahrscheinliche Preiserhöhungen antizipieren, so ändern sie die Aufteilung ihres Geldeinkommens nicht. Die Geldmengenerhöhung hat dann nur eine gleiche relative Preiserhöhung zur Folge, so daß alle gehandelten Mengen absolut konstant bleiben. Das Verhalten der Wirtschaftssubjekte ist in diesem Fall **frei von Geldillusion**. Man verwendet deshalb häufig die **reale Kassenhaltung**, bei der alle relevanten Größen durch das Preisniveau p korrigiert werden, also

$$L/p = f\left(\frac{Y}{p}, \frac{i}{p}, \frac{w}{p}\right).$$

Diese reale Geldnachfrage wird in der Theorie des Monetarismus in einer Variante von **Milton Friedman** durch

$$L/p = f\left(r_b, r_e, \frac{dp}{dt} \cdot \frac{1}{p}, w, \frac{Y}{p}, u\right).$$

ausgedrückt; dabei sind r_b = Rendite für Obligationen, r_e = Rendite für Aktien, p = Preisniveau, w = Realvermögen einschl. des Arbeitsvermögens (**human ca-**

pital) und u = Präferenzen der Geldnachfrager. Das reale Geldangebot M/p wird als Realkasse (**Realkasseneffekt**) bezeichnet.

Vereinfacht ausgedrückt: Die **klassische, einfache quantitätstheoretische Theorie** der Geldnachfrage wird durch L = f(Y), die **einfache keynesianische Theorie** durch L = f(i, Y), die **monetaristische** wie **postkeynesianische Theorie** durch L = f(i, Y, w) – jeweils korrigiert um das Preisniveau – dargestellt. Die modernen Geldnachfragetheorien werden nach **Transaktionstheorien** mit der wichtigsten, unabhängigen Komponente Volkseinkommen, **Lagerhaltungstheorien** (**William Baumol** und **James Tobin**) mit der wichtigsten unabhängigen Komponente der Preisstruktur (und Zinsstruktur) unterschieden.

Transaktionstheorien und **Lagerhaltungstheorien** erklären die Geldnachfrage nach Transaktionsmitteln aus den Bestimmungsgründen der Kassenhaltung; Vermögenstheorien erklären diese Bestimmungsgründe mit der **Theorie der relativen Preise** (**Portfolio-Theorie**).

Als **Kassenhaltung** bezeichnet man das Halten von Geld durch Geldnachfrager. Die Theorie der Kassenhaltung erklärt die Bestimmungsgründe für die Geldnachfrage von Wirtschaftssubjekten aus einzelnen Motiven. Es geht dabei um die Frage, warum Menschen überhaupt Geld halten. Würden sämtliche Ausgaben und Einnahmen der Wirtschaftssubjekte synchron erfolgen, brauchte niemand Geld z.B. als Zahlungsmittel zu halten; es gäbe dann keine Kassenhaltung. Sie folgt also zunächst aus dem asynchronen Verlauf von Zahlungseingängen und -ausgängen.

Mit dem Halten von Geld in der Kasse als Zahlungsmittel in Form der Geldmenge M1 wird ein Teil des gesamten Geldvermögens zinslos gehalten. Der Umfang dieser Kassenhaltung ist abhängig

- vom zeitlichen Abstand der Zahlungseingänge und -ausgänge,
- von der Höhe der bekannten (sichere Erwartungen) und möglicherweise (unsichere Erwartungen) eintretenden Zahlungen,
- von der Möglichkeit, Kredite aufnehmen zu können,
- vom Zinssatz, auf den man durch Kassenhaltung anstelle einer ertragbringenden Anlage verzichtet (**Opportunitätskosten**), die jedoch andererseits auch Kosten und Mühen (Bankspesen und Zeit) erfordert.

Die Bestimmungsgründe der Kassenhaltung entscheiden auch über die Aufteilung des Vermögens in Geld und andere, rentable Vermögensarten. Insofern ist die Kassenhaltungstheorie ein Teilaspekt einer umfangreicheren Theorie der Vermögenshaltung, der **Portfoliotheorie**.

Die historische Entwicklung der Geldnachfragetheorie, die die Bestimmungsgründe der Geldnachfrage erklären will, spiegelt die unterschiedliche Bedeutung wider, die den Determinanten der Geldnachfrage zugeordnet wurden.

1. Die ältere Quantitätstheorie

1.1 Der transaktionstheoretische Ansatz

Die Vertreter der älteren Quantitätstheorie gingen, wie überhaupt alle Klassiker, von einer Gleichgewichtsbetrachtung der Gesamtwirtschaft aus. Geldwirtschaftliches Gleichgewicht (Geldmarktgleichgewicht) herrscht nach dieser Auffassung, wenn Geldangebot und Geldnachfrage gleich groß sind; Geld und Geldmarkt sind hierbei in einem sehr allgemeinen, weiten Sinne definiert und sollten nicht mit dem Markt für Zentralbankgeld der Geschäftsbanken verwechselt werden. Ausgangspunkt der Betrachtung ist die von **Irving Fisher** im Jahre 1911 aufgestellte **Quantitätsgleichung**, die als Identitätsgleichung stets erfüllt ist:

$$M \cdot U = P \cdot H$$

mit M = Geldangebot (Geldmengenbestand), U = Umlaufgeschwindigkeit des Geldes, H = reales Handelsvolumen und P = durchschnittliches Preisniveau des realen Handelsvolumens. Das mit dem Preisniveau P bewertete Handelsvolumen H einer Volkswirtschaft entspricht der Geldmenge M, die mehrmals umläuft.

Die **Fisher'sche Verkehrsgleichung** besagt, daß das Volumen aller Transaktionen (das mit dem Preisniveau bewertete Handelsvolumen einer Volkswirtschaft) innerhalb einer Periode gleich dem Produkt aus umlaufender Geldmenge und ihrer durchschnittlichen Umlaufgeschwindigkeit ist. Unter der **Umlaufgeschwindigkeit des Geldes** ist die Häufigkeit zu verstehen, mit der eine Geldeinheit innerhalb einer bestimmten Periode zu Transaktionszwecken (Käufen, Schenkungen) eingesetzt wird. Sie spielt in der Theorie der Geldnachfrage eine erhebliche Rolle.

Mit der Definition als Umschlagshäufigkeit einer bestimmten Geldeinheit ist zugleich auch das Pendant der Umlaufsgeschwindigkeit, nämlich die **durchschnittliche Kassenhaltung** von Wirtschaftssubjekten, bestimmt. Denn wenn eine Geldeinheit U mal zu Transaktionszwecken im Laufe einer bestimmten Zeitperiode verwendet wird, so muß sie zwangsläufig im Durchschnitt zu 1/U in den Kassen der Wirtschaftssubjekte sein. Überlegungen zur durchschnittlichen Kassenhaltung der Wirtschaftssubjekte bestimmen damit den Wert der Umlaufgeschwindigkeit. Die Größe U gibt also an, wie oft der vorhandene Geldmengenbestand innerhalb einer Periode im Durchschnitt eingesetzt werden muß, damit alle Transaktionen abgewickelt werden können.

Eliminiert man aus dem Transaktionsvolumen alle diejenigen Umsätze, die nicht Bestandteil der Endnachfrage y_r sind – z.B. Vorleistungen und Finanztransaktionen, aber auch Käufe von Vermögensgütern –, so geht die Quantitätsgleichung in die Gleichung

$$M \cdot U = p \cdot y_r,$$

mit p = durchschnittlicher Preis für alle Güter und Dienstleistungen des Sozialprodukts, über. In dieser Gleichung ist U als **Einkommenskreislaufgeschwindigkeit des Geldes** zu interpretieren; U gibt an, wie oft eine Geldeinheit im Durchschnitt benutzt wird, um die Beiträge zum nominellen Volkseinkommen $(p \cdot y_r)$ zu finanzieren.

Aus dieser Quantitäts**gleichung** wurde die Quantitäts**theorie** entwickelt, in dem über einzelne Größen dieser Gleichung falsifizierbare Annahmen gemacht werden. In der klassischen Theorie z.B. wird jedes sich ergebende Realeinkommen als auf dem Arbeitsmarkt bestimmtes Vollbeschäftigungseinkommen angesehen; von Wirtschaftswachstum wird implicite abstrahiert. Bei gegebenem Realeinkommen und voller Beweglichkeit der Preise und Löhne wird die Umlaufgeschwindigkeit U, in der sich die Zahlungsgewohnheiten der Wirtschaftssubjekte widerspiegeln, ebenfalls als konstant unterstellt. Somit können nur die beiden Größen M und p als variabel angesehen werden. Die zentrale Frage der Quantitätstheorie ist nun die nach den Auswirkungen von Geldmengenvariationen auf das Preisniveau. Aufgrund der oben dargestellten funktionalen Zusammenhänge ergibt sich dann zwingend: Zwischen Geldmengenvariationen und Preisniveauschwankungen besteht ein direkter, proportionaler Zusammenhang.

Nach klassischer Ansicht stellt Geld nur einen Schleier dar, der sich über den realwirtschaftlichen Bereich legt. Eine Geldmengensteigerung führt zwar zu einer allgemeinen Preiserhöhung, läßt jedoch die Preisstruktur unverändert. Diese wird vielmehr ausschließlich vom realen Bereich determiniert, also durch die Produktionstheorie (**Walrasianisches System**). Die Geldmenge ist somit neutral in Bezug auf das reale Sozialprodukt. Die Wirtschaftssubjekte orientieren sich an realen Größen und sind folglich frei von Geldillusion.

1.2 Der Kassenhaltungsansatz

Ein zweiter Ansatz der alten Quantitätstheorie ist 1923 von **Alfred Marshall** (und unabhängig auch von **Arthur C. Pigou**) entwickelt und als Kassenhaltungsansatz bekannt geworden. In diesem Ansatz wird noch deutlicher als bei **Fisher**, daß Geld aus der Sicht der Klassiker nur als Transaktionsmittel Verwendung findet. In der **Fisherschen Verkehrsgleichung** steht M für die verwendete Geldmenge, also den Geldmengenbestand bzw. das Geldangebot.

Im Gegensatz zu **Fisher** hebt **Marshall** den mikroökonomischen Aspekt hervor. Für ihn steht die Frage nach den Determinanten der individuellen Geldnachfrage im Mittelpunkt, also die Frage, wieviel Geld ein einzelnes Individuum zur Durchführung der von ihm geplanten Transaktion benötigt. Fragt man nach der erforderlichen Geldmenge, um das Handelsvolumen umsetzen zu können, so beschreibt man damit die Geldnachfrage L. Die aggregierte Geldnachfragefunktion führt nach diesem Ansatz zur sog. **Cambridge-Gleichung**:

$$L = k \cdot p \cdot H \quad \text{bzw.}$$

$$L_t = k \cdot P \cdot y_r,$$

mit L_t = Geldnachfrage zu Transaktionszwecken, k = **Kassenhaltungskoeffizient** (wobei k = 1/U ist), H = Handelsvolumen und die Gleichgewichtsbedingung M = L (Geldangebot = Geldnachfrage).

Die beiden Ansätze von **Fisher** und **Marshall** weisen nicht nur eine große formale Ähnlichkeit auf, sondern führen auch zum gleichen Ergebnis, da auch der Kassenhaltungskoeffizient kurzfristig als konstant angesehen wird.

Die Annahme einer gegebenen Umlaufgeschwindigkeit bzw. eines gegebenen Kassenhaltungskoeffizienten geht von ganz bestimmten Verhaltensweisen bzw. institutionellen Gegebenheiten aus. In der Theorie der Kassenhaltung spielt das Transaktionsmotiv von Wirtschaftssubjekten eine erhebliche Rolle. Dabei entspricht das Halten von Transaktionskasse dem klassischen Motiv der Geldnachfrage für Umsatzzwecke. Hier wie dort gilt, daß eine bestimmte Geldeinheit nacheinander zu verschiedenen Umsätzen verwendet werden kann. Wird diese Geldeinheit z.B. innerhalb eines Monats nacheinander von verschiedenen Wirtschaftssubjekten vier Mal zu Zahlungen verwendet, so ist seine Umlaufgeschwindigkeit 4; in diesem Fall liegt diese Geldeinheit durchschnittlich den vierten Teil der betrachteten Zeitperiode eines Monats in der Kasse jedes der vier Wirtschaftssubjekte, der Kassenhaltungskoeffizient ist also 1/4 bzw. der reziproke Wert der Umlaufgeschwindigkeit. Je stärker die Gesamtnachfrage nach Gütern zeitlich gestückelt wird, je kleiner also die zwischen den Wirtschaftseinheiten umgesetzten „Nachfragepartien" sind, desto geringer ist der Bedarf an Transaktionskasse.

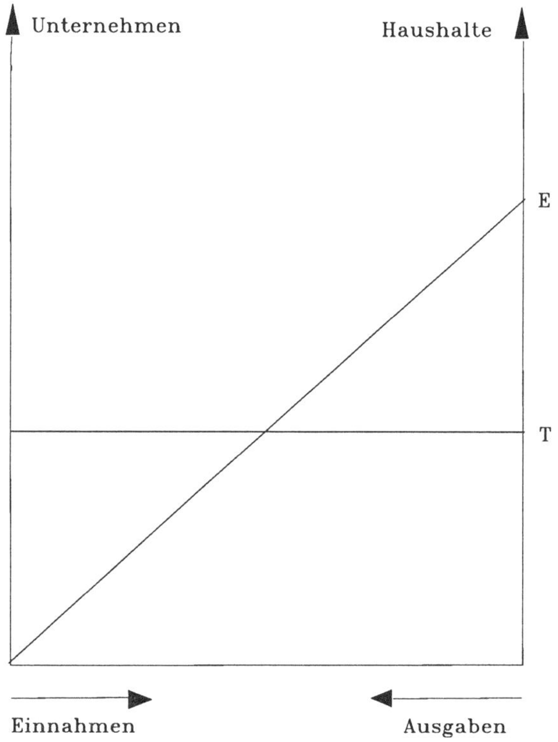

Abbildung 16

Dies läßt sich leicht am Beispiel von Einkommenszahlungen in Abbildung 16 zeigen. Geht man von einem Monatseinkommen von E = 1000,– DM aus und nimmt vereinfachend an, das Einkommen werde am Monatsbeginn ausgezahlt und im Laufe des Monats völlig und kontinuierlich für Konsumgüter ausgegeben, so beträgt der durchschnittliche Kassenbestand T = 500,– DM. Bei einem Übergang zu wöchentlichen Einkommenszahlungen E/4 (d.h. einer Stückelung des Monatseinkommens in 4 Wocheneinkommen), würde sich unter sonst gleichen Bedingungen die durchschnittliche Transaktionskasse für jede einzelne Woche und damit auch für den gesamten Monat auf T = 125,– DM verringern.

Nimmt man weiter an, daß das Einkommen vom Unternehmenssektor an den Sektor private Haushalte gezahlt wird, so ist der durchschnittliche Kassenbestand des Unternehmenssektors für den Zweck „Einkommenszahlung" genauso groß, wie der durchschnittliche Kassenbestand für „Konsumausgaben" im Sektor private Haushalte. Der Unterschied zwischen den beiden Sektoren liegt allein darin, daß der Kassenbestand der privaten Haushalte vom Periodenbeginn an gleichmäßig sinkt und am Ende den Wert 0 erreicht, während es bei den Unternehmen genau umgekehrt ist.

Es sei noch einmal darauf hingewiesen, daß die Aufgabe des Geldmarktes nach klassischer Sehweise allein die Bestimmung der absoluten Höhe der Preise ist. Monetäre Impulse, wie z.B. eine Variation der Geldmenge, berühren nur das Preisniveau, keinesfalls aber den realwirtschaftlichen Bereich einer Volkswirtschaft, also nicht die Allokation, die Beschäftigung oder das Wachstum usw.

2. Die keynesianische Geldnachfragetheorie

Die moderne Theorie der Geldnachfrage nahm ihren Ausgang mit **John Maynard Keynes**. Von **Keynes** sind im Gegensatz zur älteren Quantitätstheorie rein gedanklich mehrere verschiedene Motive für die Geldnachfrager scharf voneinander unterschieden worden:

- das **Umsatzmotiv** als Geldnachfrage zum Zwecke der Abwicklung von Transaktionen (**Transaktionskasse**). Das Halten von Geld für Umsatzzwecke ist damit abhängig vom Transaktionsvolumen.
- das **Vorsichtsmotiv** als Geldnachfrage zum Schutz vor dem Risiko der Illiquidität, das immer dann entsteht, wenn der Transaktionskassenbedarf nicht mit völliger Sicherheit bestimmt werden kann, also z.B. wegen der nicht genau bekannten Höhe und zeitlichen Verteilung von Ein- und Auszahlungen (**Vorsichtskasse**). Das **Vorsichtsmotiv:** Halten von Geld für Ereignisse, bei denen der Zeitpunkt und die Höhe der Belastung ungewiß sind, und das daher abhängig von einem Risikofaktor ist, und
- das **Spekulationsmotiv** als Geldnachfrage zur vorübergehenden Kassenhaltung, um alternative Ertragsentwicklungen besser ausnutzen zu können, z.B. beim Erwerb von Wertpapieren (**Spekulationskasse**). Das **Spekulationsmotiv:** Halten von Geld in der Absicht, eine künftig günstigere Anlagealternative gegenüber gegenwärtig vorhandenen ausnutzen zu können, und das daher abhängig von der Renditeerwartung sowie dem Vermögensbestand ist.

Diese Kassenhaltungsmotive führen zu der theoretischen Dreiteilung der Geldhaltung in die Geldnachfrage für Transaktionszwecke (**Transaktionskasse**), die für die Absicherung von Risiken (**Vorsichtskasse**) und die für die Wahrnehmung von Chancen (**Spekulationskasse**); die Spekulationskasse ist integraler Bestandteil der Portfoliotheorie der Vermögenshaltung. Die Determinanten der individuellen Transaktionskassenhaltung werden üblicherweise unter der Annahme analysiert, daß ein Wirtschaftssubjekt sowohl die Höhe seiner laufenden Ein- und Auszahlungen als auch ihre zeitliche Verteilung mit Sicherheit voraussehen kann. Die Geldnachfrage nach Transaktionsmittel ist demnach allein eine Funktion des Handelsvolumens, in der **keynesianischen** Theorie der Einfachheit halber nur des Volkseinkommens, also

$$L_T = f(Y) \quad \text{mit} \quad \frac{dL_T}{dY} > 0$$

oder explizit

$$L_T = kY,$$

mit k = Kassenhaltungskoeffizient; in Abbildung 17 ist $tg\alpha = k$. Hieraus wird auch die Verwandtschaft zur Quantitätstheorie deutlich.

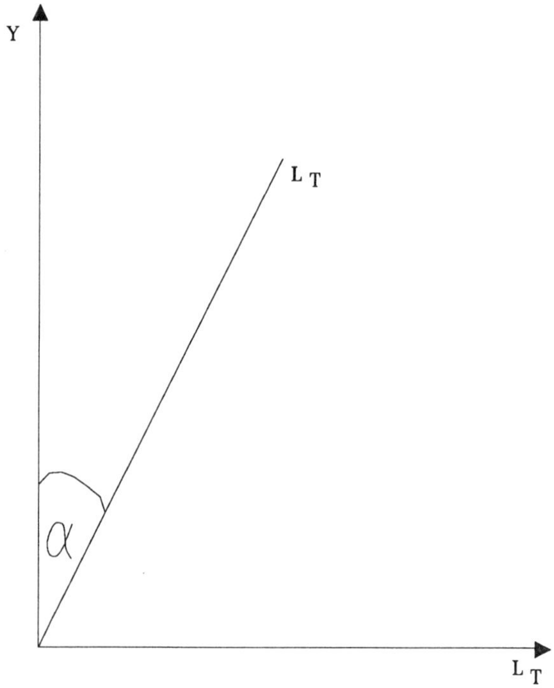

Abbildung 17

Es war schon darauf hingewiesen worden, daß die **keynesianische** Theorie neben der Transaktionskasse noch die Vorsichtskasse und die Spekulationskasse kennt. Bei der **Transaktionskasse** wurde die Höhe und zeitliche Verteilung der Aus- und Einzahlungen mit Sicherheit vorausgesetzt. Man spricht deshalb in diesem Zusammenhang auch von **einwertigen Erwartungen**. Im Unterschied dazu wird die **Vorsichtskasse** dadurch motiviert, daß diese Sicherheit bei der Planung nicht mehr besteht. Die Erwartungen sind **mehrwertig**: Es existieren verschiedene Beträge, verschiedene Termine mit unterschiedlicher Wahrscheinlichkeit. Die Finanzplanung unterliegt einem Risiko. Dieser Risikoaspekt ist auch entscheidendes Element der Spekulationskasse. Da die Vorsichtskasse theoretisch von nicht so großer Bedeutung ist, soll sogleich auf die Spekulationskasse abgestellt werden, um die Bedeutung eines weiteren, wesentlichen Faktors – des Vermögens – in die Überlegungen einbeziehen zu können. Die Vorsichtskasse wird im folgenden vernachlässigt bzw. der Einfachheit halber unter die Transaktionskasse subsumiert.

Die **Spekulationskasse** ist der Teil der Geldhaltung von Wirtschaftssubjekten, bei der das Spekulationsmotiv eine erhebliche Rolle spielt. Aus diesem Motiv heraus wird Geld in der Spekulationskasse gehalten, um künftig günstige Anlagemöglichkeiten ausnutzen zu können.

Bei der Nachfrage nach Spekulationskasse spielen Erwartungen über den künftigen Kurs von finanziellen Vermögensobjekten und damit über die künftige Rendite eine erhebliche Rolle. Im Prinzip handelt es sich hierbei um die mögliche Umschichtung zweier unterschiedlicher Bestandsgrößen bzw. Vermögensbestände: Geld und Wertpapiere!

Steigt z.B. der Kurs der Wertpapiere, d.h. bei festverzinslichen Wertpapieren (**bonds**) sinkt damit zugleich in einem eindeutigen Verhältnis dazu die Rendite, so wird verstärkt Bargeld in Form von Spekulationskasse nachgefragt; es gibt eben immer mehr Wirtschaftssubjekte, die nun ihre Wertpapiere verkaufen wollen, um künftig – bei günstigerer Gelegenheit wieder sinkender Kurse bzw. steigender Renditen – um so lukrativer Wertpapiere wieder kaufen zu können. Eine erhöhte Nachfrage nach Spekulationskasse geht im Prinzip mit einem verstärkten Angebot des Wertpapierbesitzes einzelner Wirtschaftssubjekte bei gegebenem, volkswirtschaftlichen Bestand einher. Die Spekulationskasse L_S in Abbildung 18 ist damit eine Funktion der Rendite i, also

$$L_S = f(i) \quad \text{mit} \quad \frac{dL_S}{di} < 0.$$

Das Volumen der Spekulationskasse bzw. die Nachfrage nach Spekulationskasse (besser: **Barvermögen**) ist abhängig vom gegenwärtigen und dem künftig erwarteten Zinssatz bzw. dem Kurswert rentabler Anlagen. Die Beziehung zwischen Kurswert und Rendite wird regelmäßig für festverzinsliche Wertpapiere mit unendlicher Laufzeit (**Konsols**) erklärt: Bei einem Nominalzins i_n von z.B. 4% dieses Wertpapieres mit einem Nennbetrag von 100 ergibt sich ein Effektivzins i_r (**Rendite**) von 2%, wenn der Kurs dieses Papiers 200 beträgt. In diesem Fall gilt für den Effektivzins

$$i_r = \frac{100 \cdot i_n}{200}.$$

Dieser Effektivzins bestimmt die **Liquiditätspräferenz** der Wirtschaftssubjekte, Geld in der Absicht nachzufragen, um günstige Anlagen ausnutzen zu können. Je höher der gegenwärtige Zinssatz bzw. die Rendite eines Aktivums, desto wahrscheinlicher ist es, daß künftige Renditen unterhalb der gegenwärtigen liegen; Wirtschaftssubjekte werden in diesem Fall relativ wenig Spekulationskasse nachfragen wollen. Bei einem gegenwärtig relativ niedrigen Zinssatz gilt das Umgekehrte. Nach **John Maynard Keynes** kann sogar der Fall eintreten, daß bei einer

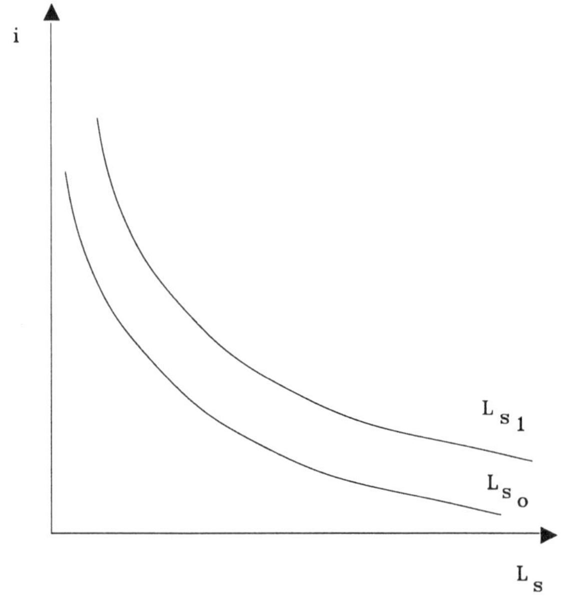

Abbildung 18

bestimmten, als minimal angesehenen Zinshöhe, eine Erhöhung der Geldmenge (in bestimmten Grenzen) von den Wirtschaftssubjekten ausschließlich zum Auffüllen der Spekulationskasse nachgefragt wird, da nicht damit gerechnet wird, daß die Erhöhung der Geldmenge zu einer weiteren Zinssenkung führt. Für die Zukunft werden dabei ein Zinsanstieg und somit fallende Wertpapierkurse erwartet. Zusätzliches Geld wird daher vollständig als Spekulationskasse nachgefragt – sog. **Liquiditätsfalle (liquidity trap)**.

Fügt man die vom Zins unabhängige Nachfrage nach Transaktionskasse und die Nachfrage nach Spekulationskasse in einem traditionell verwendeten i, L-Diagramm zusammen, ergibt die Addition beider Nachfragekurven den Gesamtverlauf der Geldnachfrage L in Abbildung 19.

Mit der Kurve L ist der typische Verlauf der Geldnachfrage aus **keynesianischer** Sicht dargestellt. Diese Geldnachfragekurve ist jedoch nicht bei jedem Zins gleich elastisch, ihr wird auch ein völlig zinselastischer Bereich, die sog. **Liquiditätsfalle** – ab L_0 – zugeschrieben.

Das Eigenartige der **keynesianischen** Theorie besteht darin, daß sie neben dem Geldangebot als einem Teil des Vermögensbestandes eine weitere Vermögensalternative explizit mitberücksichtigt, ihre Auswirkungen jedoch implizit unterschlägt! So beschreibt die **keynesianische** Theorie die Wirkung einer expansiven Geldmengenpolitik entlang der Liquiditätspräferenzkurve L_S, ohne mögliche Variationen des verbrieften Vermögens in Form von Wertpapieren einzubeziehen.

Unterstellt man nämlich einmal eine kontraktive Offenmarktpolitik, so werden dem privaten Sektor – zunächst den Geschäftsbanken – Wertpapiere zugeführt und zugleich Geldmenge entzogen. Dies aber hat zur Konsequenz, daß nun die Liquiditätspräferenzkurve in Abbildung 18 von L_{S0} auf L_{S1} verschoben werden

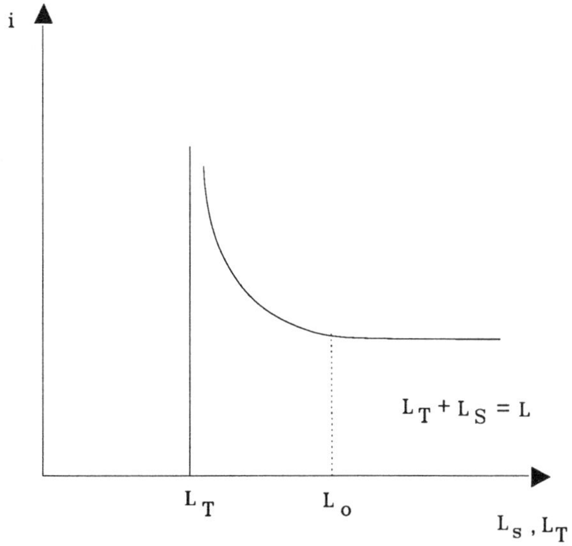

Abbildung 19

muß. Denn selbst dann, wenn die tatsächlich verwendete Geldmenge gleichgeblieben wäre, müßte bei nun vermehrten Wertpapierangebot der Kurs sinken und damit die Rendite steigen. Entlang einer gegebenen Liquiditätspräferenzkurve kann also nur argumentiert werden, wenn an den anderen Vermögensbeständen nichts geändert würde, die Geldmengenpolitik also nur künstlich die Geldmenge variiert (**fiat money**). Die Funktion für die Spekulationskasse muß deshalb vollständig

$$L_S = f(i; WP),$$

$$\text{mit } \frac{dL_S}{di} < 0 \quad \text{und} \quad \frac{dL_S}{dWP} > 0$$

lauten. Denn wie für jede beliebige Nachfragefunktion gilt auch hier, daß neben dem Preiseinfluß eine Annahme über die Potenz des Nachfragers (gegebenes Einkommen, gegebenes Vermögen) gemacht werden muß. In einer Graphik mit den Koordinaten der Variablen i und L_S führt dann jede Änderung exogener Variablen natürlich auch zu einer Änderung der dargestellten Kurve. Eine solche Verschiebung der Liquiditätspräferenzkurve erfolgt daher auch dann, wenn die Zins**erwartungen** der Wirtschaftssubjekte sich exogen, also strukturell ändern.

Die neuere Theorie der **Postkeynesianer (Fiskalismus)** und **Monetaristen** trennen nicht mehr (so streng) zwischen diesen Einzelmotiven, was dazu führt, daß auch die **keynesianische** Transaktionskasse in eine portfoliotheoretische Argumentation eingeht, also in einen allgemeinen Ansatz der Vermögenshaltung. Die gesamte Kassenhaltung ist dann abhängig vom Transaktionsvolumen bzw. Volkseinkommen, dem Zinssatz und dem gesamten sonstigen Vermögen.

Eine noch bestehende Kontroverse zwischen **Monetaristen** und **Postkeynesianern** richtet sich auf die Stärke der Einflüsse der einzelnen Determinanten der

Geldnachfrage. Die Stärke des Einflusses des Zinsniveaus auf die Geldnachfrage (**Zinselastizität der Geldnachfrage**) wird von **Postkeynesianern** höher eingeschätzt als von **Monetaristen**, für die Stärke des Einflusses von Einkommensänderungen (**Einkommenselastizität der Geldnachfrage**) gilt das Umgekehrte. Außerdem ist für **Monetaristen** die Stabilität der Geldnachfrage von entscheidender Bedeutung; hierbei geht es um die Frage, ob die funktionale Beziehung zwischen der Geldnachfrage und ihren Argumenten (also den bestimmenden, unabhängigen Funktionsvariablen) im Zeitablauf gegeben (also nicht unbedingt konstant, sondern berechenbar) sind.

3. Die postkeynesianische Theorie

Der **Fiskalismus** ist ursprünglich eine Bezeichnung des Monetarismus für geldtheoretische Gedanken **keynesianischer** Prägung. Da in der sog. **IS-LM-Analyse des keynesianischen** Systems insbesondere im Bereich der **Liquiditätsfalle** (Spekulationskasse) geldpolitische Maßnahmen nicht wirken, wird von der **keynesianischen** Theorie in bestimmten Situationen die Fiskalpolitik der Geldpolitik vorgezogen; ein Verdrängungseffekt (**crowding-out-Effekt**) der privaten Investitionen durch staatliche Ausgaben wird dabei konjunkturpolitisch in Kauf genommen.

In empirischen Untersuchungen glauben Monetaristen, insbesondere **Milton Friedman** und **David Meiselmann**, nachgewiesen zu haben, daß geldpolitische Maßnahmen stärker wirken als fiskalpolitische; dies vor allem deshalb, weil nach ihrer Auffassung eine mit Geld finanzierte Fiskalpolitik der Geldpolitik zuzuschreiben ist.

Gegenüber dem einfachen **keynesianischen** IS-LM-Ansatz ist die **keynesianische** Theorie insbesondere durch Arbeiten von **James Tobin** und **William Baumol** (Portfolio-Theorie) zur **postkeynesianischen** Theorie (**Yale-Schule**) erweitert worden. Vor allem Vermögenseffekte haben die Theorie der Geldnachfrage und des Geldangebotes wesentlich erweitert. Allerdings wird der Umfang der relevanten Portefeuilles durch **Postkeynesianer** nicht so umfangreich angesehen, wie das bei Monetaristen der Fall ist. Das **postkeynesianische** Portfolio enthält nur Bestände, so daß für Wirkungen geldpolitischer Impulse weiterhin Ertragsraten von Aktiva – also Zinsen – eine wesentliche Rolle beim Transmissionsmechanismus in den realwirtschaftlichen Bereich spielen.

Aufgrund portfoliotheoretischer Grundlagen in beiden Theoriezweigen nähern sich die monetaristische und die **postkeynesianische** Theorie in ihren Schlußfolgerungen einander an.

Die **keynesianische** Theorie ging von einer strikten Trennung der Einflußfaktoren einzelner Teilgeldnachfragefunktionen aus. **Tobin** und **Baumol** machten als erste darauf aufmerksam, daß auch die Transaktionskasse wie die Spekulationskasse zinsabhängig sei. In die gleiche Richtung deutete ja auch die institutionelle Entwicklung des Geldangebotes, indem heute bereits in einigen Ländern Geldkonten bei Geschäftsbanken angeboten werden, die zu laufenden Transaktionen verwendet werden und zugleich einen Zinsertrag bringen. Hier kommt es zu einer Verwischung der Grenzen zwischen Transaktionskasse und Spekulationskasse; der dafür verantwortliche Faktor ist der Zinssatz, der nun in beide Teilgeldnachfragen eingeht.

3.1 Die Zinsabhängigkeit der Transaktionskasse

Oben war gezeigt worden, daß ein Wirtschaftssubjekt eine durchschnittliche Kasse k in Abhängigkeit vom Zahlungsvolumen hält. In jedem Falle aber bedeutet Kassenhaltung, daß Geld vorübergehend brach liegt (vgl. Abbildung 16). Ökonomischer ist es deshalb, ungenutzte Kassenbestände bis zum Zeitpunkt des tatsächlichen Bedarfs ertragbringend anzulegen; in Großunternehmen geschieht dies durch das **cash-management**.

Beträgt der periodische Zahlungseingang E, so ist die durchschnittliche Kassenhaltung $k = E/2$. Wird innerhalb dieser Periode der Zahlungseingang 4mal gestückelt, so entfällt auf jede Teilperiode ein Zahlungseingang von E/4, oder allgemein: Bei einer Stückelung von n betragen die Teilzahlungseingänge E/n. Die durchschnittliche Kassenhaltung k beträgt dabei in jeder der 4 bzw. n Teilperioden $E/(2 \cdot 4)$ bzw. $E/(2n)$; da dies jeweils für jede einzelne Teilperiode gilt, muß ein gleicher durchschnittlicher Kassenbestand auch für die gesamte Periode bestehen. Wird also zu Beginn einer Periode der gesamte Zahlungseingang ertragbringend festgelegt und während der Periode n mal abgerufen, so kann gegenüber der Situation ohne Stückelung ein beträchtlicher Ertrag erzielt werden.

Im Prinzip müßte diese Stückelung so groß wie möglich gehalten werden; im Extremfall würde täglich ein Betrag von E/30 bei monatlichem Zahlungseingang E abgerufen werden. Allerdings werden durch die Umwandlung des Zahlungseinganges in ertragbringende Anlagen und die laufenden Abrufe Kosten entstehen. Um eine optimale Stückelung n^* zu ermitteln, sind deshalb die Erträge aus der Anlage gestückelter Zahlungseingänge – also der durchschnittlichen Kassenhaltung – mit den Kosten der Umwandlung in ertragbringende Anlagen sowie deren Auflösung zu vergleichen.

Die Erträge e der zinsbringend angelegten, durchschnittlichen Kassenhaltung – auf die durch Abruf verzichtet wird (Opportunitätskosten) – betragen bei gegebenem Zinssatz i

$$(1) \qquad e = \frac{E}{2n} \cdot i.$$

Die zunächst angelegten Beträge werden n mal in Beträgen von jeweils E/n wieder in Bargeld umgewandelt. Dabei werden variable Kosten (Provision, Gebühren) mit einem Anteil c vom Umwandlungsbetrag berechnet, also jeweils $c \cdot E/n$, und damit insgesamt in der ganzen Periode

$$(2) \qquad K = n \cdot \frac{E}{n} \cdot c = Ec.$$

In diesen beiden Gleichungen (1) und (2) sind E, i und c gegebene Größen, nur n ist variabel.

In einer schon traditionellen Darstellung der Zinsabhängigkeit der Transaktionskasse nach **Baumol** und **Tobin** werden die gerade diskutierten Umwandlungskosten auch unabhängig vom Umwandlungsbetrag gemacht. Es fallen dabei zusätzlich fixe Kosten a pro Umwandlung an. Die gesamten (fixen und variablen) Umwandlungskosten lauten dann für den gesamten Betrachtungszeitraum

$$K = n \cdot a + Ec. \tag{3}$$

Definiert man nun den Verzicht auf Zinserträge als **Opportunitätskosten**, so führt dies zu den Totalkosten TK

$$TK = K + e = n \cdot a + Ec + \frac{E \cdot i}{2n}. \tag{4}$$

In Gleichung (4) ist nur die Größe n variabel. Das Totalkostenminimum in Bezug auf Variationen von n wird durch

$$\frac{dTK}{dn} \overset{!}{=} 0, \text{ also} \tag{5}$$

$$\frac{dTK}{dn} = a + (-1)\,\frac{E \cdot i}{2n^2} \overset{!}{=} 0 \tag{5a}$$

bestimmt. Hieraus folgen als **optimale Stückelungshäufigkeit**

$$n^* = \pm\sqrt{\frac{E \cdot i}{2a}} \tag{5b}$$

und der **optimale Stückelungsbetrag** $S^* = E/n^*$ mit

$$S^* = \pm\sqrt{\frac{2Ea}{i}}. \tag{5c}$$

Das Interessante dieses Ergebnisses sind neben der Zinsabhängigkeit der Transaktionskasse weitere Folgerungen. So braucht bei einer bestimmten Anlagegewohnheit im Wirtschaftswachstum die Geldmenge nur unterproportional zuzunehmen. Man spricht dann von **economies of scale** des Geldes. **Brunner** und **Meltzer** bestreiten dies allerdings auf Grund ihrer empirischen Untersuchungen; in die gleiche Richtung zielt die Argumentation von **Beryl W. Sprinkel**, der die Dezentralisierung von Unternehmensverwaltungen für eine Zunahme des Geldbedarfs verantwortlich macht.

Ein weiterer Aspekt betrifft die Einkommensverteilung: Bei ungleich verteilten Einkommen in einer Volkswirtschaft halten die Bezieher höherer Einkommen eine relativ geringere Geldmenge als Bezieher niedriger Einkommen.

Die Zinsabhängigkeit der Transaktionskasse ist aber nicht allein an eine vorübergehende Anlage von Geld in Wertpapiere gebunden. **Edward L. Whalen** machte darauf aufmerksam, daß auch die Kreditzinsen (Aufnahme von Krediten zur Erfüllung von Zahlungsverpflichtungen) eine Rolle spielen.

3.2 Die optimale Spekulationskasse

Bei der Spekulationskasse spielen Erwartungen über den künftigen Kurs von finanziellen Vermögensobjekten und damit ihre künftige Rendite eine wesentliche Rolle.

3.2.1 Einfache Ertragserwartungen

Da Vermögensbesitzer bei zwei Anlagealternativen – Geld und Wertpapiere (bonds) – das Aktivum mit der höheren Rendite wählen werden, käme es stets zu einer eindeutigen Lösung: Es werden nur Wertpapiere gehalten. Erwartet dagegen ein Vermögensbesitzer, daß die Kurse seiner Wertpapiere p_{WP} fallen werden, muß er den Kursverlust $p_{WP,t+1} - p_{WP,t}$ pro Wertpapier vergleichen mit dem Zinsertrag aus dem Halten der Wertpapiere; bei einem Nominalzins i_0 ist der Zinsertrag pro Wertpapier $i_0 \cdot 100$. Nur wenn

$$p_{WP,t} - p_{WP,t+1} = i_0 \cdot 100,$$

wird es dem Vermögensbesitzer gleichgültig sein, ob er seinen Wertpapierbestand hält oder in Bargeld umtauscht. Sollte der Kursverlust größer als der Zinsertrag sein, wird er sein Vermögen in Geld, im umgekehrten Fall wird er es in Wertpapieren halten. Sollte gar $p_{WP,t} - p_{WP,t+1} < 0$ sein, also ein Kursgewinn entstehen, wird er in jedem Falle Wertpapiere halten. Es kommt also unter diesem Aspekt immer zu einer Entweder-Oder-Lösung und nie zu einem gleichzeitigen Halten von Geld- und Wertpapieren. Eine solche Lösung entspricht jedoch nicht dem implizierten Vorgehen **keynesianischer** Tradition.

3.2.2 Effiziente Portfolios

Eine Entweder-Oder-Lösung existiert dann nicht mehr, wenn der Risikoaspekt in die Betrachtung einbezogen wird. Damit wird nunmehr zu **Portfolio**-Überlegungen übergegangen. Um dieses Prinzip und seine Implikationen zu erläutern, sei von einem einfachen Beispiel ausgegangen.

Es sei unterstellt, daß einem Vermögensbesitzer die Entwicklung der Ertragsraten von vier Vermögensobjekten – die von Termineinlagen i_1, die von festverzinslichen Wertpapieren (bonds) i_2 und die von Aktien i_3 sowie von Bargeld (Sichteinlagen) i_4 – der Zeit von Juni 1989 bis Juli 1991 bekannt sind; sie mögen den zeitlichen Verlauf wie in Tabelle 5 dargestellt zeigen.

Aus diesen Ertragsraten läßt sich nun leicht die Standardabweichung der Erträge der einzelnen Wertpapiere ableiten. Die **Standardabweichung**

$$\sigma_i = \sqrt{\frac{\Sigma (i_i - \bar{i}_i)^2}{n}},$$

mit den Indices i = 1, 2, 3, 4 gibt die Streuungsbreite der Ertragsraten um ihren Durchschnitt an: Dies ist ein Maß für das **Risiko**, Erträge möglicher Weise auch in Zukunft abweichend von der durchschnittlichen Ertragsrate (erwarteter Er-

Tabelle 5 Ertragsraten im Zeitablauf

	Bonds	Aktien	Termineinlagen	Kasse
Monate	i_1	i_2	i_3	i_4
7.89	7,1	3,21	4,98	0
8.89	7,0	3,11	5,03	0
9.89	7,2	3,08	5,11	0
10.89	7,6	3,27	5,66	0
11.89	7,9	3,12	5,90	0
12.89	7,9	2,85	6,03	0
1.90	8,1	2,77	6,09	0
2.90	8,7	2,84	6,22	0
3.90	9,1	2,68	6,37	0
4.90	9,0	2,98	6,37	0
5.90	9,0	2,97	6,41	0
6.90	9,0	2,91	6,43	0
7.90	9,0	2,81	6,45	0
8.90	9,1	3,29	6,50	0
9.90	9,2	3,94	6,54	0
10.90	9,3	3,70	6,60	0
11.90	9,3	3,69	6,71	0
12.90	9,2	3,78	6,89	0
1.91	9,3	3,80	6,86	0
2.91	9,1	3,52	6,83	0
3.91	8,7	3,71	6,83	0
4.91	8,7	3,56	6,86	0
5.91	8,7	3,41	6,87	0
6.91	8,6	3,54	6,87	0
7.91	8,9	3,59	6,89	0
Mittelwert:	$\bar{i}_1 = 8{,}588$	$\bar{i}_2 = 3{,}2852$	$\bar{i}_3 = 6{,}332$	$\bar{i}_4 = 0$

Tabelle 6 Ertragsraten und Risiko

	Bonds	Aktien	Termineinlagen	Kasse
Anlage / Merkmale	Anlage 1	Anlage 2	Anlage 3	Anlage 4
$\bar{i}_i$	8,588	3,2852	6,332	0
σ_i	0,71	0,37	0,58	0

trag) zu erzielen. Für die vier Anlagemöglichkeiten ergeben sich daraus die Ertragsraten und das Risiko, wie sie in Tabelle 6 dargestellt sind.

Durch eine Kombination der vier Anlagemöglichkeiten in einem Portefeuille läßt sich zu jedem beliebig angenommenen Risiko (Standardabweichung) der höchstmögliche Ertrag des Portefeuilles durch eine geeignete Wahl der Anteile der vorhandenen Anlagen ermitteln. Dies führt zur Darstellung in Abbildung 20a, in der sämtliche solcher i/σ-Kombinationen für das gesamte Portefeuille dargestellt sind.

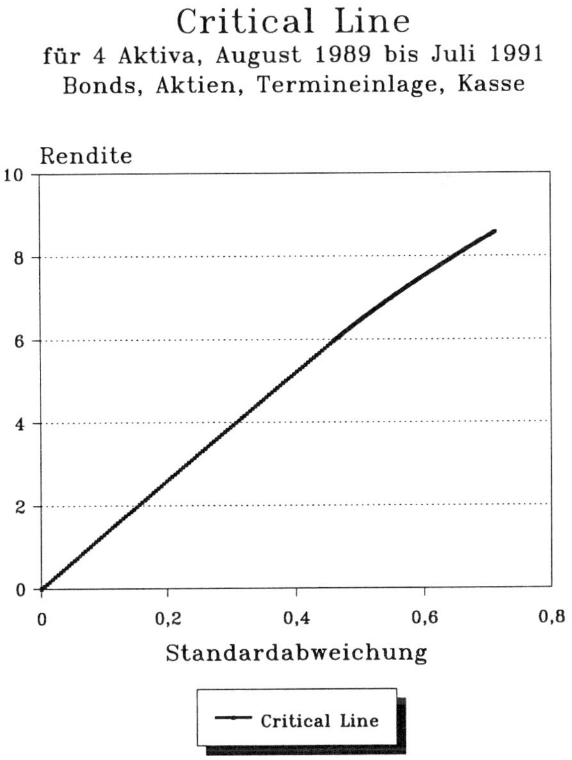

Abbildung 20a

Effiziente Portefeuilles sind also Kombinationen von Wertpapieren, die bei gegebener Standardabweichung σ die höchste Rendite i für das Gesamt-Portefeuille sicherstellen; es handelt sich dabei um eine Transformationskurve. Es läßt sich nun nach einem Algorithmus von **Harry M. Markowitz** zeigen, daß ein Portefeuille mit unterschiedlichen Anteilen aller Anlagealternativen zu einer sog. **critical line C** führt, die der geometrische Ort für alle effizienten i/σ-Kombination ist. Natürlich enthält jeder Punkt auf C eine andere Kombination von Anteilen an den vier Anlagealternativen, für die i_i und σ_i vorbestimmt sind. Die Ableitung effizienter Portefeuilles beruht auf Ertragsentwicklungen in der Vergangenheit, geht also von **adaptiven Erwartungen** aus.

Effiziente Portefeuilles auf der **critical line C** hängen von der Korrelation zwischen den Anlagealternativen ab, aber auch vom Umfang an Mitteln, der in jede Anlageart investiert wird! Ein einzelner Punkt auf der **critical line** repräsentiert neben einer ganz bestimmten Zusammensetzung des Portefeuilles auch die dazugehörige Rendite des Gesamtportefeuilles; die Renditestruktur der einzelnen Anlagearten im Portefeuille $i_1 : i_2 : i_3 : i_4$ bleibt ja entlang der **critical line** konstant. Die sich ändernde Zusammensetzung des Portefeuilles bei alternierenden i/σ-Kombinationen ist in Abbildung 20b dargestellt.

Damit sind also alle individuellen Wertpapierportfolios mit nur einem Wertpapier ineffizient; es sei denn, dieses Wertpapier hätte eine i/σ-Kombination auf C.

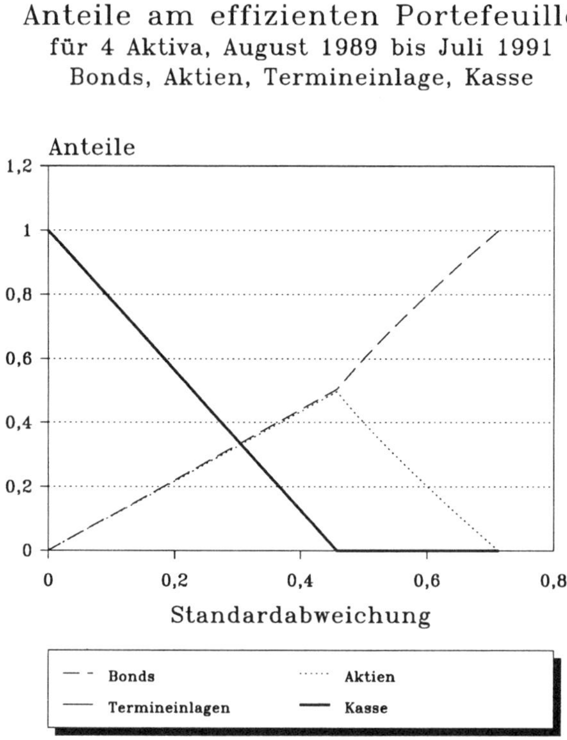

Abbildung 20b

Ein Investor muß nun wählen, in welchem Verhältnis er Risiko (σ) und Ertrag (i) kombinieren möchte, um ein **optimales Portefeuille** zu erzielen. Dies setzt eine Zielfunktion für den Vermögensbesitzer (Investor) voraus.

Um den Algorithmus von **Markowitz** zu erläutern, sei von einem einfachen Beispiel ausgegangen. Für den Fall, daß ein Portfolio nur aus zwei risikobehafteten Aktiva besteht, läßt sich die **critical line** ohne großen Aufwand graphisch ermitteln. Der jeweilige Bestandsanteil der beiden Anlagealternativen (a_1; a_2) am Gesamtportefeuille ($w_1 + w_2$) beträgt

$$\frac{w_1}{w_1 + w_2} + \frac{w_2}{w_1 + w_2} = 1 \quad \text{bzw.}$$

$$a_1 \quad + \quad a_1 \quad = 1.$$

Die erwarteten Ertragssätze und der individuelle Risikograd sind für beide Vermögensformen gemäß der weiter oben vorgestellten Kennzahlen (durchschnittliche erwartete Ertragssätze sowie deren Standardabweichung) ermittelbar.

In Abbildung 21 ist der erwartete Ertragssatz des Gesamtportfolios abgetragen. Es sei unterstellt, daß

$$\bar{i}_1 < \bar{i}_2.$$

Abbildung 21

Werden nun die beiden Vermögensbestandsanteile mit ihren erwarteten Ertragsraten bewertet, so ergibt sich der Gesamtertragssatz i als das gewogene Mittel:

$$i = \bar{i}_1 a_1 + \bar{i}_2 a_2;$$

a_1 und a_2 stellen die relativen Anteile der Aktiva w_1 und w_2 am Gesamtvermögen dar.

Der Risikograd des Gesamtportefeuilles (σ) entspricht dem gewogenen Mittel aus den Standardabweichungen σ_1 und σ_2. Entsprechend der Wahrscheinlichkeitsrechnung ist wie folgt zu bestimmen:

$$\sigma = \sqrt{\sigma_1^2 a_1^2 + \sigma_2^2 a_2^2 + 2\lambda_{12} \sigma_1 a_1 \sigma_2 a_2}$$

wobei $-1 \leq \lambda \leq 1$ gilt. Dabei repräsentiert λ den Korrelationskoeffizienten, der Auskunft über das Verhältnis zwischen den erwarteten Ertragsraten gibt.

Der Risikograd σ ist in Abbildung 22 dargestellt.

Sind beide Anlagearten nur unvollständig positiv miteinander korreliert, so ist eine Senkung des Gesamtrisikos gegeben, sobald das Portefeuille beide Aktiva enthält (Prinzip der Risikoersparnis durch Diversifikation). Führt man jetzt die beiden Abbildungen 21 und 22 in einem Vierquadrantenschema zusammen, so ist für diesen einfachen Fall die **critical line** ableitbar.

In den Quadranten II und III sind die bereits bekannten Abbildungen 21 und 22 dargestellt. Quadrant I zeigt die Risiko-Ertragsbeziehung der Kombinationen zwischen Gesamtertragssatz und Gesamtrisikograd für alle denkbaren Vermögenszusammensetzungen an. Die gestrichelten Linien markieren die Extremsituationen. Sie repräsentieren die Fälle vollständig positive ($\lambda = 1$) bzw. vollständig negative ($\lambda = -1$) Korrelation zwischen den erwarteten Ertragssätzen der betrachteten Vermögensbestandteile. Eine Risikoersparnis durch Diversifikation ist bei gegebener perfekter positiver Korrelation unmöglich, da ein höherer Gesamtertragssatz überall mit einem höheren Gesamtrisiko verknüpft ist. Damit repräsentiert die Ertragsrisikogerade AD die ungünstigste Risiko-Ertragskonstel-

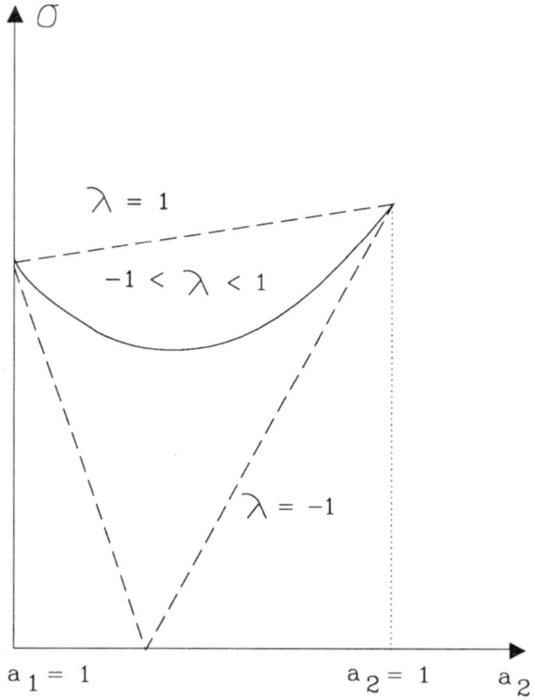

Abbildung 22

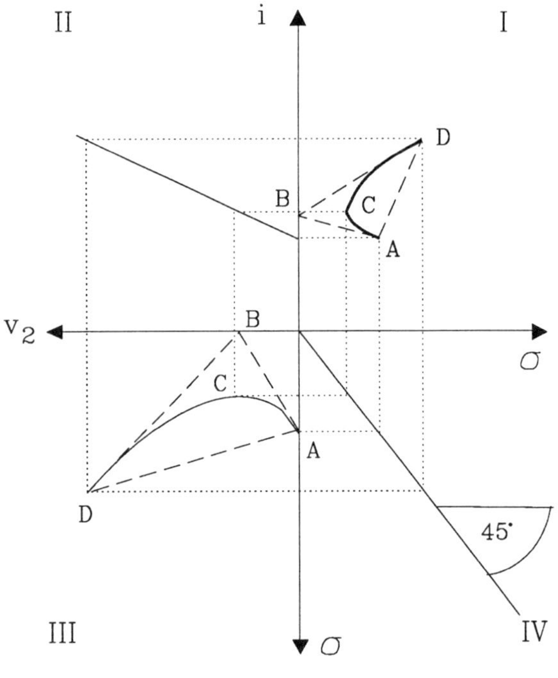

Abbildung 23

lation eines Portefeuilles. Mithin stellt das Gegenteil – jetzt ist vollständige negative Korrelation ($\lambda = -1$) gegeben – ein Höchstmaß an Risikoersparnis durch Diversifikation dar. Die relevante Ertrags-Risikolinie ist mittels der gestrichelten Strecke ABD dargestellt. Lediglich BD repräsentiert effiziente Portefeuilles, da B im Abschnitt AB der günstigste Punkt ist.

Der Bewegung von A nach B (oder auch von B nach D) liegt eine andauernde Substitution des Aktivums w_1 – ausgestattet mit einem geringeren erwarteten Ertragssatz – durch die Vermögenshaltungsalternative w_2, die über einen höheren erwarteten Ertragssatz verfügt, zu Grunde. Im Punkt B gleichen sich die Standardabweichungen der beiden Aktiva genau aus. Wegen der gegebenen, perfekten negativen Korrelation beträgt das Gesamtrisiko hier Null. Es kommt zum Risikoausgleich, da den negativen Erträgen eines Aktivums zwingender Weise positive Erträge der anderen Portfoliohälfte gegenüberstehen.

Den Normalfall der Ertrags-Risikokombinationen eines Portefeuilles stellt die Kurve ACD dar. In Analogie zur Strecke ABC sind effiziente Ertrags-Risikokonstellationen ausschließlich im Teilabschnitt CD angesiedelt.

3.2.3 Optimale Portefeuilles

Um aus **effizienten Portefeuilles** ein **optimales Portfolio** auszuwählen, muß sich der Investor seiner Präferenz über die Ertrags/Risiko-Kombination bewußt sein. Dies bedeutet, daß subjektive Nutzeneinschätzungen über i und σ unterstellt werden müssen. Dies kann mit einer Nutzenfunktion in der Form

$$u = u(i, \sigma)$$

geschehen. Dabei wird angenommen, daß das Nutzenniveau bei einer Zunahme des Risikos und gleichbleibendem Ertrag fällt, also

$$\frac{\delta u}{\delta \sigma} < 0,$$

aber steigt, wenn **ceteris paribus** der Ertrag zunimmt

$$\frac{\delta u}{\delta i} > 0.$$

Abweichend von der herrschenden Lehrmeinung – nach der hinsichtlich der Risikoeinstellung auf $\frac{di}{d\sigma} \gtreqless 0$ abgestellt wird – wird hier aus Plausibilitätsgründen für Portfolio-Betrachtungen eine etwas geänderte Terminologie gewählt. Gilt z.B., daß bei zunehmendem Risiko der Nutzen nur dann aufrechterhalten werden kann, wenn gleichzeitig der Ertrag überproportional ansteigt, also

$$\frac{\delta i}{d\sigma} > 1,$$

so wird eine pessimistische Einstellung des Investors gegenüber dem **Risiko**, mithin **Risikoaversion,** angenommen. Eine solche Risiko-Ertrags-Funktion kann z.B. aus der Nutzenfunktion $u_1 = f(2i - \sigma^2)$ abgeleitet werden. Ist der Investor dagegen **risikoneutral**, gilt $di/d\sigma = 1$ und z.B. $u_2 = f(2i - 2\sigma)$ als Nutzenfunktion. Im Falle **risikofreudigen** Verhaltens gilt $0 < di/d\sigma < 1$ und z.B. eine Nutzenfunktion $u_3 = f(i^2 - 2\sigma)$. In der graphischen Darstellung führen die gerade angeführten Funktionen zu den Indifferenzkurven in Abbildung 24. Eine Indifferenzkurve ist dabei der geometrische Ort aller Portefeuilles, die der Investor als gleichwertig betrachtet.

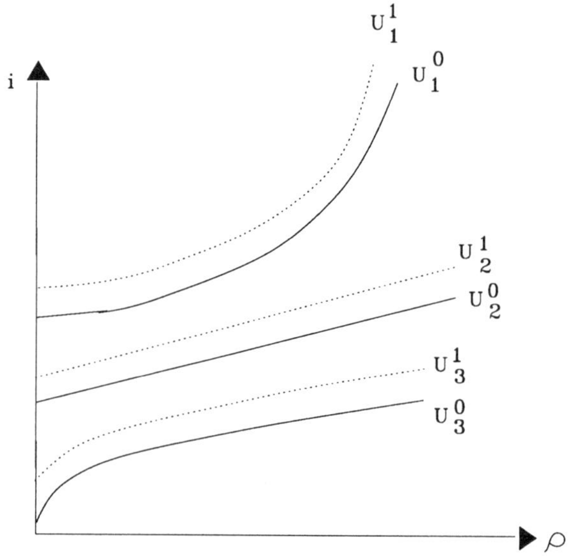

Abbildung 24

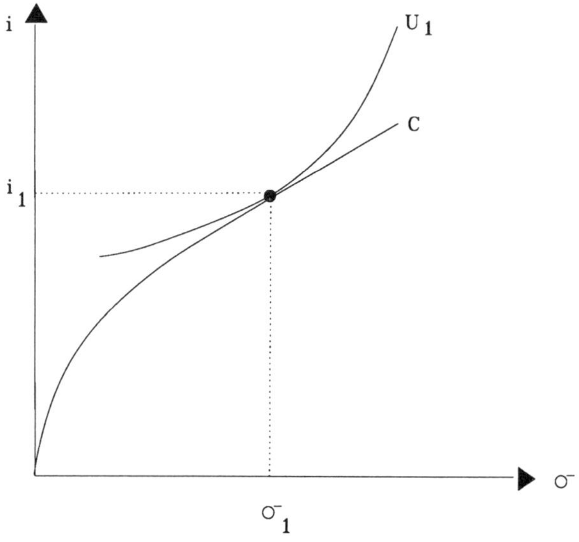

Abbildung 25

Einen je höheren Wert der hochgestellte Index der Indifferenzkurve aufweist, desto größer ist der Nutzen des Investors. Fügt man nun die Linie **effizienter Portefeuilles** mit der Nutzenfunktion – es soll **risikoaversives Verhalten** unterstellt sein – zusammen, so ergibt sich daraus ein **optimales Portefeuille** als Tangentialpunkt einer Indifferenzkurve mit der **critical line** in Abbildung 25; dieser Tangentialpunkt repräsentiert das höchste Nutzenniveau, das gerade noch mit einem effizienten Portefeuille in Übereinstimmung zu bringen ist.

Das optimale Portefeuille führt in Abbildung 25 zu einer Ertragsrate i_1 des Gesamtportfolios und zu dem dazugehörigen Verlustrisiko σ_1. Für dieses Portefeuille gilt natürlich weiterhin eine gegebene Ertragsratenstruktur der individuellen Anlagearten im Portfolio.

4. Die Rolle des Vermögens in der Geldnachfragetheorie

Vermögenseffekte werden in der Geldtheorie zumeist mit dem Realkasseneffekt (**real balance effect**) identifiziert; sie sind ein wesentlicher Baustein der Theorie der Geldnachfrage und ein integraler Bestandteil der Portfoliotheorie.

4.1 Die Realkasseneffekte

Allgemein zeigt der **Realkasseneffekt** die Wirkung einer Vermögensänderung auf die Nachfrage in einer Volkswirtschaft. Nimmt z.B. die Geldmenge bei zunächst gegebenem Preisniveau in einer Volkswirtschaft zu, so steigt der Realwert der Kassenbestände. Gegenüber dem bisher gehaltenen (realen) Kassenbestand besteht nun ein Überschuß an Kasse, der durch Ausgaben für Güter und Dienste abgebaut werden kann. Dies führt schließlich zu einem Preisniveauanstieg, der solange anhält, bis wieder der tatsächliche dem gewünschten (realen) Kassenbestand entspricht.

In der **keynesianischen** Theorie besteht die Nachfrage nach Geld aus der Nachfrage nach Transaktionskasse und der nach Spekulationskasse; daneben – weniger bedeutsam – aber auch aus der nach Vorsichtskasse. Wie gezeigt wurde, sind alle diese Geldnachfragen abhängig vom Zinssatz bzw. Zinsniveau. Da auch die reale Sphäre einer Volkswirtschaft, insbesondere die Investitionen, nach **keynesianischer** Vorstellung zinsreagibel sind, können Wirkungen ausgehend vom monetären Bereich in den realwirtschaftlichen Bereich einer Volkswirtschaft beschrieben werden.

Nach klassischer Ansicht dagegen wird Geld nur zu Transaktionszwecken gehalten. Deshalb war man früher der Meinung, daß Geld nur einen Schleier bei der Bestimmung der absoluten Preishöhe von Gütern darstelle und nicht auch auf die Preisstruktur einwirke.

Zunächst wies **Knut Wicksell** auf eine nichtneutrale Wirkung des Geldes hin. Er unterschied zwischen **Marktzins** und **natürlichem Zins**. Der natürliche Zins ist der Ertragssatz auf Realkapital (Grenzprodukt des Kapitals); der Marktzins dagegen ist der Zins auf dem Kreditmarkt. Eine von der Zentralbank vorgenommene Geldmengenerhöhung läßt nun das Kreditangebot steigen und mithin den

Marktzinssatz sinken. Bei gleichbleibendem natürlichem Zins werden dann verstärkt Kredite nachgefragt, es wird mehr investiert; dadurch verändert sich der natürliche Zins. Ein Investor führt bei mehreren bekannten Investitionsalternativen zuerst diejenige durch, die ihm den höchsten Ertrag bringt. Bei steigender Investitionstätigkeit werden zunehmend Investitionen mit geringeren Ertragssätzen realisiert; der natürliche Zins sinkt. Die Investoren investieren solange, bis der natürliche Zins das Niveau des Marktzinses erreicht hat (**Wicksell-Effekt**). Allerdings steigt durch die erhöhte Kreditnachfrage der Marktzins wieder, so daß deren ursprüngliche Senkung nur vorübergehend anhält. Übersteigt der Marktzins den natürlichen Zins, so besteht für einen Investor kein Anreiz, zusätzliche (Real-)Investitionen durchzuführen.

Nicht nur auf die Investitionen stellt die Argumentation der Neoklassiker ab. Im Mittelpunkt ihrer Darstellung steht das individuelle Verhalten der sich im Gleichgewicht befindenden Wirtschaftssubjekte und ihre Reaktion auf Abweichungen zwischen der gewünschten und tatsächlichen Kassenhaltung. Kommt es zu einer Geldmengenerhöhung, führt dies zu einem individuell höheren Kassenbestand. Übersteigt jetzt die Kassenhaltung die von den Wirtschaftssubjekten gewünschte Höhe, so findet eine Anpassung der Ist- an die Soll-Größe statt. Die Angleichung kann nur über Mehrausgaben der Privaten erfolgen. Die Wirtschaftssubjekte fragen vermehrt Güter nach. Da sich die Wirtschaft in der Vollbeschäftigungssituation befindet, resultieren aus der zusätzlichen Nachfrage Preissteigerungen.

Wählt man die **Cambridge-Gleichung** ($L = k \cdot p \cdot y_r$) als die Geldnachfragefunktion der neoklassischen Theorie, dann entspricht k dem gewünschten Kassenhaltungskoeffizient. Damit ist eine Mehrnachfrage nach Gütern und Diensten, die aus der Rückführung der tatsächlichen Kassenhaltung auf ihr gewünschtes Niveau folgt, als Realkasseneffekt interpretierbar. Es handelt sich um den **Cambridge-Effekt**.

Während der Cambridge-Effekt die „klassische" Quantitätstheorie abrundet, hat der **Pigou-Effekt**, obwohl er auf einen ähnlichen Mechanismus abstellt, eine andere Intention. Ziel von **Arthur C. Pigou**, aber auch von **Tibor Scitovsky** und **Gottfried Haberler** war es, auch im keynesianischen Theoriegebäude eine inhärente Tendenz zur Vollbeschäftigung nachzuweisen; ein stabiles Gleichgewicht bei Unterbeschäftigung galt es zu widerlegen.

Keynes diagnostizierte bekanntlich zwei extreme Fälle, in denen die Wirtschaft nicht aus eigener Kraft zur Vollbeschäftigungssituation zurückkehren kann. Zum einen ist ein stabiles Unterbeschäftigungsgleichgewicht bei einer unendlich großen Zinselastizität der Geldnachfrage (**liquidity trap**) oder bei absolut zinsunempfindlichen Investitionen gegeben. Die Wirkungskette des **Keynes-Effekts**: **sinkende Preise → Steigerung der in konstanter Kaufkraft gemessenen Geldmenge → Zinsreduktion und – abschließend – → die Anregung des Investitionsvolumens und damit indirekt der effektiven Nachfrage** ist durchbrochen. In der **Liquiditätsfalle** kommt es zu keinen weiteren Zinssenkungen, die die Investitionen anregen könnten. Im **klassischen Bereich** verpufft die Wirkung einer Zinsermäßigung, da die Investitionen zinsresistent sind. Hieraus leitet **Keynes** die Fiskalpolitik als das Allheilmittel der Wirtschaftspolitik ab.

Pigou, Haberler und **Scitovsky** vermeiden den **Keynesschen** Umweg über Zins und Investition. Sie betrachten die direkte Wirkung von Preissenkungen (beispielsweise ausgehend von Lohnsenkungen) auf die effektive Nachfrage. In ihrer Vorstellung kommt es über **fallende Preise** und **konstanter Geldmenge** zu einem

Realwertanstieg des von den Wirtschaftssubjekten gehaltenen Geldvermögens (Realkasse). Die tatsächliche Kassenhaltung entspricht nicht mehr der gewünschten. Dies führt zu einer Verschiebung der Spar-Vermögens-Relation (**wealth-saving-Relation**), die Sparneigung sinkt, der Konsum steigt (relativ). Es kommt zu einer stimulierenden Wirkung auf die Konsumgüternachfrage, wodurch – zumindest theoretisch – die Möglichkeit eines permanenten Unterbeschäftigungsgleichgewichtes ausgeschaltet ist.

Diesen **Pigou**-Effekt kann man natürlich auch für einen expansiven Impuls darstellen: steigt die Geldmenge, so werden in der Folge auch die Preise und Löhne zunehmen, somit also der Realwert des Geldvermögens abnehmen. Es kommt zu verstärktem Sparen, um den alten Realwert wieder zu erreichen (zumindest relativ), und damit sinkt der Konsum. Dem **Pigou**-Effekt entgegen steht der **Keynes**-Effekt. Nach ihm führt eine Erhöhung des Geldangebotes in der Regel zu einer Zinssenkung. Dies bewirkt vermehrte Investition, über den Multiplikator steigt schließlich das Volkseinkommen.

Allerdings äußert sich **Pigou** skeptisch bezüglich der empirischen Anwendbarkeit des von ihm mit aufgezeigten Mechanismus. Er selbst stuft ihn als akademische Übung ein, ohne jegliche Chance jemals im effektiven Tagesgeschehen angewendet zu werden.

Der **Pigou-Effekt** wurde später von **Don Patinkin** erweitert. Ziel seiner Analyse war es, die Geld- und Werttheorie zu integrieren, also die **klassische Dichotomie** zu überwinden. Der von ihm entwickelte **real balance effect** beruht auf dem sog. **Pigou**-Effekt, nach dem bei sinkendem Preisniveau während einer Depression der Realwert von Aktiva steigt, was die Notwendigkeit zu Sparen reduziert und den Konsum damit ansteigen läßt; **Pigou** berücksichtigt allein die Wirkung einer Preissenkung während einer Depression. Eine gegebene **Vermögens-Spar-Relation (wealth-saving-relation)** führt schließlich automatisch wieder zu Vollbeschäftigung.

Bei **Don Patinkin** besteht Vermögen neben Geld auch aus festverzinslichen Wertpapieren des Unternehmenssektors. Im Mittelpunkt der **Patinkin**-Analyse steht dabei der **real-balance-Effekt**. Dieser Realkasseneffekt wird wirksam, wenn die nominelle Geldmenge bei zunächst gegebenem Preisniveau verändert wird. Im Gegensatz zum **Pigo**u-Effekt, der nur auf dem Gütermarkt wirkt, wirkt der Realkasseneffekt sowohl auf den Güter- wie auf den Wertpapiermarkt.

Patinkin führt das von den Haushalten und Unternehmungen gehaltene Geld als Argument explizit in die Analyse ein. Die Nachfrage nach einem Gut x_1 ist bei ihm eine Funktion aller relativen Preise, wobei der Preis eines Gutes x_n als numeraire fungiert:

$$x_1 = f\left(\frac{p_1}{p_n}, \frac{p_2}{p_n}, \ldots, \frac{p_{n-1}}{p_n}, y_0, \frac{M}{p_n}\right)$$

mit M/p_n = reale Geldmenge (Realkasse) und y_0 = reales Volkseinkommen.

Besteht in einem Haushalt ein Gleichgewicht – ausgeglichener Grenznutzen bei allen Güter nach dem **2. Gossenschen Gesetz** –, so bewirkt eine Störung von außen durch Geldvermehrung ein Abweichen von diesem Gleichgewicht. Dabei erfolgt solange eine mengenmäßige Umschichtung im Warenkorb der Haushalte, bis wieder ein neues Gleichgewicht erreicht ist (**Walras**ianisches System).

Die nach **Pigou** und **Patinkin** (aber auch der **Cambridge-Effekt**) benannten Effekte sind Vermögenseffekte. Ändert sich der reale Wert des Vermögens, dargestellt durch die reale Kassenhaltung, so führt dies zu einer veränderten Überschußnachfrage nach Gütern; Realkasseneffekte werden ausgelöst. Sie können sowohl direkt, über die effektive Nachfrage, als auch indirekt, über eine Überschußnachfrage auf dem Geld(Wertpapier)markt Einfluß auf Preise, Beschäftigung und Volkseinkommen ausüben.

4.2 Innen- vs. Außengeld

Vermögenseffekte bestehen jedoch nur dann, wenn mit einer Geldmengenänderung das Netto-Vermögen variiert. Bei einer Wertänderung von privaten Vermögenstiteln existiert ein solcher Vermögenseffekt nicht, da den finanziellen Forderungen des Wertpapierbesitzers gleich hohe Verbindlichkeiten des Emittenten gegenüberstehen. Es handelt sich um **Innenvermögen**, das aus

- von Kreditinstituten geschöpftem Geld und
- sonstigen Forderungen von Privaten gegenüber Privaten (Wechsel, Anleihen, Aktien) besteht.

Im Gegensatz dazu steht dem **Außenvermögen** eine Verbindlichkeit eines anderen Sektors (des Staates) gegenüber. Zum Außenvermögen zählen:

- Zentralbankgeld,
- Staatsanleihen und
- existierendes Sachkapital, das sich vollständig in privatem Eigentum befindet.

Daraus ergeben sich wichtige Implikationen. Zu Zeiten des Gold(Waren)geldes war der innere Geldwert durch die Produktionskostentheorie der Klassiker erklärbar. Geld war durchweg als Vermögen zu betrachten. Wie verhält es sich aber mit dem heute vorherrschenden einstufigen Mischgeldsystem, das ja auch Kreditgeld enthält? Ist Geld Vermögen?

Eröffnet wurde die wissenschaftliche Diskussion Anfang der 60er Jahre von **John G. Gurley** und **Edward S. Shaw**. Sie differenzierten zwischen Außengeld (**outside-money**) und Innengeld (**inside-money**) und argumentierten, daß nur vom Außengeld – also Zentralbankgeld – (Netto)Vermögenseffekte ausgehen könnten; **Patinkin** folgte ihrer Argumentation. Beim Innengeld, das von Geschäftsbanken auf dem Kreditwege emittiert wird, stehen den Forderungen gleich hohe Verbindlichkeiten der Privaten gegenüber. Ein gesamtwirtschaftliches Nullsummenspiel ist die Folge. Von den Forderungen geht ein expansiver Vermögenseffekt, von den Verbindlichkeiten ein kontraktiver Realverschuldungseffekt bei den betroffenen Wirtschaftssubjekten aus. Danach wäre Geschäftsbankengeld volkswirtschaftlich kein Vermögen.

Vermögenseffekte ergeben sich aber auch dann, wenn einige Wirtschaftssubjekte (die Gläubiger oder der private Sektor) auf Veränderungen ihres Vermögens mit Nachfrageänderungen reagieren, andere (die Schuldner oder der öffentliche Sektor) dagegen nicht. In diesem Falle besteht eine asymmetrische Reaktion der Wirtschaftssubjekte.

Der Realverschuldungseffekt entfällt bei staatlich emittiertem (**outside-money**) Geld, da angenommen werden kann, daß sich der Staat gegenüber seinen Verbindlichkeiten anders verhält als Private. Im eigentlichen Sinne ist der Staat kein Schuldner, da kein Schuldzins für Zentralbankgeld vereinbart wurde. Außerdem steht die staatliche Rückzahlungsverpflichtung ausschließlich auf dem „Papier"; er kann seine Schulden auch in realiter nicht tilgen, es sei denn, mit seinem eigenen Geld, den Sichtverbindlichkeiten der Zentralbank. Darüber hinaus fließen die mittels Geldschaffung durch den Staat erworbenen Aktiva an die Privaten in Form von unentgeltlich nutzbaren, öffentlichen Gütern und/oder vermiedenen Steuererhöhungen zurück. Damit ist der Vermögenscharakter des Außengeldes eindeutig geklärt. **Outside-money** ist Bestandteil des privaten Vermögens.

Boris P. Pesek und **Thomas R. Saving**, aber auch **Harry G. Johnson**, griffen Ende der 60er Jahre die von **Gurley** und **Shaw** initiierte Saldierungshypothese von Vermögens- und Verschuldungseffekten an. Sie verwiesen auf die Rolle der Banken. Denn, so ihre Argumentation, es bleibt das Vermögen unberücksichtigt, welches sich aus dem Einkommen eines Kreditinstituts ergibt, das zinstragende Darlehen über unverzinste Einlagen (Sichtdepositen) finanziert. Der nichtpekuniäre Nutzen aus dem Halten von Sichteinlagen durch Nichtbanken ermöglicht dieses (Bank-)Einkommen. Gläubiger und Schuldner einer Bank erfahren zusammengenommen keinen Vermögenszuwachs, wohl aber die vermittelnde Bank und damit deren Eigentümer. Dieser Einkommens- bzw. Vermögenszuwachs kommt dem privaten Sektor zugute, sofem sich die Bank im Eigentum von Privaten befindet. Dies ist im heutigen Mischgeldsystem der Fall. Giralgeld ist danach solange Vermögensbestandteil, wie eine positive Differenz zwischen Kreditzinsen (Sollzinsen) und Giralgeld-Zinsen (Habenzinsen) besteht. Damit wäre auch Innengeld (Geschäftsbankengeld) Bestandteil des Vermögens.

Don Patinkin ist dieser Sehweise mit dem Argument entgegengetreten, daß beim entstehen von **Münzgewinnen** durch die Geldschöpfung der Geschäftsbanken das Innengeld Vermögen darstellen müsse, sobald den Geschäftsbanken eine staatliche Konzession zur Führung eines Bankbetriebes zugestanden wird. Sofern den Banken vom Staat ein Quasi-Monopol verliehen wird, entsteht dadurch der Bank ein Wert in Form des **goodwill**. Ihre monopoloide Stellung erlaubt ihr auch, Gewinne aus der Differenz zwischen Soll- und Haben-Zinsen zu ziehen. Ursache des volkswirtschaftlichen Vermögenszuwachses ist dann allerdings die **staatliche Lizenz**. Ließe man vollkommene Konkurrenz unter den Banken zu, würden die Gewinne gegen Null schrumpfen, so daß schließlich auch kein Vermögen durch Giralgeld mehr entstehen würde.

Zu dem Ergebnis, daß Innengeld einen Vermögenscharakter aufweist, gelangt man aber auch dann, wenn die Wirkung einer Mindestreserveänderung betrachtet wird. Zusätzliches Außen(Zentralbank)geld wird dabei nicht geschaffen, folglich dürften auch keine expansiven Impulse von dieser Maßnahme ausgehen, da ja lediglich bisher gebundenes Außengeld freigesetzt wird. In jedem Fall, und das ist sofort einsichtig, steigt das Einkommen der Bankbesitzer, wenn das Refinanzierungsbedürfnis der Kreditinstitute – unter sonst gleichen Bedingungen – reduziert wird.

Anders begründet **James M. Buchanan** den Vermögensstatus des Innengeldes. Er verweist auf die ökonomisch unsinnige buchhalterische Darstellung von Kreditbeziehungen zwischen Nichtbanken. Anstatt einfach Forderungen und Verbindlichkeiten gegenüberzustellen, müßten diese mit ihrem Gegenwartswert bewertet, also abdiskontiert werden. Hieraus ergibt sich eine **Nettovermögensposition**.

Dies sei an einem Beispiel verdeutlicht: Eine Nichtbank NB_1 verschuldet sich bei einer anderen Nichtbank NB_2 in Höhe von 100,– DM. Eine feste Kreditlaufzeit wird nicht vereinbart, das Darlehen ist jederzeit kündbar. Aus Gründen der Vereinfachungen wird von Zinszahlungen abgesehen; die Nichtbanken vereinbaren einen Zins in Höhe von 0 v.H. Da das Darlehen jederzeit zurückgerufen werden kann, ist es für den Kreditor (NB_2) ökonomisch sinnvoll, die von ihm gehaltene Forderung zum vollen Nennwert zu bilanzieren. Für den Debitor (NB_1) dagegen ist dieses Vorgehen unsinnig, da die Wahrscheinlichkeit eines Rückrufes unmittelbar nach Vertragsabschluß kleiner als 1 ist. Aufgrund einer Vielzahl von Kreditleihen, so sei angenommen, verfügt der Debitor über ausreichende Informationen über das Kreditorenverhalten, so daß er einen ziemlich genauen Gegenwartswert für seine Schuld in seiner Bilanz ansetzen kann. Die Differenz zwischen Nenn- und Gegenwartswert seiner Verbindlichkeit beschert ihm einen Nettovermögenszuwachs.

NB_1			
Kasse	+ 100	Kredit (Gegenwartswert)	+ 20
		Nettovermögen	+ 80

NB_2			
Kasse	− 100		
Kredit (Nennwert)	+ 100		

Buchanan weist damit den Vermögenscharakter des Innengeldes nach, ohne dafür das Bankeinkommen zu bemühen.

Eine ähnliche Begründung dafür, daß auch Innengeld Vermögen darstellt, gibt **Emil-Maria Claassen**. Nach ihm ist Innengeld dann Vermögen, wenn sein Liquiditätsgrad für ein Wirtschaftssubjekt größer als der Illiquiditätsgrad der damit gleichzeitig eingegangenen Verbindlichkeit (Kreditvertrag) ist; mithin weist Innengeld wegen seines Nettoliquiditätsgrades Vermögenscharakter auf.

Traditionell wird deshalb – unabhängig vom Emittenten – das Vermögen V durch

$$V = \frac{M}{p} + K + W,$$

mit M/p = Realkasse, K = Realkapital und W = realer Wertpapierbestand, definiert.

Zinssätze erhalten durch diese Sehweise eine zusätzliche Bedeutung. Wird nämlich das Zinsniveau erhöht, so reduziert sich gleichzeitig der Wert des Vermögens, so auch der Bilanzwert von Bestandsgrößen (Aktiva) in Bankbilanzen. Das Geldschöpfungspotential wird dadurch verringert. Neben den Opportunitätskosten – der Vergleich von Erträgen unterschiedlicher Aktiva, wie z.B. Vermögensanlage und Kreditvergabe oder die Substitution zwischen beiden – spielt bei Zinsänderungen auch die Wertänderungen der Aktiva eine Rolle.

5. Das Tobin-q und seine Implikationen

5.1 Tobins Konzept

Das Konzept von **James Tobin** dient der theoretischen Analyse von Einwirkungsmöglichkeiten der Geldpolitik auf den realwirtschaftlichen Sektor. Als Transmissionshebel für monetäre Impulse dient eine einzige Kennzahl. Die relative Marktrate des Realkapitals – das **Tobin-q** – ist definiert als das Verhältnis zwischen:

- der **Grenzleistungsfähigkeit** R neuen Realkapitals und
- der Marktertragsrate des bereits vorhandenen Realkapitals (**supply price of capital**) r_K.

Es gilt:

$$q = \frac{R}{r_K} \lesseqgtr 1.$$

Unter der Grenzleistungsfähigkeit neuen Realkapitals R ist derjenige Zinssatz zu verstehen, der die mit ihm abdiskontierten, künftig erwarteten Erträge E einer neuen Realinvestition Ihrem Wiederbeschaffungswert I angleicht:

$$(1) \qquad I = \frac{E}{R},$$

mit E = konstante künftige Nettoerträge und I = Wiederbeschaffungswert der Realinvestition. Im Prinzip ist die Gleichung (1) eine Gleichgewichtsbedingung, auf die auch der Kreditzins am Markt i als Kostenfaktor für Neuinvestitionen I = f(i) einen Einfluß hat.

Der **supply price of capital** r_K ist die Rendite von bestehendem Realkapital, bei der die Nachfrage nach bestehendem Realkapital gerade dem vorhandenen Bestand entspricht. Diese Gleichgewichtsrendite ist durch die den Vermögenserträgen gegenüberstehenden Kapitalkosten determiniert; sie werden durch den Kapitalmarkt vorgegeben. Dennoch müssen die vom Anlageobjekt erwarteten Erträge mindestens der Rendite des aktuellen Marktwertes, den der Eigentümer bei sofortiger Liquidisierung erzielen könnte, entsprechen:

$$(2) \qquad K = \frac{E}{r_K},$$

mit E = erwartete Erträge, K = aktueller Marktwert des Realkapitals und r_K = Marktrendite aus dem Bestand des Realkapitals.

Aus den Gleichungen (1) und (2) ergibt sich nun

$$(3) \qquad q = \frac{K}{I} = \frac{E}{r_K} \cdot \frac{R}{E} = \frac{R}{r_K},$$

das **Tobin-q**.

Ist $q = 1$, so kommt es zum Ausgleich von Kapitalangebot und Kapitalnachfrage. Da sich Marktwert und Wiederbeschaffungskosten einer Anlage entsprechen, besteht für Investoren weder ein Anreiz zur Aufstockung noch zum Abbau des vorhandenen Kapitalstocks.

Ist $q > 1$, so werden die Privaten zur Erweiterung des bestehenden Sachkapitalbestandes veranlaßt, da Investitionen rentabler sind als bereits bestehende Anlagen. Investitionen sind also billiger als alte Anlagen; Investoren fragen verstärkt nach. Die so entstandene Preisdifferenz regt die Hersteller von Kapitalgütern dazu an, ihre Produktion auszuweiten. Allgemein formuliert: Es wird immer dann investiert, wenn die interne Verzinsung einer Anlage deren Kapitalkosten übersteigt.

Der umgekehrte Fall $q < 1$ setzt für die Privaten keinerlei Anreize zum investieren. Jetzt unterschreitet die Grenzleistungsfähigkeit neuen Realkapitals die Gleichgewichtsrendite bestehenden Realkapitals. Es wird daher nur bereits vorhandenes, nicht aber neu zu produzierendes Realkapital nachgefragt.

Für die Transmission geldpolitischer Impulse in die reale Sphäre ist es jetzt entscheidend, in welchem Verhältnis die einzelne Aktiva zueinander stehen. Nach **Tobin** verfügt ein Vermögensbesitzer über drei Alternativen, die er mit unterschiedlicher Gewichtung in seinem Portfolio berücksichtigen kann. Die drei zur Verfügung stehenden Anlagemöglichkeiten sind **Geld, festverzinsliche Wertpapiere** und **reale Aktiva**. Da dem Vermögenshalter weiterhin risikoaversives Verhalten unterstellt wird, ist es für die weitere Untersuchung erforderlich, die spezifischen Risiken der einzelnen Anlagearten zu analysieren. Ziel dieser Vorgehensweise ist es, zu einer optimalen Portfoliostruktur zu gelangen. Geld und Wertpapiere unterliegen als nominelle Größen einem Preisniveauänderungsrisiko. Darüber hinaus sind festverzinsliche Wertpapiere, bei einem im Zeitablauf variierenden Marktzins, zusätzlich noch einem Kursänderungsrisiko unterworfen. Dieses Risiko entfällt bei der Anlageform Geld, da diese nicht zinstragend ist; ihr Ertrag ist auf Null fixiert.

Realkapital ist keinem Preisänderungsrisiko ausgesetzt. Sein Marktwert entwikkelt sich parallel zum allgemeinen Preisniveau. Sachkapital unterliegt dagegen anderen Risiken; diese ergeben sich aus

- einer Verschiebung der relativen Preise,
- technischer Fortschritt,
- Nachfragelücken auf Teilmärkten und
- branchenspezifische Krisen.

Alle genannten Risikofaktoren beeinflussen die Grenzleistungsfähigkeit des Kapitals.

Die Risiken der Geld- und Wertpapierhaltung sind, da ähnlich gelagert, positiv miteinander, jedoch nicht mit dem Risiko der Realkapitalhaltung korreliert. Damit stehen die Finanzaktiva eines Portefeuilles in einem substitutionalen Verhältnis zueinander. Die Beziehung Finanz- zu Realaktiva gestaltet sich dagegen komplementär. Das Gesamtrisiko eines Portfolios kann also durch eine entsprechende Aufteilung des Vermögens auf finanzielle und reale Aktiva minimiert werden. Die Streuung (**Diversifikation**) des Vermögens auf die verschiedenen Anlageformen ist das Grundprinzip der Risikominimierung.

5.2 Der monetäre Impuls

Kommt es in einer Volkswirtschaft zu einer autonomen Geldmengenerhöhung, beispielsweise durch das **Friedmansche Helikoptergeld (fiat money)**, so wird das Portfoliogleichgewicht gestört. Im Portefeuille ist die Geldhaltung jetzt übergewichtet. Die Privaten werden ein neues, noch zu realisierendes Gleichgewicht anstreben. Bei diesem Anpassungsprozeß ist zwischen dem Substitutions- und dem Vermögenseffekt zu unterscheiden. **In realiter** wirken beide Effekte parallel, der Übersicht halber werden sie im folgenden aber getrennt dargestellt.

Über den **Substitutionseffekt** wird der gestiegene Geldanteil am Gesamtvermögen abgebaut. In jedem Fall wird der Vermögenshalter vermehrt Wertpapiere nachfragen. Die Intensität dieser Nachfrage ist abhängig von der Beziehung finanzieller zu realen Aktiva. Ist sie vollständig komplementär, so werden die Vermögensbesitzer ausschließlich Wertpapiere als die einzig mögliche Alternative nachfragen, und sie werden die tatsächliche Geldhaltung der gewünschten anpassen. Es kommt auf dem Markt für Wertpapiere zu Kurs(Preis)steigerungen und, damit korrespondierend, zu einem Absinken der Rendite. Ein realwirtschaftlicher Einfluß stellt sich nicht ein. Der Substitutionseffekt versickert bei starker Komplementarität im monetären Bereich.

Ist jedoch nur eine schwache Komplementarität gegeben, auf Grund der Risikoeinschätzung durch die Investoren, so fragen sie neben Wertpapieren auch zusätzlich Realaktiva nach. Der **supply price of capital** r_K und die Rendite der festverzinslichen Wertpapiere r_B fallen. Das **Tobin-q** steigt, da die ausschließlich technologiebestimmte Grenzleistungsfähigkeit des Kapitals R davon unberührt bleibt; R könnte sogar steigen, wenn die Geldmengenausweitung zu fallenden Kreditzinsen und damit zu sinkenden Investitionskosten führt. Die Investitionsgüternachfrage steigt.

Der Substitutionseffekt wirkt jetzt expansiv in den realen Sektor hinein. Ausschlaggebend für den Substitutionseffekt ist das Verhältnis zwischen den Finanz- und der Realaktiva. Ist die Komplementarität stark ausgeprägt, so verbleibt der Impuls im monetären Bereich. Ist nur eine schwache Komplementarität gegeben, kommt es zu einem Übergreifen des Impulses auf die Realsphäre.

Im Vergleich zum Substitutionseffekt, bei dem abschließend keine Aussage über seine Wirkungsstärke getroffen werden kann, ist die Beurteilung des **Vermögenseffektes** eindeutiger. Durch die Geldmengenausdehnung nimmt mit dem gehaltenen Geldbestand auch das Gesamtvermögen zu. Um das durch die gestiegene Geldhaltung erhöhte Risiko des Gesamtportefeuilles wieder zu senken, muß der private Vermögenshalter neben Wertpapieren auch proportional zusätzliches Realkapital nachfragen. Infolge des Vermögenseffektes wird die Nachfrage nach Wertpapieren wie auch nach Realkapital zunehmen. Die entsprechenden Ertragsraten – r_B und r_K – sinken. Das **Tobin-q** steigt, und die Investitionstätigkeit, eventuell auch die Konsumnachfrage (**Pigou-Effekt**), wird angeregt. Der geldpolitische Impuls wirkt in der Summe über beide Effekte, also als Gesamteffekt, eindeutig expansiv.

5.3 Der fiskalische Impuls

Ausgangspunkt sei ein staatliches Budgetdefizit, das durch die Emission von Wertpapieren finanziert wird. Effekte der ersten Runde, beispielsweise die zusätzliche staatliche Nachfrage, werden nicht betrachtet. Sie werden ausschließlich transitorisch gesehen; sie haben Strohfeuercharakter, da sie keine Bestandsveränderungen induzieren. Anders der Effekt der zweiten Runde. Er läßt sich wieder in parallel greifende Substitutions- und Vermögenseffekte aufspalten.

Durch die Neuemission des Staates steigt der Marktzins, damit die Privaten zum Zeichnen neuer Schuldpapiere angeregt werden. Es kommt zur **Substitution** der Geld- durch die Wertpapierhaltung. Verhalten sich Finanz- und Realaktiva **komplementär** zueinander, so ist der Substitutionseffekt bereits beendet. Der **supply price of capital** r_k folgt nicht der Rendite für Wertpapiere, folglich geht die Investitionstätigkeit nicht zurück. Es kommt zu keinem **Zins-crowding-out**; die staatliche Kreditaufnahme verdrängt aufgrund gestiegener Zinsen keine private Nachfrage für investive Zwecke. Ist dagegen die Komplementarität zwischen den Aktiva nur schwach ausgeprägt, ergeben sich Rückwirkungen (**feedback**-Effekte) auf die Gleichgewichtsrendite bestehenden Realkapitals. Der **supply price of capital** r_k folgt – wenn auch nur abgeschwächt – der durch die staatliche Kreditaufnahme gestiegenen Wertpapierrendite r_B. Die Grenzleistungsfähigkeit des Kapitals bleibt, da ausschließlich durch den technischen Fortschritt bestimmt, unverändert. Damit sinkt das **Tobin-q** und mit ihm die Nachfrage nach Realkapital.

Die staatliche Defizitfinanzierung wirkt jetzt dämpfend auf das allgemeine wirtschaftliche Aktivitätsniveau. Dieser Kontraktionseffekt wächst mit dem Grad der Substitutionalität zwischen realen und finanziellen Aktiva.

Da der Vermögens- und der Substitutions-Effekt gegenläufig sind, ist keine eindeutige Aussage über den Gesamteffekt möglich.

6. Monetaristische Geldnachfragetheorie

Der Monetarismus ist eine geldtheoretische Entwicklung, als deren Hauptvertreter **Milton Friedman, Karl Brunner** und **Allan Meltzer** gelten, die in ihren monetären Auffassungen der alten **keynesianischen** Theorie (Fiskalismus) diametral gegenüberstehen. Ausgangspunkt des Monetarismus ist die sog. **Chicago-Schule**, die beginnend mit Henry C. Simons die alte Quantitätstheorie in eine **Neoquantitätstheorie des Geldes** umformte, um den Transmissionsmechanismus geldpolitischer Impulse in den realwirtschaftlichen Sektor einer Volkswirtschaft adäquater erklären zu können.

Die Grundvorstellung des Monetarismus ist streng liberal, sie beruht auf dem strikten Marktmechanismus mit völliger Flexibilität der Preise und Löhne nach unten und oben; die private Wirtschaft ist also stabil. Dies bedingt – ohne exogene (staatliche) Eingriffe und bei rationalen Erwartungen – zumindest mittelfristig Vollbeschäftigung und eine optimale Struktur aller Aktiva. Geldpolitische Impulse führen deshalb kurzfristig zu einer Störung dieser optimalen Struktur insbesondere am Geldmarkt i.w.S., mittel- und langfristig über die **Theorie der relativen Preise** – also nicht allein über den Zins – wieder zu einer Angleichung an diese optimale **Struktur**, allerdings bei geändertem Preisniveau. Eine expansive Geldpolitik erhöht damit das Preisniveau und wird damit auch den nominellen Zinssatz aufblähen (**Gibson**-Paradoxon), so daß entgegen der **keynesianischer** Auffassung eine expansive Geldpolitik mit steigendem Zinsniveau einhergeht.

Da geldpolitische Impulse aber mit **Wirkungsverzögerungen** auf realwirtschaftliche Größen einwirken, ist es in der Regel die Geldpolitik selbst, die Konjunkturschwankungen verursacht. Eine diskretionäre Geldpolitik mit einer Geldmengensteuerung von Fall zu Fall sollte deshalb unterbleiben. Die Geldpolitik sollte statt dessen nach dem sog. **Friedman-Plan** langfristig angelegt sein, also die Geldmenge im Umfang des Produktionswachstums preisniveauneutral steuern. **Milton Friedman** forderte deshalb in seinem **Chicago-Plan (Chicago-Regel)** eine Mindestreserve von 100%, um den Geschäftsbanken die Möglichkeit zu eigenständiger Geldschöpfung zu nehmen (Regel-Bindung). Außerdem werden flexible Wechselkurse vorgeschlagen, um die inländische Geldmenge von außenwirtschaftlichen Einflüssen zu befreien. Dieser außenwirtschaftliche Aspekt ist dann zu einem **monetären Ansatz der Zahlungsbilanztheorie** erweitert worden.

Monetaristen bestreiten auch die Gültigkeit der **Phillips-Kurve**, die einen negativen funktionalen Zusammenhang (**trade-off**) zwischen Lohn- und Preisniveausteigerungsraten auf der anderen Seite behauptet. Nun ist die **Phillips-Kurve** durch empirische Erhebungen ermittelt worden, für die in Boomphasen eben hohe Löhne und Preise bei Vollbeschäftigung, für Rezessionsphasen dagegen relativ niedrige Löhne und Priese bei Unterbeschäftigung zu Grunde lagen. Die Beziehungen von hohen (niedrigen) Löhnen oder Preisen mit niedriger (hoher) Unterbeschäftigung gemäß der **Phillips-Kurve** wird damit selbstverständlich, theoretisch unverständlich ist daher die Übertragung dieser Beziehung auf wirtschaftspolitische Zielsetzungen unabhängig von der Konjunkturlage; dies unterstellt im Prinzip, daß die Wirtschaftspolitik Konjunkturen nach eigenem Belieben steuern kann.

Monetaristen bestreiten dies und deshalb auch die Gültigkeit dieser **kurzfristigen Phillips-Kurve**. Nach monetaristischer Auffassung gilt eine **langfristige Phillips-Kurve**, bei der – gleichgültig wie hoch das Lohn- und Preisniveau ist – eine Beschäftigungssituation mit einer sog. „natürlichen Arbeitslosenquote“ vorgegeben ist.

Natürlich bestreiten Monetaristen nicht die Möglichkeit von Unterbeschäftigung. Sie folgt aus staatlichen Eingriffen der Geld- und Fiskalpolitik in den Wirtschaftsablauf, aber auch auf Grund in der Realität bestehender Informationsmängel. Die Beschaffung von Informationen verursacht Kosten, die stets mit den Erträgen aus zusätzlicher Information verglichen werden müssen. Es kann deshalb optimal sein, eine gewisse Unterbeschäftigung in Kauf zu nehmen.

Diese Grundüberlegungen des Monetarismus basieren auch auf empirischen, ökonometrischen Untersuchungen, nach denen die Zinsabhängigkeit **(Zinselastizität) der Geldnachfrage** relativ niedrig, die Einkommensabhängigkeit **(Einkommenselastizität) der Geldnachfrage** dagegen relativ hoch (sog. **Luxusgut-Hypothese**) ist; sie liegt weit über 1.

6.1 Der Ursprung der neoklassischen Theorie

Die Quantitätstheorie geht von der **Fisher**'schen Verkehrsgleichung aus, nach der das reale (mengenmäßige) Handelsvolumen H – bewertet mit dem Preisniveau p – der zu diesen Umsätzen notwendigen Geldmenge M entsprechen muß. Die Geldmenge kann während einer bestimmten Zeitperiode häufiger verwendet werden bzw. mehrmals umlaufen:

$$H \cdot p = M \cdot U;$$

dabei stellt U die Umlaufgeschwindigkeit des Geldes dar. Die **Fisher**'sche Verkehrsgleichung ist eine Identität, die allerdings dann etwas erklärt - somit zur Theorie wird –, wenn zusätzliche Aussagen einbezogen werden: Gilt z.B. völlige Flexibilität der Preise und Löhne, so besteht stets Vollbeschäftigung und das Handelsvolumen ist eine gegebene Größe. Wird außerdem angenommen, daß die Umlaufgeschwindigkeit des Geldes durch Zahlungssitten in einer Volkswirtschaft ebenfalls gegeben ist, so hat eine Geldmengenveränderung allein eine Preisniveauverschiebung zur Folge. Das Geld ist in diesem Falle neutral; es bewirkt keine Mengen- oder Strukturänderungen in einer Volkswirtschaft. Dies ist die **einfache Quantitätstheorie**. Auf ihr beruht im Prinzip auch die **Currency-Theorie**.

Die Quantitätstheorie wurde durch **Milton Friedman** auf Grund theoretischer wie auch empirischer Untersuchungen neu konzipiert. Während **Irving Fisher** noch auf die alte tautologische Beziehung der Quantitätsgleichung abstellte, kommt die Quantitätstheorie zu bestimmten Aussagen über die Wirkung einer Geldmengenänderung auf das Preisniveau, indem Zusammensetzung und Umfang des Handelsvolumens (bei Vollbeschäftigung) sowie die Umlaufgeschwindigkeit (auf Grund kurzfristig unveränderlicher Zahlungssitten) als gegeben angenommen werden. Allerdings wird der Übertragungsmechanismus von einer Geldmengenvariation auf das volkswirtschaftliche Preisniveau nicht beschrieben. Deshalb können sich Einwände gegen den von der Quantitätstheorie behaupteten Zusammenhang ergeben; z.B. braucht bei zinselastischer Geldnachfrage die Güternachfrage und damit das Preisniveau durch Geldmengensteigerungen nicht zuzunehmen, weil zusätzliches Geld im Vermögensbereich (**Keynes**'sche Liquiditätsfalle) bleibt.

In der **Cambridge-Gleichung**

$$L = k \cdot p \cdot y_r$$

erscheint dann explizit gemäß klassischer Tradition ausschließlich die Stromgrößen y_r als Determinante der Geldnachfrage. Eine Erklärung für einen Zusammenhang zwischen Geldmenge und Preisniveau liefert die **Neoquantitätstheorie**. Sie geht üblicherweise bei der Darstellung der Geldnachfrage L nicht vom Handelsvolumen, sondern vom realen Volkseinkommen y_r aus, also von

$$L = \frac{1}{u} \cdot (y_r \cdot p);$$

die Größe U stellt nun die **Einkommenskreislaufgeschwindigkeit des Geldes** dar.

Damit können Aussagen über die Umlaufgeschwindigkeit des Geldes mißverständlich werden, da ein Teil der mit Geld abgewickelten Transaktionen unberücksichtigt bleibt. **Friedman** schließt durch seine Interpretation der Geldnachfrage

$$L = \frac{1}{u} \cdot [p] \cdot [y_r^p],$$

mit [p] = Preisvektor des realen, **permanenten Einkommens** und $[y_r^p]$ = Mengenmatrix des **permanent income**, das permanente Einkommen in die Betrachtung mit ein. Dieses permanente Einkommen wie auch das Abstellen auf den portfoliotheoretischen Ansatz einer **Theorie der relativen Preise** bilden den Kern dieser neoquantitätstheoretischen Betrachtung der Geldnachfrage, aus der dann weitere Schlußfolgerungen gezogen werden.

6.2 Handelsvolumen vs. Einkommen als Determinante der Geldnachfrage

Der besondere Hinweis auf das Volkseinkommen und das Handelsvolumen als alternative Determinanten der Geldnachfrage mag vordergründig erscheinen; dennoch aber ergeben sich hieraus möglicherweise gravierende Unterschiede für die Geldnachfrage.

Das **Handelsvolumen** enthält neben den Umsätzen mit den Endnachfragern, also neben Konsum- und Investitionsgüterumsätzen (Volkseinkommen), auch Umsätze in Roh-, Halb- und Fertigfabrikaten zwischen den Unternehmungen (**Bruttoproduktion**) sowie Umsätze in Bestandsgrößen (z.B. Aktien, Realkapital etc.), die aus Sparbeträgen in der Vergangenheit geschaffen wurden. Neben der Bruttoproduktion enthält das Handelsvolumen also auch die gesamten Umsätze der Portefeuilles der Wirtschaftssubjekte. Nicht im Handelsvolumen mitgerechnet werden dürften hier jedoch Transaktionen im Tauschverkehr, da diese ja nicht mit Geld abgewickelt werden.

Geht man einmal von der üblichen Strukturmatrix bei der Darstellung der Produktion des Volkseinkommens aus, so läßt sich der Unterschied beider Determinanten sehr leicht an Hand der Tabelle 7 zeigen.

Die Produktionsstrukturmatrix $[a_{ij}\, x_i]$ gibt die technischen Beziehungen sämtlicher Güter untereinander an – im einfachsten Fall von Einproduktunternehmungen – und damit auch die intersektoralen Beziehungen der Unternehmungen an. Die Summe Σx_i ist die Bruttoproduktion, zu der eigentlich noch sämtliche hier nicht genannten Bestände hinzuaddiert werden müßten.

Die Sektoren 1 bis n produzieren für die Endnachfrage, die aus den Konsum- und Investitionsgütern besteht. Somit gibt also das Volkseinkommen Y = C + I nur einen kleinen Teil sämtlicher Handelsverflechtungen in einer Volkswirtschaft wieder.

Bei der Berücksichtigung des gesamten Handelsvolumens ist weiter zu beachten, daß der Eigenverbrauch von Unternehmungen $a_{ij}\, X_i$ mit i = j eigentlich nicht als mit Geld bezahlte Lieferung mitgezählt werden darf. Wenn aber dieser Lieferumfang auch in einem Handel zwischen Unternehmungen des gleichen Sektors bestehen kann, hat er sehr wohl mit in das volkswirtschaftliche Handelsvolumen einzugehen.

Tabelle 7 Strukturmatrix

Lieferungen an / Lieferungen von	Sektoren					Volkseinkommen	
	1	2	3	..	n	C	I
1	$a_{11} x_1$	$a_{12} x_1$	$a_{13} x_1$	..	$a_{1n} x_1$	C_1	I_1
2	$a_{21} x_2$	$a_{22} x_2$	$a_{23} x_2$	..	$a_{2n} x_2$	C_2	I_2
3	$a_{31} x_3$	$a_{32} x_3$	$a_{33} x_3$	..	$a_{3n} x_3$	C_3	I_3
. .							
n	$a_{n1} x_n$	$a_{n2} x_n$	$a_{n3} x_n$	..	$a_{nn} x_n$	C_n	I_n
Löhne	l_1	l_2	l_3	..	l_n		
Gewinne	g_1	g_2	g_3	..	g_n		

Setzt man die in einer Volkswirtschaft benötigte (nachgefragte) Geldmenge in Beziehung zum Handelsvolumen, kann es zu Variationen der Geldnachfrage durch Strukturveränderungen kommen. Das gleiche gilt auch für einen Konzentrationsprozeß, bei dem einige Unternehmungen miteinander verschmelzen, so daß Handelsbeziehungen zwischen den beteiligten Unternehmungen nicht mehr durch Geld abgewickelt werden müssen. Der Lieferantenkredit zwischen verschiedenen Unternehmungen führt ebenfalls – zumindest verzögernd – zu einem geringeren Bedarf an Geld.

Alle diese Wirkungen sind nicht mehr offensichtlich, wenn man die nachgefragte Geldmenge nicht auf das Handelsvolumen, sondern auf das Volkseinkommen – also nur eine einzige Spalte der Matrix – bezieht. Die Verwendung des Realeinkommens yr statt des Handelsvolumens in der Geldnachfrage-Funktionen führt zu gewissen Problemen: Nimmt z.B. die Konzentration in einer Volkswirtschaft zu, so daß ein Teil der Umsätze zwischen Unternehmungen nicht mehr am Markt erscheint, oder aber sinken die Umsätze im Bestandsgrößenbereich (bei Wertpapieren oder bei Anlagen), so reduziert sich das reale Handelsvolumen, ohne daß sich das reale Volkseinkommen ändern müßte. Der in der Volkswirtschaft vorhandene Geldmengenbestand wird damit tatsächlich innerhalb der betrachteten Zeitperiode weniger häufig benutzt. Umgekehrt könnte man auch erklären, daß sich die Einkommenskreislaufgeschwindigkeit des Geldes rein statistisch ändert, obgleich die Umlaufsgeschwindigkeit konstant geblieben sein kann. In diesen Fällen kann es zu einer Variation des Geldmengenbedarfs kommen, ohne daß ersichtlich wird, weshalb.

Die monetaristische Position unterstellt eine stabile Wirtschaftsstruktur, d.h. im Prinzip konstante Produktionskoeffizienten a_{ij} und gleichbleibende Verhaltensweisen, z.B. bei der Inanspruchnahme von Lieferantenkrediten, sowie eine gegebene Wettbewerbsstruktur. Akzeptiert man dies, dann muß selbstverständlich auch eine stabile Beziehung zwischen Geld(nachfrage) und Volkseinkommen bestehen. Unterschiedliche Entwicklungen von Geldmenge und Volkseinkommen müssen dann in der Realität auf eine variierende Umlaufgeschwindigkeit des Geldes zurückgeführt werden.

Allerdings wird man auch von monetaristischer Seite akzeptieren, daß es langfristig zu einer Änderung der Determinanten der Produktionskoeffizienten wie auch in den Verhaltensweisen und Marktstrukturen kommt; u.U. in einem kontinuierlichen Prozeß, bei der sich die Anpassung in einer stabilen Weise vollzieht. Kurzfristig könnte dann davon ausgegangen werden, daß diese Beziehung zwischen Geldnachfrage und Volkseinkommen stabil und zugleich konstant ist; Lieferantenkredite dürften dann aber auch während des Konjunkturverlaufs keine unterschiedliche Bedeutung haben.

6.3 Das permanente Einkommen

Zum permanenten Einkommen gelangt man, indem man sich einmal vorstellt, daß das erwartete Einkommen der gegenwärtigen Periode y^e_t in einer ganz bestimmten Beziehung zum tatsächlichen Einkommen steht. So gilt etwa, daß die Zunahme des erwarteten Einkommens y^e_t gegenüber dem in der vergangenen Periode erwarteten Einkommens y^e_{t-1} – **Korrektur der Erwartungen** – aus der Entwicklung des tatsächlichen Einkommens y_t gegenüber dem erwarteten Einkommen in der Vergangenheit y^e_{t-1} (**tatsächliche Anpassung des Einkommens**) bestimmt wird:

(1) $$y^e_t - y^e_{t-1} = (1 - \lambda)(y_t - y^e_{t-1}),$$

mit λ als Reaktionskonstante, wobei $0 \leq \lambda < 1$.

Durch Umformung von Gleichung (1) ergibt sich

(2) $$y^e_t = \lambda y^e_{t-1} + (1 - \lambda) y_t.$$

Da nun für y^e_{t-1} ein gleicher Ansatz wie in Gleichung (1) unterstellt werden kann, folgt durch Einsetzen dieses Ansatzes in Gleichung (1)

(3) $$y^e_t = \lambda^2 y^e_{t-2} + (1 - \lambda) y_t + \lambda (1 - \lambda) y_{t-1}.$$

Wird der Ausdruck λy^e_{t-1} genügend lange in der gleichen Art und Weise substituiert, gelangt man schließlich zu

(4) $$y^e_t = (1 - \lambda) \sum_{n=0}^{\infty} \lambda^n y_{t-n},$$

der Gleichung für das **permanente Einkommen**.

Das permanente Einkommen ist ein theoretisch ebenso wichtiger wie eleganter Ansatz zur empirischen Ermittlung einer Funktion für die Geldnachfrage. Geht man einmal vom einfachsten Ansatz einer empirischen Testfunktion für die Geldnachfrage L aus, z.B.

(5) $$L_t = f(y^e_t),$$

so gilt als mögliche lag-Funktion auch

(5a) $$L_t - \lambda L_{t-1} = f(y^e_t - \lambda y^e_{t-1}).$$

Da nach Gleichung (4) vereinfacht

(4a) $$y^e_t = (1-\lambda)\,y_t + \lambda(1-\lambda)\,y_{t-1} + \ldots + \lambda^{n-1}(1-\lambda)\,y_{t-n}$$

geschrieben werden kann, folgt nach gleichem Vorgehen

(4b) $$y^e_{t-1} = (1-\lambda)\,y_{t-1} + \ldots + \lambda^n(1-\lambda)\,y_{t-(n+1)}$$

bzw. für die Multiplikation der Gleichung (4b) mit λ

(4c) $$\lambda y^e_{t-1} = \lambda(1-\lambda)\,y_{t-1} + \ldots + \lambda^{n+1}(1-\lambda)\,y_{t-(n+1)}.$$

Annahmegemäß gilt für die Reaktionskonstante $0 < \lambda < 1$, so daß bei $n \rightarrow \infty$ der Ausdruck λ^n gegen Null strebt. Durch **vollständige Induktion** der Gleichungen (4a) und (4c) ergibt sich dann der **Koyck-Ansatz**

(6) $$y^e_t - \lambda y^e_{t-1} = (1-\lambda)y_t,$$

wie er auch unmittelbar aus Gleichung (2) folgt;

eingesetzt in Gleichung (5a) resultiert dann

(5b) $$L_t - \lambda L_{t-1} = f[(1-\lambda)\,y_t]$$

oder eine Testfunktion für die Geldnachfrage

(5c) $$L_t = f[(1-\lambda)\,y_t] + \lambda L_{t-1}.$$

Der große Vorteil für empirische Schätzungen einer Geldnachfrage über das permanente Einkommen liegt in seiner theoretischen Eleganz und außerordentlich guten, empirischen Testqualität. Der große Nachteil des **Koyck-Ansatzes** liegt in seiner offenbaren **Autokorrelation**: Auf beiden Seiten der Gleichung (5c) steht die gleiche Variable L, es wird also die abhängige Variable L_t durch die unabhängige Variable L_{t-1} bestimmt. Dies führt regelmäßig zu einem statistischen Bestimmtheitsmaß von $r^2 \approx 1$, einem Ergebnis in den Sozialwissenschaften, das selbst Physiker bei ihren Versuchen im luftleeren Raum nicht erreichen.

Theoretisch unstreitig aber bleibt die theoretische Eleganz des permanenten Einkommens. Das gegenwärtig erwartete Einkommen ist eine Funktion aller in der Vergangenheit angefallenen Einkommen. Wird Einkommen als Ertrag aus Beständen definiert, gehen in das permanente Einkommen sämtliche Vermögensanlagen ein. Im Prinzip wäre es deshalb also nicht statthaft, neben dem permanenten Einkommen auch zusätzliche Vermögensbestände als Determinanten in die Geldnachfrage einzubeziehen, ebensowenig wie spezielle Ertragsraten; in die Geldnachfragefunktion **Friedmans** jedoch werden diese Komponenten gesondert aufgenommen, um wohl ihre Struktur plastischer beschreiben zu können.

Die Geldnachfragefunktion bei **Friedman** lautet deshalb

$$\frac{L}{p} = f\left(i_b, i_e, \frac{1}{p} \cdot \frac{dp}{dt}, y^e_r, u, w\right),$$

mit i_b = Ertragsrate für Bonds, i_e = Ertragsrate für Aktien (**equities**), $1/p \cdot dp/dt$

= Preisniveausteigerungsrate, y^e_t = reales, permanentes Einkommen (inclusive des Vermögens), u = persönliche Präferenzen und w = Humankapital (als Teil des Gesamtvermögens). Die Determinanten der Geldnachfrage wirken auf die reale Geldnachfrage in folgender Weise ein:

$$\frac{\delta \frac{L}{p}}{\delta w} > 0, \quad \frac{\delta \frac{L}{p}}{\delta i_b}, \frac{\delta \frac{L}{p}}{\delta i_e} < 0, \quad \frac{\delta \frac{L}{p}}{\delta \left(\frac{1}{p} \cdot \frac{dp}{dt} \right)} < 0, \quad \frac{\delta \frac{L}{p}}{\delta y^e_r} > 0.$$

Die reale Nachfrage nach Geld hängt somit ab

- von ihren Kosten und Erträgen
- von den Kosten und Erträgen alternativer Vermögensformen
- von Präferenzen
- vom Humankapital.

Die Umlaufgeschwindigkeit des Geldes bzw. der Kassenhaltungskoeffizient taucht in dieser Definition der Geldnachfrage nicht mehr explizit auf. Der Kassenhaltungskoeffizient wird aber implicite als stabil angenommen – oben war darauf hingewiesen worden, daß er vom Verhalten bzw. von institutionellen Faktoren wie Zahlungsgewohnheiten abhängt –, was man empirisch auch belegen zu können glaubt; implizit ergeben sich Änderungen der Umlaufgeschwindigkeit aus der oben angeführten Geldnachfragefunktion von **Friedman**.

Für die Höhe der Umlaufgeschwindigkeit ist die unterstellte Art der Geldmenge bedeutsam. Da die Geldmenge Umsätze ermöglichen soll, müßte als adäquate Geldmenge die Definition M1 gewählt werden. Dies ist diejenige Geldmenge, wie sie als Transaktionskasse von der **keynesianischen** Theorie bevorzugt wird. Von Monetaristen wird jedoch wegen ökonometrisch besserer Testergebnisse auf die Geldmengen M2 bzw. M3 abgestellt; rechtfertigen kann man dies mit einer langfristigen gegebenen Struktur der Portefeuilles von Wirtschaftssubjekten.

6.4 Die Theorie der relativen Preise

Wesentlich für die Neoquantitätstheorie aber ist ihr Erklärungsansatz für den Übertragungsmechanismus einer variierenden Geldmenge auf das volkswirtschaftliche Preisniveau. Danach wird unterstellt, daß die Wirtschaftssubjekte eine bestimmte (reale) Kasse zu halten wünschen. Steigt die Geldmenge, so ist zunächst die tatsächliche Kassenhaltung größer als die gewünschte. Dies führt zu einem Abbau des nicht gewünschten Kassenüberschusses durch zusätzliche Nachfrage nach Gütern und Diensten, was deren Preisniveau anhebt.

Die **Theorie der relativen Preise** basiert auf dem **Walrasianischen System**, bei der die Nachfrage nach einem Gut x_1 nicht nur vom dazugehörigen Preis p_1, sondern auch von allen anderen Preisen in einer Volkswirtschaft abhängt,

$$x_1 = f(p_1, p_2, p_3, \ldots, p_n).$$

Da in einem solchen geschlossenen **Walras**ianischen System ein Preis als numéraire fungiert, kann für die Nachfragefunktion auch

$$x_1 = f\left(\frac{p_1}{p_n}, \frac{p_2}{p_n}, \frac{p_3}{p_n}, \ldots, 1\right)$$

geschrieben werden. Dabei wird unterstellt, daß alle Preise in einer Volkswirtschaft voneinander abhängen. Dies scheint auf den ersten Blick unrealistisch zu sein.

Man kann sich aber leicht vorstellen, daß stets einige Güter in starker Konkurrenzbeziehung zueinander stehen, zu anderen dagegen in einer kaum spürbaren oder vernachlässigbar geringen. Beschreibt man einmal ein solches System partiell interdependenter Konkurrenzbeziehungen, so kann sich eine Struktur von Preisabhängigkeiten $\delta p_i/\delta p_j$ wie in Tabelle 8 ergeben.

Tabelle 8 Preisabhängigkeits-Matrix

zu / von	x_1	x_2	x_3	x_4	x_5	...	x_{n-2}	x_{n-1}	x_n
x_1	–	1	0,5	0	0		0	0	0
x_2	1	–	1	0,5	0		0	0	0
x_3	0,5	1	–	1	0,5		0	0	0
x_4	0	0,5	1	–	1		0	0	0
x_5	0	0	0,5	1	–		0	0	0
.									
.									
.									
x_{n-2}	0	0	0	0	0		–	1	0,5
x_{n-1}	0	0	0	0	0		1	–	1
x_n	0	0	0	0	0		0,5	1	–

Das Gut x_1 steht zu sich selbst natürlich in keiner Kreuzpreisabhängigkeit, der Ausdruck dp_1/dp_1 ergibt ökonomisch keinen Sinn. Zu x_2 soll x_1 in starker Preiskonkurrenz, zu x_3 in schwächerer und zu x_4 bereits in einer kaum spürbaren Interdependenz mehr stehen. Analog gilt das gleich für die anderen Zeilen.

Sollte nun x_1 im Preis p_1 variieren, so wird dieser Impuls sehr stark an x_2 und schwächer an x_3 weitergegeben (1. Zeile). Da x_2 wegen der starken Preisabhängigkeit zu x_1 reagieren wird, folgt nun ein starker Preiseinfluß auf x_3, der schwach schon bei x_1 bestand, und abgeschwächt auf x_4 (2. Zeile) übergeht. Man entnimmt der Übersicht aber deutlich, daß ein Impuls bei x_1 (1. Zeile) auf x_2 und x_3, von x_2 (2. Zeile) auf x_3 und x_4 übergeht, von dort auf die nächste Zeile und bis zur Zeile n durchschlägt. Dieser Ansatz zeigt, daß der ursprüngliche Impuls nicht sofort auf alle Güter in einer Volkswirtschaft einwirkt, sondern von einem Ausgangspunkt sich sukzessive auf alle anderen Positionen fortpflanzt. Es kommt hier also nicht wie beim **walras**ianischen System sofort zu einem neuen Gleichgewicht, sondern der ursprüngliche Impuls wird in einem Transmissionsprozeß fortlaufend an alle anderen Positionen weitergegeben. Der Transmissionsmechanismus erfolgt dabei stets über enge Substitutionsprodukte (-beziehungen), und – was für die reale Welt von Bedeutung ist – er erfordert Zeit! Deshalb beschreibt die monetaristische Theorie langfristige Wirkungen.

Der Transmissionsmechanismus der relativen Preise führt somit von einem Impuls zu Anpassungsreaktionen in Form von Umschichtungen des Vermögens, d.h. aller Bestände, aber auch von laufend produzierten Gütern. Geldpolitische

Maßnahmen führen so zu Reaktionen sowohl auf Finanz- wie auch auf Sachkapital- und Gütermärkten. Es bedarf nun nicht mehr ausschließlich der Zinsreaktion der Investitionen, um das Volkseinkommen zu beeinflussen. Ein solcher Einfluß ist nämlich ebenfalls bei allen anderen Komponenten des Volkseinkommens spürbar.

Eine strukturelle Interdependenz zwischen verschiedenen Anlagearten wäre z.B. durch die nachstehende Abfolge von jeweiligen Substitutionspaaren gegeben; durch sie würde dann ein expansiver geldpolitischer Impuls über die Theorie der relativen Preise weitergegeben:

1. Offenmarktpapiere/Staatsobligationen
2. Staatsobligationen/Aktien
3. Aktien/Realkapital (vorhandenes)
4. Realkapital/Neuinvestition
5. Neuinvestition/Nutzungen aus Realkapital (Konsum)
6. Konsum/Arbeitsmarkt.

Während dieses Wirkungsablaufes aus dem monetären in den realwirtschaftlichen Bereich kann es auch zu **feed-back**-Effekten kommen, wenn es z.B. wegen einer zusätzlichen Nachfrage nach Neuinvestitionen (realwirtschaftlicher Bereich) zu erhöhter Kreditnachfrage und damit zu Zinssteigerungen kommt (**Rückkoppelungseffekt** in den monetären Bereich). Dadurch kann der ursprüngliche Impuls teilweise wieder rückgängig gemacht werden; es wird auch postuliert, daß der feed-back-Effekt den ursprünglichen Impuls überkompensieren kann.

6.5 Implikationen der monetaristischen Geldnachfragetheorie

Weil die monetaristische Geldnachfrage mit ihrem Transmissionsmechanismus der relativen Preise auf einem **Walras**ianischen System beruht, ist eine unerschütterliche Stabilität des Wirtschaftssystems unterstellt. Löhne und Preise sind in beiden Richtungen völlig flexibel, es besteht zumindest mittelfristig immer Vollbeschäftigung.

Wird aber einmal unterstellt, daß Wirtschaftssubjekte in einem bestimmten Bereich während des Transmissionsmechanismus keine Substitutionsbeziehung sehen – z.B. wollen sie auf Grund ungünstiger Zukunftserwartungen Aktien nicht gegen Realkapitalinvestitionen substituieren –, dann verpufft der ursprüngliche Impuls im monetären Bereich. Die obige Strukturmatrix weist dann in einer Zeile, zumindest im relevanten Bereich, nur Null-Stellen auf. Die Stabilität des Systems in der monetaristischen Theorie setzt also implicite auch eine durchgehende Interdependenz – wenn auch u.U. nur in einer Diagonalen der obigen Matrix – voraus.

Weiterhin wird, da stets Vollbeschäftigung unterstellt werden muß, ein geldpolitischer Impuls allenfalls vorübergehend realwirtschaftliche Wirkungen haben; das neue Gleichgewicht kann bei gleicher Vollbeschäftigungssituation keine andere Gütermengenstruktur aufweisen als das alte Gleichgewicht. Geldmengenvermehrung kann also nur zu Preisniveausteigerungen führen, ohne aber die Mengenstruktur oder das Mengenniveau in der Volkswirtschaft zu beeinflussen.

Da ein völlig interdependentes System unterstellt wird, ist es auch nicht mehr wie in der **keynesianischen** Theorie möglich, zwischen Teilgeldnachfragen (Transaktions- und Spekulationskasse) zu unterscheiden. Das Portefeuille der monetaristischen Theorie umfaßt damit im Gegensatz zur **postkeynesianischen** Theorie, deren Portefeuilles auf den Vermögensbereich abstellt, alle Güter-, Bestands- wie Stromgrößen in einer Volkswirtschaft.

7. Vergleich der postkeynesianischen mit der monetaristischen Position

Sowohl die **postkeynesianische** wie die monetaristische Position beziehen das Vermögen und die Portfolio-Struktur in ihre Überlegungen mit ein. Allerdings sind die relevanten Portefeuilles in beiden Ansätzen unterschiedlich umfangreich.

Während **postkeynesianische** Untersuchungen eine relativ hohe absolute **Zinselastizität der Geldnachfrage**

$$\eta_L = \frac{dL}{L} : \frac{di}{i}$$

von ungefähr $\eta_L = -0{,}8$ empirisch ermittelt haben, meint die monetaristische Position, einen relativ geringen absoluten Wert von ungefähr $\eta_L = -0{,}15$ gefunden zu haben.

Die Konzeption der Monetaristen stellt für die Gültigkeit ihrer Hypothesen auf eine relativ lange Sicht ab; die **postkeynesianische** dagegen auf eine relativ kurzfristige Betrachtungsweise. Preiseffekte werden in der **postkeynesianischen** Theorie i.d.R. vernachlässigt, so daß hier allein Produktions- und Beschäftigungseffekte eine Rolle spielen; notwendigerweise muß dieser Ansatz deshalb bei expansiven Irnpulsen von Unterbeschäftigungssituationen ausgehen. Aus monetaristischer Sicht wird tendenziell immer Vollbeschäftigung realisiert; die Wirtschaftsstruktur ist hier im Gegensatz zu keynesianischer Auffassung stets stabil. Die **Einkommenselastizität der Geldnachfrage** ist

$$\varepsilon_L = \frac{dL}{L} : \frac{dy}{y}$$

bei **keynesianischen** Vorstellungen kleiner als 1, aber größer als 1 nach monetaristischer Auffassung ($\varepsilon_L = 1{,}8$); deshalb wird von Monetaristen manchmal die Luxusguthypothese zur Geldnachfrage angeführt. Bezieht man die Umlaufgeschwindigkeit des Geldes nicht wie in der **Fisher**'schen Verkehrsgleichung auf das Handelsvolumen – das sämtliche Umsätze einer Volkswirtschaft innerhalb einer Zeitperiode enthält –, sondern auf das Volkseinkommen – in das allein die Endnachfrage nach Konsum- und Investitionsgütern eingeht –, so erhält man die Einkommenskreislaufgeschwindigkeit des Geldes (Quantitätstheorie). Für diese glauben **Milton Friedman** und **Anna J. Schwartz** ökonometrisch für den Zeitraum von 1870-1960 in den USA ein langfristiges Absinken festgestellt zu haben; nach ihrer Auffassung können sich Wirtschaftssubjekte bei steigendem Realeinkommen eher den Luxus einer erhöhten Kassenhaltung (**Luxusguthypothese**) leisten. Nach dem 2. Weltkrieg hat sich allerdings der Trend zu einer verringerten Einkommensgeschwindigkeit des Geldes wieder umgekehrt; mit steigendem Realeinkommen wird jetzt die durchschnittliche Kassenhaltung reduziert (**economies of scale** in der Kassenhaltung). Nach monetaristischer Auffassung ist der Kassenhaltungskoeffizient k konstant, nach **postkeynesianischer** Auffassung dagegen variabel; dies liegt wieder an der kurzfristigen Betrachtung des Konjunkturverlaufs durch **Keynesianer** und der längerfristigen Betrachtung der Verhaltensgrundmuster von Wirtschaftssubjekten durch Monetaristen. So ist es etwa durchaus vorstellbar, daß der Kassenhaltungskoeffizient kurzfristig durch Lieferantenkredite u.ä. schwankt, auf Dauer gesehen ihn aber unveränderliche Zahlungsgewohnheiten determinieren. Nach monetaristischer Auffassung sind aber die Determinanten des Kassenhaltungskoeffizienten zumindest gut prognostizierbar.

Feed-back-Effekte können nach monetaristischer Auffassung sogar dazu führen, daß ursprüngliche Impulse überkompensiert werden. So wird ein expansiver geldpolitischer Impuls zunächst zu Zinssenkungen führen, die bei erfolgreicher Stimulierung der Kreditnachfrage zu steigenden Zinsen – sogar über das ursprüngliche Niveau (**Gibson**-Paradoxon) hinaus – führen können. Gerade steigende Zinsen sind demnach ein Indiz für eine expandierende Wirtschaftsentwicklung. Dieses Ergebnis ist nicht aus einem statischen Modell abgeleitet, sondern zeigt evolutorische Eigenschaften, die auch von der postkeynesianischen Theorie akzeptiert werden könnten.

Die **Portfoliotheorie** ist ein wichtiger Baustein der sog. **postkeynesianischen** wie auch der monetaristischen Geldnachfragetheorie; auf ihr beruht die **Theorie der relativen Preise**, nach der zwischen allen Gütern und Aktiva einer Volkswirtschaft im Gleichgewicht eine optimale Preisrelation besteht. Wird diese optimale Preisrelation an irgendeiner Stelle geändert (z.B. wird der Preis eines einzelnen Gutes erhöht), so setzt ein Anpassungsprozeß (Transmissionsmechanismus) an ein neues Gleichgewicht ein, das nur deshalb nicht sofort erreicht wird, weil die Anpassungen aufgrund von Substitutionsbeziehungen nur zwischen ähnlichen Produkten und damit sukzessive ablaufen. Dieser Anpassungsprozeß wird auch dadurch behindert, daß sich manche Wirtschaftssubjekte scheuen, z.B. aus Furcht vor Konkurrenz, Preisanpassungen vorzunehmen; bei einer Scheu vor Realisierung von Buchverlusten im Rahmen solcher Anpassungsprozesse spricht man vom **Roosa-Effekt** oder **locking-in-Effekt**.

Die monetaristische Theorie, die im Prinzip sämtliche verfügbaren Güter aus laufender Produktion und aus Beständen (Vermögen) in ihr Portfolio einschließt, braucht deshalb die Übertragungen monetärer Impulse der Geldpolitik in den realwirtschaftlichen Sektor auf das Volkseinkommen nicht durch Zinseinflüsse darzustellen; für sie genügen Preisanpassungen. Diese ergeben sich bei monetären Impulsen aufgrund des **Pigou-Effektes** (Vermögenseffekte), bei dem mit einer Geldmengenerhöhung bei zunächst noch konstantem Preisniveau ein Geldmarktungleichgewicht entsteht (Geldangebot > Geldnachfrage). Die Konsequenz ist eine verstärkte Nachfrage mit dem Geldangebotsüberhang nach Gütern oder Aktiva, die solange anhält, bis wieder eine optimale Preisstruktur erreicht ist.

Die Portfoliotheorie hat auch die Liquiditätstheorie von **John Maynard Keynes** entscheidend verbessert; die **keynesianische Theorie** in der Fassung der LM-Kurvendarstellung des **Hicks-Hansen**-Diagramms kennt zwar den Einfluß von Bestandsänderungen der Geldmenge, vernachlässigt aber total den Einfluß des hinter der Spekulationskasse stehenden Bestandes an Wertpapieren (oder auch anderer Aktiva).

In der **postkeynesianischen Theorie** besteht das Portfolio ausschließlich aus Vermögen, also Bestandsgrößen, so daß monetäre Impulse in den realwirtschaftlichen Bereich nur durch Erwartungen über das Zins- und Preisniveau übertragen werden können. Dabei wird insbesondere auf das **Tobin-q** abgestellt.

Literatur zum IV. Kapitel

Allgemeine Übersicht und Einführungen

Bechler, Ekkehard: Geld und Währung, Band 1: Theorie des Geldes und der Geldpolitik, München 1978.
Bergen, Volker: Theoretische und empirische Untersuchungen zur längerfristigen Geldnachfrage in der Bundesrepublik Deutschland (1950-1967), Tübingen 1970.
Borchert, Manfred: Die Zinsabhängigkeit der Geldnachfrage, Göttingen 1973.
Duwendag, Dieter/Ketterer, Karl-Heinz/Kösters, Wim/Pohl, Rüdiger/Simmert, Diethard B.: Geldtheorie und Geldpolitik, 3. Auflage, Köln 1985.
Fisher, Douglas: Monetary Theory and the Demand for money, London 1978.
Fuhrmann, Wilfried: Geld und Kredit, München-Wien 1986.
Issing, Otmar: Einführung in die Geldtheorie, 7. Auflage, München 1990.
Jarchow, Hans-Joachim: Theorie und Politik des Geldes, I. Geldtheorie, 8. Auflage, Göttingen 1990.
Kösters, Wim: Theoretische und empirische Grundlagen der Geldnachfrage, Göttingen 1974.
Ringel, Johannes: Geldtheoretische Ansätze im Lichte der modernen Wissenschaftstheorie, Tübingen 1970.
Siebke, Jürgen/Willms, Manfred: Theorie der Geldpolitik, Berlin-Heidelberg-New York 1974.
Stobbe, Alfred: Gesamtwirtschaftliche Theorie, Berlin-Heidelberg-New York 1974.
Teigen, Ronald L.: Die Nachfrage nach Geld, in: Geldtheorie; Hrsg. **Badura/Issing**, Stuttgart 1979.
Veit, Otto: Reale Theorie des Geldes, Tübingen 1966.
Westphal, Uwe: Theoretische und empirische Untersuchungen zur Geldnachfrage und zum Geldangebot, Tübingen 1970.
Woll, Arthur: Allgemeine Volkswirtschaftslehre, 8. Auflage, München 1984.
Woll, Arthur: Geldtheorie und Geldpolitik, VIII: Geldnachfrage, in HdWW, Bd. 3, Stuttgart u.a. 1981.
Woll, Arthur: Die Theorie der Geldnachfrage, in: ZfgSt, Bd. 125 (1969).

1. Abschnitt

Friedman, Milton: Die Quantitätstheorie, in: Geldtheorie, Hrsg. **Badura/Issing**, Stuttgart 1979.
Robinson, Joan: Quantitätstheorien: Alt und Neu, in: Der neue Monetarismus, Hrsg. **P. Kalmbach**, München 1973.
Willms, Manfred: Die Quantitätstheorie des Geldes, in: WiSt, Jg. 1974.

2. Abschnitt

Claassen, Emil M.: Grundlagen der Makroökonomischen Theorie, München 1980.
Jarchow, Hans-Joachim: Theorie und Politik des Geldes, Teil 1: Geldtheorie, 8. Auflage, Göttingen 1990.
Patinkin, Don: Die Geldlehre von John M. Keynes, München 1979.
Siebke, Jürgen: Die Berücksichtigung der Budgetbeschränkung des Staates in dem keynesianischen Makrosystem, in: WiSt, 4. Jg. (1975), S. 490ff. und S. 538ff.
Siebke, Jürgen/Schmidberger, Wolf-Dieter: Theoretische Grundlagen des crowding-out-Effektes, in: **Ehrlicher, Werner** (Hrsg.), Geldpolitik, Zins und Staatsverschuldung, Schriften des Vereins für Socialpolitik, N.F., Bd. 111, Berlin 1981, S. 227ff.
Westphal, Uwe: Makroökonomik, Berlin 1988.

3. Abschnitt

Claassen, Emil M.: Grundlagen der Geldtheorie, Berlin-Heidelberg-New York 1980.
Gabisch, Günther: Portfoliotheorie der Geldnachfrage, in: wisu, Jg. 1976, S. 220ff.
Kaldor, Nicholas/Trevithick, J.: Geldtheorie und Geldpolitik, V: Aus keynesianischer Sicht, in: HdWW, 3. Bd. (1981), S. 412ff.
Markowitz, Harry M.: Portfolio Selection. Efficient Diversification and Investment, New York, London 1959.
Mutusza, Manfred: Optimale Transaktions-, Vorsichts- und Spekulationskasse; Diskussion einiger Lösungsansätze, in: Kredit und Kapital, Bd. 8, Jg. 1975, S. 379ff.
Robert, D.: Makroökonomische Konzeptionen im Meinungsstreit, Baden-Baden 1978.
Tobin, James: Die Zinselastizität der Nachfrage nach Transaktionskasse, in: Geldtheorie; Hrsg. **Brunner** u.a., Köln 1974.
Westphal, Uwe: Portfoliotheorie und Geldnachfrage, in: WiSt, Jg. 1972, S. 155ff.

4. Abschnitt

Angele, Hermann D.: Grundzüge einer Vermögenstheorie des Geldes; Würzburg 1977.
Bergen, Volker: Über den Einfluß des Vermögens auf die längerfristige Geldnachfrage, in: Studien zur Geldtheorie und monetäre Ökonometrie, Hrsg. **G. Bombach**, Berlin 1972.
Buchanan, James M.: Ein Outside-Ökonom verteidigt Pesek und Saving, in: Geldtheorie, Hrsg. **Brunner** u.a., Köln 1974.
Claassen, Emil M.: Grundlagen der Geldtheorie, Berlin-Heidelberg-New York 1980.
Felderer, Bernhard/Homburg Stefan: Makroökonomik und neue Makroökonomik, 5. verb. Auflage, Berlin 1991.
Gurley, John G./Shaw, Edward S.: Money in a Theory of Finance, Washington, D.C. 1960.
Johnson, Harry G.: Beiträge zur Geldtheorie und Währungspolitik, Berlin 1976.
Park, Yung Chul: Der Vermögenseffekt, in: Geldtheorie; Hrsg. **Badura/Issing**, Stuttgart 1979.
Patinkin, Don: Geld und Vermögen, in: Geldtheorie, Hrsg. **Brunner** u.a., Köln 1974.
Patinkin, Don: Money, Interest and Prices, 2. Auflage, New York 1965.
Pesek Boris P./Saving, Thomas R.: Money, Wealth and Economic Theory, New York und London 1967.
Pigou, Arthur C.: Economic Progress in a Stable Environment, in: Econometrica XIV; abgedruckt in: Readings in Monetary Theory, hrsg. von **F. A. Lutz** und **L. W. Mints**, London 1952.

5. Abschnitt

Duwendag, Dieter/Ketterer, Karl-Heinz/Kösters, Wim/Pohl, Rüdiger/Simmert, Diethard B.: Geldtheorie und Geldpolitik, 3. Auflage, Köln 1985.
Erlei, Mathias: Unvollkommene Märkte in der keynesianischen Theorie, Heidelberg 1991.
Felderer, Bernhard/Homburg Stefan: Makroökonomik und neue Makroökonomik, 5. verb. Auflage, Berlin 1991.
Yoshikawa, Hiroshi: On the „q"-Theory of Investment, in: AER, Vol. 70 (1980), S. 739ff.

6. Abschnitt

Brunner, Karl: Geldtheorie und Geldpolitik, IV. Aus der Sicht des Monetarismus, in: HdWW, 3. Band (1981), S. 391-412.
Deckert, M.: Die Einkommenskreislaufgeschwindigkeit des Geldes, Freiburg 1981.
Friedman, Milton: Die optimale Geldmenge, München 1970.
Friedman, Milton: Die Quantitätstheorie, in: Geldtheorie, zusammengestellt und herausgegeben von **J. Badura** und **O. Issing**, Stuttgart-New York 1979, S. 12-35.
Gemtos, Petros A.: Die Neubegründung der Quantitätstheorie durch Milton Friedman, Tübingen 1975.
Issing, Otmar: Einführung in die Geldtheorie, 7. Auflage, München 1990.
Kleinhans, Ursula: Theoriengeschichtlicher Kontext und erfahrungswissenschaftliche Rationalität der Neo-Quantitätstheorie, München 1979.

7. Abschnitt

Felderer, Bernhard/Homburg Stefan: Makroökonomik und neue Makroökonomik, 5. verb. Auflage, Berlin 1991.
Johnson, Harry G.: Die keynesianische Revolution und die monetaristische Konterrevolution, in: Der neue Monetarismus; Hrsg. **P. Kalmbach**, München 1973.
Woll, Arthur: Die moderne Theorie der Geldnachfrage; in: wisu, Jg. 1973, S. 573ff.

8. Abschnitt

Felderer, Bernhard/Homburg Stefan: Makroökonomik und neue Makroökonomik, 5. verb. Auflage, Berlin 1991.
Jarchow, Hans-Joachim: Theorie und Politik des Geldes, Band I, 8. Auflage, Göttingen 1990.

V. Gesamtwirtschaftliche Analyse

In den vorangegangenen Kapiteln wurden die theoretischen Grundlagen des Geldangebotes und der Geldnachfragetheorie vorgestellt. Ihr Zusammenfügen zu einem **„Geldmarkt" i.w.S.** (monetärer Bereich) und eine Ergänzung durch weitere Partialmärkte – wie Güter-, Arbeits- und Vermögensmarkt – führt zur gesamtwirtschaftlichen Analyse. Ziel der folgenden Darstellung soll es sein,

- die beiden bedeutendsten volkswirtschaftlichen Gleichgewichtsansätze vorzustellen und
- aus diesen Ansätzen Folgerungen für die Geldpolitik abzuleiten.

Die beiden wichtigsten, heute diskutierten und in der Geldpolitik unterstellten Theorien sind das **keynesianische** und das **monetaristische** System.

1. Die keynesianische Theorie

Die **keynesianische** Theorie unterscheidet in der gesamtwirtschaftlichen Analyse zwei große Teilbereiche, den

- monetären Bereich (**„Geldmarkt"** i.w.S.) und den
- realwirtschaftlichen Bereich (**Gütermarkt**),

denen als weiterer Teilbereich der

- **Arbeitsmarkt**

beigefügt wird. Sieht man einmal von einer Analyse des Teilbereichs **„Arbeitsmarkt"** ab – da dieser primär von allgemein beschäftigungspolitischer Bedeutung ist, nicht so sehr jedoch von speziell geldpolitischer Relevanz –, so läßt sich ein allgemeines volkswirtschaftliches Gleichgewicht durch die beiden anderen Teilbereiche beschreiben.

1.1 Das gesamtwirtschaftliche Geldmarktgleichgewicht

Die in den vorangegangenen Abschnitten dargestellten theoretischen Grundlagen des Geldangebotes M und der Geldnachfrage L führen zu folgenden Bestimmungsgleichungen für das Gleichgewicht im monetären Bereich:

(1) $M = \overline{M}$, (Geldangebotsfunktion)

(2) $L = L_T(y) + L_S(i)$ mit $\frac{dL_T}{dy} > 0$ und $\frac{dL_S}{di} < 0$, (Geldnachfragefunktion)

(3) $L \stackrel{!}{=} M$. (Gleichgewichtsdefinition)

Ein monetäres Gleichgewicht existiert nur dann, wenn bei gegebenem Wertpapier (Vermögens)-Bestand die Geldnachfrage dem exogen vorgegebenen Geldangebot entspricht. Um das gesamtwirtschaftliche Gleichgewichtssystem – bestehend aus Geldmarkt- und Gütermarktgleichgewicht – konsistent darstellen zu können, soll in Abbildung 26 auf ein Vierquadrantenschema abgestellt werden. Dabei wird im **2. Quadranten** die Geldnachfrage für spekulative Zwecke (**Spekulationskasse**), im **4. Quadranten** die Geldnachfrage für **Transaktionszwecke** und im **3. Quadranten** die Budgetrestriktion (also die **Geldmarktgleichgewichtsbedingung** M = L) dargestellt. Im **1. Quadranten** schließlich werden aus diesen drei auch in den Gleichungen (1) bis (3) enthaltenen Annahmen die Eigenschaften des Geldmarktgleichgewichtes abgeleitet.

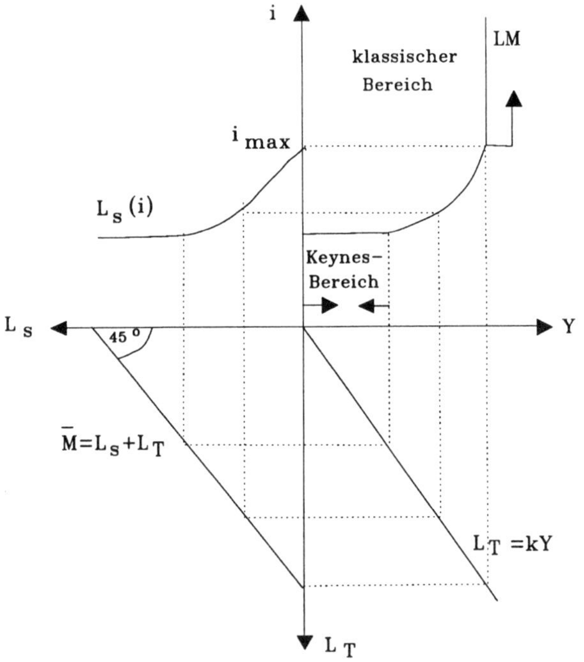

Abbildung 26

Die **LM-Kurve** im 1. Quadranten der Abbildung 26 ist der geometrische Ort aller Kombinationen von Zins und Einkommen, bei denen die Nachfrage nach Geld mit der angebotenen Geldmenge übereinstimmt; dies ist das **Geldmarktgleichgewicht**. Im vollkommen elastischen Bereich der LM-Kurve, dem sog. **Keynes-Bereich**, können Einkommensreduktionen keine Zinssenkungen mehr bewirken, da bei dem nun verminderten Transaktionskassenbedarf nicht benötigtes Geld zu konstantem Zins vollständig in die Spekulationskasse fließt (**„Liquiditätsfalle“**).

Der mittlere Bereich der LM-Kurve, dem bei steigenden Zinssätzen auch erhöhte Einkommen zugeordnet werden, stellt den Normalfall dar. Da z.B. bei einem relativ hohen Zinssatz nur wenig Geld für spekulative Zwecke benötigt wird, muß das Einkommen vergleichsweise hoch sein, damit der Teil des gegebenen Geldvolumens – der nicht spekulativ gehalten wird – von der Nachfrage für Transaktionszwecke absorbiert wird. Der vertikale Teil der Kurve schließlich ist der **„klassische Bereich“**, in dem der Zinssatz höher als i_{max} ist. In diesem Falle wird zusätzliches Geld ausschließlich für Transaktionen, nicht aber spekulativ verwendet.

1.2 Das gesamtwirtschaftliche Gütermarktgleichgewicht

Analog zur monetären Gleichgewichtskurve läßt sich auch für den realwirtschaftlichen Bereich eine Gleichgewichtskurve (**IS-Kurve**) konstruieren, die die Kombination aller Zins-Einkommens-Relationen angibt, zu denen das Gesamtangebot an Gütern und Leistungen mit der Gesamtnachfrage nach Konsum- und Investitionsgütern übereinstimmt. Dabei werden folgende Verhaltensgleichungen und Gleichgewichtsbedingungen für das **güterwirtschaftliche Gleichgewichtssystem** angenommen:

(4) $C = C(Y) \quad \text{mit} \quad 0 < \frac{\delta C}{\delta Y} < 1$ (Konsumfunktion)

und wegen

$S = Y - C$ gilt auch

(4a) $S = S(Y)$ (Sparfunktion),

(5) $I = I(i) \quad \text{mit} \quad \frac{\delta I}{\delta i} < 0$ (Investitionsfunktion),

(6) $I \overset{!}{=} S$ (Gleichgewichtsbedingung für den Gütermarkt),

wobei C = Konsum, S = Sparvolumen und I = Investitionsvolumen ist.

Dieses güterwirtschaftliche Gleichgewicht ist in Abbildung 27 ebenfalls in einem Vierquadrantenschema dargestellt. Dabei wird im **2. Quadranten** die **Investi-**

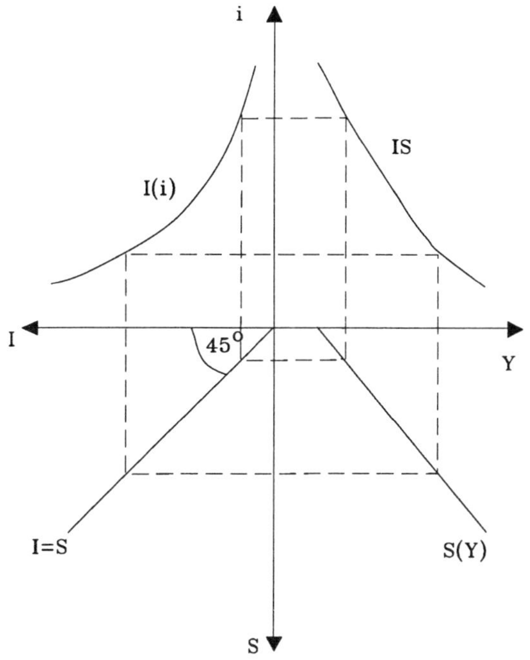

Abbildung 27

tionsfunktion, im **4. Quadranten** die **Sparfunktion** und im **3. Quadranten** die **Gleichgewichtsbedingung** I = S dargestellt. Im **1. Quadranten** schließlich werden wieder aus diesen drei, auch in den Gleichungen (4a) bis (6) enthaltenen Annahmen, die Eigenschaften des Gütermarktgleichgewichtes abgeleitet.

Im 1. Quadranten der Abbildung 27 sind mit der **IS-Kurve** sämtliche Kombinationen zwischen Zinssatz und Volkseinkommen dargestellt, die zu einer Gleichheit zwischen Spar- und Investitionsvolumen führen. Dies ist die Kurve für das **güterwirtschaftliche Gleichgewicht**.

1.3 Das geld- und güterwirtschaftliche Gleichgewicht

Während für jeden der beiden Teilmärkte unendlich viele Kombinationen von Zinssatz und Volkseinkommen existieren, bei denen das Sparvolumen und das Investitionsvolumen wie auch das Geldangebot und die Geldnachfrage gleich groß sind, sichert nur eine einzige Zins-Einkommen-Konstellation ein **simultanes Gleichgewicht** auf beiden Märkten. Dies ist der Schnittpunkt P zwischen der LM- und IS-Kurve im i-Y-Diagramm der Abbildung 28.

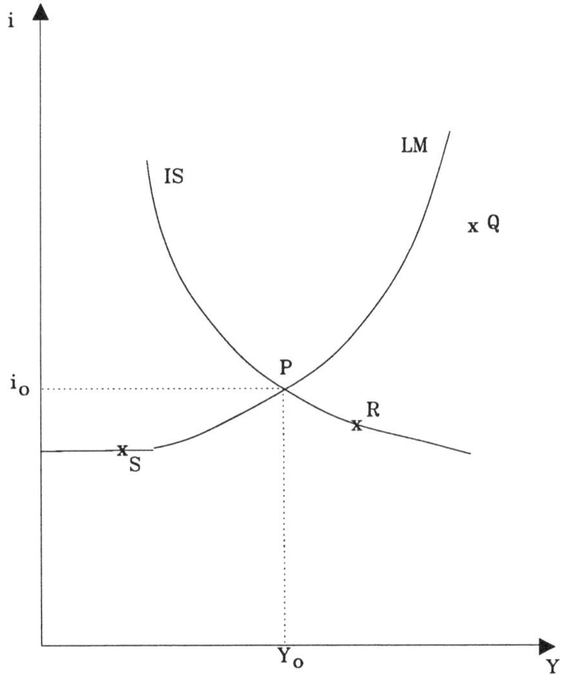

Abbildung 28

Weichen die Werte für Zins und Einkommen von diesem Punkt P ab, befindet sich das System im Ungleichgewicht. Man unterscheidet dabei zwischen einem partiellen Ungleichgewicht – z.B. im Punkt S oder R – und einem totalen Ungleichgewicht wie z.B. im Punkt Q. Das geld- und güterwirtschaftliche Gleichgewicht bezieht sich jedoch nur auf den monetären und realwirtschaftlichen Bereich, bedeutet also nicht zugleich auch Vollbeschäftigung. Im Gegensatz zu den Klassikern ist hier also ein **gesamtwirtschaftliches Gleichgewicht bei Unterbeschäftigung möglich**.

Wesentlich für den **keynesianischen** Transmissionsmechanismus – also den Übertragungsweg monetärer Impulse auf den realwirtschaftlichen Bereich - ist dabei der Zinssatz und damit die Zinsabhängigkeit der Investition; bei einer Einbeziehung auch außenwirtschaftlicher Aspekte kommt zusätzlich noch der zinsabhängige, internationale Kapitalverkehr hinzu.

1.4 Die Auswirkung von Parameteränderungen auf das gesamtwirtschaftliche Gleichgewicht

Das oben skizzierte Gleichgewichtssystem geht von gegebenen Spar-, Investitions-, Geldnachfrage- und Geldangebotsfunktionen aus. Parameteränderungen variieren die Gleichgewichtswerte von Zins und Volkseinkommen.

1.4.1 Änderungen im güterwirtschaftlichen Bereich

Unterstellt man eine **Zunahme der Sparneigung** (Abbildung 29a) oder eine autonome **Senkung der Investitionsnachfrage** (Abbildung 29b), so wird dadurch die IS-Kurve nach links verschoben. Dies ist auch dann der Fall, wenn durch reduzierte Staatsausgaben, die hier praktisch als öffentliche Investitionen in die Inve-

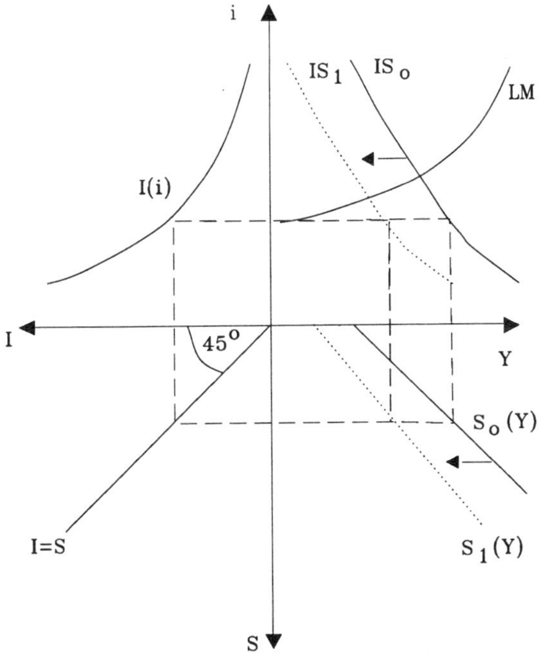

Abbildung 29a

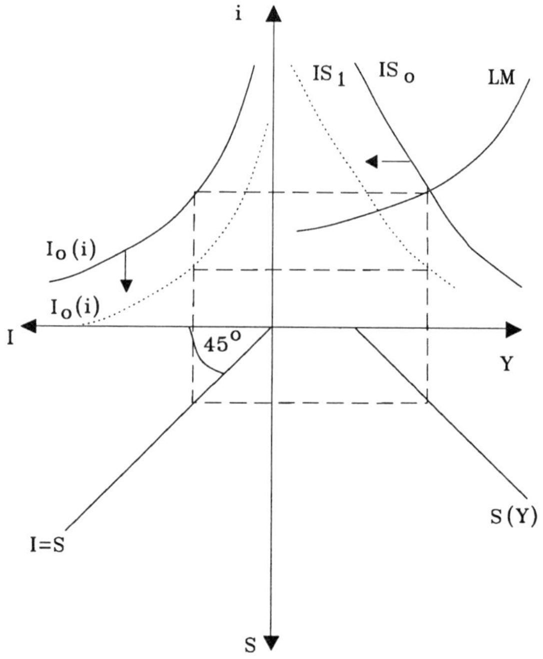

Abbildung 29b

stitionsfunktion eingehen, das nominelle Volkseinkommen gesenkt werden soll, um Inflation zu bekämpfen.

Die in Abbildung 29a und Abbildung 29b dargestellte Reaktion – Gleichgewichtszins **und** Gleichgewichtseinkommen reduzieren sich auf Grund der angenommenen Parameteränderung – stellt die Normalreaktion dar. Im **Keynes-Bereich** dagegen ist mit einer Variation der Investitionsnachfrage oder der Sparneigung zwar eine Einkommens-, nicht aber auch eine Zinsvariation verbunden, im **klassischen Bereich** dagegen bleibt das Volkseinkommen auch bei verändertem Zinsniveau konstant; in diesem Fall werden private Investitionen durch öffentliche Investitionen substituiert (**crowding-out**).

1.4.2 Änderungen im monetären Bereich

Eine **Erhöhung der Geldmenge** (Abbildung 30a) wie auch eine Reduktion des Wertpapierbestandes (Abbildung 30b), z.B. durch Offenmarktoperationen oder internationalen Kapitalverkehr, verschieben die LM-Kurve nach rechts.

Auch dabei lassen sich neben der hier dargestellten **„Normalreaktion“** – der Gleichgewichtszins sinkt, das Gleichgewichtseinkommen steigt – andere Reaktionen vorstellen.

So versickert im **Keynes-Bereich** zusätzliches Geld in der Spekulationskasse, ohne daß es zur Normalaktion kommt, im **klassischen Bereich** dagegen führt eine Expansion des Geldvolumens sogar zu einer stärkeren Erhöhung des nominellen Volkseinkommens als im Normalbereich. Diese Parameteränderungen – insbe-

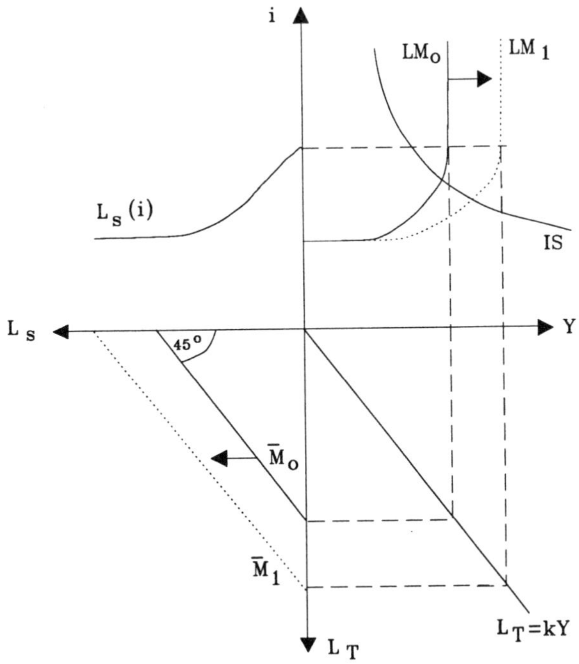

Abbildung 30a

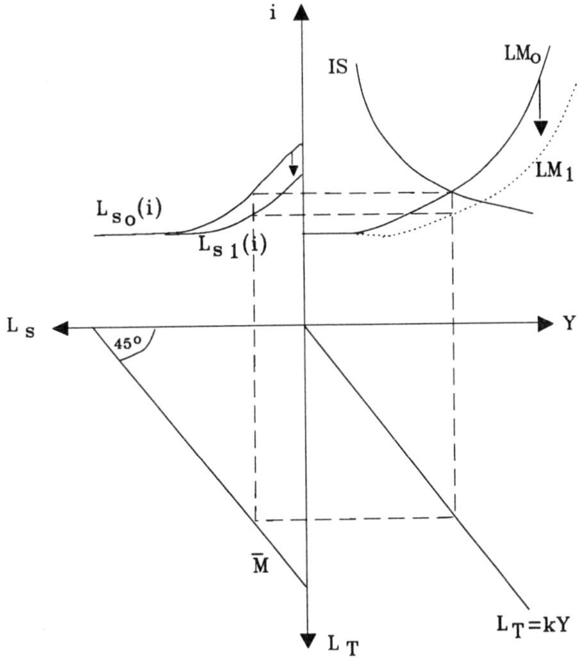

Abbildung 30b

sondere die der autonomen Investitions- und Geldangebotsvariation – sind dann von entscheidender Bedeutung, wenn bestimmte Abweichungen von einem Vollbeschäftigungsgleichgewicht wirksam bekämpft werden sollen.

1.5 Die Wirkungen der Geld- und Fiskalpolitik in einer geschlossenen Volkswirtschaft

1.5.1 Traditionelle Darstellung

Allgemein kann man sich als vom Vollbeschäftigungszustand abweichende, konjunkturelle Phasen vorstellen:

- die **rezessive Phase**, bei der das Investitionsniveau, Volkseinkommen und Zinsniveau relativ gering sind, und
- die **Boomphase**, in der die gerade angeführten Determinanten ein relativ hohes Niveau haben und in der die Nachfrage das Angebot übersteigt.

Zur Bekämpfung dieser Erscheinungen können je nach Bedarf expansive oder restriktive Maßnahmen durchgeführt werden, wobei nach **keynesianischer** Auffassung die Effizienz der Instrumente je nach konjunktureller Ausgangslage unterschiedlich zu beurteilen sind.

Nimmt man an, daß die rezessive Phase durch einen Punkt im **Keynes-Bereich** charakterisiert werden kann, so wäre eine expansive Geldmengenpolitik wirkungslos, da die erhöhte Geldmenge vollständig in der Spekulationskasse versikkern würde, ohne durch ein verringertes Zinsniveau zusätzliche Investitionen zu induzieren.

Hingegen kann in einem solchen Fall durch eine expansive Fiskalpolitik ein neuer Gleichgewichtspunkt erreicht werden, also ein höheres Volkseinkommen bei weiterhin konstantem Zinsniveau. Befindet man sich dagegen in der Ausgangssituation bei Unterbeschäftigung bereits im mittleren Bereich, so wirken sowohl die Geldpolitik als auch die Fiskalpolitik hin auf ein neues gesamtwirtschaftliches Gleichgewicht.

Geht man in Abbildung 31 von einem Unterbeschäftigungsgleichgewicht im Punkt A (i_0, Y_0) aus, so ist durch eine expansive Fiskalpolitik eine Volkseinkommenserhöhung (Y_1) bei allerdings erhöhtem Zinsniveau (i_1) realisierbar (Punkt B); allerdings könnten in diesem Falle die privaten Investitionen zurückgedrängt werden: Es käme zu einem **crowding-out-Effekt** mit steigendem Zinsniveau, der auf dem **Kreditverfügbarkeitsmechanismus** beruht. Bei gegebenem Kreditangebot wird durch die zusätzliche, in der Regel zinsunelastische Kreditnachfrage des Staates der verfügbare Teil des Kreditangebotes für die Privaten verknappt, so daß der Zinssatz steigt.

Eine Einkommenserhöhung (auf Y_2) bei sogar niedrigerem Zinssatz (i_2) ist in Abbildung 31 durch eine expansive Geldpolitik erzielbar (Punkt C). Die Unterbeschäftigung kann aber auch durch eine Kombination expansiver Fiskalpolitik und Geldmengenerhöhung bekämpft werden (Punkt D).

Im Gegensatz zur **Rezession**, in der Fiskalpolitik effizienter als eine expansive Geldpolitik wirkt, ist in einer **Boomphase** zur Bekämpfung von Inflationstendenzen in Form steigender nomineller Volkseinkommen die Geldpolitik wirksamer. Würde man nämlich den Nachfrageüberhang durch eine kontraktive Fiskalpoli-

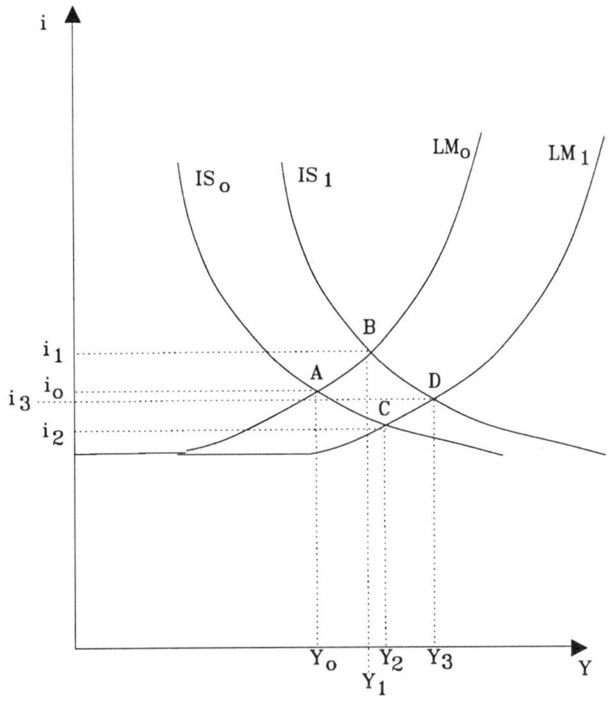

Abbildung 31

tik zu reduzieren versuchen, so würde sich zwar die IS-Kurve nach links verschieben, doch könnte sie weiterhin die LM-Kurve im klassischen Bereich schneiden. Dadurch bliebe nicht nur das Volkseinkommen unverändert, sondern die Verringerung des Zinsniveaus würde darüber hinaus unerwünschte, weitere Investitionen induzieren (**„crowding-in“**). Hingegen hat eine kontraktive Geldpolitik in der Boomphase den doppelten Effekt, daß es neben der Reduktion des nominellen Volkseinkommens auch zu einer Zinssatzsteigerung kommt.

Sowohl die Geldpolitik als auch die Fiskalpolitik wirken also asymmetrisch: Während eine expansive Geldpolitik im **keynesianischen** Bereich (Regelfall für eine Rezession) wirkungslos verpuffen kann – hier empfiehlt sich eine expansive Fiskalpolitik –, hat eine kontraktive Geldpolitik im klassischen Bereich (Regelfall für einen Boom) eine vergleichsweise größere Wirkung als eine kontraktive Fiskalpolitik.

1.5.2 Die Bedeutung des Vermögens für ein gesamtwirtschaftliches Gleichgewicht in einer geschlossenen Volkswirtschaft

Fiskalpolitik wird traditionell nur mit einer Erhöhung der Staatsausgaben unterstellt. Staatsausgaben müssen aber finanziert werden, durch Steuern, zusätzliches Geld oder die Emission von Wertpapieren! Regelmäßig wird angenommen, daß erhöhte Staatsausgaben nicht durch erhöhte Steuereinnahmen gedeckt werden, was ja die private Nachfrage belasten müßte. Werden Steuern nicht (entsprechend) erhöht, entsteht durch zusätzliche Staatsausgaben ein Budgetdefizit.

Um die Darlegungen möglichst einfach und überschaubar zu halten, sollen die wesentlichen Implikationen einer Budgetdefizitfinanzierung in ihren Grundzügen vorgestellt werden. Dabei gilt als grundlegende Annahme, daß eine Differenz zwischen den Staatsausgaben A_{St} und den Steuereinnahmen – der Einfachheit halber als mit dem Steuersatz t abhängig vom Volkseinkommen Y angenommen – durch eine Erhöhung der Geldmenge ΔM und/oder durch **Konsolidierung** der entstehenden Staatsschuld über zusätzliche Wertpapiere ΔW finanziert wird, also

(1) $$A_{St} - tY = \Delta M + \Delta W.$$

Um die Wirkungen des Budgetdefizites auf die Entwicklung des Volkseinkommens zu zeigen, sollen beide Finanzierungsmöglichkeiten getrennt betrachtet werden. Von einer Unterscheidung zwischen Vermögensvolumeneffekte und zinsinduzierten Substitutionseffekten sei hier abgesehen.

1.5.2.1 Finanzierung des Budgetdefizites durch zusätzliches Geld

Ohne weiter auf die Diskussion über **inside/outside-money** einzugehen sei unterstellt, daß es für den Geldmengenbestand gleichgültig ist, ob eine Defizitfinanzierung durch zusätzliches Zentralbankgeld oder zusätzliche Geschäftsbankenkredite erfolgt, es gebe nur eine einzige Geldart M. In der Bundesrepublik Deutschland könnten Budgetdefizite ohnehin nicht über die **Deutsche Bundesbank** finanziert werden.

Sollen nun zusätzliche Staatsausgaben durch zusätzliches Geld finanziert werden, so gilt

(1a) $$A_{St} - tY = \Delta M.$$

Die zusätzlichen Staatsausgaben sollen das Volkseinkommen erhöhen. Erst dann, wenn die Staatsausgaben den Steuereinnahmen aus dem durch die Staatsausgabenpolitik ansteigenden Volkseinkommen entsprechen, wäre ein neues stabiles Gleichgewicht bei gesunkenem Zinssatz erreicht.

Für die übliche **keynesianische** Darstellungswelt werden hierbei die traditionellen Gleichgewichtsbedingungen für den **realwirtschaftlichen Bereich**

(2) $$S(Y) \overset{!}{=} I(i, V),$$

und für den **monetären Bereich**

(3) $$M + \Delta M \overset{!}{=} L_T(Y) + L_S(i, V),$$

mit $L_T = kY$ und $L_S = L_S^a - li$

unterstellt, wobei S = Sparen, I = Investitionen, V = verbrieftes Vermögen, L_T = Transaktionskasse, k = Kassenhaltungskoeffizient, L_S = Spekulationskasse

(L_S^a = autonome Liquidität, l = Zinsabhängigkeit der Spekulationskasse), i = repräsentativer Zinssatz und Y = Volkseinkommen ist.

1.5.2.2 Finanzierung des Budgetdefizites durch Emittierung zusätzlicher Wertpapiere

Für den Fall einer Konsolidierung entstehender Budgetdefizite durch zusätzliche Wertpapiere gilt nun

(1b) $A_{St} - tY = \Delta W;$

in diesem Fall ist von einer gegebenen Geldmenge M auszugehen. Wie bei einer Offenmarktpolitik ist auch hier die Bestandsänderung der Wertpapiere in ihrer Wirkung auf die Stromgrößen mitzuberücksichtigen. So gilt etwa in der **Hicks'**schen IS/LM Darstellung eine Liquiditätspräferenzkurve immer nur unter der Voraussetzung eines gegebenen Wertpapierbestandes. Denn eine Änderung dieses Bestandes – etwa durch künstlich geschaffene, verschenkte Wertpapiere (**fiat assets**), oder aber auch durch Wertpapieremissionen zur Finanzierung von Budgetdefiziten – erhöht jenen Bestand mit der Folge von Kursvariationen und damit Zinsveränderungen. Im Fall einer Offenmarktpolitik wird diese Wirkung noch verstärkt durch die damit einhergehende Geldmengenvariation. Die LM-Kurve verschiebt sich bei einer mit Wertpapieren finanzierten, expansiven Fiskalpolitik gleichzeitig nach links. Bei einer expansiven Offenmarktpolitik dagegen kommt es allein auf Grund der Geldmengensteigerung zu einer Rechtsverschiebung der LM-Kurve, deren Verlagerung durch die gleichzeitige Verringerung des Wertpapierbestandes in privater Hand noch verstärkt wird.

Diese Bestandsänderung des verbrieften Vermögens wird bei einer Vermögensabhängigkeit des realen Sektors auch einen Einfluß auf die IS-Kurve haben. Eine Offenmarktpolitik unter Außerachtlassung des Vermögenseffektes beim Wertpapierbestand würde also ein **„Offenmarktgeschäft" ohne Wertpapiertransaktionen** beschreiben und wäre deshalb gar kein solches Geschäft.

Die **postkeynesianische Theorie** endogenisiert deshalb jene Vermögenseffekte mit der Konsequenz, daß hier die Wertpapierfinanzierung von Budgetdefiziten in den Bereich des finanziellen Vermögens – also der Spekulationskasse – integriert wird. Der Einfachheit halber wird im folgenden wie von **Blinder** und **Solow** die heroische Annahme gemacht, daß langfristig der Realkapitalbestand trotz positiver Nettoinvestitionen konstant bleibt, während die Geldmengen- und Wertpapierbestände sich an ihre langfristigen Gleichgewichte anpassen. Unabhängig von der realen Sphäre aber folgt, daß die Wertpapierbestandserhöhung die Liquiditätspräferenzkurve ansteigen läßt, denn vermehrtes Wertpapierangebot reduziert die Wertpapierkurse und erhöht die Renditen bei gleichbleibender Geldmenge. Sollte ein dauerhaftes Budgetdefizit unterstellt sein, müßte dies zu einem dauernden Ansteigen des Wertpapierbestandes führen mit bei gegebener Geldmenge dauernd steigenden Zinssätzen.

Dies ist jedoch dauerhaft nicht möglich! Die steigenden Zinssätze reduzieren zwar das Investitionsvolumen, da aber zugleich bei steigendem Zinssatz die Wertpapierkurse und damit der Wert des verbrieften Vermögens sinken, wird die Transaktionskasse bei insgesamt gegebener Geldmenge zunehmen, so daß auch das nominelle Volkseinkommen steigt. Und dies erfolgt solange, bis aus dem erhöhten Volkseinkommen durch die nun zunehmenden Steuereinnahmen die erhöhten Staatsausgaben gedeckt werden können.

Diese Entwicklung ist jedoch nur dann möglich, wenn es zugleich mit der Emission öffentlicher Wertpapiere zu einer Umbewertung von verbrieftem Privatvermögen kommt. Selbstverständlich könnte auch daran gedacht werden, daß über diese Vermögensänderung der private Konsum beeinflußt wird. Akzeptiert man dies jedoch nicht, so wird der steigende Zinssatz das Investitionsvolumen und damit auch das Volkseinkommen reduzieren, so daß die Diskrepanz zwischen den Staatsausgaben und -einnahmen immer größer wird. Die Wertpapierfinanzierung öffentlicher Budgetdefizite führt also **nur dann zu einem stabilen Gleichgewicht, wenn Vermögenseffekte zugelassen werden!**

Die traditionelle, typisch **keynesianische Betrachtungsweise** stellt fast ausschließlich auf Effekte der ersten Runde ab; damit wird hauptsächlich auf die Stromgrößen, statt auf die Bestandsgrößen eingegangen. Der **quantitätstheoretische Ansatz** dagegen mißt jenem Effekt der ersten Runde fast überhaupt keine Bedeutung zu.

1.6 Die Wirkungen der Geld- und Fiskalpolitik in einer offenen Volkswirtschaft

Es soll im folgenden vom **Fall eines kleinen Landes** ausgegangen werden, um die internationalen Wirkungen möglichst einfach zeigen zu können. Ein kleines Land hat keine Möglichkeit, die ökonomisch relevanten Größen des Auslandes zu beeinflussen, muß also das internationale Zinsniveau und auch den Exportwert in ausländischen Währungseinheiten als für sich gegebene Größen akzeptieren. Es werden also **feed-back-effects** vernachlässigt, wie sie im **Zwei-Länder-Fall** auftreten. Sollten diese **feed-back-effects** die hier dargestellten Wirkungen grundlegend beeinflussen, wird auch darauf gesondert hingewiesen werden.

1.6.1 Traditionelle Darstellung

Bezieht man die Außenwirtschaft in die Betrachtung mit ein, so muß das Gleichgewichtssystem in einer offenen Volkswirtschaft um folgende Bestimmungsgleichungen ergänzt werden:

(2a) $S(Y) \stackrel{!}{=} I(i, V) + Ex - Im(Y) \quad \text{mit} \quad Ex \lesseqgtr Im(Y),$

(3a) $M + \Delta M \stackrel{!}{=} L_T(A) + L_S(i, V)$

mit $A = C + I$ (wobei A für die **inländische Absorption** steht),

(4) $Im = Im(Y)$ (Importnachfragefunktion),

(5) $Ex = \overline{Ex}$ (Exportangebotsfunktion),

(6) $KV = KV(i_i - i_a)$ (Kapitalverkehrsfunktion),

(7) $Z = Ex - Im(Y) - KV(i_i - i_a) \overset{!}{=} 0$ (Bedingung für ein Zahlungsbilanzgleichgewicht),

mit Im = Importwert in inländischer Währung, Ex = Exportwert in ausländischer Währung (bei festen Wechselkursen in inländische Währungseinheiten umgerechnet), KV = Nettokapitalexporte, i_i (i_a) = inländisches (ausländisches) Zinsniveau und Z = Zahlungsbilanzsaldo.

Einerseits werden einkommensabhängige Importe und exogen vorgegebene Exporte unterstellt, andererseits geht man von Kapitalimporten (-exporten) bei positiver (negativer) Differenz zwischen in- und ausländischem Zinsniveau aus.

Unter Berücksichtigung dieser Bestimmungsgleichungen läßt sich neben der güter- und geldwirtschaftlichen eine weitere – die außenwirtschaftliche - Gleichgewichtskurve ableiten. Diese **Z-Kurve** ordnet alternativen Einkommenswerten genau die Zinssätze zu, bei der die Zahlungsbilanz ausgeglichen ist (**externes Gleichgewicht**). Sie ist – wie in Abbildung 32 dargestellt – eine Funktion, in der das Volkseinkommen mit steigendem inländischen Zinsniveau zunimmt, da in diesem Fall die Kapitalimporte steigen bzw. die Kapitalexporte sinken.

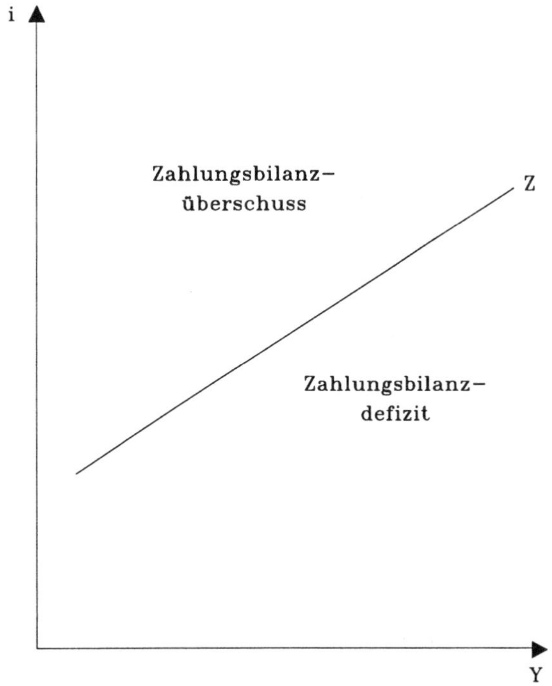

Abbildung 32

Liegen Zins-Einkommens-Kombinationen in Abbildung 32 rechts von der Z-Kurve, so sind die Devisenabflüsse größer als die -zuflüsse (**Zahlungsbilanzdefizit**) und vice versa für Punkte links der Gleichgewichtskurve Z. Ein Zahlungsbilanzdefizit besteht also dann, wenn bei gegebenem Zinssatz das Einkommen größer als das Gleichgewichtseinkommen auf der Z-Kurve ist, so daß der einkommensabhängige Import größer als bei externem Gleichgewicht ist.

Unter außenwirtschaftlichen Gesichtspunkten sind Situationen denkbar, bei denen

- ein internes (Geld- und Gütermarktgleichgewicht) und zugleich externes Zahlungsbilanzgleichgewicht) Gleichgewicht – also ein **allgemeines gesamtwirtschaftliches Gleichgewicht** – besteht, oder
- entweder nur ein internes oder aber ein externes Gleichgewicht besteht.

Eine Beschäftigungspolitik, die ein internes und zugleich externes Gleichgewicht bei Vollbeschäftigung erreichen will, kann dieses Ziel nur in Ausnahmefällen durch eine Geld- oder Fiskalpolitik allein erreichen; i.d.R. ist ein **„policy-mix“**, also der Einsatz sowohl geld- **als auch** fiskalpolitischer Maßnahmen, erforderlich.

Im Falle einer **expansiven Geldpolitik** ist zwar ein **internes Gleichgewicht** bei Vollbeschäftigung realisierbar (Punkt A in Abbildung 33), dieses partielle Gleichgewicht ist jedoch mit einem Zahlungsbilanzdefizit (**externes Ungleichgewicht**) verbunden.

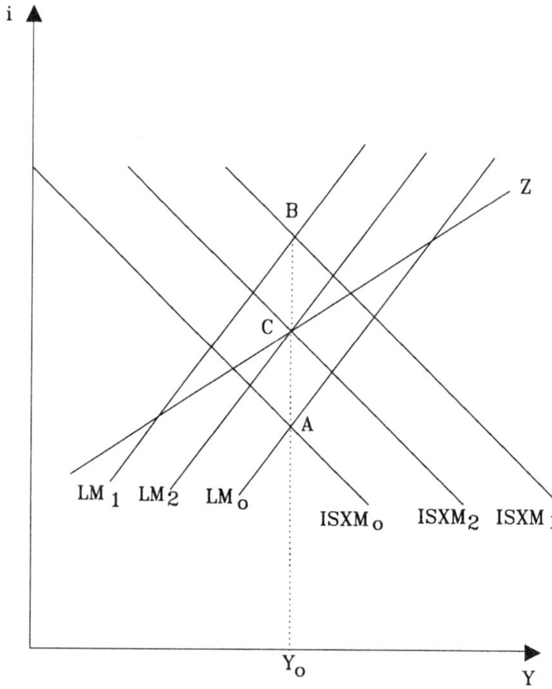

Abbildung 33

Mit dem Einsatz einer **expansiven Fiskalpolitik** kann ebenfalls ein **internes Gleichgewicht** bei Vollbeschäftigung erzielt werden (Punkt B in Abbildung 33), jedoch bestünde nun gleichzeitig ein **externes Ungleichgewicht** (Zahlungsbilanzüberschuß).

Allein eine Kombination von geld- und fiskalpolitischem Instrumentarium (Punkt C in Abbildung 33) garantiert ein **internes und zugleich externes Gleichgewicht** bei Vollbeschäftigung.

Auf eine Analyse weiterer Ungleichgewichtskonstellationen wie

- Unterbeschäftigung und Zahlungsbilanzdefizit
- Unterbeschäftigung und Zahlungsbilanzüberschuß
- Überbeschäftigung und Zahlungsbilanzdefizit
- Überbeschäftigung und Zahlungsbilanzausgleich

sei verzichtet, da sich an der grundsätzlichen Argumentation nichts ändert.

1.6.2 Eigenschaften eines außenwirtschaftlichen Gleichgewichts bei ausgeglichenem Staatsbudget

Um die außenwirtschaftlichen Wirkungen eines unausgeglichenen Staatsbudgets besser in den Griff zu bekommen, sollen zunächst ganz kurz die Eigenschaften eines außenwirtschaftlichen Gleichgewichts bei ausgeglichenem Staatsbudget betrachtet werden. Häufig wird ein **außenwirtschaftliches Gleichgewicht** mit einer **ausgeglichenen Zahlungsbilanz** nach dem Gesamtbilanzkonzept (Leistungs- und Kapital-Bilanz) identifiziert. Von der Gesamtbilanz gehen nach **klassischer Ansicht** allein durch die Leistungsbilanz, nach **keynesianischer Auffassung** zusätzlich auch durch die Kapitalbilanz Wirkungen auf den realen Sektor einer Volkswirtschaft aus.

Nach **postkeynesianischer** sowie **monetaristischer Sehweise** wirken ebenfalls die Leistungs- und Kapitalbilanz auf den realen Sektor der Volkswirtschaft, jedoch gleichzeitig auch Vermögenseffekte. Wer sagt: **Lassen wir doch die Vermögenseffekte der Einfachheit halber außer Acht**, meint, man würde des höheren Zinssatzes wegen Kapital ins Ausland exportieren, dort in ein Schließfach legen und sich freuen, ohne Zinsertrag Geld in einem Land mit hohem Zinsniveau zu haben. Als grundlegende Beziehung für ein außenwirtschaftliches Gleichgewicht gilt somit:

$$\text{(7a)} \qquad Ex(w) - Im(Y) + KIm(i, i^*, V) - KEx(i, i^*, V) = \dot{R} \stackrel{!}{=} 0,$$

mit KIm = Kapitalimport, KEx = Kapitalexport, i = inländischer Zinssatz, i^* = ausländischer Zinssatz, V = Bestand an verbrieftem Vermögen und $\dot{R}$ = Bestandsänderung der Währungsreserven.

Für den außenwirtschaftlichen Bereich folgt aus einer solchen Einbeziehung der Vermögenseffekte: Zu einer Verschiebung der Liquiditätspräferenzkurve kommt es auch durch den Kapitalexport (**Vermögensimport**) und Kapitalimport (**Vermögensexport**), und zwar bei festen wie beweglichen Wechselkursen. Da eine Niveauverschiebung der Liquiditätspräferenzkurve tendenziell den Zinssatz variiert, muß längerfristig der zinsabhängige Kapitalverkehr KV irgendwann einmal zum Erliegen kommen; dies ist dann der Fall, wenn die internationalen Zinssätze bei vollkommener Kapitalmobilität überall gleich hoch sind; es gilt dann $KV = KEx - KIm = f(i^* = i) = 0$. Es reicht also nicht aus, ein außenwirtschaftliches Gleichgewicht gemäß Gleichung (7) mit einem Nullsaldo der Zahlungsbilanz – also $Z = 0$ – zu identifizieren. Es kommt erst dann zu keinen Folgewirkungen über die Zahlungsbilanz mehr, wenn als **notwendige Bedingung** $Z = 0$ und als **hinreichende Bedingung** $KV = 0$ gilt.

Der Kapitalverkehr führt gleichzeitig zu einer internationalen Umschichtung des verbrieften Vermögens von der Hand der Inländer in die der Ausländer und vice versa; dies geht bei festen Wechselkursen einher mit einer Bestandsänderung der Geldmengen. Beide Bestandsänderungen – die der Geldmenge wie die des verbrieften Vermögens – laufen entgegengerichtet, so daß es **im Falle kleinerer Länder** zu keinem eindeutigen allgemeinen Gleichgewicht mehr kommen muß. Das System wird labil, es sei denn, man führt internationale Zinsertrags- und Tilgungsbilanzzahlungen ein.

Nimmt man nämlich einmal an, daß der kurzfristige, d.h. zinsabhängige Kapitalverkehr wegen $i^* = i$ auf Dauer zum Erliegen kommt, so gilt gemäß Gleichung (7)

$$Z = \overline{Ex} - mY^* = 0 \quad \text{und damit} \quad Y_Z^* = \frac{\overline{Ex}}{m}.$$

Außerdem gilt nach Gleichung (2) auch

$$S(Y) = I(i^*) \quad \text{und damit} \quad Y_r^* = \frac{\bar{I}(i^*)}{m}.$$

Das im außenwirtschaftlichen Bereich bestimmte Volkseinkommen Y_Z^* stimmt nur rein zufällig mit dem im realwirtschaftlichen Bereich bestimmten Volkseinkommen Y_r^* überein. Erst Zinsertragszahlungen, die in der Kapitalbilanz festzuhalten wären – in der Bundesrepublik Deutschland allerdings in der Leistungsbilanz –, würden Y_Z^* so lange weiter variieren lassen, bis es dem Volkseinkommen Y_r^* entspräche.

Zinserträge spielen also für eine Gleichgewichtsbetrachtung eine erhebliche Rolle. In einem dynamischen System sind sie auch der einzige Faktor, der eine dauerhafte Budgetdefizitfinanzierung ausschließt.

Im Zwei-Länder-Fall dagegen besteht eine Stabilität des Systems, weil für beide Länder systemimmanent eine ganz bestimmte Vermögensstruktur (Geld/Wertpapiere) vorgegeben werden muß!

Auch bei **flexiblen Wechselkursen** kommt es bis zu einem neuen außenwirtschaftlichen Gleichgewicht (Leistungsbilanz- und Kapitalbilanz-Gleichgewicht) zu Umschichtungen des verbrieften Vermögens zwischen In- und Ausland. Der nationale Geldmengenbestand bleibt dabei natürlich stets unverändert; allerdings variiert der Wechselkurs. Das **System flexibler Wechselkurse** ist also anders als das fixer Wechselkurse im Hinblick auf ein außenwirtschaftliches Gleichgewicht **stets stabil**.

Wesentlich für das Erreichen eines außenwirtschaftlichen Gleichgewichts bei fixen wie bei flexiblen Wechselkursen wird damit, daß sowohl

$$\text{(7b)} \qquad Ex - Im \stackrel{!}{=} 0$$

und damit

$$\text{(7c)} \qquad KIm - KEx \stackrel{!}{=} 0$$

sein muß. Im anderen Fall käme es mit dem Kapitalverkehr zu dauernden Vermögensumschichtungen und damit weiteren Anpassungen, was eben ein Ungleichgewicht ausmacht. Alle diese Überlegungen gehen aber von einem ausgeglichenen Staatsbudget aus.

1.6.3 Wirkungen eines unausgeglichenen Staatsbudgets bei festen Wechselkursen

Es soll bei der Betrachtung eines **langfristigen allgemeinen, gesamtwirtschaftlichen Gleichgewichts** wieder von der Finanzierung eines Budgetdefizites in Gleichung (1) ausgegangen werden. Betrachtet man zunächst die reine Geldfinanzierung dieses Defizites nach Gleichung (1a), so muß gelten, daß in einem allgemeinen Gleichgewicht die zusätzliche Geldmenge ΔM neutralisiert werden muß, da es sonst zu weiteren Anpassungen der individuellen Wirtschaftspläne käme. Bei einer Defizitfinanzierung durch Emission zusätzlicher Wertpapiere nach Gleichung (1b) dagegen muß im Gleichgewicht diese laufende Bestandsänderung des verbrieften Vermögens neutralisiert werden; ansonsten käme es laufend zu weiteren Änderungen von Wirtschaftsplänen der privaten Wirtschaftsobjekte.

1.6.3.1 Defizitfinanzierung durch zusätzliches Geld

Eine Neutralisierung der zusätzlichen Geldmenge, die bei der Finanzierung des Budgetdefizites in den Kreislauf gelangt, könnte in einer offenen Volkswirtschaft ohne weitere exogene Eingriffe nur bei einem Abfluß ins Ausland erfolgen.

Für ein allgemeines volkswirtschaftliches Gleichgewicht gilt zunächst

(1a) $$A_{St} - tY = \Delta M$$

und

(7a) $$(Ex - Im) + (KIm - KEx) = \dot{R} = 0.$$

Da aber ein Kapitalverkehr nicht dauerhaft stattfinden kann, weil er zu weiteren Bestandsänderungen führt, muß auch weiterhin die Bedingung der Gleichung (7c) gelten; für den Fall des kleinen Landes bedeutet dies, daß der inländische Zinssatz sich dem ausländischen anpaßt. Daraus folgt die **fundamentale Beziehung** für ein **allgemeines, volkswirtschaftliches Gleichgewicht**

(8) $$A_{St} - tY = Im - Ex,$$

d.h. die für die Finanzierung des Budgetdefizites geschaffene zusätzliche Geldmenge wird zur Bezahlung des zugleich entstehenden Leistungsbilanzdefizites verwendet. Alle im Inland wirksamen Strom- und Bestandsgrößen bleiben nun unverändert. Dieses allgemeine Gleichgewicht schließt also ein außenwirtschaftliches Ungleichgewicht in sich ein. Bei **begrenzten Währungsreserven** muß allerdings für ein ausgeglichenes Staatsbudget und damit eine ausgeglichene Zahlungsbilanz gesorgt werden.

Dies gilt nicht allein für den Fall des kleinen Landes, sondern auch für den Zwei-Länder-Fall. Daraus folgt: **Staatsschuld führt langfristig zu einem Leistungsbilanzdefizit**!

1.6.3.2 Defizitfinanzierung durch zusätzliche Wertpapiere

Eine Neutralisierung der zusätzlich emittierten Wertpapiere, die bei der Finanzierung des Budgetdefizites in den Kreislauf gelangen, kann in einer offenen Volkswirtschaft ohne weitere exogene Eingriffe – wie bei einer Geldfinanzierung – nur durch einen Abfluß ins Ausland erfolgen. Für ein allgemeines volkswirtschaftliches Gleichgewicht gilt dann wieder zunächst

(1b) $$A_{St} - tY = \Delta W$$

und

(7a) $$(Ex - Im) + (KIm - KEx) = \dot{R} = 0.$$

Da das Inland seine Geldmenge nicht exogen variiert, darf es im allgemeinen gesamtwirtschaftlichen Gleichgewicht auch keine dauerhafte Geldmengenänderung durch das Ausland mehr geben. Die auf Grund des Budgetdefizites stets neu geschaffenen Wertpapiere werden nun an das Ausland nur dann abgegeben, wenn im Inland der Zinssatz über den im Ausland ansteigt. Damit aber kommt es dauerhaft zu einem Geldzustrom ins Inland – Pendant zur Abgabe inländischer Wertpapiere an das Ausland –, wenn er zur Begleichung von Importüberschüssen verwendet werden kann. Die inländische Geldmenge bleibt dann auf dem neuen Niveau des neuen allgemeinen Gleichgewichtes erhalten; nach Gleichung (7a) folgt somit

$$Ex - Im = KEx - KIm,$$

mit

$$Ex - Im < 0 \quad \text{und} \quad KIm - KEx > 0.$$

Importüberschüsse werden nun laufend durch neu geschaffenes verbrieftes Vermögen auf Grund der Finanzierung des Budgetdefizites ausgeglichen. Da der inländische Zinssatz über dem des ausländischen zu liegen kommt, wird bis zum Erreichen eines neuen Gleichgewichtes natürlich auch ein Teil des bisherigen inländischen Bestandes verbriefter Vermögens an das Ausland abgegeben. Es gilt hier anders als bei der Geldfinanzierung, daß das allgemeine, volkswirtschaftliche Gleichgewicht einhergeht mit einem außenwirtschaftlichen Gleichgewicht $\dot{R} = 0$, allerdings bei unausgeglichenen Teilbilanzen der Zahlungsbilanz. Der **Zwei-Länder-Fall** ist ohne Einführung von Annahmen über Portfolioanpassungen nicht darstellbar.

1.6.4 Wirkungen eines unausgeglichenen Staatsbudgets bei flexiblen Wechselkursen

Auch im Fall beweglicher Wechselkurse ist bei der Betrachtung eines langfristigen gesamtwirtschaftlichen Gleichgewichtes von Gleichung (1) auszugehen. Gemäß Gleichung (7a) muß nun aber stets $\dot{R} = 0$ gelten.

1.6.4.1 Defizitfinanzierung durch zusätzliches Geld

Eine Neutralisierung der durch Budgetdefizite zusätzlich in den Kreislauf geschleusten Geldmenge kann nun nicht mehr ins Ausland abfließen, da die Zahlungsbilanz nach dem Gesamtbilanzkonzept immer ausgeglichen sein muß. Für ein allgemeines volkswirtschaftliches Gleichgewicht gilt dann zunächst

(1a) $A_{St} - tY = \Delta M$

und

(7d) $(Ex \cdot w - Im) + (KIm - KEx) = 0.$

Da wieder ein Kapitalverkehr nicht dauerhaft durchgeführt werden kann, weil er weitere Bestandsänderungen impliziert, muß langfristig auch die Bedingung der Gleichungen (7b) und (7c) gelten. Für den **Fall des kleinen Landes** muß nun wieder angenommen werden, daß sich der inländische an den ausländischen Zinssatz anpaßt. Die Geldfinanzierung des Budgetdefizites hat in einem solchen Fall bis zum Zeitpunkt der Erfüllung eines allgemeinen Gleichgewichtes Bestandsänderungen zur Folge, die solange durchgeführt werden bis $A_{St} = tY$ ist; erst in diesem Fall kommt es ja zu keinen weiteren Planrevisionen der Wirtschaftssubjekte mehr.

Diese Bestandsänderungen äußern sich in einer Variation der inländischen Geldmenge und in einer des Realvermögens. Gleichzeitig folgt aus der Geldfinanzierung des Budgetdefizites, daß mit der Erhöhung des nominellen Volkseinkommens auch der Importwert steigt. Da im Falle des kleinen Landes dessen Exportwert in inländischen Währungseinheiten aber steigt, kommt es auch zu einer Wechselkursanpassung, hier: Zu einer **Abwertung der inländischen Währung**. Dies war aber auch zu erwarten gewesen.

1.6.4.2 Defizitfinanzierung durch zusätzliche Wertpapiere

Für ein langfristiges, gesamtwirtschaftliches Gleichgewicht gelten auch hier wieder die Bedingungen, wie sie oben schon angeführt wurden:

(1b) $A_{St} - tY = \Delta W,$

(7d) $Ex \cdot w - Im + KIm - KEx = 0$

und wegen $Ex \cdot w - Im = KEx - KIm$ für ein allgemeines Gleichgewicht

(9) $Im - Ex \cdot w = A_{St} - tY$ wie auch

(10) $KIm - KEx = A_{St} - tY.$

Jetzt ist ebenfalls ein dauerhafter Nettokapitalimport möglich, der in der Zahlungsbilanz durch ein dauerhaftes Leistungsbilanzdefizit neutralisiert wird. Dieser Fall läßt es zu, daß dem Ausland auf Dauer die Finanzierung des inländischen Budgetdefizites durch Übergabe der Finanzierungspapiere und damit der Abdeckung des inländischen Leistungsbilanzdefizites aufgebürdet wird. In diesem Fall kann sogar das Volkseinkommen sinken und die inländische Währung aufgewertet werden.

Eine Wertpapierfinanzierung des Budgetdefizites in offenen Volkswirtschaften ist also im System flexibler Wechselkurse eine Maßnahme, die in genau entgegengesetzter Richtung zum angestrebten Ziel wirken kann.

1.6.5 Zusammenfassung

Eine Fundierung öffentlicher Neuverschuldung durch Geld- und Wertpapierfinanzierung hat Vermögenswirkungen zur Folge, die konventionell vernachlässigt werden. Für ein allgemeines, volkswirtschaftliches Gleichgewicht gelten dabei – je nach Wechselkurssystem und Budgetfinanzierungsart – ganz unterschiedliche Bedingungen für die Zahlungsbilanz und deren Teilbilanzen, wie sie in Tabelle 9 zusammengefaßt sind.

Tabelle 9 Budgetdefizite und Zahlungsbilanz

Außenwirtschaftliche Eigenschaften im langfristigen Gleichgewicht			
Budget-finanzierung $A_{St} - tY =$	Zahlungsbilanzstruktur: Leistungsbilanz $Ex \cdot w - Im =$	Kapitalbilanz $KIm - KEx =$	Gesamtbilanz $Z =$
1. Feste Wechselkurse			
(a) 0	0	0	0
(b) ΔM*)	$tY - A_{St}$	0	$Im - Ex$
(d) ΔW	$tY - A_{St}$	$Im - Ex$	0
2. Bewegliche Wechselkurse			
(a) 0	0	0	0
(b) ΔM	0	0	0
(d) ΔW	$tY - A_{St}$	$Im - Ex \cdot w$	0

*) oder wie (a), wenn $R = 0$.

Wesentlich ist dabei die Möglichkeit einer dämpfenden Wirkung auf das Volkseinkommen bei an sich als expansiv intendierten Budgetdefiziten. Dies gilt auch in einer wachsenden Wirtschaft, wenn auf geldfinanzierte Budgetdefizite abgestellt wird. Das reale Volkseinkommen pro Kopf wird durch diese Politik zwar kurzfristig erhöht, jedoch langfristig (im **steady state**) verringert, die Inflationsrate zugleich erhöht.

Die hier beschriebenen, außenwirtschaftlichen Effekte gelten natürlich auch dann, wenn sich alle Länderregierungen verschulden; sie gelten in diesem Fall stets für das Land mit der höheren Neuverschuldung. Entscheidend dabei ist vor allem der Umfang der durch Budgetdefizite insgesamt angelaufenen Staatsschuld. Das Tempo einer öffentlichen Neuverschuldung spielt dabei insofern eine Rolle, als die beschriebenen Effekte jeweils zu Beginn der Sequenzen am stärksten sind.

2. Die Neoquantitätstheorie

2.1 Grundlagen der monetaristischen Gesamtanalyse

Die monetaristische Theorie ist mikroökonomisch fundiert und hat ihren Ursprung in klassischen Überlegungen. Die mikroökonomische Fundierung führte zu einer starken Betonung des auf der **Theorie der relativen Preise** beruhenden Transmissionsmechanismus monetärer Impulse in den realwirtschaftlichen Bereich.

Mit der Theorie der relativen Preise, die sämtliche Käufe und Verkäufe in einer Volkswirtschaft erfaßt, sind praktisch auch die hauptsächlichen Merkmale einer gesamtwirtschaftlichen Wirkungsanalyse vorgestellt. Es bedürfte daher keiner weiteren, so intensiven Betrachtung gesamtwirtschaftlicher Zusammenhänge wie bei der **keynesianischen** Theorie.

Allerdings glauben Monetaristen, daß man globale (**aggregative**) und strukturelle (**allokative**) Kräfte monetärer Impulse annähernd voneinander trennen könne. Dies erlaubt dann, da auch Teilbereiche einer Volkswirtschaft – also separate Sektoren – in ihrer Interdependenz betrachtet werden, einen Vergleich zur **keynesianischen** Theorie.

Wesentliche Charakteristika eines solchen Ansatzes sind die volle Beweglichkeit der Preise und Löhne und damit zumindest mittelfristig Vollbeschäftigung sowie eine geringe Variabilität der Umlaufgeschwindigkeit des Geldes. Diese Annahmen bedingen wie in der klassischen Theorie, daß sich **geldpolitische Impulse** mittel- und langfristig **neutral** verhalten (**Stabilität des Wirtschaftssystems**); sie beeinflussen also nicht die Preisstruktur, sondern nur dessen Niveau.

Die monetaristische Theorie ist daher eine die langfristige Entwicklung erklärende Theorie, bei der kurzfristige Ungleichgewichte immer wieder zum langfristigen Gleichgewicht zurücktendieren. Es wurden auch geldtheoretische Modellvorstellungen in die **neoklassische Wachstumstheorie** eingebaut. Die Konzeption dafür ist relativ einfach: Je mehr Realkasse gehalten wird, desto niedriger ist bei gegebenem Gesamtbestand des Vermögens auch der Bestand an Realkapital und desto geringer wird folglich die reale Wachstumsrate in einer Volkswirtschaft sein, da ja die Zunahme der Produktion nur vom Umfang des Kapitalstocks, nicht aber auch vom Wertpapierbestand abhängig ist. Daß Geld an sich produktiv ist, wird bei dieser Betrachtung nicht mit in die Überlegungen einbezogen.

Die **Fiskalpolitik** hat aus monetaristischer Sicht eine andere Qualität als in **keynesianischen** Überlegungen. Aggregative Wirkungen der Fiskalpolitik ergeben sich erst dann, wenn die nicht durch Steuereinnahmen finanzierten Staatsausgaben, also Budgetdefizite $A_{St} - tY > 0$ durch zusätzliches Geld (**outside-money**) oder durch zusätzliche Wertpapiere – die den Vermögensbestand in der Volkswirtschaft beeinflussen – finanziert werden. Die Kreditfinanzierung von öffentlichen Budgetdefiziten bei Geschäftsbanken durch **inside money** führt allenfalls zu **crowding-out**-Effekten (**allkokative Effekte**), nicht aber zu aggregativen Wirkungen.

Eine Budgetdefizitfinanzierung mit aggregativen, globalen Effekten durch **outside-money** stellt aber aus monetaristischer Sicht keine **fiskalpolitische Maßnahme**, sondern unter dem Finanzierungsaspekt eine geldpolitische Maßnahme –

nämlich eine Ausweitung der Geldmenge – dar. Allein eine Budgetdefizit-Finanzierung durch **inside-money** ist danach eine fiskalpolitische Maßnahme; das gleiche gilt übrigens, wenn im Umfang der Defizitfinanzierung öffentliche Wertpapiere emittiert werden, die von den Privaten durch Hergabe von **inside-money** gekauft werden.

Expansive realwirtschaftliche Wirkungen der Fiskalpolitik kann es so eigentlich aus monetaristischer Sicht nicht geben. Aus **keynesianischer** Sicht dagegen wirken Budgetdefizite durch ihre Integration in die Volkseinkommensgleichung durchaus expansiv, allerdings wird dabei keine unterschiedliche Zuordnung dieser Defizitfinanzierung auf die Geld- oder Fiskalpolitik vorgenommen.

Konsequenz dieser divergierenden Zuordnung der Budgetdefizit-Finanzierung ist die **keynesianische** Auffassung, daß konjunkturpolitische Impulse durch geld- und fiskalpolitische Maßnahmen – in bestimmten Situationen (**Liquiditätsfalle**) sogar ausschließlich durch fiskalpolitische Instrumente – gegeben werden können; nach monetaristischer Auffassung ist dies allein durch die Geldpolitik möglich. Pointiert wird dieser unterschiedliche Standpunkt durch die den **Keynesianern** zugeschriebenen Formel **„money does not matter“** und die den Monetaristen zugeschriebenen Formel **„only money matters“**.

Diese verkürzte Formel wurde von **Friedman** und **Meiselman** empirisch getestet, wobei das Testmodell möglichst einfach gehalten wurde, um allein die theoretisch unterschiedlichen Positionen von **Keynesianern** und Monetaristen herauszustellen. Allerdings haben **Friedman und Meiselman** die Zuordnung der Budgetdefizit-Finanzierung in der für Monetaristen üblichen Zuordnung nach Geld- und Fiskalpolitik durchgeführt.

Es wurde dabei ein recht langer Betrachtungszeitraum von 1897 bis 1958 für die USA zugrunde gelegt. Als Testgleichung in reduzierter Form wurde der Ansatz

$$C = C_0 + UM + KA,$$

mit C = Konsum, U = Umlaufgeschwindigkeit des Geldes, M = Geldmenge, K = **keynesianischer** Ausgabenmultiplikator und A = Ausgaben gewählt. Für die Geldmenge wurden alternativ die Geldmengen M1, M2 und M3 getestet; die Geldmenge M2 ergab dabei das beste Testergebnis. Als Ausgaben A wurden die privaten Nettoinlandsinvestitionen, der Außenbeitrag und das Staatshaushaltsdefizit getestet.

Bei diesem ökonometrischen Test ergab sich durchwegs eine höhere Korrelation für die Geldmenge gegenüber den Ausgaben, also eine Bestätigung für den monetaristischen Ansatz; mit einer Ausnahme: Die große Depression zu Beginn der 30er Jahre brachte bessere Testergebnisse für den **keynesianischen** Ansatz. Bei diesem Resultat ist jedoch zu beachten, daß die durch zusätzliches Geld finanzierten Staatsausgaben – also eine typisch **keynesianische** Politik – als Geldmengenpolitik identifiziert wurde.

Das Vorgehen der **Milton Friedman/David Meiselman**-Untersuchung wurde verschiedentlich kritisiert, so vor allem von **Donald D. Hester, Albert Ando/Franco Modigliani** und **Michael E. De Prano/Meyer**. Insbesondere die verwendete Größe A wurde angegriffen, denn mit einer anderen Definition für A kamen z.B. **Ando/Modigliani** zu einem besseren Ergebnis für den **keynesianischen** gegenüber dem monetaristischen Ansatz.

2.2 Das Modell von Don Patinkin

2.2.1 Grundannahmen des Modells

Als Vorläufer oder Mitbegründer der monetaristischen Theorie gilt **Don Patinkin**. Er geht davon aus, daß die Geldmenge – wenn es die Preisstruktur nicht beeinflussen sollte – als Realkasse (Geldmenge/Preisniveau) in die Bestimmungsgleichung für die Geldnachfrage als zusätzliches Argument mit einbezogen werden muß. Dies führte zur Kreierung des **Realkasseneffektes.**

Eine Erhöhung der realen Geldmenge durch **outside-money** bedingt dann auch eine Erhöhung der Nachfrage nach Gütern. Die Realkasse wird somit zum Transmissionsriemen, der Impulse vom monetären in den realwirtschaftlichen Bereich überträgt.

Gegenüber der **keynesianischen** Theorie, die praktisch die drei Teilbereiche Arbeitsmarkt, Gütermarkt und Geldmarkt kennt, verwendet **Patinkin** außerdem noch explizit einen Wertpapiermarkt, der in der **keynesianischen** Theorie nur implicite als Pendant zum Geldmarkt vorhanden ist. Ein wesentlicher Unterschied zur **keynesianischen** Theorie besteht darin, daß die gesamte Geldmenge als Vermögen (in Form von Realkasse) definiert ist und in ihrer Gesamtheit im Vermögensbereich (Bestandsbereich) wirkt; bei der **keynesianischen** Theorie gilt dies nur für die Spekulationskasse und erst indirekt (über eine Verknappung von Spekulationsgeld) auch für die Transaktionskasse.

2.2.2 Die Teilmärkte in der Theorie Patinkins

Von den vier Teilmärkten der Theorie **Patinkins** soll hier wie in der **keynesianischen** Theorie auf die Einbeziehung des Arbeitsmarktes verzichtet werden; seine Betrachtung ist für die Wirkungsweise des Realkassen-Effektes (**real balance-effect**) unerheblich.

Für den **Gütermarkt** wird als **Nachfragemenge** unterstellt:

$$x^N = f(y, i, m),$$

mit y = Realeinkommen, i = Zinssatz als **Opportunitätskosten** (entgangene Erträge) und m = M/p (**Realkasse**), wobei M = Geldmenge und p = Preisniveau.

Als Eigenschaften dieser Güternachfrage gelten:

$$\frac{\delta x^N}{\delta y} > 0; \quad \frac{\delta x^N}{\delta i} < 0; \quad \frac{\delta x^N}{\delta m} > 0.$$

Das volkswirtschaftliche **Güterangebot** ist abhängig vom Reallohnsatz w/p und dem gegebenen Kapitalstock k_0, also

$$x^A = f\left(\frac{w}{p}, k_0\right),$$

wobei hierfür die folgenden Eigenschaften angenommen werden:

$$\frac{\delta x^A}{\delta \frac{w}{p}} < 0; \quad \frac{\delta x^A}{\delta k} > 0.$$

In der graphischen Darstellung ergibt sich damit das Bild in Abbildung 34.

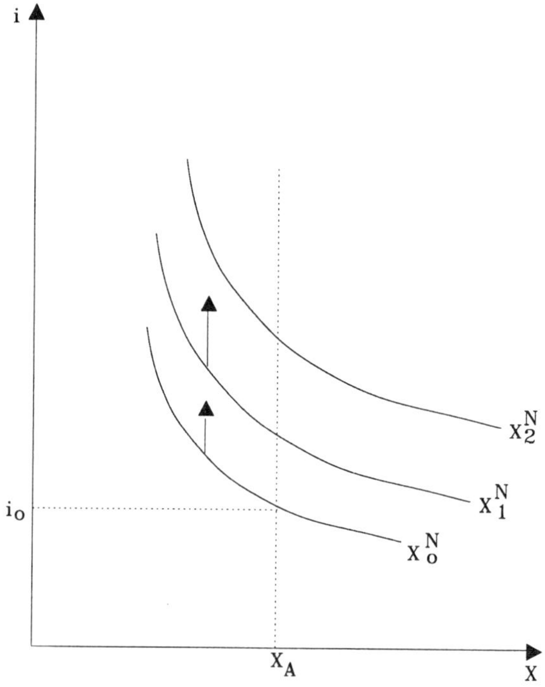

Abbildung 34

Gilt für die Ausgangssituation die Güternachfrage x^N_0, so würde diese durch ein höheres Realeinkommen auf x^N_1 und durch zusätzliche Realkasse abermals auf x^N_2 angehoben werden. Da das Güterangebot als unabhängig vom Zinssatz unterstellt ist, hat die Güterangebotskurve den in der Abbildung 34 dargestellten senkrechten Verlauf und würde mit Variationen seiner Determinanten parallel verschoben werden.

Für den **Wertpapiermarkt** (bonds-market) wird als **Nachfrage**

$$b^N = f(y, \frac{1}{i}, m),$$

mit $\frac{1}{i}$ = Wertpapier-Kurs definiert und den Eigenschaften

$$\frac{\delta b^N}{\delta y} > 0; \quad \frac{\delta b^N}{\frac{1}{i}} < 0; \quad \frac{\delta b^N}{\delta m} > 0.$$

Das **Angebot** an Bonds wird definiert durch

$$b^A = f(y, \frac{1}{i}, m),$$

mit den Eigenschaften

$$\frac{\delta b^A}{\delta y} > 0; \quad \frac{\delta b^A}{\frac{1}{i}} > 0; \quad \frac{\delta b^A}{\delta m} < 0,$$

wobei die Realkasse praktisch als Vermögensalternative fungiert.

Für die graphische Darstellung – in der jetzt anders als in den Angebots- und Nachfragefunktionen nicht mehr der Wertpapierkurs, sondern der Zinssatz (Effektivzins, Rendite) erscheint – ergibt sich damit der in Abbildung 35 gezeigte Verlauf.

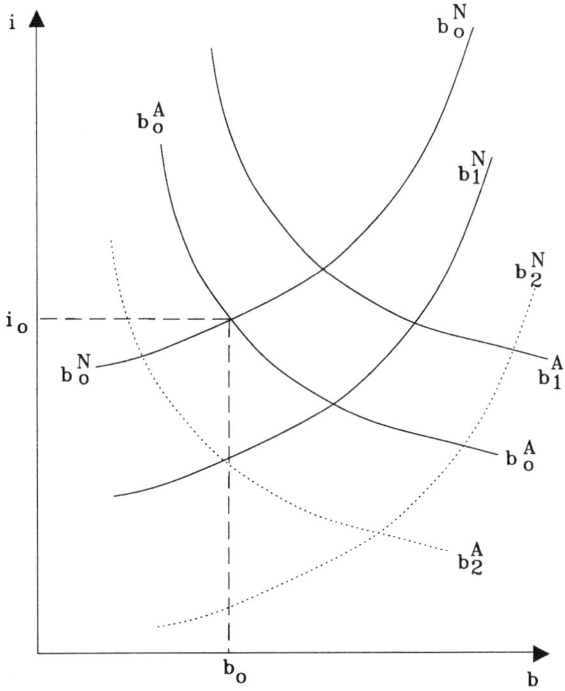

Abbildung 35

Gilt für die Ausgangssituation b_0^A und b_0^N, so würde dies zu einem Gleichgewichtszins i_0 bei einem Wertpapierbestand von b_0 führen. Ein erhöhtes Realeinkommen steigert die Bondsnachfrage auf b_1^N und das Angebot auf b_1^A; eine gesteigerte Realkasse würde die Nachfrage auf b_2^N erhöhen und das Angebot auf b_2^A reduzieren.

Auf dem **Geldmarkt** schließlich wird Realkasse von allen Wirtschaftssubjekten nachgefragt. Der Geldmarkt ist hier also wieder abstrakt als ein Aufeinanderabstimmen der Wünsche privater Wirtschaftssubjekte nach Geldhaltung (**Geldnachfrage**) und dem exogen gegebenen Bestand an Geld durch die Zentralbank und die Geschäftsbanken (**Geldangebot**) zu sehen.

Die **Geldnachfrage** L ist durch

$$L = p \cdot f(y, i, m_0),$$

mit p = Preisniveau definiert und den Eigenschaften

$$\frac{\delta L}{\delta y} > 0; \quad \frac{\delta L}{\delta i} < 0; \quad \frac{\delta L}{\delta m} < 0.$$

Das **Geldangebot M** dagegen wird der Einfachheit halber autonom mit $\overline{M}$ fixiert, also

$$M = \overline{M}.$$

Graphisch ist der Verlauf der Geldnachfrage und des Geldangebotes in Abbildung 36 dargestellt.

Gilt für die Ausgangssituation L_0 und M, so würde dies zu einem Gleichgewichtszins i_0 führen. Wieder sind hier Kurvenverschiebungen für ein höheres als in der

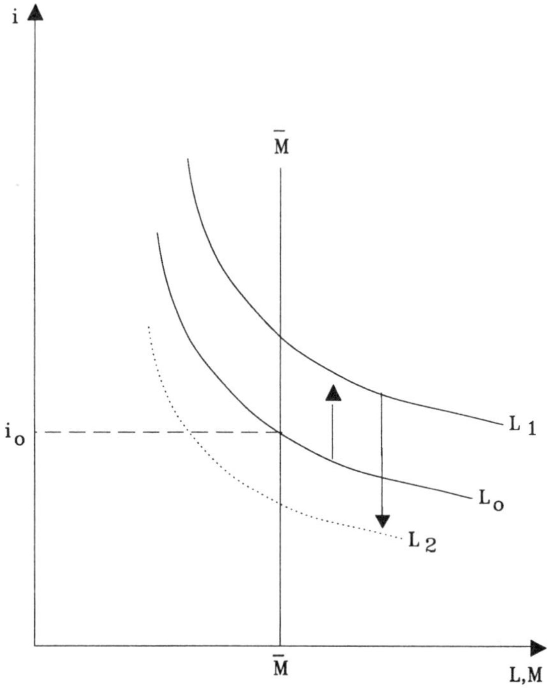

Abbildung 36

Ausgangssituation unterstelltes Einkommen (L_1) und zusätzlich für eine erhöhte Realkasse dargestellt (L_2).

2.2.3 Das Gleichgewicht in der Theorie Patinkins

Ein **Gleichgewicht** besteht immer dann, wenn die Pläne der Wirtschaftssubjekte erfüllt werden, so daß keine Veranlassung besteht, diese Pläne künftig zu revidieren. Dies ist bei einem Ausgleich von Angebot und Nachfrage gegeben. Nun sind im hier vorgestellten Modell von **Patinkin** drei Teilmärkte der Volkswirtschaft enthalten, für die zwar jeweils isolierte Gleichgewichte bestehen können, die aber im Wert einer Determinante – hier im Zinssatz – voneinander abweichen könnten; dies hätte ein volkswirtschaftliches Ungleichgewicht zur Folge. Denn selbst wenn man annehmen würde, die in den einzelnen Funktionen enthaltene Determinante **Zinssatz** beziehe sich auf heterogene Aktiva und könnte deshalb unterschiedlich hoch ausfallen, müßte man ja eine einheitliche Zinsstruktur für ein Gleichgewicht unterstellen; hier soll deshalb der Einfachheit halber an einem einheitlichen Zinssatz festgehalten werden.

Ein volkswirtschaftliches Gleichgewicht bedingt deshalb, daß sich alle isolierten Gleichgewichte auf den Teilmärkten ebenfalls entsprechen und zu einem einheitlichen Zinssatz führen. Um die Wirkungsweise eines geldpolitischen Impulses auf ein solches Gleichgewicht nachvollziehen zu können, sei für die Ausgangssituation ein allgemeines, volkswirtschaftliches Gleichgewicht unterstellt. Im Anschluß daran möge die Zentralbank zusätzliches Geld ΔM in den Kreislauf einschleusen, z.B. das Geldangebot verdoppeln. Dies führt zu einem Realkasseneffekt, der alle Teilmärkte der Volkswirtschaft beeinflußt.

Der Transmissionsmechanismus in diesem Modell von **Patinkin** wirkt nun auf folgende Weise: Wird das Geldangebot von M_0 auf M_1 verdoppelt (Abbildung 37b), so verdoppelt sich uno actu die reale Kassenhaltung bei zunächst konstantem Preisniveau. Dies führt zu einem Realkasseneffekt, der die Geldnachfrage (Abbildung 37b) wie das Bondsangebot (Abbildung 37a) sinken, die Bondsnachfrage (Abbildung 37a) wie auch die Güternachfrage (Abbildung 37c)steigen läßt.

Da bei gegebenen Güterangebot und nunmehr verstärkter Güternachfrage (**inflatorische Lücke**) das Preisniveau steigt, wird in der Folge auch die Realkasse wieder abnehmen. Die Güternachfrage und die Bondsnachfrage sinken dann wieder, das Bondsangebot und die Geldnachfrage steigen; die Geldnachfrage steigt dabei sehr stark an (in Abbildung 37b von L_1 auf L_2), da das Preisniveau als Determinante sowohl explizit wie auch über die Realkasse implizit in der Geldnachfragefunktion enthalten ist.

Es ergibt sich ein neues Gleichgewicht bei verdoppelter Geldmenge zum alten Zinsniveau, dem alten Güterangebot und damit auf das Doppelte erhöhtem Preisniveau. Vom Geldmarkt ausgehende Gleichgewichtsstörungen wirken sich also über den Realkasseneffekt – wie auch vorübergehend über einen Zinseffekt – auf alle Märkte der Volkswirtschaft aus. Der Realkasseneffekt erzeugt dabei Kräfte, die wieder zu einem neuen Gleichgewicht mit unveränderter Struktur zurückführen.

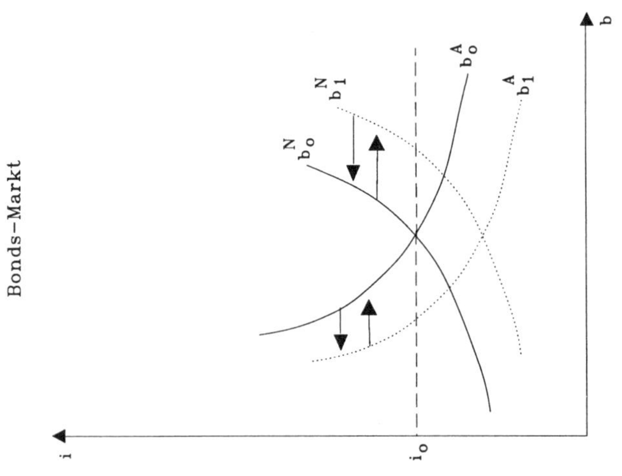

Abbildung 37a

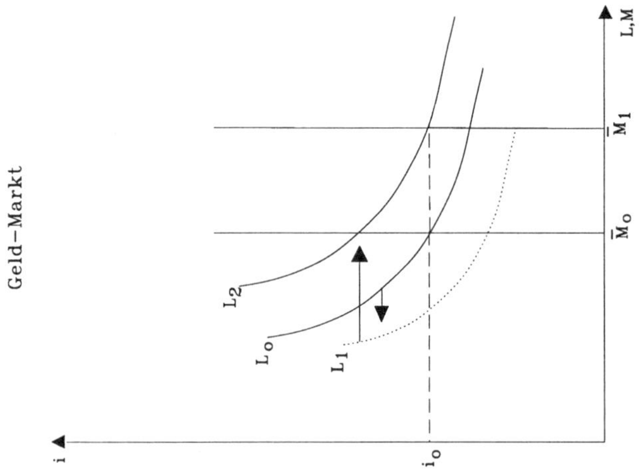

Abbildung 37b

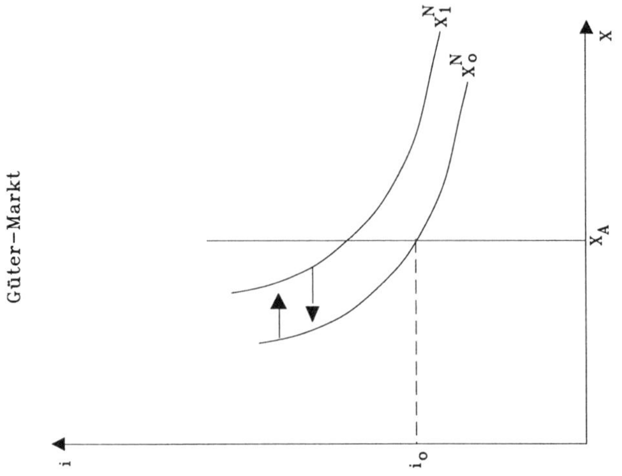

Abbildung 37c

2.3 Der monetäre Ansatz der Zahlungsbilanztheorie

Wichtigste Determinante für internationale Übertragungen monetärer Impulse vom Inland auf das Ausland und vice versa sind der internationale Preis- und Zinszusammenhang, dem eine weltweite Theorie der relativen Preise zugrunde liegt. Dies führt zum **monetären Ansatz der Zahlungsbilanztheorie**, dem feste Wechselkurse zu Grunde liegen. Alle internationalen Preise können daher unmittelbar durch eine einzige Währung ausgedrückt werden.

Das Ziel des monetären Ansatzes der Zahlungsbilanztheorie besteht darin, Zahlungsbilanzungleichgewichte durch Geldmarktungleichgewichte in den betroffenen Ländern bei festen Wechselkursen zu erklären.

Um diesen Zusammenhang besonders deutlich herauszuarbeiten, wird das reale Volkseinkommen y^r in den betrachteten Ländern als exogen und vollbeschäftigungssichernd unterstellt, so daß

(1) $y^r = \bar{y}^r$ (Inland) und

(2) $y^r_a = \bar{y}^r_a$ (Ausland)

gelten. Mit Hilfe dieser Annahme entfällt die Berücksichtigung möglicher (realer) Einkommenseffekte.

Weiterhin wird von homogenen Weltmärkten mit einheitlichen Güterpreisen ausgegangen. Damit wird im Prinzip auf die Darstellung des **direkten internationalen Preiszusammenhangs** zurückgegriffen. Einheitliche Weltmarktpreise bei festen Wechselkursen sichern die **komparative Kaufkraftparität**, so daß auch

(3) $p = w \cdot p_a \cdot \gamma$

gelten muß. Im folgenden sei angenommen, daß $\gamma = 1$ sei, womit auch **absolute Kaufkraftparität** gewährleistet ist.

Neben der Räumung aller Güter und Faktormärkte erfordert ein binnenwirtschaftliches Gleichgewicht auch ein Gleichgewicht auf dem Geldmarkt, auf dem sich also Geldangebot (M) und Geldnachfrage (L) ausgleichen. Gemäß der herkömmlichen Geldangebotstheorie wird das Geldangebot aus dem Produkt der Geldbasis (B) mit dem Geldschöpfungsmultiplikator m bestimmt, der hier der Einfachheit halber konstant gehalten wird. Die Geldbasis (B) von der Entstehungsseite her setzt sich aus den Währungsreserven der Zentralbank (R) sowie der heimischen Komponente (H) des Zentralbankgeldes zusammen, also

$$M = m(R + H).$$

Die Geldnachfrage sei vom inländischen Zinsniveau (i), dem (realen) Volkseinkommen y^r und dem Preisniveau p abhängig:

$$L = p \cdot L^r(i, y^r).$$

Im Gleichgewicht auf dem Geldmarkt gilt daher

(4) $L = p \cdot L^r(i, y^r) = m(R + H) = M.$

Bei Unterstellung vollkommener Kapitalmobilität gleichen sich außerdem Inlands- und Auslandszinsatz an, also

(5) $i = i_a$.

Ist der Geldmarkt im Gleichgewicht, dann läßt sich Gleichung (4) in

(4a) $R^{GG} = \frac{p}{m} \cdot L^r(i, y^r) - H$

umformulieren.

Befindet sich auch die Zahlungsbilanz im Gleichgewicht, so gilt

(6) $\dot{R} = 0$;

der Währungsreservebestand der Zentralbank verändert sich also nicht. Schon hier kann man erkennen, daß Geldmarkt- und Zahlungsbilanzgleichgewicht voneinander abhängig sind: Befindet sich z.B. der Geldmarkt im Gleichgewicht ($R = R^{GG}$), die Zahlungsbilanz aber nicht ($\dot{R} \neq 0$), so wird in der Folgeperiode der Geldmarkt durch das Zahlungsbilanzungleichgewicht förmlich aus seinem Gleichgewichtszustand „herausgerissen".

Für den **Fall eines kleinen Landes** können einige erhebliche Vereinfachungen eingeführt werden. Zum einen ist das Weltpreisniveau eine gegebene Größe, da Anpassungsprozesse bzw. Maßnahmen im kleinen Land auf Grund seiner Bedeutungslosigkeit für den Weltmarkt ohne Auswirkungen bleiben. Ferner ist auch das ausländische Zinsniveau (und damit über Gleichung (5) auch das inländische) exogen vorgegeben. Gleichung (4a) kann dann auch als

(7) $R^{GG} = \frac{p}{m} \cdot L^r(i^a, y^{r*}) - H$

geschrieben werden.

Wenn man nun auch noch die heimische Komponente der Geldbasis als gegeben unterstellt, so wird das Geldmarktgleichgewicht ausschließlich durch das „richtige" Verhältnis des Währungsreservebestandes zum Preisniveau bestimmt. Ein steigendes Preisniveau bewirkt ein Absinken der realen Geldmenge bzw. eine Ausdehnung der nominellen Geldnachfrage, und dies kann nur durch ein Ansteigen des Währungsreservebestandes ausgeglichen werden. Wird dieser zunächst als kurzfristig gegeben angenommen, so kann Gleichung (7) auch als Funktion des Geldnachfrageüberschusses (GNÜ) interpretiert werden:

(8) $GNÜ = p \cdot L^r(i^a, y^{r*}) - m(R + H)$.

Bei konstanten i^a, y^{r*} H, R und m ist diese Geldnachfrageüberschußfunktion eine mit steigendem Preisniveau ansteigende Kurve, wie sie in Abbildung 38 dargestellt ist.

In Punkt A beträgt der Nachfrageüberschuß genau Null und stellt somit ein Geldmarktgleichgewicht dar. Entspricht das inländische Preisniveau p_0 dem Weltmarktpreisniveau in Inlandswährung ausgedrückt $(\bar{w} \cdot \bar{p}_a)_0$, so kann es bestehen

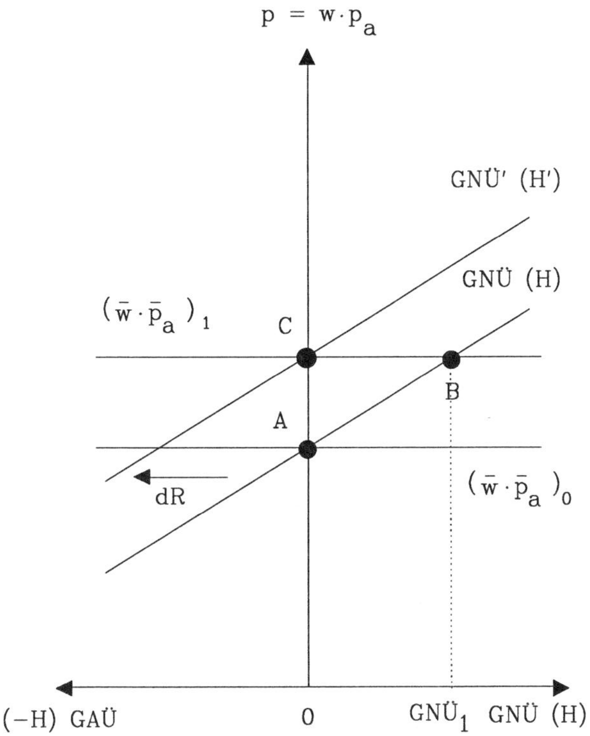

Abbildung 38

bleiben. Ist dies nicht der Fall $(\bar{w} \cdot \bar{p}_a)_1$, so wird das Preisniveau durch den Weltmarktpreis bestimmt, während es auf dem Geldmarkt zu einem Nachfrageüberschuß kommt ($GNÜ_1$). Dies bedeutet, daß die Wirtschaftssubjekte mehr Geld zu halten wünschen. Sie werden versuchen, den gewünschten Kassenbestand durch Ausgabensenkung und/oder Kapitalimporte zu erlangen. Diese Aufstockung des Kassenbestandes wird als **horten** bezeichnet. Die Wirtschaftssubjekte werden also in der laufenden Periode horten, um damit den Nachfrageüberschuß abzubauen.

Ist der Geldnachfrageüberschuß Null, so werden die Wirtschaftssubjekte auch kein Geld zu horten versuchen; ist er positiv (negativ), so werden sie horten (enthorten).

Die Annahme des kleinen Landes stellt nun sicher, daß die Ausgabeneinschränkungen der inländischen Wirtschaftssubjekte auch zu einer (gleich hohen) Umschichtung der Ausgaben an ausländische Nachfrager führt (unendliche Preiselastizität der Weltnachfrage). Der hieraus resultierende Anstieg des Devisenangebotes führt auf Grund der festen Wechselkurse zu einem Aufkauf dieser Devisen durch die Zentralbank und damit zu einer Erhöhung des Währungsreservebestands ($\dot{R} > 0$). Die damit verbundene Erhöhung der inländischen Geldbasis führt zu einer Ausdehnung des Geldangebotes und damit auch zu einer Verringerung des Geldnachfrageüberschusses: GNÜ in Abb. 38 verschiebt sich somit nach links. Dieser Prozeß wird solange fortgesetzt werden, bis GNÜ schließlich durch Punkt C verläuft, wo wieder ein binnen- wie außenwirtschaftliches Gleichgewicht besteht. Das Geldmarktungleichgewicht in Punkt B wurde somit über dadurch induzierte Leistungsbilanzungleichgewichte abgebaut, bis sich schließlich in Punkt C Zahlungsbilanz und Geldmarkt wieder im Gleichgewicht befinden.

3. Anmerkungen zur Beziehung von Geldmenge und Preisniveau

In der **keynesianischen** wie auch in der monetaristischen Theorie wird postuliert, daß bei ausgelasteten Kapazitäten eine Geldmengenerhöhung zu Preisniveausteigerungen führe. In der **Inflationstheorie** werden dazu noch die zusätzlichen Argumente einer **cost-push-Inflation** (steigende Kosten z.B. auf Grund von Lohnerhöhungen oder Rohstoffpreiserhöhungen **schieben** das Preisniveau nach oben) und **demand-pull-Inflation** (steigende Nachfrage **zieht** die Preise nach oben) angeführt. Wie aber kommt es zu steigenden Kosten oder steigenden Einkommen, wenn man einmal von außenwirtschaftlichen Einflüssen absieht?

Wenn z.B. Gewerkschaften in Tarifverhandlungen höhere Löhne mit den Arbeitgebern vereinbaren – damit käme es zu höheren Kosten für Unternehmer und höheren Einkommen für Arbeitnehmer –, müssen diese ja auch finanziert werden. Eine Finanzierung aus dem bisherigen Gewinn würde zu einer Umverteilung der Einkommen führen, könnte damit Preisstrukturen verändern, würde aber kein Inflationsphänomen erklären können.

Wenn aber jene neuen Tarifabschlüsse über zusätzliche Kredite finanziert werden müßten, stellt sich die Frage, ob sich Unternehmer dies überhaupt leisten können? Sie werden es nur dann tun, wenn ihre Ertragserwartungen für die Zukunft optimistisch sind. Sind diese Erwartungen berechtigt, käme es zu einem steigenden Güterabsatz bei gestiegenem Einkommen, ohne daß sich die Preise erhöhen müßten. Das gleiche gilt für die Vorfinanzierung von Investitionen durch zusätzliche Kredite. Allenfalls könnte man sich vorstellen, daß die Vorfinanzierung von Investitionen I wie die von höheren Löhnen ΔL die Geldmenge ΔM in diesem Finanzierungszeitpunkt in gleichem Umfang ansteigen läßt, also

$$I + \Delta L = \Delta M,$$

die Geldmenge nach Abschluß der Vorfinanzierung aber noch weiterhin für Umsätze verwendet wird. Dann wäre Inflation durch Vorfinanzierung von wirtschaftlichem Wachstum vorbestimmt. Erst dann, wenn die Investitionen auch zu einer der erhöhten Geldmenge entsprechenden Produktion geführt hat, ist die zusätzliche Geldmenge Preisniveau-neutral; dies kann gerade bei öffentlichen Investitionen sehr lange dauern. Da zudem laufend investiert wird, insbesondere in Boomphasen, wäre Inflation ein natürliches Wachstumsphänomen, weil der **Akzelerator** (des Produktionswachstums) zumindest nicht während der Investitionsdauer dem **Multiplikator** (der Einkommenserhöhung, die durch ΔM ausgelöst wird) entspricht.

Inflation ist jedoch primär ein Vermögensbestands-Problem! Bei einem Geldemittenten nämlich, entspricht die den Nichtbanken zur Verfügung gestellte Geldmenge für Investitionen zugleich seinen Forderungen:

Geldemittent	
F (Forderung)	M (Geld)

Eine Inflation wird insbesondere dann möglich, wenn die Forderung F der Bank nicht dem Marktwert V der mit dem Geld M finanzierten Investition – oder deren periodischer Produktion – entspricht, also wenn

$$V < F = M.$$

Eine solche Beziehung wäre bei privaten Investitionen nur dann vorstellbar, wenn Banken die Erwartung hegen, daß V wegen einer günstigen Wirtschaftsentwicklung ansteigen wird; auch erweisen sich manche privaten Investitionen später als **flop**. Für staatliche Investitionen kann jene Beziehung schon eher gelten, z.B. dann, wenn man an öffentliche Güter denkt, deren Marktwert relativ gering ist; so sind die Kosten eines öffentlichen Schwimmbades regelmäßig höher als sein Marktwert. Da in der Bilanz öffentlicher Haushalte wie in der eines Kreditgebers die Investitionskosten den Verbindlichkeiten des Kredits gegenübergestellt werden, fällt die Emission von „überflüssigem“ Geld (M-V) nicht sofort auf.

Literatur zum V. Kapitel

1. Abschnitt

Bender, Dieter: Externes und internes Gleichgewicht in einem kurzfristigen Portfoliomodell internationaler Kapitalbewegungen, in: Jahrbücher für Nationalökonomie und Statistik, Bd. 192 (1977), S. 244ff.

Bombach, Gottfried u.a. (Hrsg.): Der Keynesianismus I, Berlin-Heidelberg-New York 1976.

Borchert, Manfred: Die Rolle des Vermögens im keynesianischen System offener Volkswirtschaften, in: Zeitschrift für die gesamte Staatswissenschaft, 136 Jg. (1980), Heft 1, S. 172ff.

Borchert, Manfred: Das keynesianische System offener Volkswirtschaften bei festen Wechselkursen, in: wisu, 9. Jg. (1980), Nr. 1, S. 35ff.

Borchert, Manfred: Das keynesianische System offener Volkswirtschaften bei flexiblen Wechselkursen, in: wisu, 9. Jg. (1980), Nr. 12, S. 343ff.

Claassen, Emil-Maria: Grundlagen der makroökonomischen Theorie, München 1980.

Dieckheuer, Gustav: Wirkung und Wirkungsprozeß der Geldpolitik, Berlin 1975.

Dieckheuer, Gustav: Staatsverschuldung und wirtschaftspolitische Stabilisierung. Eine theoretische Analyse und ökonometrische Studie für die Bundesrepublik Deutschland, Habil., Baden-Baden 1978.

Erlei, Mathias: Unvollkommene Märkte in der keynesianischen Theorie, Heidelberg 1991.

Fand, D.: Keynesian Monetary Theories, Stabilization Policy and the Recent Inflation, in: Journal of Money, Credit and Banking, Vol. 1 (1969).

Graf, Gerhard: Geld- und Fiskalpolitik in einer offenen Volkswirtschaft, in: Jahrbücher für Nationalökonomie und Statistik, Bd. 188 (1974), S. 320ff.

Heuß, Ernst: Grundelemente der Wirtschaftstheorie, Göttingen 1970.

Hicks, J. R.: Mr. Keynes and the „classics“, A Suggested Interpretation, Econometrica, Bd. 5 (1937).

Jarchow, Hans-Joachim: Theorie und Politik des Geldes, I. Geldtheorie, 8. Auflage, Göttingen 1990.
Kath, Dietmar: Geld und Kredit, in: Vahlens Kompendium der Wirtschaftstheorie und Wirtschaftspolitik, Band 1, München 1980, S. 155ff.
Kath, Dietmar/Euba, N.: Die makroökonomische Portfoliotheorie, in: WiSt, 4. Jg. (1975).
Keynes, John M.: The General Theory of Employment, Interest, and Money, New York 1936.
Leijonhufvud, A.: Über Keynes und den Keynesianismus, Köln 1973.
Markowitz, Harry M.: Portfolio Selection. Efficient Diversification and Investment, New York, London 1959.
Patinkin, Don: Geld und Vermögen, in: Brunner/Monissen/Neumann (Hrsg.): Geldtheorie, Köln 1974.
Pesec, Boris P./Saving, Thomas R.: Money, Wealth, and Economic Theory, New York 1967.
Richter, Rudolf/Schlieper, U./Friedmann, W.: Makroökonomik, 4. Aufl. Berlin-Heidelberg-New York 1981.
Ritter, L. S.: The Role of Money in Keynesian Theory, in: Mueller (Hrsg.): Readings in Macroeconomics, London, New York, Sidney, Toronto 1971.
Rohwedder, Jürgen: Geld- und Fiskalpolitik in der offenen Volkswirtschaft, in: WiSt, 7. Jg. (1978), S. 407ff.
Rose, Klaus: Theorie der Außenwirtschaft, 10. Aufl., München 1989.
Sauernheimer, Karl: Geldnachfrage, Bondnachfrage und Vermögenseffekte in der Geldpolitik, in: Kredit und Kapital, Bd. 11 (1978), S. 480ff.
Schoof, D.: Geld und Vermögen in makroökonomischen Modellen, Berlin 1977.
Siebke, Jürgen/Willms, Manfred: Geldpolitik und Vermögenseffekte, in: Klatt, S./Willms, M. (Hrsg.) Strukturwandel und makroökonomische Steuerung, Berlin 1975.
Smith, Warren L.: Geldpolitik aus neo-keynesianischer Sicht, in: Der neue Monetarismus Hrsg.: P. Kalmbach, München 1973.
Stobbe, Alfred: Gesamtwirtschaftliche Theorie, Berlin-Heidelberg-New York 1975.
Westphal, Uwe: Makroökonomik, Berlin 1988.
Woll, Arthur: Allgemeine Volkswirtschaftslehre, 8. Auflage, München 1984.

2. Abschnitt

Borchert, Manfred: Außenwirtschaftslehre, 4. Auflage, Wiesbaden 1992.
Brunner, Karl: Eine Neuformulierung der Quantitätstheorie des Geldes, in: Kredit und Kapital, Bd. 3 1970, S. 1ff.
Brunner, Karl: Die Rolle des Geldes in der Geldpolitik, in: **Brunner, K./Monissen, H. G./ Neumann, M. J. M.** (Hrsg.), Geldtheorie, Köln 1974.
Brunner, Karl/Meltzer, Allan H.: Ein monetaristischer Rahmen für die aggregative Analyse, in: Geldtheorie; Hrsg.: K. Brunner u.a., Köln 1974, S. 235ff.
Claassen, Emil-Maria: Der monetäre Ansatz der Zahlungsbilanztheorie, in: Weltwirtschaftliches Archiv, Bd. 111 (1975), S. 1ff.
Claassen, Emil-Maria: Der monetäre Ansatz der Wechselkursbestimmung: Kaufkraftparität, in: WiSt, 9. Jg. (1980), S. 1ff.
Claassen, Emil-Maria: Der monetäre Ansatz der Wechselkursbestimmung: Zinsparitäten, ebenda, S. 58.
Dahm, H.: Die Patinkin-Kontroverse, Kiel 1967.
Duwendag, Dieter: Die Kontroverse zwischen Fiskalisten und Monetaristen, in: wisu, 1. Jg. (1972), S. 481ff.
Dornbusch, Rüdiger: Currency Depreciation, Hoarding, and Relative Prices, in: Journal of Political Economy, 81. Bd. (1973).
Fand, D.: A Monetarist Model of the Monetary Process, in: Gibson/Kaufmann (Hrsg.): Monetary Economics, Readings on Current Issues, New York 1971.

Friedman, Milton: The lag in Effect of Monetary Policy, in: Journal of Political Economy 69 (1961), S. 447ff.
Friedman, Milton: Die optimale Geldmenge, in: Friedman, Die optimale Geldmenge, München 1970, S. 9ff.
Friedman, Milton: A Theoretical Framework for Monetary Analysis, in: Journal of Political Economy, Vol. 78 (1970), S. 193ff.
Friedman, Milton/Heller, W. W.: Monetary versus Fiskal Policy, New York 1969.
Issing, Otmar: Einführung in die Geldtheorie, 7. Aufl., München 1990.
Meyer, Laurence H.: Wealth Effects and the Effectiveness of monetary and fiscal policies, in: Journal of Money, Credit and Banking, Vol. 6 (1974), S. 481ff.
Patinkin, Don: Money, Interest and Prices, 2. Auflage, New York 1965.
Robert, D.: Makroökonomische Konzeptionen im Meinungsstreit, Baden-Baden 1978.
Rose, Klaus: Der monetäre Ansatz der Zahlungsbilanztheorie, in: Jahrbuch der Sozialwissenschaften (1977), S. 365ff.
Swoboda, Alexander K.: Monetäre Ansätze des internen und externen Gleichgewichts, in: Kompendium der Währungstheorie, Hrsg.: **E.-M. Claassen**, München 1977.

VI. Ansatzpunkte der Geldpolitik

1. Allgemeines

Unter Geldpolitik versteht man eine Politik, mit der die Träger der Geldpolitik – in der Regel die Zentralbank – durch eine Kontrolle des Geldangebotes, aber auch der Geld- und Kreditnachfrage, das Erreichen von Zielen der allgemeinen Wirtschaftspolitik zu unterstützen beabsichtigen (Transmissionsmechanismus). Dabei kann zwischen einer **Ordnungspolitik** und einer **Prozeßpolitik** unterschieden werden. Die Ordnungspolitik will die **Geldverfassung** (Währung) bzw. die **Geldordnung** beeinflussen und ist deshalb Aufgabe der Regierung oder des Parlamentes. Die **Prozeßpolitik** ist die traditionelle Aufgabe der Geldpolitik, in ihrer weitesten Fassung wird sie zu einem **debt management**.

Als **debt management** bezeichnet man die **staatliche Schuldenstrukturpolitik**, die auf eine Regulierung der Struktur öffentlicher Schulden (**national debt, public debt**) angelegt ist. Dabei gibt es unterschiedliche Auffassungen darüber, welche Verbindlichkeiten der öffentlichen Hand als Verschuldung im Sinne des debt management gelten sollen:

(1) nur die verzinsliche, marktfähige Staatsschuld (**marketability-Prinzip**),
(2) auch nicht marktfähige (beschränkt marktfähige) Schuldtitel (**eligibility-Prinzip**),
(3) einschließlich der Zentralbankgeldmenge.

Mit der umfassenderen Begriffsbestimmung (3) enthält die staatliche Schuld neben öffentlichen Wertpapieren auch das staatliche Geld; als Institutionen des **debt management** gelten deshalb sowohl die Regierung wie die Zentralbank. Insbesondere die Offenmarktpolitik, bei der staatliche Wertpapiere gegen staatliches Geld – Zentralbankgeld – gehandelt werden, ist deshalb ein Beispiel für **staatliche Schuldenstrukturpolitik**.

Debt management kann keine isolierten Ziele verfolgen, sondern ist Teil der allgemeinen Wirtschaftspolitik und deren Zielsetzung. Dies bedeutet auch, daß debt management nicht die Zinslast öffentlicher Schulden durch eine Änderung der Schulden**struktur** bei gegebenen Schulden**niveau** zu minimieren hat, sondern selbst als Teil aller wirtschaftspolitischen Instrumente eine prozyklische, antizyklische oder neutrale Politik im Hinblick auf die gesetzten Ziele verfolgt. Dabei sollten **Geldpolitik** und **debt management** eine untrennbare Einheit bilden, um die Effizienz der Wirtschaftspolitik zu optimieren.

Ihre Ziele versucht die Geldpolitik mit einer Veränderung der Geldmenge, der Liquidität und des Zinses zu erreichen. **Ziele der allgemeinen Wirtschaftspolitik** sind u.a. **Preisniveaustabilität, Vollbeschäftigung, „angemessenes" Wirtschaftswachstum** und **Zahlungsbilanzgleichgewicht**. Das erklärte **Ziel der Träger der Geldpolitik**, also der Notenbank bzw. in der Bundesrepublik Deutschland der **Deutschen Bundesbank**, ist die **Stabilisierung des Geldwertes**, d.h. Preisniveaustabilität. Neben der **Deutschen Bundesbank** kann auch die Bundesregierung geld- bzw. währungspolitische Kompetenzen wahrnehmen, z.B. bei der Wechselkurspolitik im Rahmen von Vereinbarungen über die internationale Währungsordnung.

Der Einsatz **geldpolitischer Instrumente** kann sich auf eine Beeinflussung der Menge, aber auch auf eine solche des Preises (Zinssatz) für Geld beziehen. Die Ansatzpunkte einer **Mengenpolitik** lassen sich an den Aktivpositionen der Bilanz der **Deutschen Bundesbank**, die unmittelbare Wirkungsweise dieser Mengenpolitik an ihrer Passivseite ablesen. Mit ihrer Zinspolitik (**Refinanzierungspolitik**) beeinflußt die Notenbank den Preis für Kredite und überläßt es Geschäftsbanken und Publikum, darauf mengenmäßig zu reagieren; sofern die Zentralbank die Zinsen unmittelbar beeinflußt (**Preispolitik**), so steuert sie eine für Investitionen, Nachfrage, Preise und Wechselkurse entscheidende Größe direkt.

Die Position 1. auf der Aktivseite der Bilanz der **Deutschen Bundesbank** (S. 42) beschreibt die Währungsreserven, genauer die Auslandsposition der **Deutschen Bundesbank**. Hier liegen die außenwirtschaftlichen Ansatzpunkte der Geldpolitik. Zu ihr zählen die **Interventionspolitik** und die **Swappolitik**. Ihre binnenwirtschaftlichen Ansatzpunkte sind in Position 2. der Aktivseite enthalten: **Diskontpolitik** mit Inlandswechseln, **Offenmarktpolitik, Lombardpolitik**.

Daneben kann die **Deutsche Bundesbank** Einlagenpolitik über Kassenkredite und Kreditplafondierung, aber auch eine Politik der **moral suasion** betreiben.

Mit diesen geldpolitischen Ansatzpunkten sollen insbesondere die Positionen 6. und 7. auf der Passivseite der Bilanz der **Deutschen Bundesbank** beeinflußt werden. Eine Besonderheit spielt dabei die **Mindestreservepolitik**; ihr Einfluß läßt sich nur bedingt an der Bilanz ablesen.

Die Geldpolitik der **Deutschen Bundesbank** will mit einer Grobsteuerung (Liquiditäts- und Zinspolitik) längerfristige Orientierungsdaten setzen, mit einer **Feinsteuerung** kurzfristige Liquiditätsengpässe der Geschäftsbanken auffangen. Die Mengenkomponente der Geldpolitik, also die monetäre Basis, zielt auf eine Beeinflussung der Liquidität der Geschäftsbanken und damit des Kreditangebotes ab; mit der Preiskomponente der Geldpolitik dagegen – dem Zinssatz – soll die Geld- und Kreditnachfrage der Geschäftsbanken wie des Publikums (Nichtbanken) beeinflußt werden.

2. Ziele der Geldpolitik

2.1 Allgemeine Ziele der Geldpolitik und deren Problematik

Die allgemeinen **Ziele der Geldpolitik** sind leicht beschrieben, denn es sind die gleichen wie die der Konjunktur- und Wachstumspolitik, also der Wirtschafts- und Fiskalpolitik. Sie werden häufig mit sogenannten **magischen Vielecken** umschrieben, deren häufigste Darstellung das **magische Viereck** mit den Zielen

- binnenwirtschaftliche Stabilisierung des Preisniveaus,
- Vollbeschäftigung,
- angemessenes und stetiges Wirtschaftswachstum und
- außenwirtschaftliche Stabilisierung

ist; außerdem soll die Geldpolitik die staatliche Fiskal- und Schuldenpolitik unterstützen. Diese Ziele werden stets angestrebt, Folgewirkungen und Stabilitätseigenschaften von Ungleichgewichtssituationen wurden bei der gesamtwirtschaftlichen Analyse theoretisch untersucht.

Der Einsatz global wirkender, geldpolitischer Instrumente zum Erreichen eines gesamtwirtschaftlichen Gleichgewichtes, also der allgemeinen wirtschaftspolitischen Ziele, kann nun auch zu einigen Zielkonflikten führen, z.B.

- führt in einer Rezessionsphase eine außenwirtschaftlich bedingte Hochzinspolitik zur Abwehr von Kapitalexporten nach Ländern mit noch höherem Zinsniveau zu einer Dämpfung der Kreditnachfrage im Inland.
- führt in einer Boomphase eine die staatliche Schuldenpolitik finanzierende Geldpolitik zu einer Gefährdung binnen- und außenwirtschaftlicher Stabilisierungsbemühungen.

Offensichtlich bedarf es einer optimalen Aufeinanderabstimmung aller Wirtschaftspolitiken – Geld-, Fiskal- und sonstiger Wirtschaftspolitik –, um aktuelle Ziele der Wirtschaftspolitik zu erreichen.

Für die Geldpolitik ergeben sich unabhängig davon weitere Probleme. Der Zielerreichungsgrad der Geldpolitik wird nämlich durch eine Reihe von Faktoren beeinträchtigt, die von geldpolitischen Institutionen nicht unmittelbar beeinflußt werden können. Solche Faktoren liegen

- im monetären Bereich,
- im realwirtschaftlichen Bereich und
- in Wirkungsverzögerungen begründet,

die der Geldpolitik zugleich Grenzen für ihre Zielerreichung setzen, also Lücken im Transmissionsmechanismus monetärer Impulse darstellen. Im **monetären Bereich** werden diese **Grenzen der Geldpolitik**

- durch das Verhalten der Geschäftsbanken gesetzt, die durch einen Aktivtausch, also der Substitution von Wertpapieren und monetärer Basis, in einer Boomphase den Kreditspielraum entgegen den geldpolitischen Zielen erweitern können.
- durch das Verhalten der Nichtbanken gesetzt, die durch Auflösen ruhender Kassenbestände (**idle money**) und durch **Lieferantenkredite** die Umlaufgeschwindigkeit des Geldes beeinflussen können.

Im **realwirtschaftlichen Bereich** werden solchen Grenzen für die Geldpolitik

- durch das Verhalten von Investoren gesetzt, die selbst bei relativ niedrigen Zinssätzen in geringem Umfange investieren und damit wenig Kredite nachfragen, wenn ihre Zukunftserwartungen pessimistisch sind, und vice versa.
- durch das Verhalten der Konsumenten gesetzt, die bei pessimistischen Zukunftserwartungen über die Sicherheit ihrer Arbeitsplätze kaum Kredite nachfragen und u.U. ihre Sparneigung sogar noch erhöhen.
- durch das Verhalten von Tarifpartnern gesetzt, deren Lohn- und Gehaltsabschlüsse von der Geldpolitik finanziert werden müssen, um eine Beschäftigungsminderung zu vermeiden.

Diese Begrenzungen der geldpolitischen Maßnahmen führen zugleich zu einem weiteren Problem, nämlich der Dosierung geldpolitischer Instrumente. Außerdem beeinträchtigen **Wirkungsverzögerungen** monetärer Impulse das Erreichen der geldpolitischen Ziele durch den Zeitverlust, der bis zum tatsächlichen Greifen der geldpolitischen Maßnahmen vergeht; u.U. wirken dann sogar die geldpolitischen Instrumente zur Unzeit.

Solche Wirkungsverzögerungen (**time lags**) spielen bei allgemein wirtschaftspolitischen wie bei speziell geldpolitischen Maßnahmen für die Übertragung (**Trans-**

missionsmechanismus) von Impulsen auf die angesteuerten Ziele eine erhebliche Rolle. Dabei wird zwischen dem sog. **inside lag** und dem sog. **outside lag** unterschieden.

Der **inside lag** stellt praktisch eine Verzögerung beim Einsatz von politischen Maßnahmen dar, ist also nicht eigentlich eine Verzögerung während des Transmissionsmechanismus selbst. So vergeht Zeit, bis eine wirtschaftliche Fehlentwicklung diagnostiziert (**recognition lag**) und eine wirtschaftspolitische bzw. geldpolitische Entscheidung (**decision lag**) vorbereitet ist, weiterhin, bis die entsprechende wirtschafts- und geldpolitische Maßnahme administrativ bis zur Einsatzfähigkeit gestaltet wurde (**administration lag**).

Nachdem ein geldpolitischer Impuls gegeben wurde, vergeht wiederum Zeit, bis eine spürbare Wirkung auf das Kreditangebot innerhalb des monetären Bereichs (Transmissionsmechanismus) erfolgt; hier kommt es zu einem inside lag im Bankensystem. Für die Geldpolitik ist diese Wirkungsverzögerung ihres Impulses ein **intermediate lag**.

Für den weiteren Übertragungsmechanismus des geldpolitischen Impulses innerhalb des monetären Bereichs bis auf die Zielgröße im realwirtschaftlichen Bereich – z.B. reales Volkseinkommen, Beschäftigung oder Preisniveau – vergeht wiederum Zeit; es kommt zu einem **outside lag** aus der Sicht der geldpolitischen Instanz.

			Impuls ↓	
recognition lag	decision lag	administration lag	intermediate lag	outside lag
inside lag				

Diese zeitlichen Wirkungsverzögerungen resultieren aus dem indirekten Übertragungsmechanismus der Geldpolitik. Neben den lags werden teilweise auch **leads (Währungsvorwegnahmen)** angeführt, wie sie sich bereits durch die Ankündigung einer geldpolitischen Maßnahme auf Aktivitäten von Wirtschaftssubjekten auswirken können. In diesem Falle eilen die Konsequenzen der Wirtschaftssubjekte auf die angekündigten Maßnahmen den dann möglicherweise tatsächlich eingeleiteten Impulsen voraus. Schließlich sind **feed back-Effekte (Rückkoppelungseffekte)** zu berücksichtigen, die sich durch die Annahme des geldpolitischen Impulses bei den Wirtschaftssubjekten ergeben: Wird z.B. durch eine expansive Geldpolitik das Zinsniveau gesenkt und steigt daraufhin das Investitionsvolumen, so muß bei steigender Kreditnachfrage der Investoren das Zinsniveau wieder steigen. Es kommt zu einer Wirkungsumkehr, wenn auch nicht auf das Niveau vor dem Impuls.

Der Geldpolitik wäre daher viel geholfen, wenn sie zum einen bereits sehr frühzeitig den Erfolg bzw. die Wirkung ihrer eigenen Politik – die u.U. von anderen wirtschaftspolitischen Maßnahmen konterkariert wird – erkennen und zum anderen zumindest auch die Wirkungsrichtung sowie die ausreichende Dosierung ihres Mitteleinsatzes ablesen könnte.

2.2 Der Transmissionsmechanismus

Als **Transmissionsmechanismus** bezeichnet man den Weg, den ein Impuls der Geldpolitik in Form einer Wirkungskette nimmt, um die allgemeinen Ziele der Wirtschaftspolitik im realwirtschaftlichen Bereich zu realisieren. Dabei integriert der Transmissionsmechanismus die Wirkungsketten des Geldangebotes mit denen der Geldnachfrage.

Die **Theorie des Geldangebotes** beschreibt den Wirkungsablauf vom geldpolitischen Impuls über die Zentralbankgeldmenge oder monetären Basis B auf die von den Banken angebotene Geschäftsbankengeldmenge M; dabei gilt sehr vereinfacht $B \cdot m = M$, mit dem Multiplikator m für die Geldschöpfung.

Die **Theorie der Geldnachfrage** beschreibt die für die Wirtschaftssubjekte erforderliche (nachgefragte) Geldmenge L, um sehr vereinfacht ein bestimmtes reales Handelsvolumen oder reales Volkseinkommen y_r bei gegebenem Preisniveau p umsetzen zu können; dabei gilt $L = 1/u \cdot y_r \cdot P$, mit der Umlaufgeschwindigkeit u des Geldes.

In einem allgemeinen Gleichgewicht muß das Geldangebot der Geldnachfrage entsprechen, also $L = M$, so daß für den Transmissionsmechanismus ganz allgemein gilt: $y_r = B \cdot m \cdot u \cdot 1/p$. Dieser Übertragungsmechanismus vom geldpolitischen Impuls B auf y_r im realwirtschaftlichen Sektor ist allerdings ein geldpolitisches Problem ersten Ranges.

Für die Übertragung des geldpolitischen Impulses vom monetären Bereich in den realwirtschaftlichen Bereich, also die Einbeziehung der Geldnachfrage, gibt es unterschiedliche Einflußkomponenten:

- Erwartungen
- Kreditkosten (**Kreditkostenmechanismus**),
- Kreditverfügbarkeit (**Kreditverfügbarkeitsmechanismus, credit availability Doktrin**),
- Einschätzung des Liquiditätsspielraums (**Liquiditätsmechanismus**).

Um möglichst frühzeitig erkennen zu können, ob die eigene Geldpolitik erfolgreich das angestrebte Ziel auch tatsächlich erreichen wird, beobachtet die **Deutsche Bundesbank** sog. Zwischenziele im monetären Bereich und mißt an ihnen durch **Indikatoren** den Effizienzgrad ihrer Politik.

2.3 Indikatoren und Zwischenziele der Geldpolitik

Es wird manchmal argumentiert, daß die Kenntnis der Wirkungsrichtung einer Senkung des Mindestreservesatzes und/oder einer expansiven Offenmarktpolitik für die Geldpolitik nicht ausreichend sei. Man müsse vielmehr wissen, in welchem Umfang geldpolitische Mittel einzusetzen seien und in welchem Zeitraum sie wirkten.

Da über die Struktur der Wirtschaft und die zeitliche Verzögerung von Wirkungen monetärer Impulse nur Vermutungen bestehen, müssen **Zwischenziele** angestrebt werden. Diese werden als endogene Größen außer von der Geldpolitik auch von sämtlichen übrigen exogenen Einflußfaktoren der Wirtschaft beeinflußt. In der Wirkungskette eines expansiven monetären Impulses wird zunächst die Liquidität der Geschäftsbanken oder die monetäre Basis beeinflußt. In der

Folge gibt es drei Möglichkeiten für die Geschäftsbanken, diese Liquiditätsänderung weiterzugeben:

- Schuldenabbau bei der Zentralbank $-\Delta S$,
- Erhöhung des Kreditangebotes KA,
- Erhöhung der Wertpapiernachfrage bei Nichtbanken WPN.

Eine Erhöhung des Kreditangebotes wie die der Wertpapiernachfrage führt zu einer tendenziellen Senkung des Zinsniveaus. Werden dadurch auch die langfristigen Zinssätze reduziert, so ist es möglich, daß Unternehmen und Haushalte bereit sind, sich zusätzlich zu verschulden und somit zusätzliche Nachfrage auf den Gütermärkten zu entfalten.

Sollte die Kreditnachfrage KN zunehmen, steigt dann auch das Kreditvolumen KV. Damit erhöht sich die Geldmenge M1. Nun haben die Banken umfangreichere Mindestreserveverpflichtungen zu halten mit der Folge, daß sich die ursprüngliche Zunahme der monetären Basis – zunächst als freie Liquidität der Geschäftsbanken – in eine gebundene Zentralbankeinlage **(Mindestreservesoll) MR** umwandelt. Uno actu geht der monetäre Impuls über eine Änderung der Geldmenge M1 weiter in den realwirtschaftlichen Bereich, der hier allerdings nicht mehr interessieren soll.

Kaufen die Banken dagegen Wertpapiere, so müssen sie den Nichtbanken zugleich eigene Verbindlichkeiten in Form von Termineinlagen T (Spareinlagen Sp) offerieren, so daß die Geldmenge M2 (M3) steigt; auch in diesem Fall steigt die Mindestreserveverpflichtung.

Impuls → B↑, Liq↑
- → Schuldenabbau bei der Zentralbank
- → KA↑, i↓, KN, KV↑, M1↑, MR↑ (ZBG↑)
- → WPN↑, WPA, Termin-, Spareinlagen ↑, MR↑ (ZBG↑) M2, M3↑

Natürlich können auch sämtliche Wirkungsketten miteinander kombiniert erscheinen. Die Mindestreserveverpflichtung der Geschäftsbanken und damit die **Zentralbankgeldmenge ZBG in der Definition der Deutschten Bundesbank** steigt dabei in jedem Falle, als Reflex der privaten Aktivitäten.

Die **Zentralbankgeldmenge (ZBG) in der Definition der Deutschen Bundesbank** umfaßt die Bargeldhaltung der Nichtbanken sowie das Mindestreservesoll für Einlagen inländischer Nichtbanken, auf das auch die Kassenbestände der Geschäftsbanken angerechnet werden; außerdem ist **„die Veränderung des Inlands-Solls bei kreditpolitischer Variation der Reservesätze ausgeschaltet, da nur die auf dem Wachstum der Bankverbindlichkeiten beruhende Schaffung von Zentralbankgeld angezeigt werden soll“**. Die Zentralbankgeldmenge der **Deutschen Bundesbank** wird daher **zu konstanten Mindestreservesätzen** eines bestimmten Stichtagsdatums ausgewiesen. Gegenüber der monetären Basis – von der Berechnung des Mindestreservesolls zu konstanten Mindestreservesätzen einmal abgesehen – ist der Bestand an Zentralbankgeld im Besitz der Geschäftsbanken um die Überschußreserven und das Mindestreservesoll gegenüber Einlagen von Ausländern gekürzt. Gegenüber der Geldbasis enthält die Zentralbankgeldmenge in der Definition der **Deutschen Bundesbank** zusätzlich den Bestand an Bargeld im Besitz der Geschäftsbanken, da die Kassenbestände der Banken seit 1978 prinzipiell auf die Berechnung des Mindestreservesolls angerechnet werden; dies allerdings nur höchstens im Umfang von 50% des Mindestreservesolls.

Auf bestimmte Maßnahmen der Geldpolitik, so auf Änderungen des Mindestreservesatzes, reagiert der Umfang der monetären Basis nicht. Die **Zentralbankgeldmenge in der Definition der Deutschen Bundesbank** allerdings berücksichtigt den Einfluß einer Mindestreservesatzänderung auf die Geldmenge in der Weise, daß sie rechnerisch den Umfang aufweist, der nötig gewesen wäre, wenn die Mindestreservesätze konstant geblieben wären.

Innerhalb dieses monetären Bereichs ist nun eine Größe als **Zwischenziel** auszuwählen, auf die bereits der reale Bereich – z.B. die zinsabhängige Kreditnachfrage der Investoren – einwirkt, und eine solche **Indikatorvariable**, die allein vom monetären Bereich tangiert wird, wie z.B. die Liquidität der Geschäftsbanken.

Zwischenziele werden also von der Geldpolitik während der Übertragung ihrer Impulse in den realwirtschaftlichen Sektor einer Volkswirtschaft auf die wirtschaftspolitischen (End)-Ziele Produktion, Beschäftigung und Preisniveau beobachtet, weil im Laufe dieses Übertragungsmechanismus Wirkungsverzögerungen auftreten; außerdem könnte eine geldpolitische Maßnahme von den Wirtschaftssubjekten nicht angenommen – sinkende Zinssätze brauchen z.B. die Investitionen nicht unbedingt anzuregen - oder auch durch Ausweichaktionen unterlaufen werden. Die Geldpolitik strebt daher mit ihren Maßnahmen zunächst bestimmte Zwischenziele im monetären Bereich an, um möglichst frühzeitig und unverfälscht, also ohne den Einfluß von Ausweicheffekten, den Erfolg ihrer Politik beobachten zu können. Diese Konzeption geht auf **Karl Brunner** und **Allan Meltzer** zurück.

In der Theorie und Praxis der Geldpolitik sollen **Indikatoren** die Effizienz von geldpolitischen Maßnahmen messen. Mit ihnen wird ermittelt, ob das von der Zentralbank angestrebte monetäre Zwischenziel adäquat und im ausreichendem Umfang beeinflußt werden konnte.

Ein Indikator hat **Diagnosefunktion**: Er gibt an, ob ein monetärer Impuls unabhängig von realwirtschaftlichen Einflüssen einen restriktiven oder expansiven Kurs signalisiert. Man unterscheidet dabei zwischen **quantitativen (exakten)** und **klassifikatorischen** (**richtungsgebunden**: expansiv/kontraktiv) Indikatoren. Als Indikator ist somit eine endogene Größe im Transmissionsweg zu wählen, auf die allein der monetäre Bereich einwirkt. Sie sollen unabhängig von realwirtschaftlichen Einflüssen den geldpolitischen Einfluß auf das Zwischenziel messen. Im anderen Falle würde man möglicherweise den geldpolitischen Einfluß falsch einschätzen, weil er von Komponenten außerhalb des monetären Bereichs konterkariert wird.

Allerdings darf rein theoretisch nur eine **einzige Variable** als Indikator verwendet werden. Bei einer Verwendung mehrerer Indikatoren sind nämlich widersprüchliche Interpretationen möglich und dies gerade dann, wenn bei Konjunkturänderungen ein zuverlässiger Indikator besonders wichtig ist. Bereits bei Verwendung von zwei Indikatoren kommt es zu logischen Problemen bei ihrer Beurteilung. Entweder zeigen beide Indikatoren in die gleiche Richtung, dann ist einer von ihnen überflüssig. Oder beide Indikatoren zeigen in entgegengesetzte Richtungen, dann besteht das Beurteilungsproblem darüber, was die Indikatoren eigentlich anzeigen. Unerheblich ist eine gleichzeitige Verwendung mehrerer Indikatoren nur dann, wenn eine bekannte Beziehung zwischen ihnen besteht. Dann jedoch genügte wiederum ein einziger Indikator. Man könnte natürlich auch ein **Indikatorenprofil** aus einer ganzen Reihe unterschiedlicher Indikatoren produzieren. Dies kann allenfalls eine – nützliche – Beschreibung der realen Phänomene bewirken, nicht aber als Indikatorkonzept dienen. Denn in diesem Falle bliebe entweder das logische Beurteilungsproblem weiterhin bestehen, oder aber man hätte durch eine funktionale Verknüpfung der Indikatormenge den Ablaufmechanismus geldpolitischer Impulse bereits zuvor gelöst, so daß Indikatoren prinzipiell überflüssig würden.

Nach einer ökonometrischen Untersuchung von **Brunner** und **Meltzer** soll sich die Änderungsrate der Geldmenge als zuverlässigster Indikator herausgestellt haben. Nach **Zecher** aber ist die Geldmenge nur solange ein zuverlässiger Indikator, wie Geldpolitik (gemessen an der Geldbasis) und Fiskalpolitik (gemessen an den Staatsausgaben) sich in derselben Richtung bewegen. Der Zins dagegen informiere zutreffender, wenn sich Geld- und Fiskalpolitik in entgegengesetzter Richtung bewegen; in diesem Falle lieferte die Geldmenge eine falsche Information.

3. Konzeptionen der Geldpolitik

Innerhalb des monetären Bereichs werden bei der Verfolgung geldpolitischer Ziele ganz bestimmte geldpolitische Konzeptionen zu Grunde gelegt, die auf spezifischen Vorstellungen über gesamtwirtschaftliche Wirkungszusammenhänge beruhen. Die theoretisch wichtigsten Konzeptionen sind dabei die (post-)**keynesianisch** und die monetaristisch geprägte Geldpolitik.

3.1 Geldpolitik aus postkeynesianischer Sicht

Keynesianische Konjunkturpolitik wurde vereinfachend häufig mit einer Fiskalpolitik identifiziert, da geldpolitische Impulse möglicherweise in der Liquiditätsfalle versickerten. Die systematische Einbeziehung von Portfolio-Überlegungen erhöhte allerdings den Erklärungsgehalt der **keynesianischen** Geldpolitik erheblich. Der oben dargestellte Transmissionsweg mit einer Reduzierung des Zinsniveaus führt nämlich zu einem Ungleichgewicht in den Bilanzen von Haushalten und Unternehmen: Investitionen werden attraktiver. Der daraus resultierende Anpassungsprozeß an ein neues Gleichgewicht erfolgt über die **Theorie der relativen Preise**.

Da Transaktionen freiwillig durchgeführt werden, steht dem Angebot an bestimmten Aktiva immer ein gleichwertiges Nachfragevolumen gegenüber; wie z.B. bei einer Offenmarktpolitik. Dennoch aber sind **Vermögenseffekte** vorhanden, da ja durch Umbewertungen auf Grund des variierenden Zinsniveaus und damit von Kapitalisierungsraten der Marktwert von Wertpapieren wie der des Realkapitals geändert wird. Eine Zunahme des Vermögens kann so den Konsum wie die Investitionen stimulieren.

Eine expansive Geldpolitik wird damit über Portfolioeffekte, Vermögensvolumeneffekte und Kreditverfügbarkeitseffekte die Nachfrage nach Konsumgütern sowie Investitionsgütern steigern. Es kommt zu einem **Multiplikator-** und **Akzeleratoreffekt**, dem sich schließlich wieder **feed-back-Effekte** anschließen können, wenn die steigende Kreditnachfrage im Verlauf eines stimulierten Konjunkturaufschwunges auch das Zinsniveau wieder ansteigen läßt.

Immerhin spielt auch in der **postkeynesianischen** Geldpolitik der Zinssatz eine erhebliche Rolle. Dies führt dann unmittelbar zu der Frage, ob die Zentralbank eher eine Geldmengen- oder aber eine Zinspolitik betreiben sollte. Sofern zwischen beiden Variablen eine enge Beziehung bestünde, wäre eine solche Differenzierung belanglos, denn das Geldmengenziel würde ein Zinsniveau-Ziel implizieren. Diese Beziehung jedoch stellt geldpolitisch ein gewisses Problem dar.

3.2 Geldpolitik aus monetaristischer Sicht

3.2.1 Die long-lag-Hypothese Friedmans

Die monetaristische Geldpolitik beruht hauptsächlich auf empirischen Ergebnissen über den Zusammenhang zwischen Geldmenge und Preisniveau. Auf Grund dieses – wie man glaubt: festgestellten – Zusammenhanges sollte die Geldpolitik vermeiden, daß monetäre Faktoren den Wirtschaftsablauf stören. Denn wegen beträchtlicher Wirkungsverzögerungen monetärer Maßnahmen besteht die Gefahr, daß geldpolitische Maßnahmen nach Durchlaufen des Transmissionsweges schließlich prozyklisch wirken. Dies um so mehr, als sich eine diskretionäre Geldpolitik immer an der aktuellen Konjunkturlage orientiert.

Für die Dauer der lags werden in ökonometrischen Untersuchungen unterschiedliche Angaben gemacht. Nach der sog. **long-lag-Hypothese** von **Milton Friedman** beträgt der Zeitraum des **intermediate** lags und des **outside lags**, also die gesamte Wirkungsverzögerung, ungefähr 2 Jahre. Dies bedeutet, daß bei einem theoretischen Konjunkturzyklus von ungefähr vier Jahren jede wirtschaftspolitische Maßnahme **prozyklisch** wirken müßte: Wird z.B. in einer Rezession (Boomphase) ein expansiver (restriktiver) Impuls gesetzt, so würde er nach der **long-lag-Hypothese** erst im Boom (Rezession) wirken, also zu einer Zeit, in der die ursprünglich beabsichtigte Wirkungsrichtung nicht nur nicht benötigt wird, sondern sogar einen negativen konjunkturellen Verstärkungseffekt aufweist. Geldpolitik wirkt demnach immer zur Unzeit. Geldpolitische Maßnahmen sind deshalb eigentlich für stärkere Konjunkturschwankungen mitverantwortlich und sollten deshalb besser unterbleiben. Nach Auffassung des Monetarismus sollte aus diesem Grunde überhaupt auf eine konjunkturell angelegte Geldpolitik verzichtet werden und statt dessen eine langfristige (trendmäßig angelegte) Geldpolitik durchgeführt werden.

Friedman stellte fest, daß sich in der Vergangenheit gerade Schwankungen der Geldmenge als Ursache solcher Störungen erwiesen haben. Mit einer steigenden Geldmengenexpansion im Umfange der Produktivitätssteigerung in einer Volkswirtschaft – also im Umfange des wirtschaftlichen Wachstums – und dadurch mit einer Abkehr von der bisherigen konjunkturpolitisch bedingten, diskretionären Geldpolitik könnte die Geldpolitik eher den Wirtschaftsablauf langfristig stabilisieren.

Bei einer stetigen Geldmengenentwicklung könnte die Geldpolitik auch auf die Preiserwartungen der Wirtschaftseinheiten einwirken: Eine im voraus festgelegte und publizierte Regel über eine konstante Geldmengenzuwachsrate würde bei Produzenten und Konsumenten wie den Tarifpartnern die Entwicklung des künftigen Preisniveaus antizipieren lassen. Auch damit könnte die konjunkturelle Entwicklung stabilisiert werden.

Gegen die long-lag-Hypothese wurden verschiedene Vorbehalte vorgebracht, insbesondere zur verwendeten, ökonometrischen Methode. Es wird heute überwiegend auf Grund ökonometrischer Untersuchungen eine sog. **short-lag-Hypothese** akzeptiert, nach der von einer Wirkungsverzögerung zwischen 3 Monaten und 6 Monaten auszugehen ist.

3.2.2 Die Geldmengenregel

Die **Friedman**sche long-lag-Doktrin stellt eine kurzfristige, monetäre Stabilisierungspolitik in Frage. Dafür entscheidend ist natürlich die behauptete Länge dieser Verzögerung von durchschnittlich mehr als einem Jahr.

John M. Culbertson, Kareken und **Robert M. Solow** weisen allerdings nach, daß **Friedmans** „long-lag"-Hypothese auf einem irreführenden Vergleich von Zeitreihen beruht, nämlich dem time-lag aus einem Vergleich der **höchsten Wachstumsrate** der Geldmenge mit dem **absoluten Höchststand** der Produktion. Bei einem „normalen" zyklischen Verlauf einer Zeitreihe folgt so selbst bei völligem Gleichlauf von Geldmenge und Produktion selbstverständlich ein lag zwischen höchster Wachstumsrate (Wendepunkt) und höchstem Niveauabstand (Maximum) innerhalb eines Konjunkturzyklus, auch bei der Betrachtung nur einer einzigen Zeitreihe.

Culbertson stellte der **Friedman**schen Behauptung eine „short-lag"-Hypothese gegenüber, nach der sich antizyklische Maßnahmen der Zentralbank in der Regel innerhalb von drei bis sechs Monaten auswirken. **J. Ernest Tanner** kommt ebenfalls in einer Untersuchung über die Länge von zeitlichen Verzögerungen zu dem Ergebnis, daß innerhalb von 3 bis 6 Monaten nach Änderung der Geldmenge deutliche Auswirkungen auf die volkswirtschaftliche Gesamtnachfrage eintreten. In ökonometrischen Untersuchungen von **Paul S. Anderson** und **Jerry L. Jordan** tritt die Auswirkung einer Erhöhung des Geldvolumens auf das Bruttosozialprodukt ebenfalls nach zwei Quartalen ein.

Die Höhe der jährlichen Zuwachsrate des Geldvolumens sollte nach monetaristischer Auffassung deshalb so gewählt werden, daß sie im Durchschnitt eine langfristige Stabilität der Endproduktpreise gewährleistet. Um die Effizienz einer solchen langfristig konzipierten Geldmengenpolitik zu erhöhen, sind institutionelle Vorkehrungen zu treffen:

- Einführung flexibler Wechselkurse, um außenwirtschaftliche Einflüsse abzublocken (bei Geldmengenerhöhungen auf Grund von Devisenzuflüssen).
- Beschränkung auf Offenmarktoperationen, um die Geldmenge M feinsteuern zu können und marktkonforme Maßnahmen anzuwenden. Empirische Untersuchungen scheinen zu belegen, daß der Geldmengenmultiplikator m in der Definition $M = mB$, mit B als monetärer Basis, im Zeitablauf relativ stabil ist und in den USA z.B. zwischen 2,5 und 2,8 schwankte. Damit ließe sich die Geldmengenentwicklung von M weitgehend durch eine Steuerung der monetären Basis kontrollieren.

- Einführung einer 100%igen, verzinslichen Mindestreservepflicht der Geschäftsbanken, um die Geldschöpfungsmöglichkeit zu beschränken und als Ausgleich dafür eine zusätzliche Einnahmequelle durch Verzinsung der Zentralbankeinlagen zu sichern.

Der Vorschlag **Friedmans** zur Einführung einer Mindestreservepflicht von 100% ist nicht gerade liberal und steht im Gegensatz zu der von Monetaristen sonst vertretenen Politik. Deshalb ist der Vorschlag von **Friedrich A. von Hayek** sehr konsequent, der einen Wettbewerb zwischen dem von einzelnen Banken emittierten Geld – national wie international – vorsieht. Danach wird eine private Bank versuchen, ihr Geld möglichst wertstabil, d.h. knapp, zu halten, damit es von den Geldnachfragern akzeptiert wird. Es kommt dann zu einer Entwicklung entgegen dem **Gresham**'schen Gesetz, nachdem das „schlechte" Geld das „gute" verdrängt. Der Wettbewerb zwischen diesen einzelnen Währungen (**competition among currencies**) führt möglicherweise aber wieder zu einem Monopol oder Oligopol, für das das Gleiche wie für das gegenwärtige Währungssystem gelten könnte.

3.2.3 Geldmenge und Zinssatz

Monetaristen bestreiten weder den möglichen Wirkungszusammenhang zwischen einer Veränderung des Zinsniveaus und Reaktionen auf realwirtschaftliche Variablen, noch daß die Investitionsentscheidungen der Unternehmer durch ein Sinken der Kreditkosten begünstigt werden können. Sie bezweifeln jedoch, daß die Zentralbank das Zinsniveau adäquat kontrollieren kann.

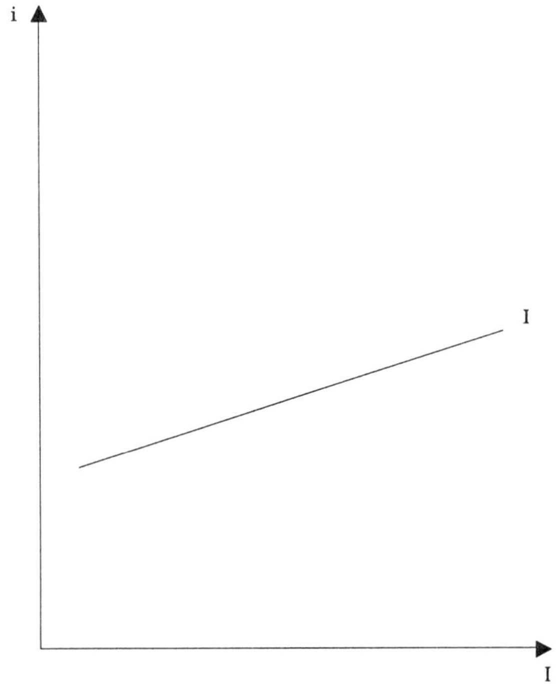

Abbildung 39

Wenn bei erfolgreicher Konjunkturpolitik das Einkommen steigt, und damit tendenziell Kreditnachfrage und Preise, so werden sich auch die Zinsen erhöhen. Nicht ein sinkendes, sondern ein steigendes Zinsniveau resultiert also letztlich aus einer monetären Expansion; dies ist das sogenannte **„Gibson Paradoxon“**. Hohe Zinssätze sind also ein Zeichen dafür, daß eine „Politik des leichten Geldes“ betrieben wurde. In Anlehnung an die **Phillips-Kurve** könnte somit auch für die Investitionstätigkeit eine positive Korrelation zwischen nominellem Zinssatz und Investitionsvolumen – wie in Abbildung 39 dargestellt – werden.

Die übliche negative Korrelation zwischen Zinssatz und Investitionsvolumen gilt ceteris paribus nur für einen bestimmten Zeitpunkt. Die oben dargestellte positive Korrelation zwischen Zinssatz und Investitionsvolumen zeigt dagegen i/I-Kombinationen zu unterschiedlichen konjunkturellen Situationen. So wie die **Phillips-Kurve** besagt, daß in Boomphasen hohe Lohnsätze und hohe Preisniveaus mit geringer Unterbeschäftigung verknüpft sind, besagt die Investitionskurve in Abbildung 39, daß in Boomphasen bei inflationären Tendenzen hohe Nominalzinssätze mit einem hohen Investitionsvolumen korreliert sein können.

3.3 Geldpolitik in Deutschland

3.3.1 Zwischenziele und Indikatoren

Bis zum Jahre 1974 verfolgte die **Deutsche Bundesbank** eine **Liquiditätspolitik**; sie versuchte, über eine Beeinflussung der Bankenliquidität das Kreditvolumen zu manipulieren, um damit indirekt die Entwicklung der gesamtwirtschaftlichen Nachfrage zu beeinflussen. Daneben spielte auch der **Rentabilitätseffekt des Zinsniveaus** eine Rolle, mit dem die Kreditnachfrage der Nichtbanken über eine Veränderung der Kreditkosten beeinflußt werden sollte. Mengen-(Liquiditäts-) und Preis-(Zins-) Effekt waren die wesentlichen Komponenten der Geldpolitik. **Indikator** der Geldpolitik war mithin die Bankenliquidität, teilweise auch das Zinsniveau, **Zwischenziel** war das Kreditvolumen.

Da bis 1967 die Sollzinssätze der Geschäftsbanken durch eine Rechtsvorschrift an den Diskontsatz gekoppelt waren, hatte die **Deutsche Bundesbank** einen direkten Einfluß auf das allgemeine Zinsniveau. Seit dieser Zeit ist dieser Einfluß nur noch indirekt vorhanden.

Die Mengenkomponente der Geldpolitik, die auf die freien Liquiditätsreserven der Geschäftsbanken ausgerichtet ist, besteht aus marktabhängigen und kreditpolitischen Faktoren:

marktabhängige Faktoren	• Überschußguthaben (Zentralbankeinlagen der Geschäftsbanken abzüglich des Mindestreserve-Solls) • inländische Geldmarktpapiere
kreditpolitische Faktoren	• unausgenutzte Rediskontkontingente • unausgenutzter Lombardspielraum

Nur die kreditpolitischen Faktoren kann die **Deutsche Bundesbank** unmittelbar beeinflussen. Als Gesamtgröße ist die Liquiditätsreserve der Geschäftsbanken dagegen nicht steuerbar. Bis 1973 konnte deshalb auch das Kreditvolumen selbst bei sinkender Liquiditätsquote steigen. Die Geschäftsbanken verhielten sich also durch Portfolio-Variationen anders als von der **Deutsche Bundesbank** erwartet.

Die geldpolitischen Hauptschwierigkeiten jener Zeit folgten aus dem Währungssystem fester Wechselkurse. Da in einem solchen Währungssystem die Zentralbank jederzeit Devisenangebotsüberhänge aufkaufen und Devisennachfrageüberhänge ausgleichen muß, bestand für die **Deutsche Bundesbank** nur in geringem Umfang die Möglichkeit, eine autonome Geldpolitik zu betreiben. Wurde z.B. der Diskontsatz in Boomphasen erhöht, um das Investitionsvolumen zu dämpfen, so regte dies sofort einen Kapitalimport an, der die inländische Geldmenge inflatorisch aufblähte. Das gleiche gilt auch für eine Mengenpolitik der **Deutschen Bundesbank**.

Mit dem Übergehen zu floatenden Wechselkursen – im Prinzip flexiblen, aber manipulierbaren Wechselkursen im Jahre 1973, wurde die außenwirtschaftliche Liquiditätskomponente neutralisiert. Die **Deutsche Bundesbank** war nun nicht mehr verpflichtet, ungewollt an der Devisenbörse zu intervenieren und damit die inländische Geldmenge zu variieren. Seit dieser Zeit betreibt die **Deutsche Bundesbank** daher eine Geldmengenpolitik. Sie versuchte seitdem, die **Zentralbankgeldmenge in der Definition der Deutschen Bundesbank ZBG** zu steuern, wobei sie zusätzlich auf die Entwicklung der freien Liquiditätsreserven der Geschäftsbanken achtete. Indikator der Geldpolitik seit 1974 waren daher diese Zentralbankgeldmenge ZBG, daneben aber auch die freien Liquiditätsreserven; Zwischenziel war zunächst die Geldmenge M3. Später hat dann die **Deutsche Bundesbank** die Zentralbankgeldmenge in ihrer eigenen Definition neben ihrer Funktion als Indikator auch als Zwischenziel angesehen.

Die **Deutsche Bundesbank** gibt seit 1974 jeweils für das folgende Jahr eine bestimmte Geldmengenzuwachsrate als Ziel ihrer Geldpolitik vor. Damit soll jedoch nicht der Vorstellung monetaristischer Politik nach langfristiger Verstetigung des Geldmengenzuwachses nachgekommen werden, sondern es soll damit die Antizipation der privaten Geldnachfrage beeinflußt werden; man soll nicht meinen dürfen, die **Deutsche Bundesbank** würde schon „ungezügelte" Ansprüche alimentieren.

Das angekündigte Geldmengenziel richtet sich jeweils auf eine Geldmengensteigerung im Umfang des Produktivitätsfortschrittes. Für dieses Zwischenziel wird ein Jahr im voraus eine zugelassene Steigerungsrate angekündigt oder aber ein Zielkorridor, mit einer Unter- und Obergrenze für das Wachstum der Zentralbankgeldmenge vorgegeben. Das beabsichtigte Wachstum ermittelt die **Deutsche Bundesbank** nach folgender Formel:

$$\frac{dM}{M} = \frac{dp}{P} + \frac{dPP}{PP} + \frac{dA}{A} - \frac{dU}{U}$$

mit $\frac{dM}{M}$ = Wachstumsrate der Geldmenge,

$\frac{dp}{P}$ = „unvermeidbare" Preissteigerungsrate,

$\frac{dPP}{PP}$ = Wachstumrate des Produktionspotentials,

$\frac{dA}{A}$ = Änderungsrate des Auslastungsgrades des Produktionspotentials,

$\frac{dU}{U}$ = prozentuale Veränderung der Umlaufgeschwindigkeit.

Dieses Geldmengenziel soll durch seine Vorankündigung das Preisverhalten der Produzenten und Tarifparteien beeinflussen und durch seine einjährige Festlegung konjunkturelle Aufblähungen und Schrumpfungen der Geldmenge verhindern. Da die **Deutsche Bundesbank** mit ihrer Geldpolitik allerdings nicht den Zahlungsverkehr behindern kann und möchte, ist eine exakte Steuerung des Zwischenziels nicht möglich.

Seit 21.1.1988 ersetzte die **Deutsche Bundesbank** ihr seit dreizehn Jahren verwendetes Zwischenziel **Zentralbankgeldmenge** durch die **Geldmenge M3**. Die Entwicklung des Bargeldumlaufs ging nämlich im Gegensatz zu den anderen Komponenten mit dem Faktor eins in die Zentralbankgeldmenge in der Definition der **Deutschen Bundesbank** ein, so daß die latente Gefahr bestand, daß seine Entwicklung die gesamte monetäre Expansion überzeichnete. Sichteinlagen wurden nur mit dem Faktor 0,166, Termineinlagen mit 0,124 und Spareinlagen mit 0,081 berücksichtigt.

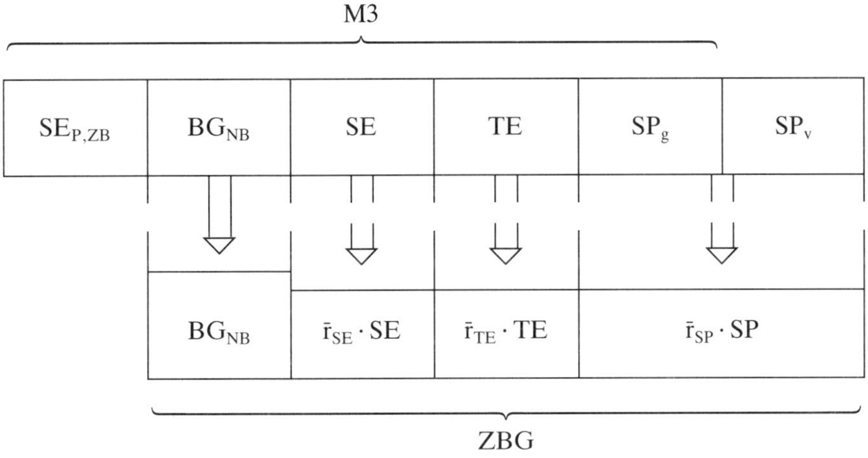

Legende: $SE_{P,ZB}$ = Sichteinlagen Privater bei der Zentralbank
BG_{NB} = Bargeld der Nichtbanken
SE = Sichteinlagen
TE = Termineinlagen
SP_g = Spareinlagen mit gesetzlicher Kündigungsfrist
SP_v = Spareinlagen mit vereinbarter Kündigungsfrist (bis 4 Jahre)
$\bar{r}$ = konstanter Mindestreservesatz

Der Bargeldanteil an der Zwischenzielgröße verringerte sich durch diesen Wechsel von ca. 50 v.H. (ZBG) auf ca. 11 v.H. (M3). Die ZBG erweist sich als Fokus der Geldmenge M3.

Die Vorgabe eines Zwischenziels für die Geldpolitik bedeutet, daß sich Wirtschaftssubjekte mit ihren Aktionen im realwirtschaftlichen Bereich darauf einrichten können und damit durch ihr Verhalten den Zielerreichungsgrad mit beeinflussen.

3.3.2 Die empirische Entwicklung der monetären Aggregate in Deutschland

3.3.2.1 Grundannahmen der monetären Konzeption der Deutschen Bundesbank

Monetäre Zwischenziele haben die Funktion, das Erreichen von Endzielen im realwirtschaftlichen Sektor einer Volkswirtschaft eher oder besser prognostizierbar zu machen. Ein erklärtes Endziel der Geldpolitik der **Deutschen Bundesbank** ist die Stabilisierung des Preisniveaus, das sie in der Vergangenheit durchaus sehr erfolgreich ansteuerte; allerdings läßt sich empirisch nicht zwingend ein Zusammenhang in der zeitlichen Entwicklung monetärer Aggregate und der des Preisniveaus finden, wie aus Abbildung 40a ersichtlich wird.

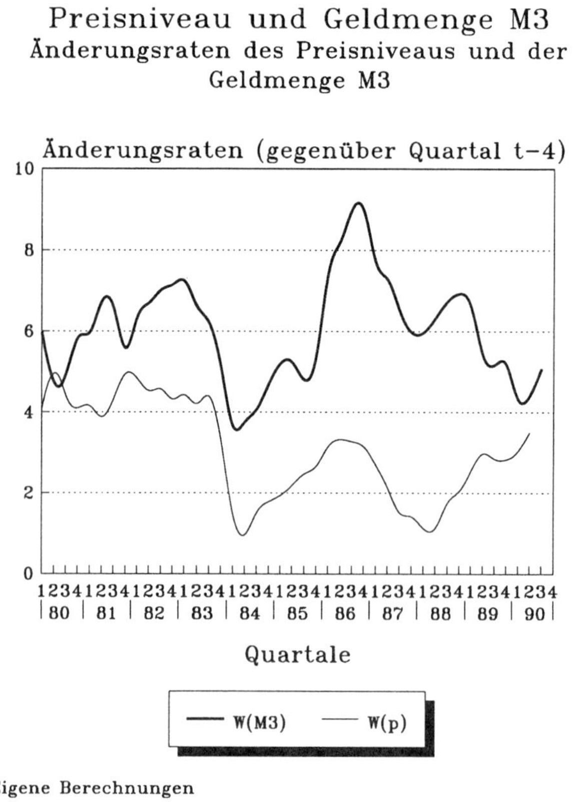

Abbildung 40a

Ein solcher Zusammenhang ist auch in der zeitlichen Entwicklung der **„Geldmenge" M3** und der des nominellen Bruttosozialproduktes BSP nur mit etwas gutem Willen zu erkennen, wie in Abbildung 40b dargestellt ist; und auch hierbei ist ein solcher Zusammenhang nicht immer ersichtlich. Dabei ist im Bruttosozialprodukt natürlich die Preisniveauentwicklung mitenthalten. Diese Zeitreihen beziehen sich auf die Periode vom 1. Quartal 1980 bis zum 2. Quartal 1990; da im 3.

Nominelles BSP und Geldmenge M3
Änderungsraten des Bruttoszialprodukts
und der Geldmenge M3

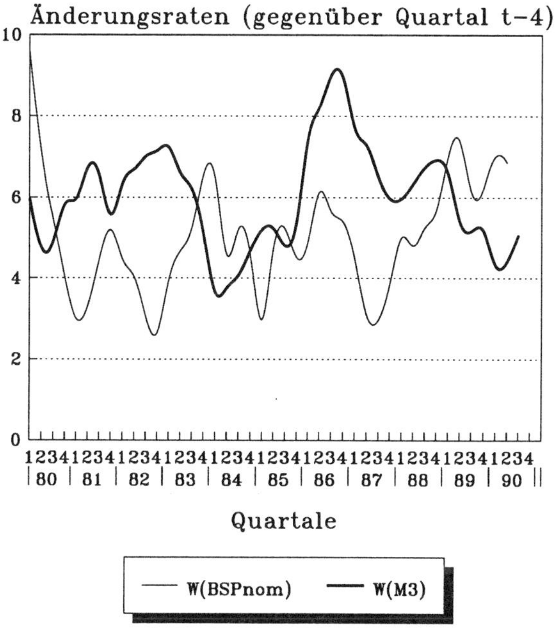

Eigene Berechnungen

Abbildung 40b

Quartal 1990 wegen der **Deutschen Währungsunion** ein statistischer Bruch stattfand, wurden diese Zeitreihen bewußt nicht verlängert.

Das nominelle Bruttosozialprodukt kann selbstverständlich nur mit Zahlungsmitteln, also der **Geldmenge M1**, umgesetzt werden. Es stellt sich daher die Frage, warum dann überhaupt auf die **„Geldmenge" M3** abgestellt wird. Zum einen ist es international üblich, den monetären Aggregaten M2 und M3 den Vorzug zu geben – auch ökonometrische Untersuchungen scheinen dies zu bestätigen –, zum anderen scheint auch der zeitliche Verlauf der Geldmenge M1 zu dem des monetären Aggregates M2 oder dem von M3 im Prinzip parallel zu verlaufen, wie in Abbildung 7 (S. 51) gezeigt wurde.

Die auf den ersten Blick gleichlaufende Entwicklung der monetären Aggregate M1, M2 und M3 entspricht auch der **geldnachfragetheoretischen** Sicht, daß Sicht-, Termin- und Spareinlagen in einem bestimmten Verhältnis miteinander variieren. Dies basiert auf der Vorstellung aus der Sicht eines **individuellen Geldnachfragers**, für den Termin- und Spareinlagen Geldanlagen mit hohem Liquiditätsgrad sein mögen. Dies gilt natürlich für die **gesamte Geldnachfrage** nicht mehr, da mit Termin- wie auch Spareinlagen von einigen Geldnachfragern auf die Verwendung von Geld in Form von Zahlungsmitteln verzichtet wird, wodurch anderen Geldnachfragern durch Vermittlung von Banken über eine Kreditgewährung Zahlungsmittel zur Verfügung gestellt werden können.

3.3.2.2 Beziehungen zwischen Sicht- und Termineinlagen

Sieht man sich einmal die zeitliche Entwicklung zwischen der Geldmenge M1, also den Zahlungsmitteln, und der Termineinlagen T in Abbildung 41 an, so fällt zunächst deren genau reziprokes Verhältnis auf. Immer dann, wenn die Wachstumsrate der Geldmenge M1 steigt, fällt die der Termineinlagen und vice versa. Die Zeitreihen beziehen sich hier und im folgenden auf die Periode vom 1. Quartal 1972 bis zum 2. Quartal 1990.

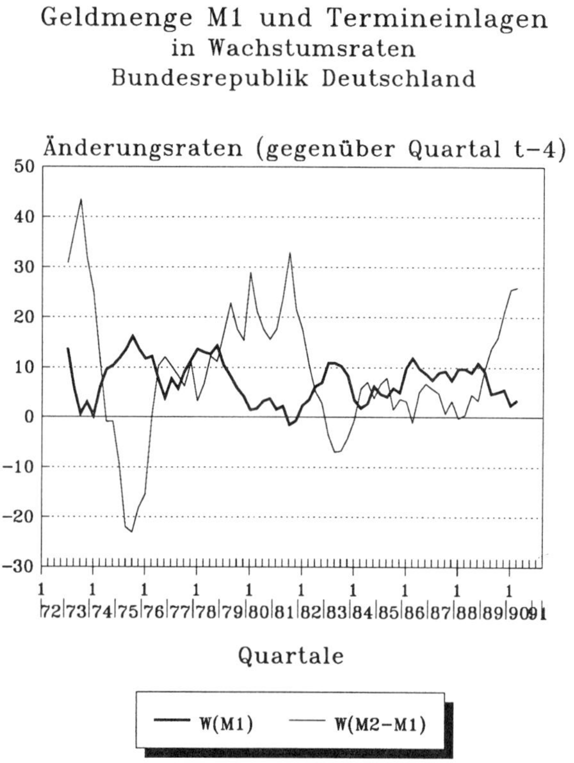

Quelle: Eigene Berechnungen

Abbildung 41

Diese genau entgegengesetzte Entwicklung der Geldmenge M1 und der Termineinlagen läßt sich **geldnachfragetheoretisch** schlecht erklären. Aus der Sicht eines einzelnen Geldnachfragers – wie auch in zeitlich längerer Perspektive – müßte sich eher ein gleichgerichteter Verlauf ergeben; wenn man „reicher" wird, so werden (mehr oder weniger) alle Vermögenstitel zunehmen.

Angebotstheoretisch läßt sich der entgegengesetzte Verlauf der Geldmenge M1 und der Termineinlagen eher plausibel machen. Wenn nämlich – z.B. bei ausgenutztem Geldschöpfungs-Spielraum – eine starke Kreditnachfrage besteht, werden Banken versuchen, manche Kunden zu einer Umschichtung von Sichteinlagen zu Termineinlagen zu bewegen; sie werden dies mit relativ hohen Habenzinsen für Termineinlagen anregen.

Wenn die Mindestreservesätze für Sichteinlagen r_D und für Termineinlagen r_T mit $r_D > r_T$ abgestuft sind, wird damit ein Teil des bisherigen Mindestreserve-Solls frei. Aufgrund dieser neu entstehenden Überschußreserve können Banken zusätzliche Kredite vergeben und damit den Kreditnehmern zugleich Sichteinlagen einräumen. Allerdings wird dabei die Geldmenge M1 insgesamt sinken müssen, weil nun ja auch noch für die gerade attrahierten Termineinlagen eine Mindestreserve gehalten werden muß. – Die „Geldmenge" M2 wird steigen, da sich durch die ursprüngliche Umschichtung von Sicht- in Termineinlagen am Umfang dieses Aggregates nichts änderte, nun aber die neu geschaffenen Sichteinlagen hinzukommen.

Eine starke Kreditnachfrage führt bei ausgenutztem Geldschöpfungsspielraum der Banken zu einer (relativen) Verringerung der Geldmenge M1 bei zunehmendem Umfang an M2. Ausgelöst wird dies durch eine starke Dringlichkeit der Geldnachfrage nach Zahlungsmitteln M1, verantwortet wird dies von einer zurückhaltenden Geldpolitik, die keine zusätzliche, monetäre Basis zur Verfügung stellt.

Eine **starke Kreditnachfrage** bei gleichbleibender, monetärer Basis bedeutet mithin eine **Erhöhung der Umlaufsgeschwindigkeit des Geldes M1** und – weil von Banken die für eine Kreditvergabe notwendige monetäre Basis durch Umschichtung von Einlagen erst beschafft werden muß – eine **Erhöhung des Zinsniveaus**. Dies zeigt Abbildung 42.

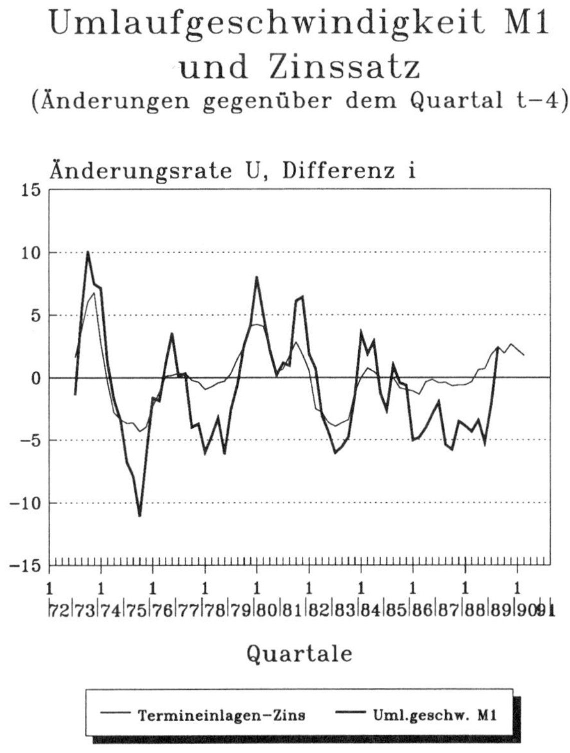

Abbildung 42 Quelle: Eigene Berechnungen

Für eine relativ geringe Kreditnachfrage gelten die umgekehrten Beziehungen. Geradezu schulbuchhaft wird dies durch die empirische Darstellung bestätigt.

3.3.2.3 Beziehungen zwischen Sicht- und Spareinlagen

Anders als bei den Termineinlagen entwickeln sich Spareinlagen mit gesetzlicher Kündigungsfrist völlig parallel zur Geldmenge M1, wie Abbildung 43 zeigt.

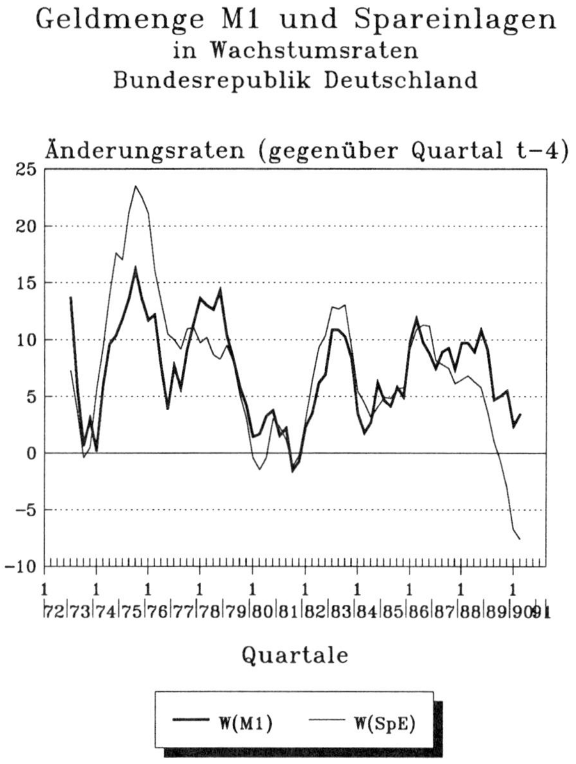

Quelle: Eigene Berechnungen

Abbildung 43

Dieser parallele Verlauf von Zahlungsmitteln M1 und Spareinlagen könnte eigentlich die **geldnachfrage-theoretische** Sicht der **Deutschen Bundesbank** bestätigen. Der empirische Zusammenhang zwischen der Geldmenge M1 (wie auch den Spareinlagen) und der Entwicklung des Bruttosozialproduktes ist allerdings gering; dies ergibt sich schon daraus, daß die Entwicklung der Geldmenge M1 (wie auch die der Spareinlagen) nicht mit der Entwicklung des monetären Aggregats M3 parallel läuft, diese jedoch mit der des Bruttosozialproduktes ansatzweise übereinstimmt. Damit kann also nicht gefolgert werden, daß ein steigendes Einkommen mit steigendem Sparen wie auch mit steigender Geldmenge M1 einhergeht; es sei auch darauf hingewiesen, daß die Spareinlagen mit gesetzlicher Kündigungsfrist – im Jahre 1990 noch die Sparkomponente im monetären Aggregat M3 – auch nur einen Bruchteil des gesamten, volkswirtschaftlichen Sparvolumens ausmacht.

Aus **geldangebots-theoretischer** Sicht ergibt sich jedoch eine recht plausible Erklärung. Bei starker Kreditnachfrage werden Banken versuchen, ebenfalls Einleger zu einer Umschichtung von Sichteinlagen in Spareinlagen zu bewegen. Gleichzeitig werden sie aber auch bisherige Spareinleger durch hohe Zinsangebote zu einer Umschichtung ihrer Spareinlagen in längerfristige Einlagen ohne Mindestreserveverpflichtung (oder Sparbriefe) anzuregen versuchen; damit würde Mindestreserve frei, die bei der Kreditvergabe zur Schaffung von Sichteinlagen verwendet werden können.

Geldnachfrage-theoretisch müßte bei steigendem Zinsniveau der Umfang des Sparvolumens (auch das mit gesetzlicher Kündigungsfrist) zunehmen. **Geldangebots-theoretisch** dagegen muß auf Grund des beschriebenen Umschichtungszusammenhanges ein umgekehrter Zusammenhang zwischen Spareinlagen (mit gesetzlicher Kündigungsfrist) und Zinsniveau bestehen. Und genau dies wird durch die empirische Entwicklung in Abbildung 44 bestätigt.

Spareinlagen und Zins
Änderungsraten
(Änderungen gegenüber Quartal t-4)

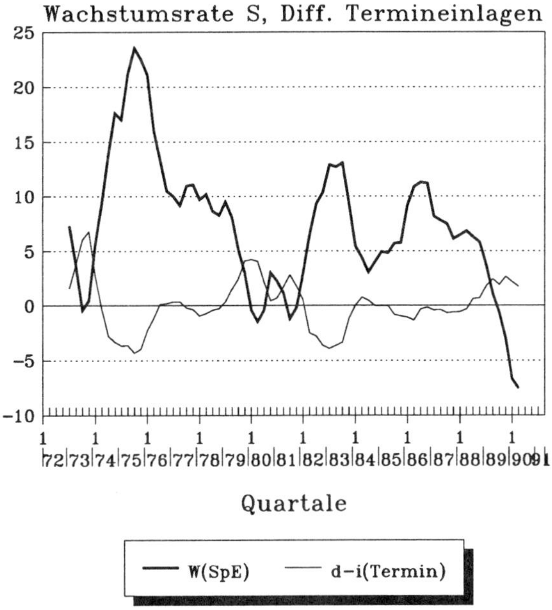

Quelle: Eigene Berechnungen

Abbildung 44

Damit ergibt sich, daß Spareinlagen (mit gesetzlicher Kündigungsfrist) wie auch Termineinlagen (mit bis zu 4jähriger Laufzeit) für Banken vor allem Refinanzierungsquellen bei der Schaffung von Krediten darstellen; sie sind im monetären

Bereich nicht vorwiegend durch das Verhalten der Einleger bestimmt, vielmehr wird deren Einlageverhalten durch Banken gesteuert. Und schließlich gilt noch, daß der Umfang der Termineinlagen positiv und der der Spareinlagen (mit gesetzlicher Kündigungsfrist) negativ mit dem Zinssatz korreliert sind.

3.3.2.4 Beurteilung der gegenwärtigen Geldmengen-Konzeption

Termineinlagen (mit bis zu 4jähriger Laufzeit) und Spareinlagen(mit gesetzlicher Kündigungsfrist) sind geldpolitisch in erster Linie aus der Sicht des **Geldangebotes**, nicht aber aus der Sicht der Geldnachfrage zu steuern. Und da **geldangebots**theoretisch Refinanzierungsquellen mit längeren Laufzeiten, die zudem nicht mindestreservepflichtig sind, noch wesentlich günstiger sind als kürzerfristige, ist das Geldmengenkonzept der **Deutschen Bundesbank** konzeptionell nicht richtig!

Im übrigen kann gegenwärtig die **Geldmenge M1** gar nicht der realwirtschaftlichen Entwicklung folgen, da die **Deutsche Bundesbank** mit ihrer Mindestreservekonzeption eine laufende Änderung der Umlaufsgeschwindigkeit der Zahlungsmittelmenge verursacht. Die empirisch bessere Übereinstimmung im Verlauf des Bruttosozialproduktes und den monetären Aggregaten M2 sowie M3 spiegelt daher nur den **Reflex** erzwungener Änderungen in der Umlaufsgeschwindigkeit der Geldmenge M1 wider. Ohne eine Mindestreserveverpflichtung von bisher verpflichteten Termin- und Spareinlagen müßte die zeitliche Entwicklung der Geldmenge M1 ganz anders verlaufen. Es bleibt, Geldpolitik sollte – wie in den USA – die für Umsätze relevante Zahlungsmittelmenge M1 als Zwischenziel zu beeinflussen versuchen.

3.3.3 Der Zusammenhang zwischen einer Liquiditätspolitik und einer Geldmengenpolitik

Der Übergang von der **Liquiditätspolitik** zur **Geldmengenpolitik** im Jahre 1974 wurde mit der Einführung flexibler Wechselkurse begründet. Seit jener Zeit ist nämlich die **Deutsche Bundesbank** nicht mehr gezwungen, Devisenangebotsüberhänge an der Devisenbörse aufzunehmen und dadurch die inländische Geldmenge auszudehnen. Dies führt zu der Frage, ob nicht auch im alten Währungssystem eine Geldmengenpolitik möglich gewesen wäre.

Geht man von einer vereinfachten Zentralbankbilanz aus, so gilt:

Zentralbank

Devisen	R	Noten	N
Rediskontierte Wechsel	RW_{ZB}	Einlagen der Banken	E
Wertpapiere	W_{ZB}	Sonstiges	S

Daraus läßt sich die **monetäre Basis B** von der Entstehungs- und von der Verwendungsseite her ableiten:

(1) $B = R + RW_{ZB} + W_{ZB} - S$ (**Entstehungsseite**)

und

(2) $B = N + E$ (**Verwendungsseite**).

Die **freien Liquiditätsreserven L** der Geschäftsbanken sind durch

(3) $L = ÜR + W_B + RW_B$,

mit ÜR = Überschußreserve (E = Mindestreservesoll MR + ÜR), W_B = Wertpapierbestand im Besitz der Geschäftsbanken ($W_B + W_{ZB} = W$) und RW_B = unausgenutzter Refinanzierungsrahmen ($RW_B + RW_{ZB} = RW$) definiert.

Für Gleichung (3) kann nun auch

(4) $L = ÜR + W - W_{ZB} + RW - RW_{ZB}$

geschrieben werden, so daß diese Gleichung, eingesetzt in Gleichung (1), zu

(5) $B = R + ÜR + W + RW - L - S$

führt. Da sowohl S wie natürlich auch W und RW nicht auslandsabhängig und außerdem die Überschußreserven in der Regel vernachlässigbar gering sind, kann nun recht einfach der Einfluß von Devisenzuströmen abgeleitet werden, indem nach der Veränderung der monetären Basis dB durch Änderungen der Devisenbestände bei der Zentralbank dR gefragt wird.

Dies führt zu

(6) $$\frac{dB}{dR} = 1 - \frac{dL}{dR}.$$

Es ist also bei festen Wechselkursen gleichgültig, ob eine Liquiditäts- oder Geldmengenpolitik verfolgt wird, beide Politiken sind nur unterschiedliche Seiten ein und derselben Medaille. Die Liquiditätspolitik stellt auf das Potential, die Geldmengenpolitik auf die tatsächliche Kreditschöpfung ab.

3.3.4 Die Beziehung zwischen monetärer Basis und öffentlicher Verschuldung

Rein formal ist es der **Deutschen Bundesbank** nur in einem relativ unbedeutendem Umfang möglich, der Regierung Kredite zu gewähren. Die Regierung muß also mögliche Haushaltsdefizite durch Kassen- und Bundesobligationen sowie Kredite bei Geschäftsbanken und Nichtbanken (z.B. Sozialversicherung, ausländische Stellen) finanzieren. Dies kann aber dazu führen, daß die **Deutsche Bundesbank** eventuell indirekt öffentliche Haushaltsdefizite finanziert. Nimmt die Regierung Kredite bei den Geschäftsbanken auf, so wird dort Zentralbankgeld in Form von Mindestreserven gebunden. Nach der **Quellentheorie** können die Geschäftsbanken nun nicht mehr im gleichen Umfang wie bisher den privaten Nichtbanken Kredite zur Verfügung stellen. Es kommt zu einem **crowding-out** der privaten Kreditnachfrage. Dieser Verdrängungseffekt tritt aber nach der von **Wolfgang Stützel** vertretenen **Fontänentheorie** nicht auf, da die Regierung den von ihr aufgenommenen Kredit sehr bald ausgibt und damit in den Geldkreislauf einführt.

Die Verschuldung des Bundes stieg in der Vergangenheit laufend an, ihre hauptsächlichen Komponenten sowie die Entwicklung der monetären Basis werden in der Tabelle 10 gezeigt.

Tabelle 10 Öffentliche Verschuldung und monetäre Basis

Verschuldung und monetäre Basis / Zeit	monetäre Basis in Mrd. DM	Verschuldung des Bundes in Mrd. DM					
		Σ	Kassenobligationen/ Schatzanweisungen	Bundesobligationen	Kredite bei Banken	Kredite bei Nichtbanken	Sonstiges
Dezember 1984	155,2	356,0	12,9	61,2	151,4	20,3	110,2
Dezember 1985	161,8	381,7	15,4	72,0	147,0	19,5	127,8
Dezember 1986	167,7	404,8	23,2	80,1	126,3	17,8	157,4
Dezember 1987	188,7	430,1	38,5	84,4	111,9	15,4	179,9
Dezember 1988	207,2	464,8	44,2	89,7	106,2	12,5	212,2
Dezember 1989	216,6	480,4	43,4	93,9	92,1	10,0	241,0
Dezember 1990	232,9	505,0	41,6	111,7	77,3	8,3	266,1

Quelle: Monatsberichte der Deutschen Bundesbank, Februar 1991.

Die Neuverschuldung des Bundes betrug noch 1965 nur DM 33 Mrd., im Jahre 1970 noch DM 47,3 Mrd., dann im Jahre 1980 DM 26,8 Mrd., 1985 DM 25,1 Mrd. und schließlich 1989 DM 15,6 Mrd. Sie stieg in den 70er Jahren von Jahr zu Jahr durchschnittlich um 17 v.H. bis 18 v.H. an, erst ab 1979 nahm die Verschuldungszunahme auf 14 v.H. bis 15 v.H. ab, in der zweiten Hälfte der 80er Jahre betrug die Neuverschuldung dann nur noch ca. 6 v.H.

Nach 1979 sank auch die monetäre Basis auf Grund der restriktiven Geldpolitik der **Deutschen Bundesbank** ab; in dieser Zeit alimentierte die **Deutsche Bundesbank** die öffentliche Verschuldung auch nicht mehr indirekt. Ab 1983 – die Geldpolitik war wieder auf Expansionskurs – wuchs auch die monetäre Basis.

Zwar stieg die Verschuldung des Bundes bei den Kreditinstituten von 1975 bis 1984 weiterhin an, doch gleichzeitig verstärkt auch bei Nichtbanken – seit 1976 nur noch relativ gering bei Sozialversicherungen –, insbesondere im Ausland. Da diese Kreditaufnahme im Ausland in DM-Währung erfolgte, war damit auch kein Zahlungsbilanzeffekt verbunden – entgegen der von der Regierung geäußerten Auffassung!

Eine DM-Kreditaufnahme im Ausland bedeutet zwar einen Kapitalimport der öffentlichen Hand, uno actu damit sinkt aber auch die Forderung der Geschäftsbanken an das Ausland, sofern den DM-Krediten Geschäftsbankengeld zu Grunde liegt. Die Kapitalbilanz bleibt mithin unverändert. – Sollte hingegen der DM-Kredit im Ausland in deutschem Zentralbankgeld aufgenommen worden sein, würde zwar ein Nettokapitalimport entstehen, der aber uno actu durch eine Zunahme der Währungsreserven (Abnahme der Auslandsverbindlichkeit der **Deutschen Bundesbank**) ausgeglichen würde. Eine Zahlungsbilanzwirkung träte auch hierbei nicht ein. Allein in dem Fall, bei dem Ausländer sich DM durch den Verkauf von Devisen beschaffen, um der deutschen Regierung DM-Kredite gewähren zu können, tritt ein Zahlungsbilanzeffekt ein.

Allenfalls hätte die Kreditaufnahme des Bundes im Ausland eine Aktivierung vorhandener Geldmengenbestände im Inland (also von **idle money**) zur Folge. Um die Zunahme der Staatsverschuldung in den Jahren 1984 bis 1989 von ungefähr DM 25 Mrd. bis DM 35 Mrd. zu begrenzen, könnte man aber daran denken, die beabsichtigte Zunahme der monetären Basis durch Hereinnahme von Staatschuldtiteln dem Staatsbudget als Einnahme zur Verfügung zu stellen. Bei einer jährlichen Steigerungsrate der monetären Basis von 5 v.H. bis 8 v.H. entspräche dies einem Betrag von DM 10 Mrd. Bei einem Sinken der monetären Basis wie in der Periode von 1980 bis 1982 wäre der Regierung dann allerdings auch keine zusätzliche Einnahme von der **Deutschen Bundesbank** zugeflossen.

Die Aktivität hätte dabei allerdings von der **Deutschen Bundesbank** und nicht von der Regierung ausgehen müssen. Gegenwärtig lassen die gesetzlichen Regelungen eine solche Politik allerdings nicht zu! Der Vorteil dabei aber wäre, daß der **Deutschen Bundesbank** erheblich mehr Offenmarktpapiere zur Verfügung stünden als bisher und die Regierung bei geringerer Inanspruchnahme von Krediten bei den Geschäftsbanken weniger Kreditzinsen als heute zu bezahlen brauchte, die schließlich doch die Einkommensbezieher mit ihren Steuern zu tragen hätten. Eine solche Änderung könnte jedoch auch die Begehrlichkeit der Politiker steigern und die Autonomie der **Deutschen Bundesbank** zur Diskussion stellen.

Im einzelnen geht es beim debt management um eine Anwendung von Überlegungen zur Portfoliotheorie auf die staatliche Finanzwirtschaft. Es werden Änderungen der Laufzeit – und der Gläubigerstruktur staatlicher Wertpapiere sowie deren Kurspflege und Änderungen der Geldmenge nach fiskalischen und wirtschaftspolitischen Zielen – angestrebt, um Vermögenseffekte zu bewirken.

Staatschuldenpolitik beeinflußt das Niveau bzw. den Umfang der Staatsschuld, aber durch dessen Struktur (debt management), d.h. die Zusammensetzung der Staatsschuld nach ihrer Fristigkeit, der Zins- und Gläubigerstruktur. Sie wird unter fiskalischen (z.B. Zinskostenminimierung, Haushaltsbelastbarkeit) wie auch wirtschaftspolitischen (magische Vielecke) Zielsetzungen betrieben.

Diese unterschiedlichen Zielsetzungen legen es nun nahe, Staatsschulden- und Geldpolitik nicht zu integrieren, was sich auf Grund ihrer Definition anbieten würde. Die Zentralbank könnte als Trägerin auch der Staatsschuldenpolitik keine autonome Geldpolitik mehr betreiben, das Finanzministerium käme als Trägerin auch der Geldpolitik (Schatzamt) in Zielkonflikte zwischen fiskalischem und währungspolitischem Interesse.

Literatur zum VI. Kapitel

1. Abschnitt

Basler, H.-P.: Die wirtschaftspolitischen Zielpräferenzen der Deutschen Bundesbank. Eine empirische Analyse des Zentralbankverhaltens für die Zeit von 1958-1974, in: Kredit und Kapital, 11. Jg. (1978), S. 84ff.

Blohm, B.: Die neue Geldpolitik der Bundesbank und ihre Beziehungen zur Fiskalpolitik, München 1978.

Borchert, Manfred: Zwischenziele und Indikatoren der Geldpolitik in einer offenen Volkswirtschaft – Eine theoretische Analyse, in: Kredit und Kapital, 11. Jg. (1978), S. 465ff.

Brunner, K./Meltzer, A. H.: Die Bedeutung monetärer Indikatoren, in: Geldpolitik; Hrsg. **Badura/Issing**; Stuttgart-New York 1980, S. 73ff.

Dickertmann, D./Siedenberg, A.: Instrumentarium der Geldpolitik, 4. Aufl., Düsseldorf 1984.

Dürr, E.: Time lags der Geldpolitik – Systematik der Zusammenhänge, Ursachen und Verkürzungsmöglichkeiten, in: Kredit und Kapital, 3. Jg. (1970), S. 129ff.

Duwendag, D./Ketterer, K-H./Kösters, W./Pohl, R./Simmert, D. B.: Geldtheorie und Geldpolitik, 3. Aufl., Köln 1985, S. 249ff.

Duwendag, Dieter: Ansatzpunkte der monetären Konjunkturpolitik, in: WiSu, 2. Jg., (1973), S. 372ff.

Duwendag, Dieter: Die neue Geldpolitik der Deutschen Bundesbank: Interpretation und kritische Anmerkungen, in: Konjunkturpolitik, 22. Jg. (1976), S. 265ff.

Friedman, M.: Die Rolle der Geldpolitik, in: **Brunner, K.** u.a. (Hrsg.), Geldtheorie, Köln 1974, S. 314ff.

Förterer, J.: Die stabilitätspolitischen Vorschläge Milton Friedmans, Berlin 1979.

Glöggler, A.: Der Friedman-Plan, Eine Alternative zu Ermessensentscheidungen im Bereich der Geldpolitik? In: Geldpolitik, Hrsg. **Badura/Issing**, Stuttgart-New York 1980, S. 38ff.

Issing, O.: Einführung in die Geldpolitik, 3. Aufl. München 1990.

Jarchow, H.-J.: Theorie und Politik des Geldes, Bd. II: Geldmarkt und geldpolitische Instrumente, 6. Aufl., Göttingen 1984.

Kath, Dietmar: Die theoretischen Grundlagen geldpolitischer Steuerungskonzepte, in: **Klatt, S.** und **Willms, M.**, Strukturwandel und makroökonomische Steuerung, Berlin 1975.

Kloten, N.: Geldpolitik: diskretionär oder regelgebunden? In: Beiträge zur Geldtheorie, Königstein 1980, S. 1ff.

Köhler, Claus: Geldwirtschaft Band 1, Berlin 1977.

Lipfert, H.: Einführung in die Währungspolitik, 8. Aufl., München 1974, S. 115ff.

Meltzer, A. H.: Kontrolle der Geldmenge, in: Geldtheorie, Hrsg. **Brunner** u.a., Köln 1974, S. 378ff.

Mussel, G.: Zur Problematik der Beurteilung der Zentralbankpolitik, in: Konjunkturpolitik, 22. Jg. (1976), S. 61ff.

Neubauer, W.: Strategien, Techniken und Wirkungen der Geld- und Kreditpolitik, Göttingen 1972.

Neumann, M. J. M.: Zwischenziele und Indikatoren der Geldpolitik, in: Kredit und Kapital, 4. Jg. (1971), S. 398ff.

Neumann, M. J. M.: Zwischenziele und Indikatoren als geldpolitische Entscheidungen, in: WiSt, 3. Jg. (1974), S. 421ff.

Pohl, R.: Geldbasis versus Liquiditätssaldo. – Ein Vergleich zweier geldtheoretischer Konzepte, in: Geldpolitik Kontrovers. Hrsg. **Köhler**, Köln 1973, S. 94ff.

Schlesinger, H.: Geldpolitik in der Phase des Wiederaufbaus (1950-1958) in: Deutsche Bundesbank (Hrsg.), Währung und Wirtschaft in Deutschland 1876-1975, Frankfurt 1976, S. 555ff.

Schlesinger, H.: Die Geldpolitik der Deutschen Bundesbank 1967-1977, in: Kredit und Kapital, Heft 1(1978), S. 3ff.
Schlesinger, H.: Neuere Erfahrungen der Geldpolitik in der Bundesrepublik Deutschland, in: Geldpolitik, Hrsg. **Badura/Issing**, Stuttgart-New York 1980, S. 101ff.
Schlesinger, H.: Das Konzept der Deutschen Bundesbank, in: Kredit und Kapital Beiheft 10, Berlin 1988.
Schmahl, H.-J.: Globalsteuerung des Wirtschaftsablaufs, in: WiSt, 2. Jg. (1973), S. 217ff.
Siebke, Jürgen/Willms, Manfred: Theorie der Geldpolitik, Berlin-Heidelberg-New York 1974, S. 168ff.
Simmert, D. B.: Alternative Stabilisierungskonzepte: Fiskalismus kontra Monetarismus, in: Geldpolitik-Kontrovers, Hrsg. **Köhler**, Köln 1973, S. 10ff.
Streeb, G.: Time lags der Geldpolitik – Ursachenanalyse und wirtschaftspolitische Implikationen, Frankfurt 1978.
Willms, M.: 25 Jahre Geldpolitik der Bundesbank, in: Wirtschaftsdienst, Nr. 54 (1974), S. 245ff.

2. Abschnitt

Adebahr, H.: Währungstheorie-Währungspolitik, Berlin 1978, S. 83ff.
Alexander, V.: Time-lags in der Geldpolitik, in: wisu, 3. Jg. (1974), S. 586ff.
Badura, J. R.: Der Fischersche Preiserwartungseffekt als Erklärungsansatz für das Gibson-Paradoxon, Berlin 1977.
Bingham, T.: Banking und Monetary Policy, Paris 1984.
Bockelmann, Horst: Hauptsachen und Nebensachen – Der Kurswechsel in der Geldpolitik der Bundesbank 1973/74, in: Geldwertsicherung und Wirtschaftsstabilität, Festschrift für **Helmut Schlesinger** zum 65. Geburtstag, Frankfurt am Main 1989.
Booms, H.: Geldtheorie und geldpolitische Konzepte der Deutschen Bundesbank: Ermittlung und Kritik, Beiträge zur Struktur und Konjunkturforschung, Hrsg.: **Klemmer**, Bd. XIII, Bochum 1980.
Borchert, M.: Zwischenziele und Indikatoren der Geldpolitik in einer offenen Volkswirtschaft – Eine theoretische Analyse, in: Kredit und Kapital, 11. Jg. (1978), S. 465ff.
Borchert, M.: Außenwirtschaftslehre – Theorie und Politik, Opladen 1977, S. 112ff.
Borchert, M./Schulz, H.: Zur Finanzierung staatlicher Defizite, in: Wirtschaftsdienst, 53. Jg. (1975), S. 615ff.
Brunner, Kar/Meltzer, Allan H.: Die Bedeutung monetärer Indikatoren, in: **Badura, J./Issing, O.** (Hrsg.), Geldpolitik, Stuttgart, New York 1980, S. 73ff.
Caspritz, K.: Debt Management als Instrument monetärer Stabilisierungspolitik, Hamburg 1972.
Culbertson, J. M.: Friedman on the lay in Effect of monetary policy, in: Journal of Political Economy, 1960, S. 617ff.
Dickertmann, D./Siedenberg, A.: Instrumentarium der Geldpolitik, 4. Aufl., Düsseldorf 1984.
Dieckheuer, G.: Der Crowding-out-Effect, in: DIW-Vierteljahresheft, 2/1980, S. 126ff.
Dudler, Hermann-Josef: Geldpolitik und ihre theoretischen Grundlagen, Frankfurt a.M. 1984.
Duwendag, D.: Die neue Geldpolitik der Deutschen Bundesbank: Interpretation und kritische Anmerkungen, in: Konjunkturpolitik, 22. Jg. (1976), S. 265ff.
Duwendag, D.: Staatsschulden und Zentralbankgeldmengensteuerung (I), in: WiSu, 7. Jg. (1978), S. 132ff.
Duwendag, D.: Staatsschulden und Zentralbankgeldmengensteuerung (II), in: WiSu, 7. Jg. (1978), S. 184ff.
Fautz, W. M.: Potential- und aktualanalytische Ansätze in der Entwicklung der Geld- und Kredittheorie, in: Schweizerische Zeitschrift für Volkswirtschaft und Statistik, Bd. 111, (1975), S. 205ff.
Friedman, M.: A program for monetary stability; New York 1959.

Friedman, M./Schwartz, A. J.: A Monetary history of the United States 1870-1960, Princeton 1963, S. 676ff.

Gibson, A. H.: The Future Course of High-Class Investiment Values, in: Bankers' Insurance Managers' and Argents' Magazine, 1923, S. 15ff.

Gibson, A. H.: The Road of Economic Recovery, in: Bankers', Insurance Managers' and Agents' Magazine, 1926, S. 595ff.

Hagen, Jürgen von/Neumann, Manfred: Theoretische und empirische Grundlagen von Geldmengenzielen und ihre Realisierung, in: Schriften des Vereins für Socialpolitik, N.F., Band 161, Berlin 1988.

Herrmann, Armin: Die Geldmarktgeschäfte, Frankfurt am Main 1986.

Honeck, G.: Friedman-Plan und potentialorientierte Kreditpolitik, Berlin 1975.

Irmler, Heinrich: Deutsche Geldpolitik bei festen und flexiblen Wechselkursen, Festschrift für **Helmut Schlesinger** zum 65. Geburtstag, Frankfurt am Main 1989.

Jarchow, H.-J.: Theorie und Politik des Geldes, II. Geldmarkt, Bundesbank und geldpolitisches Instrumentarium, 6. Aufl., Göttingen 1984.

Kareken, J./Solow, R. M.: Lags in monetary policy: A Summary, in: **Smith, W. L.** und **Teigen, R. L.** (Eds.), Readings in Money, National Income and Stabilization policy, Homewood 1965, S. 76ff.

Kath, D.: Aktiva-Reserve- und Offenmarktpolitik in kontroversen geldpolitischen Konzepten, in: Kredit und Kapital, 6. Jg. (1973), S. 444ff.

Kath, D.: Die theoretischen Grundlagen geldpolitischer Steuerungskonzepte, in: **S. Klatt, M. Willms** (Hrsg.), Strukturwandel und makroökonomische Steuerung, Berlin 1975, S. 341ff.

Kath, D.: Das monetäre Interpretations- und Steuerungskonzept der Deutschen Bundesbank, in: WiSt, 5. Jg. (1976), S. 356ff.

Kath, D.: Das Geldmengenziel der Deutschen Bundesbank, in: WiSt, 8. Jg. (1979), S. 455ff.

Ketterer, K. H./Pohl, R.: Das Konzept der potentialorientierten Kreditpolitik, zu einem kritischen Ansatz von H.G. Monissen, in: Kredit und Kapital, 6. Jg. (1973), S. 157ff.

Köhler, C.: Geldwirtschaft, Bd. 1, Geldversorgung und Kreditpolitik, 2. Aufl. Berlin 1977, S. 319ff.

Lachmann, W.: Crowding-out und die Frage nach der neutralen Geldpolitik, in: Kredit und Kapital, 11. Jg. (1978), S. 451ff.

Milbradt, G. H.: Ziele und Strategien des debt managements – Ein Beitrag zur Theorie der optimalen Schuldenstruktur des Staates unter Einbeziehung der Notenbank, Baden-Baden 1975.

Monissen, H. G.: Geldversorgung und Kreditpolitik: Kritische Anmerkungen zur monetären Konzeption von Claus Köhler, in: Kredit und Kapital, 6. Jg. (1973), S. 134ff.

Mussel, G.: Von der Zentralbankgeldmenge zur Geldmenge M3. Einige Überlegungen zur neuen Zielgröße der Deutschen Bundesbank, in: Diskussionsbeiträge aus dem Institut für Volkswirtschaftslehre, Bd. 35, Hohenheim 1988.

Neumann, M. J. M.: Zwischenziele und Indikatoren der Geldpolitik in: **Brunner, K./Monissen, H. G./Neumann, H. J. M.** (Hrsg.), Geldtheorie, Köln 1974, S. 360ff.

Robert, D.: Makroökonomische Konzeptionen im Meinungsstreit, Baden-Baden 1978.

Rose, K.: Theorie der Außenwirtschaft, 10. Aufl., München 1989.

Schlesinger, Helmut: Neue Erfahrungen der Geldpolitik in der Bundesrepublik Deutschland, in: Kredit und Kapital Heft 4, Berlin 1976.

Schlesinger, Helmut: Das Konzept der Deutschen Bundesbank, in: Kredit und Kapital Beiheft 10, Berlin 1988.

Schulz, H.: Zur Aussagefähigkeit der Zentralbankgeldmenge als Indikator im geldpolitischen Konzept der Deutschen Bundesbank, in: Kredit und Kapital, 13. Jg. (1980), S. 263ff.

Siebke, J./Willms, M.: Theorie der Geldpolitik, Berlin u.a. 1974.

Smith, W. L.: Geldpolitik aus neo-keynesianischer Sicht, in: **Kulmbach, P.** (Hrsg.), Der neue Monetarismus, München 1973.

Svindland, E.: Staatsausgaben und ihre Finanzierung, in: DIW-Vierteljahresheft, 2/1980, S. 148ff.
Tanner, J. E.: Lags and the Effect of monetary policy, in: American Economic Review, 1969, S. 794ff.
Tobin, J.: Grundsätze der Geld- und Staatsschuldenpolitik, Schriften zur monetären Ökonomie, Hrsg. **D. Duwendag**, Bd. 6, Baden-Baden 1978.
Willms, M.: Der Einsatz der Staatsschuld als geldpolitisches Instrument, in: Kredit und Kapital, 1. Jg. (1968), S. 405ff.

VII. Träger und Institutionen der Geldpolitik

1. Fundamentale Funktionen einer Zentralbank

Eine wesentliche Aufgabe einer Notenbank ist die eines **lenders of last resort** (Geld-**Verleiher der letzten Instanz**). Dieser steht dabei vor einem grundlegenden Dilemma (**Walter Bagehot**): Besteht ein **lender of last resort**, so sinkt die private Eigenverantwortlichkeit (der Banken, des Publikums) für Währungsstabilität; gibt es keinen **lender of last resort**, so kann man sich über die potentielle Gefahr und Konsequenzen eines **Bank-runs** täuschen. Deshalb gilt als Voraussetzung für das Eingreifen eines **lenders of last resort** mit zusätzlicher Liquidität: discounting freely but at a penalty rate, also unbedingte Zurverfügungstellung von Zahlungsmitteln, allerdings zu hohen Zinssätzen, um nur den notwendigen Bedarf zu decken. Es sollen jedoch nicht diejenigen Institutionen (Banken) geschützt werden, die grob fahrlässig eine Bankkrise verursacht haben, sondern die ohne eigenes Fehlverhalten in Mitleidenschaft gezogenen Geschäftsbanken.

Häufig wird dem **lender of last resort** auch die Funktion einer normalen Refinanzierung zugeschrieben, also nicht nur für Krisensituationen. Er hat damit zum einen für ausreichende

- **Trendliquidität (trend liquidity)**, also zur reibungslosen Abwicklung des normalen Zahlungsverkehrs,
- **Krisenliquidität (crisis liquidity)**, also zur Beeinflussung von **run-Situationen**

zu sorgen.

Diese Vorstellungen eines **nationalen lenders of last resort** können auch international angewendet werden. Wenn Notenbanken die Nachfrage nach Währungsreserven aus ihrem Bestand nicht mehr erfüllen können, besteht der Bedarf eines **internationalen lenders of last resort**, der

- **Trendliquidität** in Form von Gold, Sonderziehungsrechten (Internationaler Währungsfonds)
- **Krisenliquidität** in Form von Kreditfazilitäten

zur Verfügung stellt. Solche Krisensituationen bestehen insbesondere bei einer umfangreichen, einseitigen Devisennachfrage (Spekulation), u.U. mit selbstverstärkenden (**band waggon**) Effekten. Die Funktion eines solchen **internationalen lenders of last resort** nimmt gegenwärtig, zumindest teilweise, der **Internationale Währungsfonds** wie auch für die Mitgliedsländer der Europäischen Gemeinschaften der **Europäische Fonds für währungspolitische Zusammenarbeit EFWZ** wahr.

Die Notenbank (**Zentralbank, Währungsbank, Zentralnotenbank**) ist die zentrale geldpolitische Institution einer Volkswirtschaft, die

- die Ziele der Geldpolitik aktiv verfolgt und
- den Zahlungsverkehr in einer Volkswirtschaft sicherstellt.

Aus diesen Aufgaben ergeben sich die beiden **fundamentalen Funktionen** einer Notenbank, die

- der **Hüterin der Währung**(-sstabilität, Geldwertstabilität, Geld),
- eines **lenders of last resort** (letztinstanzlicher Kreditgeber, letzte Quelle liquider Mittel).

Diese **fundamentalen Funktionen** führen zu den allgemeinen Aufgaben einer Notenbank, nämlich

- den Umlauf an Bargeld sicherzustellen; dazu besitzt die Notenbank ein **Notenausgabemonopol**. Das **Münzregal (die Münzhoheit)**, also das Recht der Münzprägung, liegt in der Bundesrepublik nach dem **Münzgesetz** von 1950 bei der Bundesregierung. Das Recht, diese Münzen in Umlauf zu bringen, übt jedoch die **Deutsche Bundesbank** aus (**§ 8 MünzG**),
- den Zahlungsverkehr zwischen Geschäftsbanken als **Clearingstelle** abzuwikkeln,
- eine **Refinanzierung** der Geschäftsbanken zu ermöglichen,
- **Einlagen wie Schulden** der öffentlichen Haushalte zu verwalten und Kredite zu gewähren und
- die **offiziellen Währungsreserven** zu verwalten.

Notenbanken haben daher nicht die Aufgabe, ihre Geschäftspolitik nach Rentabilität auszurichten, sondern nach Effizienz in der Wahrnehmung ihrer (volkswirtschaftlichen) Funktionen.

Institutionell kann sie von Weisungen der Regierung unabhängig sein (**Deutsche Bundesbank** und das US-amerikanische **Federal Reserve System**), sie kann aber auch vom **Schatzamt** (der Staatsregierung) weisungsgebunden sein (**Banque de France, Bank of England, Banca d'Italia**).

Notenbanken gingen im 18. Jh. aus Staatsbanken und solchen privaten Banken hervor, die die Ausgaben von Regierungen durch Kredite finanzierten und deshalb des Privileg der Notenemission eingeräumt bekamen. Mit der **Peel'schen Bankakte (Currency-Theorie)** von 1844 wurde der Notenumlauf durch Golddekkungsvorschriften gesetzlich geregelt; Ziel war, mit der Regelung des Geldumlaufs den Geldwert zu stabilisieren.

Die starke Geldmengenregulierung bedingte bei wirtschaftlichen Krisen panikartige Liquiditätsabzüge, so daß die **Peel'sche Bankakte** immer wieder suspendiert werden mußte (1847, 1857 und 1866). Durch **Walter Bagehot** (**Lombard Street**, 1873) wurde deshalb das praktische Bedürfnis eines **lenders of last resort** begründet, der in wirtschaftlichen Krisensituationen – bei Gefahr eines **runs** auf Geschäftsbanken – Liquidität zur Abwehr eines Vertrauensverlustes in das Kreditwesen und das Bankensystem zur Verfügung stellen sollte.

Geschäftsbanken gehen bei ihrer Geldschöpfung stets ein Liquiditätsrisiko ein; alle potentiellen Zahlungswünsche können nicht zur gleichen Zeit – wie in einer **run-Situation** gewünscht – erfüllt werden. Dies wäre nur bei völliger Fristenkongruenz von Ausleihungen und Einlagen, also bei Erfüllung der **Goldenen Bankregel**, der Fall. Kommt es zu einem run des Publikums auf Auszahlung von Bankeinlagen, werden einige Banken illiquide und ziehen die anderen mit. Diese Situation kann nur durch Bereitstellung zusätzlicher Liquidität eines **letztinstanzlichen Kreditgebers** bereinigt werden.

Die Effizienz der Geldpolitik ist entscheidend von der institutionellen Ausgestaltung des monetären Systems abhängig. Bevor deshalb auf die Wirkungsanalyse geldpolitischer Instrumente eingegangen wird, soll zunächst die Struktur der monetären Institutionen kurz vorgestellt werden.

2. Die Stellung der Zentralbank

Aufgaben und Stellung einer Zentralbank leiten sich aus den allgemeinen Zielen der Wirtschaftspolitik ab. Inwieweit die Zentralbank dabei nach eigenem Willen Ziele der Wirtschaftspolitik verfolgen kann, wird bedingt durch ihre Autonomie, d.h. ihrer Unabhängigkeit gegenüber der Regierung.

2.1 Die Stellung und Aufgaben der Deutschen Bundesbank

Mit dem Auftrag des **Artikels 88 GG** errichtete der Bund eine Währungs- und Notenbank als Bundesbank mit Sitz in Frankfurt, deren Aufbau, Aufgaben und Befugnisse durch das **Gesetz über die Deutsche Bundesbank** vom 26.7.1957 geregelt sind. Seit 1.3.1948 nahm die **Bank deutscher Länder** als Körperschaft des öffentlichen Rechts für das Vereinigte Wirtschaftsgebiet (**Bi-Zone**) – also für die britische und US-amerikanische Zone in Deutschland – als Zentralbank mit Notenprivileg währungspolitische Befugnisse wahr, seit 1.11.1948 auch für die französische Zone und damit für das gesamte alte Bundesgebiet mit Ausnahme Berlins. Die **Deutsche Bundesbank** ist aus einer Verschmelzung der **Landeszentralbanken** und der **Berliner Zentralbank** mit der **Bank deutscher Länder** hervorgegangen; damit ist die **Bank deutscher Länder** zur **Deutschen Bundesbank** geworden.

Die erste deutsche Notenbank wurde 1875 durch Umwandlung einer der dreiunddreißig deutschen Notenbanken, der **Preußischen Bank** in die **Deutsche Reichsbank** mit Sitz in Berlin gegründet. Noch 1910 gab es im Deutschen Reich neben der **Deutschen Reichsbank** fünf weitere Notenbanken mit eigenem Kontingent der Notenemission, erst 1935 waren auch diese Emissionsrechte beseitigt. Die **Deutsche Reichsbank** war ursprünglich eine private Aktiengesellschaft, doch wurden Präsident und Mitarbeiter vom Kaiser ernannt. Die Währungseinheit lautete auf Mark und war bis zu Beginn des 1. Weltkrieges durch Gold gedeckt.

Im Jahre 1924 wurde zusätzlich die **Deutsche Rentenbank** gegründet, die die durch die große Inflation von 1921 bis 1923 zerrüttete Mark durch die **Rentenmark** ablöste; ihre Deckung wurde durch Grundschulden deklariert. Sehr bald aber gewann die **Deutsche Reichsbank** ihre Monopolstellung mit der Währungseinheit **Reichsmark** wieder zurück.

Die Erfahrungen mit der Kreditfinanzierung von Staatsbudgets veranlaßte den Gesetzgeber, der **Deutschen Bundesbank** Autonomie gegenüber der Bundesregierung einzuräumen; sie ist damit völlig unabhängig. Ihre Organe sind das **Direktorium**, mit dem Präsidenten der **Deutschen Bundesbank** und fünf bis acht weiteren Direktoriumsmitgliedern, den **Vorständen** der Landeszentralbanken sowie dem **Zentralbankrat**, dem das Direktorium sowie die Landeszentralbank-Vorstände angehören; bis zum Jahre 1991 gab es in jedem Land der alten Bundesländer je eine Landeszentralbank. Nach einem Beschluß der Bundesregierung vom Oktober 1991 gibt es ab 1993 einschließlich der neuen Bundesländer nur noch insgesamt neun Landeszentralbanken: Rheinland-Pfalz / Saarland, Hamburg / Schleswig-Holstein / Mecklenburg-Vorpommern, Bremen / Niedersachsen / Sachsen-Anhalt, Berlin / Brandenburg, Hessen / Thüringen, Nordrhein-Westfalen, Bayern, Baden-Württemberg und Sachsen. Die **Landeszentralbanken** sind für ihren regionalen Geschäftsbereich zuständig und dienen den Geschäftsbanken als **Clearing-Stelle**. Außerdem nehmen sie die Funktion einer **Evidenzzentrale** für Millionenkredite wahr. Der Zentralbankrat faßt währungs- und kreditpolitische Beschlüsse, die das Direktorium durchführt.

Nach **§ 3 BBankG** regelt die **Deutsche Bundesbank** mit Hilfe ihrer währungspolitischen Befugnisse den Geldumlauf und die Kreditversorgung der Wirtschaft mit dem Ziel,

- die Währung (den Geldwert) und
- die bankmäßige Abwicklung des Zahlungsverkehrs im Inland und im Ausland

zu sichern. Sie wird deshalb der Volkswirtschaft stets in erforderlichem Umfange Geld zur Verfügung stellen, damit die eingegangenen Zahlungsverpflichtungen abgewickelt werden können.

Das Ziel, die inländische Währung zu sichern, wird von der **Deutschen Bundesbank** als Stabilisierung des Geldwertes, also als Kontrolle des allgemeinen Preisniveaus interpretiert. Damit wird die Funktion des Geldes als Wertaufbewahrungsmittel hervorgehoben.

Nach **§ 14 BBankG** hat ausschließlich die **Deutsche Bundesbank** das Recht, Banknoten auszugeben, die einziges unbeschränktes, gesetzliches Zahlungsmittel (**legal tender**) sind. Hiermit ist die Funktion des Geldes als allgemeines Tauschmittel angesprochen.

Die Stellung der **Deutschen Bundesbank** gegenüber der Regierung ist in **§ 12** und **§ 13 BBankG** geregelt. Nach **§ 12 BBankG** ist die **Deutsche Bundesbank** verpflichtet, unter Wahrung ihrer Aufgabe die Währung zu sichern, die allgemeine Wirtschaftspolitik der Bundesregierung zu unterstützen. Sie ist aber bei der Ausübung ihrer Befugnis von Weisungen der Bundesregierung unabhängig. Diese **Autonomie** der **Deutschen Bundesbank** ist ökonomisch wesentlich. Eine autonome Zentralbank kann wegen des fehlenden Gewinninteresses trotz Monopolstellung kein Interesse daran haben, eine inflationäre Politik – also eine den Staatshaushalt alimentierende Geldpolitik – zu betreiben. Dies setzt aber zugleich voraus, daß auch die Entscheidungsträger der Notenbank nicht beeinflußbar – etwa durch das Vorschlagsrecht der Regierung zur Wiederwahl – sein dürfen. Das gilt auch für das Interesse der Entscheidungsträger hinsichtlich einer Anschlußkarriere; Entscheidungsträger der Notenbank sollten bei ihrer Wahl daher nur einmal für eine genügend lange Amtsdauer gewählt werden dürfen und sollten bei ihrem Amtsantritt bereits ein entsprechend hohes Lebensalter aufweisen.

Die gesetzlich geregelte Autonomie der **Deutschen Bundesbank** kann zur Konsequenz haben, daß die Zentralbank den Akzent ihrer Geldpolitik gegenüber der Wirtschaftspolitik der Bundesregierung verlagert: Die **Deutsche Bundesbank** wird z.B. auch dann das Ziel Preisniveau-Stabilität anstreben, wenn die Bundesregierung das Ziel Vollbeschäftigung präferiert.

Nach **§ 13 BBankG** hat die **Deutsche Bundesbank** die Regierung in Angelegenheiten von wesentlicher währungspolitischer Bedeutung zu beraten und ihr auf Verlangen Auskunft zu geben. Die Mitglieder der Bundesregierung haben das Recht, an den (14täglichen) Beratungen des Zentralbankrates teilzunehmen. Sie haben aber kein Stimmrecht, gleichwohl können sie Anträge stellen; auf ihr Verlangen ist eine Beschlußfassung des Zentralbankrates um bis zu zwei Wochen auszusetzen. Umgekehrt soll auch die Bundesregierung den Präsidenten der **Deutschen Bundesbank** zu ihren Beratungen über Angelegenheiten von währungspolitischer Bedeutung hinzuziehen.

Die Bundesregierung kann mithin nicht nach eigenem Ermessen das Geldangebot in der Volkswirtschaft beeinflussen. Ihr Recht, Scheidemünzen bis zum Nennwert von bis zu DM 5,– zu prägen, ist geldpolitisch praktisch bedeutungslos. Eine Verschuldung der Regierung bei der **Deutschen Bundesbank** ist limitiert. Nach **§ 20 BBankG** sind die Höchstgrenzen für Kassenkredite der öffentlichen Hand einschließlich der Schatzwechsel, die die **Deutsche Bundesbank** auf eigene Rechnung von ihr kauft, für den Bund mit DM 6 Mrd., für die Länder mit DM 40,– je Einwohner (bei Stadtstaaten DM 80,– je Einwohner) und für die Sondervermögen (Bundesbahn und Bundespost) mit DM 1,25 Mrd. festgelegt.

Nach **§ 42** und **§ 42a BBankG** ist der Bund verpflichtet, für die **Deutsche Bundesbank** auf Verlangen Schatzwechsel und unverzinsliche Schatzanweisungen bis zum Nennbetrag der Ausgleichsforderungen[1], d.h. bis zur Höhe von DM 8,1 Mrd., für Offenmarktoperationen zu mobilisieren. Reicht dieser Betrag an Mobilisierungspapieren nicht aus, um Offenmarktoperationen in genügendem Umfang durchzuführen, hat der Bund der **Deutschen Bundesbank** weitere DM 8 Mrd. an Liquiditätspapieren zur Verfügung zu stellen. Die Verschuldungspolitik der Bundesregierung bei der **Deutschen Bundesbank** ist also sehr begrenzt.

Nach **§ 27 BBankG** steht dem Bund seit jeher ein Teil des Bundesbankgewinnes zu. Der Reingewinn der **Deutschen Bundesbank** ist vorab im Umfang von 20% einer gesetzlichen Rücklage, mit bis zu 10% zur Bildung von Rücklagen, mit DM 30 Mio. dem **Fonds zum Ankauf von Ausgleichsforderungen** zuzuführen, und der Restbetrag ist an den Bund abzuführen. Bei einem Bilanzgewinn im Jahre 1990 von DM 9,113 Mrd. machte dies eine Gewinnabführung an den Bund von DM 8,265 Mrd. aus.

Die geld- und währungspolitischen Befugnisse der **Deutschen Bundesbank** sind

- Ausgabe von Banknoten (**§ 14 BBankG**)
- Diskontsatz-Politik (**§ 15 BBankG, § 19 BBankG**)
- Offenmarkt-Politik (**§ 15 BBankG, § 21 BBankG**)
- Mindestreservesatz-Politik (**§ 16 BBankG**)
- Einlagepolitik (**§ 17 BBankG**)
- Swapgeschäfte (**§ 19 BBankG**)
- Interventionspolitik (**§ 23 BBankG**)
- Pensionsgeschäfte

durchzuführen. Diese Befugnisse nimmt die **Deutsche Bundesbank** wahr, um das Geldangebot der Geschäftsbanken und bestimmte Einlagen der öffentlichen Hand zu beeinflussen. **Direktgeschäfte** mit Nichtbanken, wie es der **Deutschen Reichsbank** möglich war, führt die **Deutsche Bundesbank** nicht durch.

Die **Deutsche Bundesbank** ist international Mitglied der **Bank für internationalen Zahlungsausgleich BIZ**, des **Internationalen Währungsfonds** und des **Europäischen Fonds für währungspolitische Zusammenarbeit EFWZ**.

Eine grobe Struktur des deutschen Bankensystems ergibt sich aus Tabelle 11.

---

[1] Ausgleichsforderungen gegenüber der öffentlichen Hand wurden den Kreditinstituten und Versicherungen mit der Währungsreform 1948 zum Ausgleich der Neubewertung ihrer Aktiva zugestanden. Ausgleichsforderungen der **Deutschen Bundesbank** sind der bilanzmäßige Gegenposten für die Pro-Kopf-Geldausgabe bei dieser Währungsreform.

Tabelle 11 Bankensystem in Deutschland: Monetäre Behörden, Kreditinstitute

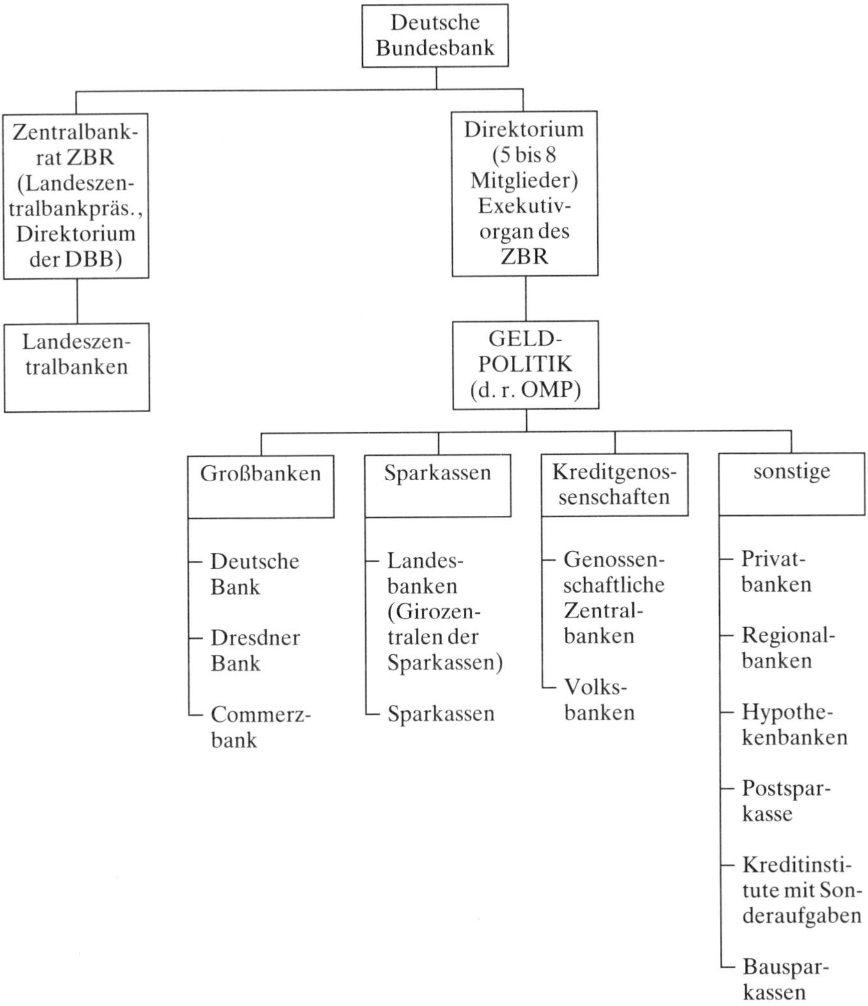

2.2 Die Organisation der Deutschen Bundesbank

Die **Deutsche Bundesbank** mit dem Sitz in Frankfürt am Main hat drei Hauptorgane: den Zentralbankrat, das Direktorium und die Vorstände der Landeszentralbanken.

Der Zentralbankrat, geregelt in **§ 6 BBankG**, ist oberstes Beschlußorgan der **Deutschen Bundesbank** und damit verantwortlich für die geldpolitischen Beschlüsse. Dem Zentralbankrat gehören das Direktorium und die Vorstände der Landeszentralbanken an.

Das Direktorium, geregelt in **§ 7 BBankG**, ist Exekutivorgan der **Deutschen Bundesbank** und damit verantwortlich für die Durchführung der Zentralbankbeschlüsse. Dem Direktorium gehören der Bundesbankpräsident, der Bundesbankvizepräsident und bis zu 8 weitere Mitglieder an. Das Direktorium ist insbesondere verantwortlich für die Durchführung von Geschäften mit dem Bund und seinen Sondervermögen, mit den Geschäftsbanken, für Devisen und Offenmarktgeschäfte.

Die Vorstände der Landeszentralbanken, geregelt in **§ 8 BBankG**, sind die regionalen Organe der **Deutschen Bundesbank** in den Bundesländern. Ihr gehören ein Präsident, ein Vizepräsident und weitere Mitglieder jeder der ab 1992 insgesamt neun Landeszentralbanken an. Über die Landeszentralbank und deren Haupt- sowie Zweigstellen wird das Clearing der Banken untereinander abgewickelt; hier werden auch die Mindestreserveverpflichtungen der Geschäftsbanken kontrolliert. Orte, in denen sich die Niederlassung einer Landeszentralbank befindet, sind Bankplätze. Innerhalb eines Bundeslandes hat die betreffende Landeszentralbank selbständige Geschäftsbefugnisse, also unabhängig von der **Deutschen Bundesbank**; allerdings nur im Rahmen der geldpolitischen Beschlüsse des Zentralbankrates.

Die Unabhängigkeit der **Deutschen Bundesbank** wird durch ihre personelle Unabhängigkeit nach außen und das Kollegialprinzip nach innen dokumentiert. Eine Dienst- oder Fachaufsicht über die **Deutschen Bundesbank** besteht nicht.

2.3 Die Stellung der Zentralbanken im Ausland

In Frankreich hat die Zentralbank (**Banque de France**) die wirtschafts- und sozialpolitischen Zielvorstellungen der Regierung so weit wie möglich zu unterstützen. Die Regierung zeichnet der Zentralbank die Kreditpolitik vor. Damit ist die französische Zentralbank praktisch eine untergeordnete Institution der Regierung. Eine grobe Übersicht über die Bankenstruktur Frankreichs zeigt Tabelle 12.

In Italien unterliegt die Zentralbank (**Banca d 'Italia**) der Staatsaufsicht unter dem Vorsitz des Schatzministers. Anders als in Deutschland obliegt der italienischen Zentralbank auch die **Bankenaufsicht**, die in Deutschland vom **Aufsichtsamt für das Kreditwesen** ausgeübt wird. Eine grobe Übersicht über die Bankenstruktur Italiens zeigt Tabelle 13.

In den Niederlanden ist die Zentralbank (**Nederlandsche Bank**) ähnlich wie in Deutschland autonom. Zwar ist der Regierung ein Plafond von hfl 150 Mio. eingeräumt, doch ist dieser Betrag verhältnismäßig gering. Eine weitergehende Kreditgewährung der Zentralbank an das Schatzamt unterliegt – anders als in Deutschland – dem freien Ermessen der Zentralbank.

In Belgien dagegen wird die Geld- und Kreditpolitik neben der Zentralbank (**Banque Nationale de Belgique**) auch von der Bankenkommission (**Commission bancaire**) ausgeübt. Die belgische Zentralbank untersteht der Regierung und hat ihren Teil an der allgemeinen Wirtschaftspolitik zu erfüllen. Damit übt Belgien zugleich auch wesentlichen Einfluß auf die Geld- und Kreditpolitik in Luxemburg aus, da in der **Belgisch-Luxemburgischen Wirtschaftsunion** die belgische Zentralbank zugleich auch Notenbankfunktionen in Luxemburg wahrnimmt.

Auch in Großbritannien untersteht die Zentralbank (**Bank of England**) den wirtschaftspolitischen Weisungen des Schatzamtes. Seit 1976/77 ist die Entwicklung des inländischen Kreditwachstums (**domestic credit expansion DCE**) wichtigstes

Tabelle 12 Bankensystem in Frankreich: Monetäre Behörden, Kreditinstitute

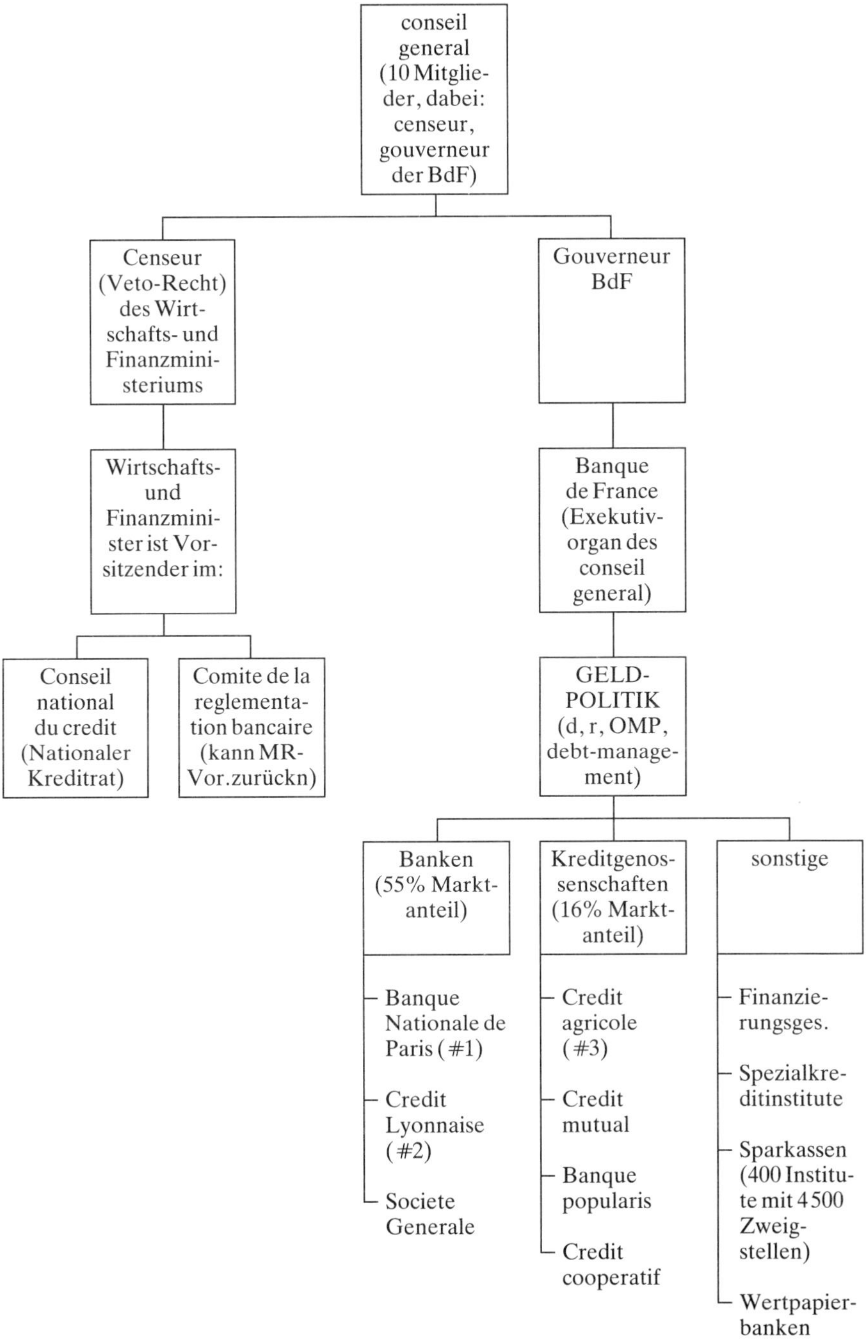

Quelle: R. E. Grosjean, Franz. Banksystem

Tabelle 13 Bankensystem in Italien: Monetäre Behörden, Kreditinstitute

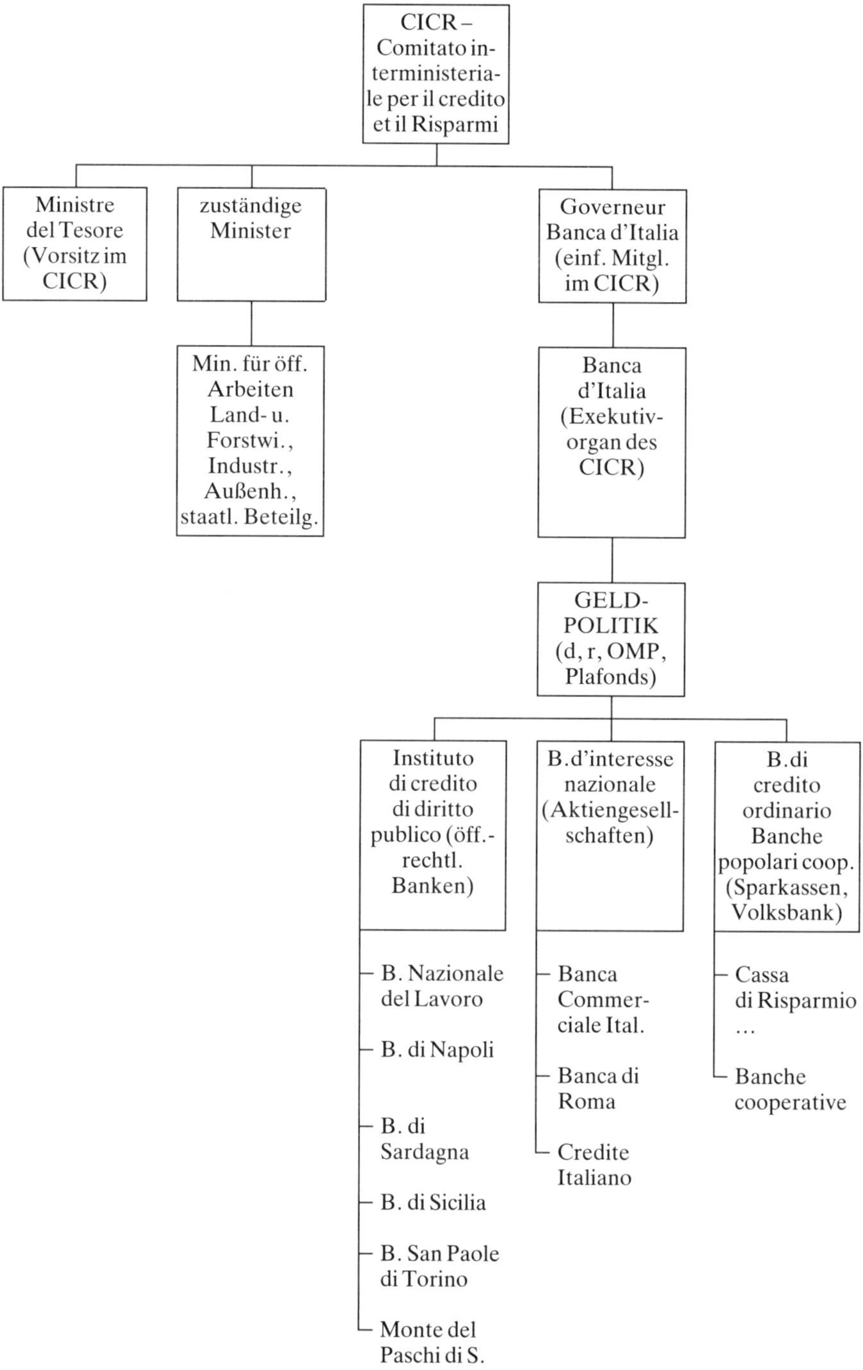

Quelle: Ezio Mauri, Il sistema bancario

monetäres Zwischenziel. Eine grobe Übersicht über das britische Bankensystem zeigt Tabelle 14.

Tabelle 14 Bankensystem in Großbritannien: Monetäre Behörden, Kreditinstitute

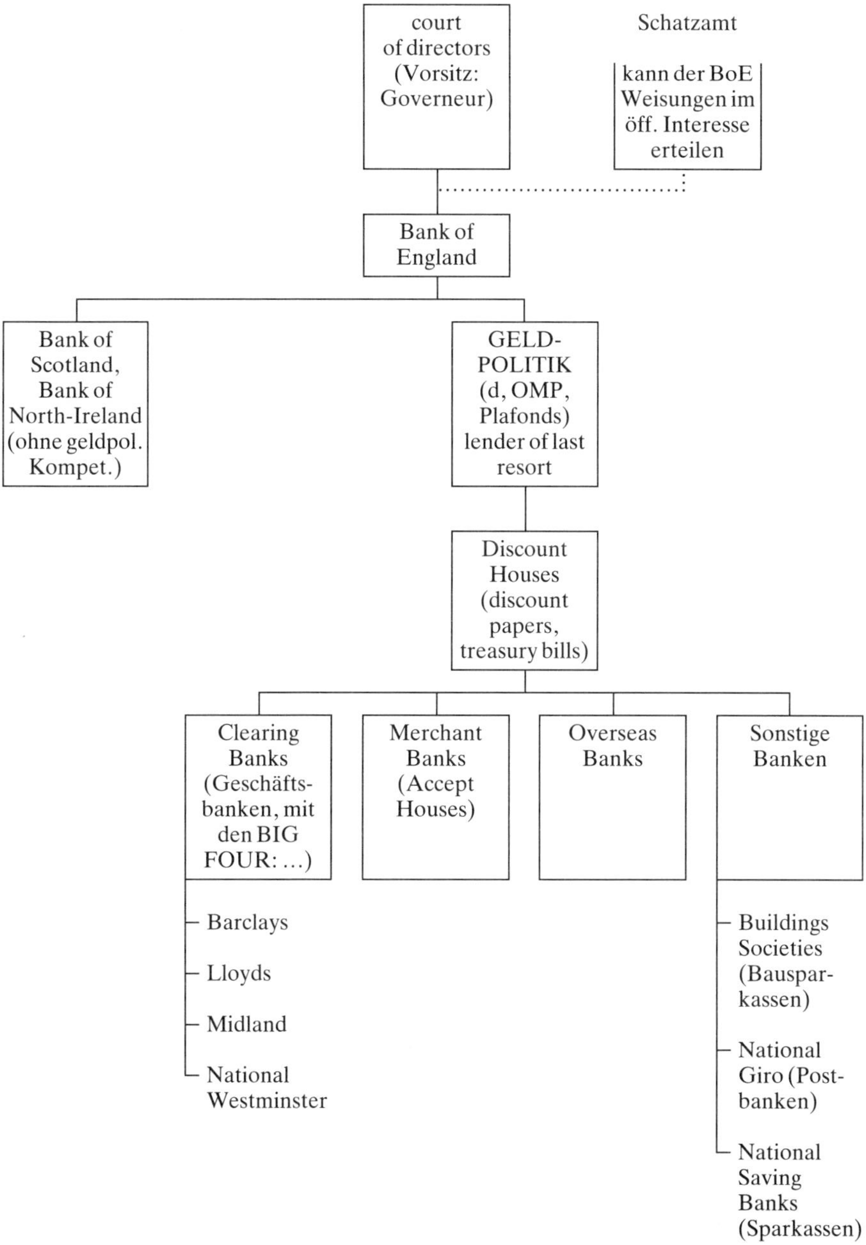

Quelle: Ch. A. E. Goodhart, Operational Role

Tabelle 15 Bankensystem in den USA: Monetäre Behörden, Kreditinstitute

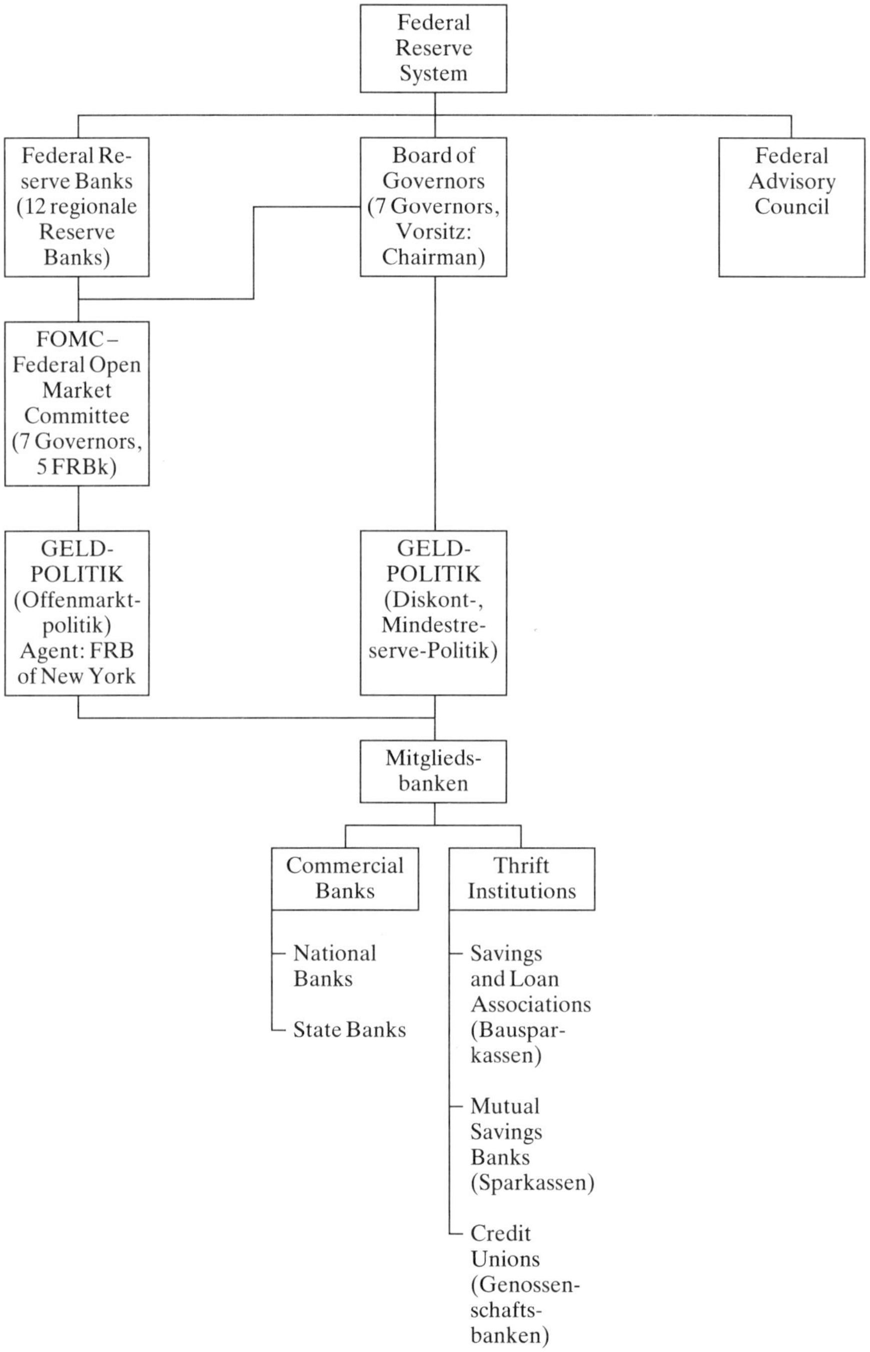

Quelle: B. H. Beckhart, Fed Res System

In den USA gibt es keine einzelne Zentralbank, sondern historisch begründet das **Federal Reserve System**, formal vergleichbar der früheren **Bank deutscher Länder**, juristisch allerdings als Aktiengesellschaft konzipiert. Das **Federal Reserve System** besteht aus 12 **Federal Reserve Banks**, jeweils eine in 12 Distrikten des Landes, deren geld- und kreditpolitisch wichtigste die **Federal Reserve Bank of New York** ist. Die Geschäftsbanken der USA unterliegen nicht automatisch kreditpolitischen Maßnahmen des **Federal Reserve Systems**, sondern nur insoweit sie sich freiwillig diesem System anschließen; für diesen Fall haben sie aber auch die Möglichkeit, sich bei diesem **Federal Reserve System** zu refinanzieren. Da die gesetzlichen Regelungen in den USA einer Bank kaum gestatten, über die Landesgrenze eines Bundesstaates hinaus in einen anderen Bundesstaat hinein – wohl aber ins Ausland – zu expandieren, sind die Geschäftsbanken regional fixiert.

Das **Federal Reserve System** hat mit dem **Board of Governors**, dem sieben vom Staatspräsidenten bestimmte und vom Senat bestätigte Mitglieder mit einer Amtszeit von je 14 Jahren angehören, ein Führungsorgan, das über die Geldpolitik bestimmt. Der **Board of Governors** legt den Diskontsatz und die Mindestreservesätze der Mitgliedsbanken fest. Das **Federal Reserve System** ist damit ähnlich unabhängig wie die **Deutsche Bundesbank**, wenn auch – wie in Deutschland – die wirtschaftspolitischen Ziele des Kongresses unterstützt werden sollen. Die Mitglieder des **Board of Governors** sind zugleich auch Mitglieder des zwölfköpfigen **Federal Open Market Committee** (Agent des **FOMC: Federal Reserve Bank of New York**), das über die Offenmarktpolitik entscheidet; außerdem beraten sie den Kongreß über wirtschaftliche Probleme. Eine grobe Übersicht über das US-amerikanische Bankensystem gibt Tabelle 15.

3. Die Struktur des deutschen Bankensystems

Wesentlich für das Erreichen der von der **Deutschen Bundesbank** angestrebten Ziele, insbesondere ihrer Zwischenziele, ist die Struktur des Bankensystems. Nur wenn die **Deutsche Bundesbank** mit ihren geldpolitischen Instrumenten die Kreditinstitute beeinflussen kann, wird ihre Geldpolitik erfolgreich sein.

3.1 Die deutschen Kreditinstitute

Als **Universalbanken**, die mit Ausnahme der Notenausgabe sämtliche Bankgeschäfte betreiben, gelten in Deutschland

- **Kreditbanken**,
- **Sparkassen**,
- **Genossenschaftsbanken**;

daneben gibt es noch Spezialbanken wie **Realkreditinstitute** (Hypothekenbanken), **Teilzahlungsbanken, Kreditinstitute mit Sonderaufgaben (Industriekreditbank** als privatrechtliches Institut und **Kreditanstalt für Wiederaufbau** sowie **Landwirtschaftliche Rentenbank** als öffentlich-rechtliche Institute) und die **Postscheck-** sowie **Postsparkassenämter**, die sich mit Spezialaufgaben befassen.

Zu den **Kreditbanken** zählen die Großbanken (**Deutsche Bank, Dresdner Bank Commerzbank**), die Regionalbanken (**Bank für Gemeinwirtschaft, Bayerische Hypo-Bank, Bayerische Vereinsbank**) sowie Privatbankiers, außerdem die Zweigstellen ausländischer Banken.

Die **Sparkassenorganisation** gliedert sich in die lokalen Sparkassen (Stadt- und Kreissparkassen), die Landesbanken (regionale Girozentralen) und die **Deutsche Kommunalbank/Deutsche Girozentrale** als Spitzenorganisation der Sparkassen. Die Sparkassen und ihre Girozentralen sind öffentlich-rechtliche Institutionen, für deren Verbindlichkeiten die Gemeinden und deren Verbände haften. Dem Aufsichtsrat der privatrechtlichen Kreditinstitute entspricht bei den Sparkassenorganisationen der Verwaltungsrat, dem die Gewährungsträger des Sparkassenwesens angehören.

Die Girozentralen in den einzelnen Bundesländern haben die Aufgabe, lokalen Sparkassen Refinanzierungshilfen anzubieten und auch Kredite zu übernehmen, deren Finanzierungsvolumen über die Kreditbeschaffungsmöglichkeit einer einzelnen Sparkasse hinausreicht. Mit ihrem **Verbundsystem** betreiben die Sparkassenorganisationen heute im Prinzip die gleichen Geschäfte wie die Kreditbanken.

Die **genossenschaftlichen Banken** sind ähnlich strukturiert wie die Sparkassen. Auch die Genossenschaftsbanken gliedern sich in Kreditgenossenschaften (Volks- und Raiffeisenbanken, Spar- und Darlehnskassen) auf örtlicher Ebene, genossenschaftliche Zentralbanken auf überregionaler Ebene und die **Deutsche Genossenschaftsbank** auf Bundesebene, mit dem im Prinzip gleichen kreditwirtschaftlichen Aufgaben, wie sie der Sparkassenorganisation zugeordnet sind. Hinzu kommt bei den Kreditgenossenschaften ein Förderauftrag zu Gunsten der in der Regel mittelständischen Mitglieder.

Genossenschaftliche Kreditinstitute wurden ursprünglich als Selbsthilfe von Kreditnehmern gegründet, um sich gegenseitig Kredite einräumen zu können. Das Geschäftsgebaren weicht aber heute von dem der anderen Kreditinstitute nicht ab.

3.2 Die Bilanzstruktur der Bankengruppen

Für die Effizienz geldpolitischer Maßnahmen ist es wichtig, ob ein monetäres Instrument überhaupt eine Bank tangiert oder nicht bzw. nur in unbedeutendem Maße. Deshalb sollen kurz die Bilanzstrukturen mit ihren geldpolitisch wichtigen Positionen angeführt werden. Sämtliche Zahlenwerte sind dabei den Monatsberichten der **Deutschen Bundesbank** (Februar 1991) entnommen.

Für die **Kreditbanken** ergibt sich dabei die Bilanzstruktur in Tabelle 16.

Für die Kreditbanken wie auch für die übrigen Kreditinstitute sind beim Aktivgeschäft die Kredite an Nichtbanken natürlich wesentlichste Position. Auf der Passivseite sind die Einlagen von Kreditinstituten relativ hoch, was auf eine starke Verflechtung innerhalb des Kreditsektors hindeutet. Die relativ hoch dotierten Termineinlagen deuten darauf hin, daß die Kreditbanken die Finanzierung ihres Kreditangebotes terminlich abzusichern versuchen.

Bei den Sparkassen ist diese Situation traditionell anders, hier wird das Kreditangebot durch Spareinlagen abgesichert. Die Einleger der Sparkassen sind anders als bei Kreditbanken auch heute noch eher die „kleinen“ Sparer.

Tabelle 16 Kreditbanken, Ende Dezember 1990, in Mrd. DM

Kassenbestand und Guthaben bei der Deutschen Bundesbank	34,8	(2,98%)	Einlagen von Kreditinstituten	415,6	(35,6%)
Kredite an Kreditinstitute	326,4	(27,92%)	Sichteinlagen	123,9	(10,6%)
Kredite an Nichtbanken	746,6	(63,87%)	Termineinlagen	229,5	(19,63%)
Sonstiges	61,2	(5,23%)	Spareinlagen (incl. Sparbriefe)	143,3	(12,26%)
			Eigenkapital	68,9	(5,89%)
			Sonstiges (Inhaberschuldverschreibungen, Rückstellungen)	187,8	(16,02%)
	1169	(100%)		1169	(100%)

nachrichtlich
Wechselbestand 9,2
Wertpapiere 112,6

Für die **Sparkassen** gilt die in Tabelle 17 vorgestellte Bilanzstruktur.

Auffällig für die **Girozentralen** (Landesbanken) der Sparkassen ist gegenüber den lokalen Sparkassen ihre wesentlich stärkere Verflechtung mit der Gesamtheit der Kreditinstitute; hier spiegelt sich die Refinanzierung der Sparkassen bei ihren Girozentralen wider. Dennoch sind auch die Kredite an Nichtbanken relativ hoch, da die Kreditvergabe heute ähnlich wie bei den Kreditbanken erfolgt.

Allerdings refinanzieren sich die Girozentralen statt durch Termin- und Spareinlagen verstärkt durch Inhaberschuldverschreibungen (formlos übertragbare Schuldverschreibungen; der Besitzer gilt als Eigentümer). Dies erklärt auch den relativ niedrigen Kassenbestand und die niedrigen Einlagen bei der **Deutschen Bundesbank**.

Tabelle 17 Sparkassen, Ende Dezember 1990, in Mrd. DM

Kassenbestand und Guthaben bei der Deutschen Bundesbank	30,3	(3,1%)	Einlagen von Kreditinstituten	143,3	(14,6%)
Kredite an Kreditinstitute	277,2	(28,3%)	Sichteinlagen	112,1	(11,5%)
Kredite an Nichtbanken	636,3	(65,0%)	Termineinlagen	123,5	(12,6%)
Sonstiges	35,2	(3,6%)	Spareinlagen (incl. Sparbriefe)	484,1	(49,4%)
			Eigenkapital	36,4	(3,7%)
			Sonstiges	79,5	(8,2%)
	979	(100%)		979	(100%)

nachrichtlich
Wechselbestand 3,3
Wertpapiere 210,1

Tabelle 18 Girozentralen, Ende Dezember 1990, in Mrd. DM

Kassenbestand und Guthaben bei der Deutschen Bundesbank	7,1 (0,9%)	Einlagen von Kreditinstituten	278,1 (36,5%)
Kredite an Kreditinstitute	347,1 (45,56%)	Sichteinlagen	14,8 (1,94%)
Kredite an Nichtbanken	384,7 (50,5%)	Termineinlagen	101,1 (13,27%)
Sonstiges	22,9 (3,04%)	Spareinlagen (incl. Sparbriefe)	5,0 (0,65%)
		Eigenkapital	17,4 (2,28%)
		Sonstiges*	345,4 (45,36%)
	761,8 (100%)		761,8 (100%)

* Inhaberschuldverschreibungen 295,7 Mrd. DM

nachrichtlich
Wechselbestand 1,2
Wertpapiere 96,4

Tabelle 19 Kreditgenossenschaften, Ende Dezember 1990, in Mrd. DM

Kassenbestand und Guthaben bei der Deutschen Bundesbank	17,2 (3,05%)	Einlagen von Kreditinstituten	65,1 (11,56%)
Kredite an Kreditinstitute	174,5 (31,0%)	Sichteinlagen	71,2 (12,65%)
Kredite an Nichtbanken	349,4 (62,06%)	Termineinlagen	122,9 (21,83%)
Sonstiges	21,9 (3,89%)	Spareinlagen (incl. Sparbriefe)	253,0 (44,94%)
		Eigenkapital	21,2 (3,77%)
		Sonstiges	29,6 (5,25%)
	563 (100%)		563 (100%)

nachrichtlich
Wechselbestand 1,4
Wertpapiere 97,3

Für die regionalen Girozentralen der Sparkassen einschließlich der **Deutschen Girozentrale** zeigt sich die Bilanzstruktur in Tabelle 18.

Die Bilanzstruktur der lokalen **Kreditgenossenschaften** ist ähnlich der der Sparkassen; sie ist in Tabelle 19 vorgestellt.

Bei den **genossenschaftlichen Zentralbanken** wird der Charakter einer Refinanzierungsinstitution noch deutlicher als bei den Girozentralen des Sparkassensystems. Auf der Aktivseite wie auf der Passivseite überwiegt die Geschäftsbeziehung zu Kreditinstituten, hier also zu den angeschlossenen Kreditgenossenschaften. Die Girozentralen der Kreditgenossenschaften betreiben also in relativ geringem Umfang Geschäfte mit Nichtbanken und drängen nicht so sehr in die Geschäfte der Kreditbanken, wie das etwa bei den Girozentralen der Sparkassen der Fall ist. Die Bilanzstruktur genossenschaftlicher Zentralbanken ist in Tabelle 20 dargestellt.

Tabelle 20 Genossenschaftliche Zentralbanken, Ende Dezember 1990, in Mrd. DM

Kassenbestand und Guthaben bei der Deutschen Bundesbank	2,2 (1,13%)	Einlagen von Kreditinstituten	151,8 (78,45%)
		Sichteinlagen	4,4 (2,27%)
Kredite an Kreditinstitute	123,8 (63,99%)		
		Termineinlagen	9,2 (4,75%)
Kredite an Nichtbanken	58,9 (30,44%)		
Sonstiges	8,6 (4,44%)	Spareinlagen (incl. Sparbriefe)	0,7 (0,36%)
		Eigenkapital	6,5 (3,36%)
		Sonstiges	20,9 (10,81%)
	193,5 (100%)		193,5 (100%)

nachrichtlich
Wechselbestand 0,6
Wertpapiere 35,1

Die **Realkreditinstitute** betreiben traditionell ein langfristiges Kreditgeschäft und refinanzieren sich durch langfristige Termineinlagen sowie Inhaberschuldverschreibungen. Ihre Bilanzstruktur ist in Tabelle 21 dargestellt.

Kreditinstitute mit Sonderaufgaben sind relativ stark mit den übrigen Kreditinstituten verflochten, da sie in erster Linie öffentlich geförderte Kredite vergeben, die dann als Einlagen bei anderen Instituten zu Zahlungszwecken gehalten werden. Die Kreditinstitute mit Sonderaufgaben refinanzieren ihr Aktivgeschäft

Tabelle 21 Realkreditinstitute, Ende Dezember 1990, in Mrd. DM

Kassenbestand und Guthaben bei der Deutschen Bundesbank	0,4 (0,07%)	Einlagen von Kreditinstituten	68,7 (11,24%)
		Sichteinlagen	1,0 (0,16%)
Kredite an Kreditinstitute	142,7 (23,35%)		
		Termineinlagen	215,9 (35,33%)
Kredite an Nichtbanken	456,8 (74,74%)		
Sonstiges	11,3 (1,84%)	Spareinlagen (incl. Sparbriefe)	0,2 (0,03%)
		Eigenkapital	15,2 (2,49%)
		Sonstiges*	310,2 (50,75%)
	611,2 (100%)		611,2 (100%)
		* Inhaberschuldverschreibungen	276,5 Mrd. DM

nachrichtlich
Wechselbestand 0,01
Wertpapiere 13,9

durch Termineinlagen und Inhaberschuldverschreibungen. Ihre Bilanzstruktur ist in Tabelle 22 dargestellt.

Tabelle 22 Kreditinstitute mit Sonderaufgaben, Ende Dezember 1990, in Mrd. DM

Kassenbestand und Guthaben bei der Deutschen Bundesbank	1,0	(0,31%)	Einlagen von Kreditinstituten	97,3	(30,07%)
			Sichteinlagen	2,6	(0,8%)
Kredite an Kreditinstitute	156,1	(48,24%)			
			Termineinlagen	100	(30,9%)
Kredite an Nichtbanken	160,4	(49,58%)			
Sonstiges	6,1	(1,87%)	Spareinlagen (incl. Sparbriefe)	0,08	(0,02%)
			Eigenkapital	9,7	(3,0%)
			Sonstiges*	113,92	(35,21%)
	323,6	(100%)		323,6	(100%)

* Inhaberschuldverschreibungen 84,3 Mrd. DM
durchlaufende Kredite 13,7 Mrd. DM

nachrichtlich
Wechselbestand 0,6
Wertpapiere 13,1

Unbedeutender vom Umsatz her sind die **Postscheck- und Postsparkassenämter**. Sie nehmen eine Sonderstellung bei den Kreditinstituten ein und wären in ihrer Bilanzstruktur am ehesten noch mit den Kreditgenossenschaften vergleichbar. Allerdings sind Spareinlagen und Sichteinlagen relativ umfangreicher, wohingegen die Verflechtung mit den anderen Kreditinstituten recht gering ist. Eigenkapital wird bei den Postinstituten nicht ausgewiesen. Die Bilanzstruktur der **Postbanken** ist in Tabelle 23 dargestellt.

Tabelle 23 Postscheck/Postsparkasse, Ende Dezember 1990, in Mrd. DM

Kassenbestand und Guthaben bei der Deutschen Bundesbank	14,1	(20,2%)	Einlagen von Kreditinstituten	2,3	(3,3%)
			Sichteinlagen	19,3	(27,65%)
Kredite an Kreditinstitute	21,1	(30,23%)			
			Termineinlagen	0,09	(0,13%)
Kredite an Nichtbanken	33,2	(47,56%)			
Sonstiges	1,4	(2,01%)	Spareinlagen (incl. Sparbriefe)	42,8	(61,32%)
			Eigenkapital	–	
			Sonstiges	5,31	(7,6%)
	69,8	(100%)		69,8	(100%)

nachrichtlich
Wechselbestand –
Wertpapiere 17,6

Sieht man sich nun die Bilanzstruktur der einzelnen Bankengruppen auf ihre geldpolitische Relevanz an, so fällt auf, daß

- **Offenmarktgeschäfte** vor allem mit **Kreditbanken** und **Girozentralen** durchgeführt werden können. Im Prinzip wären dazu auch Sparkassen in der Lage, doch wickeln diese Wertpapiergeschäfte überwiegend über ihre Girozentralen ab;
- **Diskontpolitik** vor allem mit **Kreditbanken** abgewickelt werden kann;
- **Mindestreservepolitik** jede einzelne Geschäftsbank unterschiedlich trifft, da die Struktur der Sicht-/Termin-/Spareinlagen bei allen Bankengruppen unterschiedlich ist.

Eine globale Geldpolitik ist daher immer auch eine **Bankenstruktur-Politik**!

3.3 Kreditwesengesetz und Kreditschöpfung

Die Kreditgewährung der Geschäftsbanken ist mit Risiken – **Ausfallrisiko, Terminrisiko** und **Zinsänderungsrisiko** sowie **Währungsrisiko** – verbunden. Vom Gesetzgeber sind deshalb zur Begrenzung der Gefahr einer hohen Risikobereitschaft bei einzelnen Banken Vorschriften im **Gesetz über das Kreditwesengesetz KWG** vom 10.07.1961 erlassen worden. In diesem Gesetz ist die Gewährung von **Großkrediten, Millionen-** und **Organkrediten** geregelt. Volkswirtschaftlich bedeutsam ist für die Geldpolitik hier der **Grundsatz I des KWG**. Danach sollen vergebene Kredite das **18-fache des haftenden Eigenkapitals** nicht überschreiten. Mit dieser Vorschrift ist also die Obergrenze der Kreditvergabemöglichkeit durch die Geschäftsbanken fixiert.

Geht man einmal von der oben angeführten Bilanzstruktur der Kreditinstitute aus und unterstellt, daß Kredite an Kreditinstitute auf der Aktivseite und Einlagen von Kreditinstituten auf der Passivseite **Interbankengeschäfte** sind, so entsprechen die Sparkassen wie die Kreditgenossenschaften nicht ganz - was aber auch an dem groben Zahlenwerk liegen mag –, die Girozentralen der Sparkassen sowie die Realkreditinstitute überhaupt nicht dieser Vorschrift; von den Postscheck- und Sparkassenämtern einmal abgesehen, die ja Teil des Bundessondervermögens der **Deutschen Bundespost** sind. Für die Realkreditinstitute gilt, daß deren Kredite in der Regel hypothekarisch abgesichert sind.

Es wurde deshalb gerade aus dem Sparkassensektor die Forderung erhoben, den **Grundsatz I des KWG** für Sparkassenorganisationen vom 18fachen auf das 27fache zu erweitern. Der Grund dafür wird in der Möglichkeit des Gewährsträgers gesehen, eher Verluste ausgleichen zu können als es bei privaten Kreditinstituten der Fall ist. Allerdings müßte eine solche Regelung, für die Sparkassenorganisation die Kreditvergabemöglichkeit auf das 27fache des haftenden Eigenkapitals zu erhöhen, zu einer gravierenden Wettbewerbsverzerrung unter den Kreditinstituten führen. Denn das erhöhte Haftungspotential öffentlicher Kreditinstitute beruht auf der Möglichkeit der Gewährsträger, zwangsweise und unentgeltlich eventuelle Verluste dem Steuerzahler aufzubürden; private Banken können dies nicht. Im übrigen sollte die Möglichkeit einer erhöhten Haftung auch die einer verstärkten Eigenkapitalbildung enthalten, was die gerade angeführte Forderung obsolet werden ließe.

Der **Grundsatz Ia des KWG** beschränkt die Fremdwährungs- und Edelmetallgeschäfte der Kreditinstitute. Der Unterschiedsbetrag zwischen den Aktiv- und

Passivpositionen darf 30 v.H. des haftenden Eigenkapitals nicht übersteigen. Notwendig wurde dieser Grundsatz durch den Konkurs der **Herstatt Bank** im Jahr 1974, der auf Devisenfehlspekulationen zurückzuführen war.

Der **Grundsatz II des KWG** normiert die **Goldene Bankregel**, nach der langfristige Kredite auch langfristig finanziert werden sollten. Dies führt zu einer weiteren Begrenzung der Kreditausweitung von Geschäftsbanken, ebenso wie der **Grundsatz III KWG**, nach dem die Verwendung fremder Mittel durch eine Geschäftsbank relativ leicht wieder mobilisierbar sein sollen.

3.4 Entwicklung der Bankgeschäfte

Für die Zeit ab 1. Januar 1993 hat der **Rat der Europäischen Gemeinschaften** Richtlinien für die Kreditinstitute und Wertpapierfirmen über die **Eigenmittel** (mindestens 5 Mio. ECU ~ 10 Mio. DM), den **Solvabilitäts-Koeffizenten** (8 Prozent der risikobereinigten Aktiva und außerbilanzmäßigen Transaktionen als Eigenmittel) und die **Niederlassungsfreiheit** für Kreditinstitute innerhalb der **EG** nach dem **Heimatlandprinzip** erlassen; danach erfolgt die **Bankenaufsicht** durch das Kreditaufsichtsamt des Heimatlandes, die geldpolitische Unterwerfung durch die nationale Zentralbank des Gastlandes bleibt davon unberührt.

Bank-Niederlassungen brauchen künftig kein eigenes Dotationskapital, noch unterliegen sie der Bankaufsicht des Gastlandes. Das europäische Ziel des gemeinsamen Bankmarktes ist damit noch anspruchsvoller als in den USA; dort ist **interstate-banking** untersagt.

Europaweite Bank-Präsenz ist nur großen Geschäftsbanken möglich. Zwar gibt es seit einiger Zeit sog. **Bankenclubs (EBIC, ABECOR, EUROPARTNERS)**, doch richten sich diese vorwiegend auf die Vermittlung von Krediten, also das sog. **wholesale-banking**. Das Kundengeschäft mit Krediten (**retail-banking**) bleibt bei den örtlichen Banken. Für die europäische Entwicklung des internationalen Wirtschaftsverkehrs wird zunehmend auch die Beteiligungsberatung, das sog. **consulting banking**, sowie die Wertpapieranlage für Kunden, das sog. **investment-banking**, dringlicher.

Für europäische Banken ergeben sich damit drei mögliche Strategien:

- eigener Aufbau eines europäischen Niederlassungsnetzes (**going it alone**),
- Kauf von Kreditinstituten in anderen Ländern (**acquisitions, merger**) und
- Kooperation (**Bankenclubs**).

Die **Unternehmenskultur (corporate culture)** einer Bankunternehmung verlangt eigentlich nach einer **corporate identity** für ihr Unternehmen, was Kooperationen weitestgehend in den Hintergrund treten läßt. Den Aufbau eigener Niederlassungen oder den Kauf ausländischer Kreditinstitute können sich nur ganz große Geschäftsbanken leisten.

Für die nationale Geldpolitik ist dabei insbesondere das **retail-banking**, teilweise – soweit die inländische Geldmenge davon betroffen ist – auch das **wholesale-banking** bedeutsam. Für Geschäftsbanken ist dies das **Zinsgeschäft**. **Consulting-banking** wie auch **investment-banking** unterliegt als **Provisionsgeschäft** bisher nicht geldpolitischer Kontrolle.

Sieht man sich einmal in Abbildung 45 die Entwicklung der **Gewinn- und Verlustrechnung** (west-)deutscher Banken seit 1972 an, so fällt auf, daß zwar der Zins-

Gewinn- und Verlustrechnung
(west)deutscher Banken, in Mrd. DM

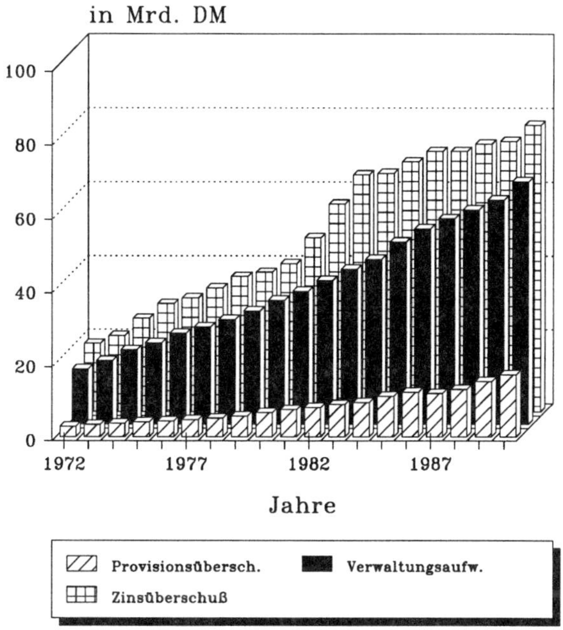

Quelle: Monatsberichte, August 1991.

Abbildung 45

überschuß die bei weitem größte Ertragskomponente ist, der Provisionsüberschuß aber ein immer größeres Gewicht erhält.

Dies hat seinen Grund! Die Ersparnis privater Haushalte in der Bundesrepublik Deutschland fließt (a) in Sachvermögen (z.B. Wohnungseigentum) und insbesondere (b) in Geldvermögen. Auf Grund der ungünstigen Altersstruktur der deutschen Bevölkerung wird ererbtes **Sachvermögen** künftig eher auf dem Immobilienmarkt angeboten als selbst genutzt werden. Banken werden diesen Übergang vom Kredit- zum Immobiliengeschäft begleiten wollen. Der Anteil der Einlagen an der gesamten **Geldvermögensbildung** ist von über 50% im Jahre 1970 auf ungefähr 25% im Jahre 1990 gesunken; dagegen ist der Anteil des Versicherungssparens im gleichen Zeitraum von 12% auf ungefähr 28% und der des Wertpapiersparens von 17% auf fast 35% gestiegen. Dies drängt Kreditinstitute geradezu zu einer **Allfinanz**-Strategie und damit immer stärker ins Provisions-Geschäft.

Vergleicht man nun in Abbildung 46 Zins- und Provisionsüberschuß als Anteil des Geschäftsvolumens bei verschiedenen Banken, so wird deutlich, daß insbesondere die **Großbanken** und **Privatbanken** einen wesentlichen Teil ihres Ertrages durch Geschäfte erzielen, die nicht der Geldpolitik unterworfen sind.

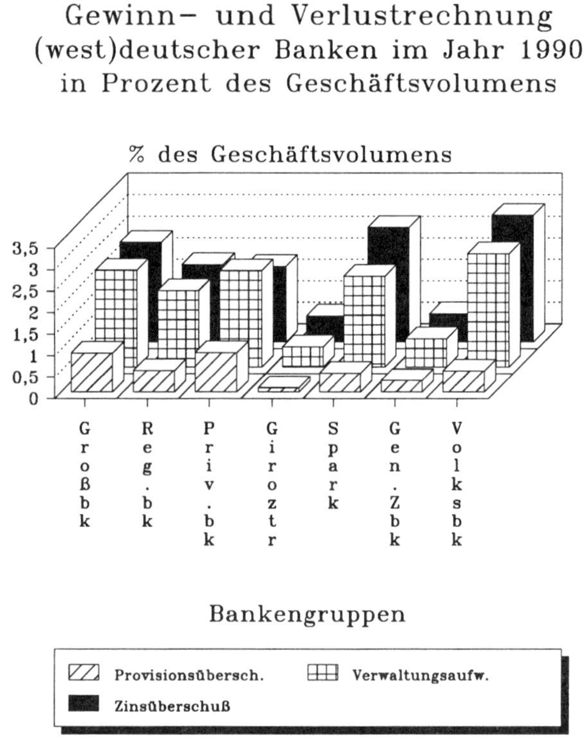

Quelle: Monatsberichte, August 1991.

Abbildung 46

Es fällt auf, daß die **Girozentralen** des Sparkassensystems sowie die **genossenschaftlichen Zentralbanken** nur in einem geringen Anteil an ihrem Geschäftsvolumen Zins- und Provisionserträge erzielen. Auch hier zeigt sich, daß diese Institute überwiegend eine andere Aufgabe – die der Clearingstelle ihrer Bankengruppe – erfüllen.

Allerdings gilt dies nicht für alle Girozentralen in gleicher Weise, einige haben ihr Geschäftsfeld ähnlich wie Großbanken angelegt. Dies gilt auch für die Beteiligungen der Geschäftsbanken an anderen Unternehmungen, wie aus den Tabellen 24, 25, 26 und 27 herausgelesen werden kann.

Die vier größten deutschen Banken sind erwartungsgemäß überwiegend an anderen Kreditinstituten, Intermediären, Finanzierungs- und Leasing-Gesellschaften beteiligt. Ihre Beteiligungen erstrecken sich aber auch auf Vermögensverwaltungs- und Vermögensberatungs-Gesellschaften, die teilweise sogar Tochterinstitute der großen Banken sind. Beteiligungen an Unternehmen außerhalb des Kreditgewerbes dagegen sind relativ gering in ihrer Anzahl; allerdings ist diese Aussage etwas vordergründig, da die Banken über Beteiligungsgesellschaften an einer Reihe von Unternehmen in anderen Branchen beteiligt sind.

Tabelle 24 Deutsche Bank AG, Beteiligungen in Prozentsätzen, 1988

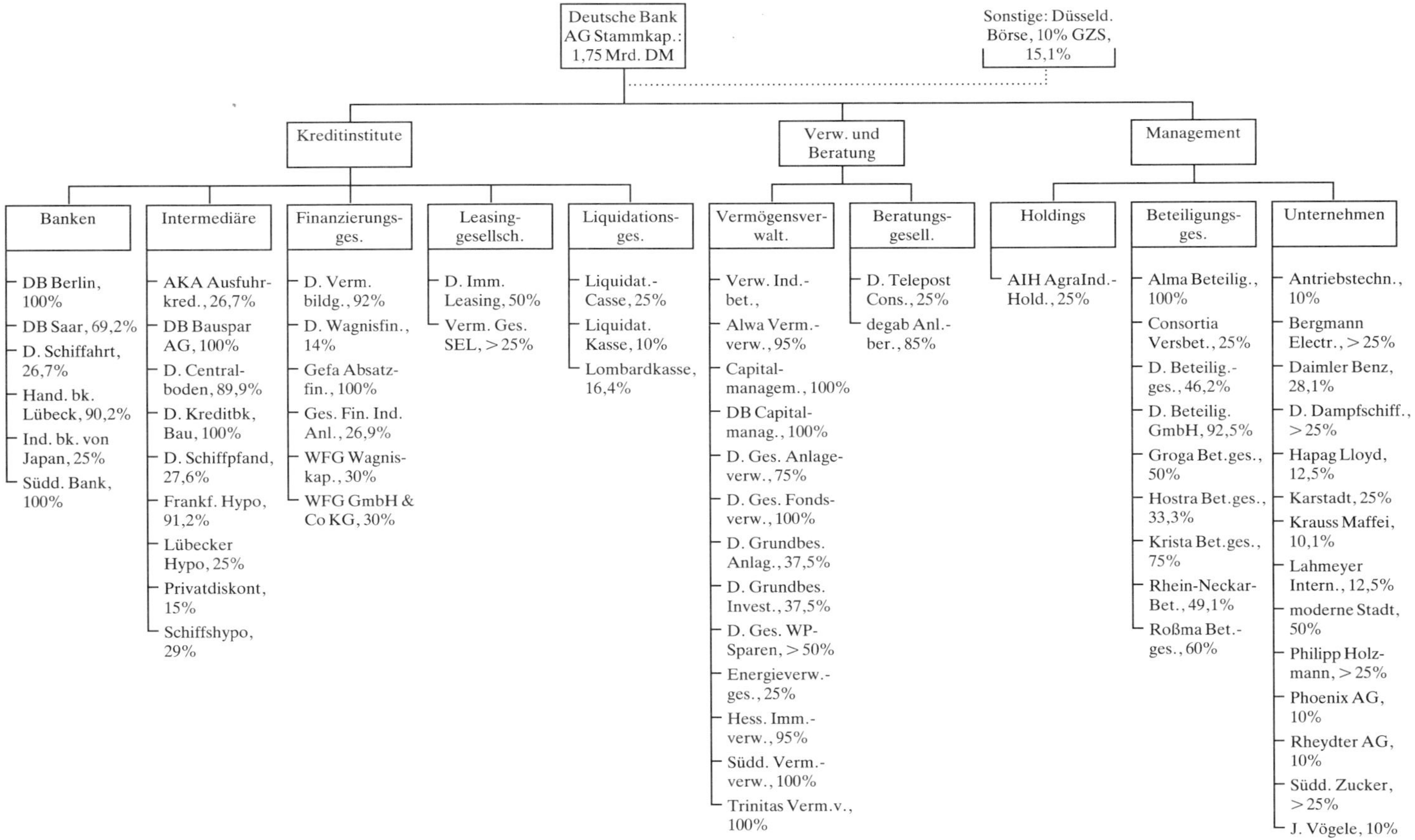

Tabelle 25 Dresdner Bank AG, Beteiligungen in Prozentsätzen

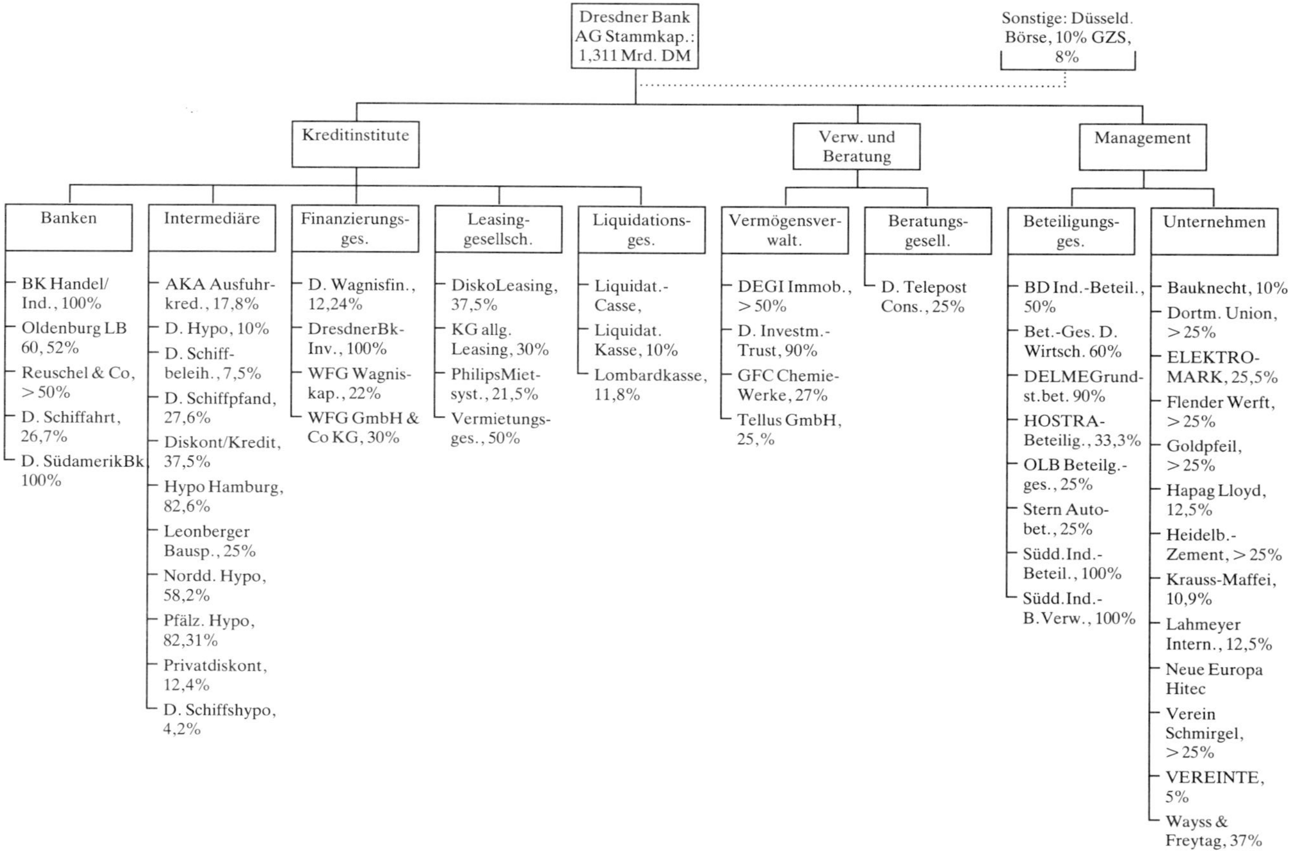

Tabelle 26 Commerzbank AG, Beteiligungen in Prozentsätzen, 1988

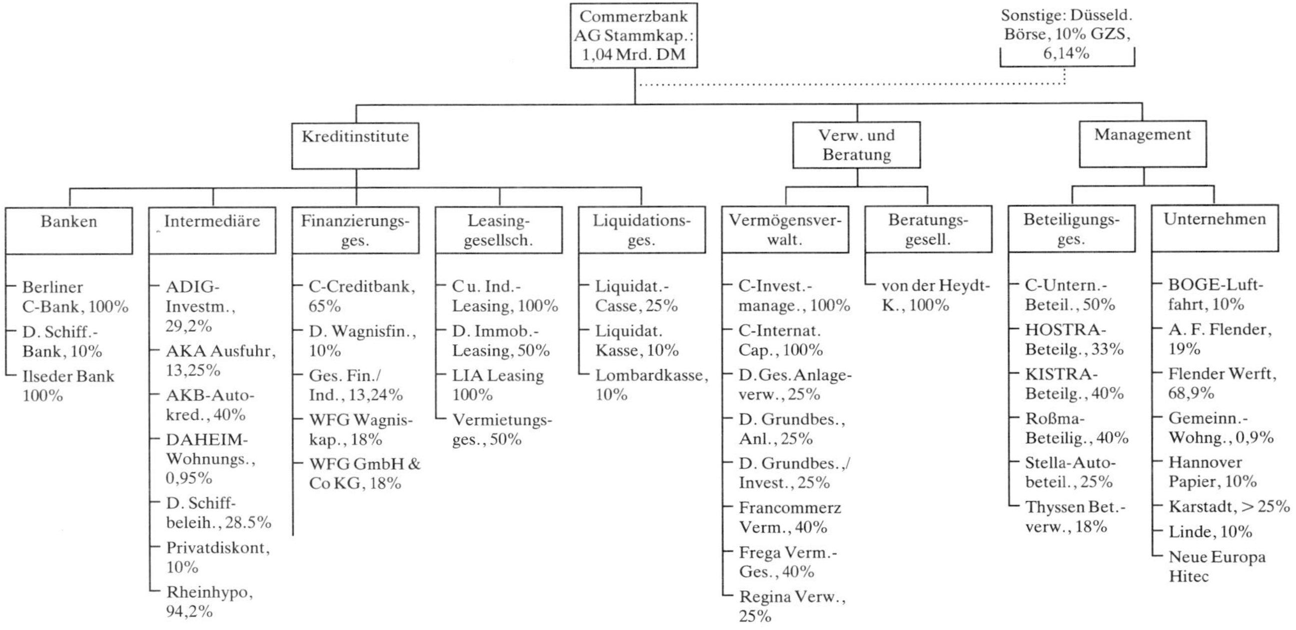

Tabelle 27 WestLB, Beteiligungen in Prozentsätzen, 1988

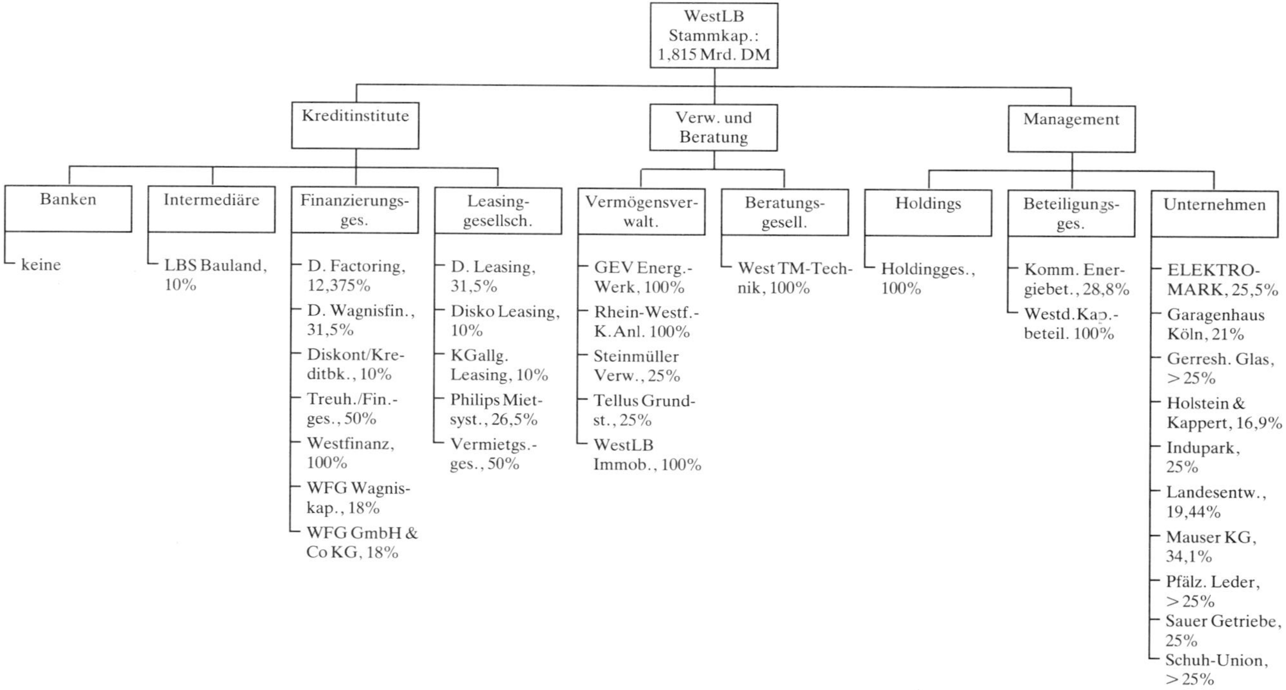

4. Nationale Finanzmärkte

Sehr viele Märkte des monetären Bereichs sind örtlich abstrakte Märkte; dies gilt vor allem für kurzfristige Geschäfte, also die Geldmärkte. Längerfristige Geschäfte werden mit Wertpapieren am Kapitalmarkt durchgeführt, bei denen an den Börsen als Marktort die Geschäfte abgewickelt werden. Beide Märkte werden im folgenden in ihrem gesamten Spektrum vorgestellt.

4.1 Geldmärkte

In der Geldtheorie werden u.a. die Bestimmungsgründe der Geldnachfrage des Publikums und des Geldangebotes des Bankensystems untersucht; im weitesten Sinne konstituieren sie einen Markt für Geld i.w.S. Üblicherweise wird aber nicht dieser Markt, sondern der Handel mit Zentralbankgeld als Geldmarkt bezeichnet, auf dem für Geschäftsbanken eine **Refinanzierungsmöglichkeit** zur Beschaffung von Zentralbankgeld besteht.

Unter Geldmarkt versteht man die Abwicklung von Geschäften unter Kreditinstituten – teilweise auch mit der Zentralbank – deren Marktobjekt Zentralbankgeld darstellt. Teilnehmer am Geldmarkt sind die **Deutsche Bundesbank** und die Geschäftsbanken. Beim Handel von Zentralbankgeld zwischen der **Deutschen Bundesbank** und den Geschäftsbanken werden Geldmarktpapiere als Gegenleistung offeriert; diesen Handel betreibt die **Deutsche Bundesbank** als Offenmarktpolitik, um die gesamte Geldmenge nach ihren geldpolitischen Zielen zu steuern. Der Handel von Zentralbankgeld zwischen den Geschäftsbanken erfolgt auf dem Kreditwege (Geldmarktkredite); dies ist der traditionelle **Geldmarkt**, wie er in Tabelle 28 vorgestellt ist. Auf ihm legen einige Geschäftsbanken vorübergehend nicht gebundenes Zentralbankgeld an. Diese Anlage erfolgt für kurze Fristen, um liquide zu bleiben und zugleich Zinserträge zu erwirtschaften (**Rentabilitätsaspekt**). Ein Bedarf an Geldmarktkrediten entsteht z.B. bei saisonal bedingten oder durch die Bankkundenstruktur verursachten Barabhebungen sowie Überweisungen, die zu einer Anspannung des Liquiditätsbedarfs einer Geschäftsbank führen. Der Markt für Geldmarktkredite sorgt dabei für eine optimale Verteilung der Zentralbankgeldmenge innerhalb des Geschäftsbankensystems.

Geldmarktkredite werden als **Festgeld** mit bei Vertragsabschluß vereinbarter, fester Laufzeit oder als **Kündigungsgeld** mit unbestimmter Laufzeit, jedoch vereinbarter Kündigungs**frist** vergeben; Laufzeiten für Festgeld und Kündigungsgeld sind 1 Tag, 7 Tage, 1 Monat, 2 Monate, 1 Quartal, 2 Quartale und 1 Jahr. Der Handel mit Geldmarktkrediten wird direkt (telephonisch oder fernschriftlich) zwischen den Geschäftsbanken abgewickelt. Ein Geldmarktkredit als Festgeld mit vereinbarter Laufzeit von einem Tag bezeichnet man als **Tagesgeld (day-to-day-money, overnight-money)**. Es hat sich allerdings eingebürgert, Tagesgeldkredite bei beiderseitigem Einverständnis der Marktpartner auch täglich wieder zu verlängern (**„tägliches Geld auf Abruf“**). Dies kommt den Bedingungen für einen Geldmarktkredit als Kündigungsgeld, also **täglichem Geld (call money)** sehr nahe, bei dem der Kredit frühestens einen Tag nach Vertragsabschluß gekündigt werden darf; **tägliches Geld** hat also eine Laufzeit von mindestens zwei Tagen. Insbesondere benötigen Geschäftsbanken sehr kurzfristig Tagesgeld, um ihre

Tabelle 28 Der nationale Geldmarkt

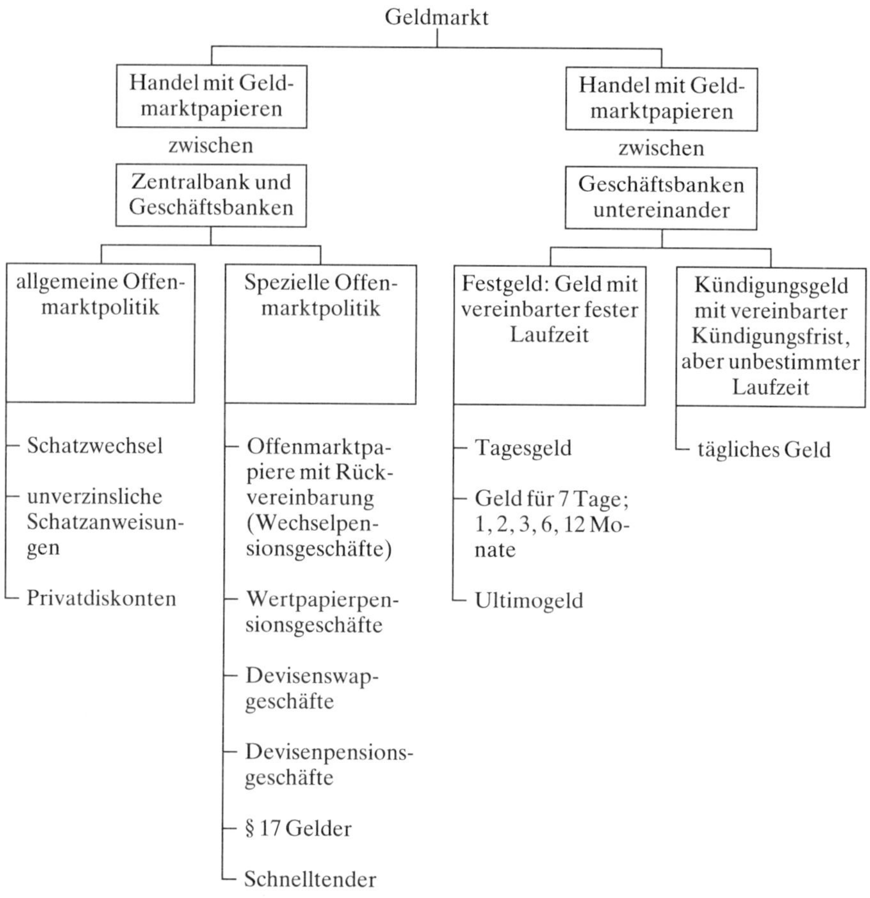

Mindestreserveverpflichtungen erfüllen zu können. Dies kann deshalb erforderlich werden, weil Banken ja nur im Monatsdurchschnitt ihre Mindestreserveverpflichtung zu erfüllen haben und deshalb am Monatsende u.U. verstärkt Zentralbankgeld benötigen; der **„float"** – die Zeitspanne zwischen der Abbuchung des Zentralbankgeldbetrages auf dem Konto bei einer Landeszentralbank und der durch den Postverkehr verzögerten Gutschrift auf dem Konto des Empfängers - erhöht die Nachfrage nach Tagesgeld. Banken fragen dann bei anderen Geschäftsbanken zum Marktzinssatz (**Tagesgeldsatz**) Zentralbankgeld nach.

Ein Geldmarktkredit für eine Laufzeit über ein Monatsende (z.B. Liquiditätsanpassung auf Grund von Gehalts- und Steuerzahlungen) und über ein Jahresende (z.B. Liquiditätsanspannung auf Grund saisonal bedingter Barzahlungen und Überweisungen) wird auch **Ultimogeld** bezeichnet.

Die Beschaffung von Zentralbankgeld kann aber auch durch den Verkauf von Offenmarktpapieren an die Zentralbank erfolgen. Offenmarkttitel sind daher in der Regel Geldmarktpapiere, wenn auch die Zentralbank schon hin und wieder

Offenmarktgeschäfte mit längerfristigen Wertpapieren, die ja definitionsgemäß am Kapitalmarkt gehandelt werden, abgewickelt hat.

Die Inanspruchnahme des **Lombardkredits** einer Geschäftsbank bei der Zentralbank erfolgt ebenfalls mit Geldmarktpapieren, indem Wertpapiere bei der Zentralbank für eine gewisse Zeit beliehen werden. Auf der gleichen Ebene liegen **Pensionsgeschäfte**, bei denen eine Geschäftsbank sich Zentralbankgeld durch die vorübergehende Überlassung von Wertpapieren – durchaus auch andere Geldmarktpapiere – bei einer anderen Geschäftsbank verschafft.

4.2 Kapitalmärkte

Auf dem Kapitalmarkt, der Wertpapierbörse, wird im Gegensatz zum Geldmarkt – auf dem kurzfristige Finanzierungsmittel gehandelt werden –, der Handel mit mittel- bis längerfristigen Finanzierungsmitteln durchgeführt und auch neue Titel emittiert. Dies gilt ebenfalls für die Unterbringung langfristiger Titel von Nichtbanken, wie etwa der öffentlichen Hand. Im weitesten Sinne wird auf ihm Geld für längerfristige Verschuldungen angeboten bzw. für die Bildung längerfristigen Geldvermögens nachgefragt. Er ist ein Teil des Kreditmarktes. Da es sich bei diesem Markt um die Beschaffung von Geld handelt, sind in jedem Falle Geschäftsbanken Marktpartner.

Man unterscheidet einen **organisierten** und einen **nicht organisierten** Kapitalmarkt. Beim **organisierten Kapitalmarkt** werden an der Wertpapier-Börse Aktien und Anleihen angeboten und nachgefragt, entweder als Neuemission (Primärmarkt) oder aus Beständen (Sekundärmarkt). Insbesondere der Sekundärmarkt erfüllt vor allem für Geschäftsbanken die wichtige Funktion, ein Umsteigen vom Kapitalmarkt auf den Geldmarkt zu ermöglichen.

Auf dem **nicht organisierten Kapitalmarkt** werden längerfristige Darlehen, Beteiligungen und Hypotheken direkt zwischen Anbietern und Nachfragern von Finanzierungsmitteln gehandelt, oder aber indirekt unter Zwischenschaltung einer Geschäftsbank so wie er in Tabelle 29 vorgestellt ist.

Tabelle 29 Der nationale Kapitalmarkt

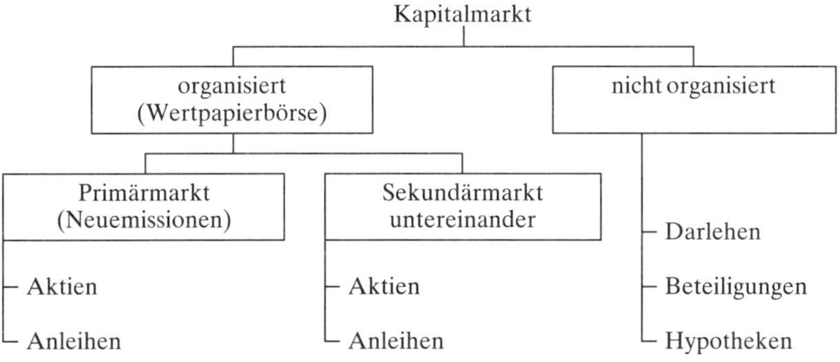

Im internationalen Kapitalverkehr erscheinen solche Anlagen am Kapitalmarkt zwischen In- und Ausländern als **Direktinvestitionen** im Ausland und auch als öffentliche Kreditaufnahme im Ausland; internationale Portfolio-Investitionen sind dagegen dem organisierten (internationalen) Kapitalmarkt zuzurechnen.

Aktien- und Anleiheemissionen unterliegen in der Bundesrepublik Deutschland einer Bonitätsprüfung der Emittenten. Die Börse ist nicht reglementiert, allerdings bestehen gewisse Möglichkeiten des **Außenwirtschaftsgesetzes**, in den internationalen Kapitalverkehr einzugreifen.

Auf dem Kapitalmarkt i.e.S. werden neben Aktien auch variabel- und festverzinsliche Anleihen, wie beispielsweise Kommunalobligationen, Pfandbriefe, Industrieobligationen in Form von Gewinn-, Options- und Wandelobligationen, gehandelt; nicht dagegen Zwangsanleihen des Staates. Die Tilgung der Anleihen erfolgt regelmäßig am Ende der Laufzeit, aber auch in Teilabschnitten während der Laufzeit. Durch **Konversion** kann der Nominalzinssatz einer Anleihe durch Streckung der Laufzeit oder Änderung des Rückzahlkurses reduziert werden.

Die **Umlaufrendite** der Kapitalmarktpapiere wird entscheidend vom Zins auf dem Geldmarkt mit beeinflußt. Ein **Kapitalmarktgleichgewicht** besteht deshalb auch nur dann, wenn der Geldmarkt im Gleichgewicht ist. Geschäftsbanken mit freier Liquidität werden bei ihren Anlageüberlegungen die günstigste Rendite zu realisieren versuchen. Deshalb steht die Umlaufsrendite von Kapitalmarktpapieren in Konkurrenz zum Zinsniveau auf dem Geldmarkt.

Wenn der Bund und/oder seine Sondervermögen **Deutsche Bundesbahn** sowie **Deutsche Bundespost** Anleihen am Kapitalmarkt begeben wollen, bedienen sie sich bei der technischen Abwicklung und Unterbringung bei den Anlegern der Hilfe der Kreditinstitute, die dafür eine **Bonifikation** erhalten. Dabei bilden die beteiligten Kreditinstitute unter der Führung der **Deutschen Bundesbank** ein **Bundesanleihenkonsortium**. Im **Engeren Ausschuß** von 18 Konsortialbanken mit einer Quote von ungefähr 93 v.H. werden vor der Emission einer Anleihe die Modalitäten ausgehandelt. Im **Konsortialvertrag** ist festgelegt, daß jeder Konsorte – mit Ausnahme der **Deutschen Bundesbank** – eine bestimmte Quote der Anleihe übernimmt und sofort dem Emittenden den Anleihebetrag zur Verfügung stellt. Die Konsorten übernehmen dabei also das Risiko des Erfolgs aus der Placierung der Anleihen.

Dem Bundesanleihenkonsortium gehören 80 Kreditinstitute mit den in Tabelle 30 vorgestellten Quoten an.

Das bisherige Emissionsverfahren ist ab Mitte 1990 durch ein kombiniertes **Konsortial-** und **Ausschreibungs-(Tender)Verfahren** ergänzt worden. Danach wird ein Teilbetrag einer Anleihe dem **Bundesanleihe-Konsortium** zur festen Über-

Tabelle 30 Quoten im Bundesanleihe-Konsortium

Kreditinstitute	Quoten v.H.
1. Kreditbanken	
Großbanken	36,0
Regionalbanken	22,0
Privatbanken	6,5
2. Sparkassenorganisation	24,0
3. Genossenschaftsbanken	11,0
4. Dispositionsreserve der Emittenten	0,5
	Σ 100,0

nahme angeboten. Ein weiterer (im Betrag offener) Teil wird im **Tenderverfahren** (Versteigerung), an dem nur Mitglieder des Konsortiums teilnehmen können, emittiert. Das Plazierungsrisiko liegt beim letztgenannten Emissionsverfahren beim Bund, da der Bundesfinanzminister über die Akzeptanz der Gebote befindet. Während auf dem Kreditmarkt bei einer Geschäftsbank Geld auf Grund eines nichtübertragbaren Kreditvertrages nachgefragt wird, wird auf dem Kapitalmarkt Geld von einer Bank oder Nichtbank bei einer anderen Bank auf Grund der Hergabe von handelbaren Wertpapieren nachgefragt. Banken emittieren hierbei (Inhaber)schuldverschreibungen.

5. Internationale Finanzmärkte

Bei internationalen Finanzmärkten handelt es sich um ausländische Geld- oder Kapitalmärkte, auf denen sich Wirtschaftssubjekte ebenfalls Kredite beschaffen können; sie können freie Liquidität dort auch anlegen. Man unterscheidet diese **internationalen Finanzmärkte** wie in Tabelle 31 in den **klassischen** Geld- und Kapitalmarkt und den **Außengeldmarkt** sowie – weniger gebräuchlich – den **Außenkapitalmarkt**.

Tabelle 31 Internationale Finanzmärkte

Internationale Finanzmärkte

- klassischer Kreditmarkt
- Außengeld-Kreditmarkt (Asienmarkt, „Karibik"-Markt etc.)
  - Außengeldmärkte
    - (1) **Eurogeldmarkt**
      - Eurodollarmarkt
      - Euro-DM-Markt
      - Euro-Schweizer Franken-Markt
      - Euro-Gulden-Markt
      - Euro-Sterling-Markt
      - Euro-Yen-Markt
    - (2) Karibik-Dollar-Markt
    - (3) Asiendollar-Markt
    - (4) Arabiendollar-Markt
  - Außenkapitalmarkt
    - **Eurokapitalmarkt**
      - Eurobond-Markt
      - Euro-Anleihe-Markt

Der **klassische** internationale Kredit wird bei einer ausländischen Geschäftsbank in deren **Heimat**währung vergeben bzw. gewährt, ein **Außengeld-Kredit** dagegen bei einer in- oder ausländischen Geschäftsbank in einer **Dritt**währung. Der **klassische** internationale Kredit wie der **Außengeld**-Kredit unterscheiden sich bis auf Wechselkurswirkungen nicht von nationalen Krediten. Dem **Außengeld**-Markt wird jedoch – allerdings nicht unumstritten – eine gegenüber der nationalen Geldschöpfung zusätzliche Geldschöpfungsmöglichkeit zugeschrieben. Der ökonomisch bedeutendste internationale Finanzmarkt, auf dem Außengeld-Kredite vermittelt werden, ist der Euromarkt mit ganz bestimmten Usancen und Konditionen.

Auf Außengeldmärkten wird meistens kurzfristiges Geld angeboten und längerfristig Geld nachgefragt, so daß für kreditgebenden Banken ein Problem der Fristentransformation und für den Kreditnehmer das Problem von **roll-over-Krediten** entsteht; dabei handelt es sich um die laufende Erneuerung des kurzfristigen Kredites bis zur beabsichtigten Laufzeit.

Der umfangreichste Eurogeldmarkt ist der **Eurodollarmarkt**, auf dem sowohl amerikanisches Geschäftsbankengeld (**Eurodollar**) wie auch auf US-$ lautende Geldmarktpapiere gehandelt werden. Eine Übersicht über den Eurodollarmarkt gibt Tabelle 32.

Tabelle 32 Der Eurodollarmarkt

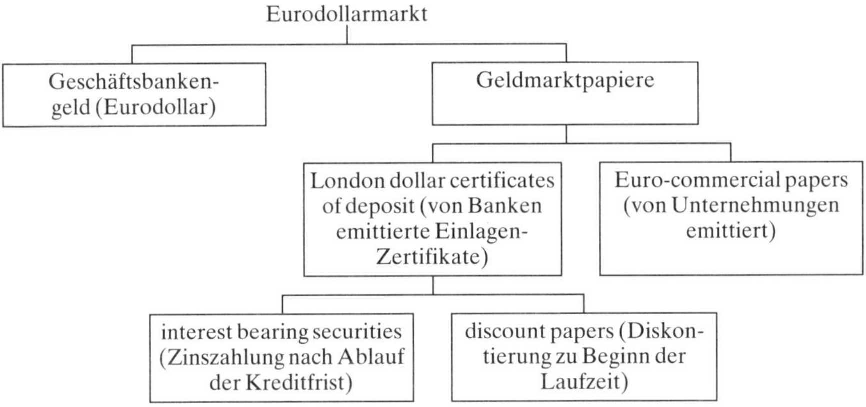

Außengeldmärkte sind inzwischen weltweit verzweigt. Als **Xenomärkte** sind sie finanzielles Niemandsland; sie sind privat verfaßte und exterritoriale Kreditmärkte, die der nationalen Kontrolle weitgehend entzogen sind. Für sie haben sich ganz bestimmte Marktorte, **Euromarktzentren**, mit ganz bestimmten Geschäftsusancen herausgebildet.

Ökonomisch bedeutend ist insbesondere der Euromarkt, auf dem neben **Eurodollar** – das sind Sichteinlagen bei einer amerikanischen Geschäftsbank im Besitz von Geschäftsbanken außerhalb der USA mit Sitz oder Filiale in Europa –, auch **Euro-DM, Euro-Sterling, Euro-Schweizer Franken, Euro-Gulden und Euro-Yen** gehandelt werden. Auf diesen Euromärkten werden kurzfristiges Geld (**Eurogeldmarkt**) und längerfristige Kredite (**Eurokapitalmarkt**) angeboten und nachgefragt, und zwar vorwiegend in ganz bestimmten **Marktzentren**, die in Tabelle 33 aufgelistet sind.

Neben dem **Eurogeldmarkt** gibt es noch den Karibik-Dollarmarkt (Bahamas, Cayman Inseln), den **Asien-Dollarmarkt** für Tagesgeld, genauer: tägliches Geld in Tokio, Hong Kong und Singapur sowie den **Arabien-Dollarmarkt** in Bahrain.

Es bilden sich heute verstärkt – insbesondere aus steuerlichen Gründen und der Abstinenz von Zentralbankregulierungen in bestimmten Regionen – sog. **Ban-**

Tabelle 33 Euromarktzentren

Euromarkt

Eurogeldmarkt	Eurokapitalmarkt
(1) für Eurodollar: Hauptplätze: London, Zürich, Paris und Frankfurt (2) für Euro-DM: Hauptplatz: Luxemburg (3) für Euro-Schweizer-Franken: Hauptplatz: London	für Eurobonds und Euro-Anleihen: Hauptplatz: Luxemburg

kenfreihandelszonen – bei amerikanischen Bankfilialen oder Tochtergesellschaften spricht man von **offshore centers** – in den Orten: Bahamas, Barbados, Bermuda, Cayman Inseln, Hong Kong, Libanon, Liberien, Niederländische Antillen, Panama, Singapur, Vanuta (früher: Neue Hebriden) und anderen Staaten British-Westindiens.

Da auf allen diesen **Xenomärkten** die Geschäfte telefonisch abgewickelt werden, wird eine Kette von Geschäften rund um die Uhr an sieben Tagen der Woche ermöglicht, und zwar auf der Achse London-New York-San Francisco-Tokio-Singapur-Bahrain-Luxemburg-London.

Der Euromarkt ist ein Teilmarkt der **Xenomärkte** mit dem **Eurogeld-** und dem **Eurokapitalmarkt**. Auf ihnen haben sich ganz bestimmte Usancen und Konditionen für Außengeldkredite, also die Kreditvergabe in einer Währung außerhalb des Emissionslandes, eingespielt. Kreditnehmer sind in erster Linie Staaten und Großunternehmen. Hauptmotiv für die Geschäfte am Eurodollarmarkt ist **hedging** und die **Zinsarbitrage**, da wegen der restriktiven Geldpolitik in den USA dort auf Grund der seinerzeit gültigen **regulation Q** ursprünglich praktisch keine Verzinsung der Sichteinlagen erfolgte. Aber auch der Zufluß von **hot money** – kurzfristiges Geld, das erwartete Devisenkursgewinne realisieren soll – bestimmt den Umfang an Eurodollars.

Teilnehmer am Eurogeldmarkt sind ca. 800 Banken höchster Bonität, teilweise waren es auch bis zu 25 Zentralbanken und seit 1974 auch Großunternehmen. Es werden nur hohe, runde Beträge von 500000 US-$ bis 100 Mio. US-$ zu Standardlaufzeiten gehandelt. Es handelt sich dabei um **Tagesgeld** oder um **Kündigungsgeld**. Die Geschäfte werden telefonisch abgeschlossen mit nachträglich schriftlicher Bestätigung per Fernschreiber. Eine **Evidenzzentrale** besteht nicht, doch werden **Finanzkredite** an einzelne Länder zur Finanzierung von Zahlungsbilanzdefiziten häufig nur bei gleichzeitiger Kreditvergabe des **Internationalen Währungsfonds** vergeben, der zugleich die Erfüllung von Auflagen fordern kann.

Der Zinssatz am Eurodollarmarkt für 3 Monats-Geld wird fast unmittelbar durch den New Yorker Tagesgeldsatz bestimmt. Bei Ausleihungen am Eurodollarmarkt und an offshore-Zentren sind allerdings je nach spezifischen Länderrisiken bestimmte Aufschläge in Kauf zu nehmen. Der ausgehandelte Zins setzt sich dabei aus einem für allererste Bankadressen geltenden **Interbanksatz** und einem nach Risiko gestaffelten Aufschlag, dem sog. **spread**, zusammen. Der Interbanksatz für allererste Adressen bezieht sich auf die örtliche Währung, Fristigkeit sowie Laufzeit und wird für Dollarkredite in der Regel mit der **LIBOR** (London Interbank Offered Rate), für Euro-DM mit **LUXIBOR** (Luxemburg Interbank Offered Rate) angegeben; daneben werden auch **NIBOR** (New York Interbank Offered Rate), **BIBOR** (Bahrain Interbank Offered Rate), **FIBOR** (Frankfurt Interbank Offered Rate) und **SIBOR** (Singapore Interbank Offered Rate) benutzt. Der **spread** wird mit einem bestimmten Satz über den Interbankensatz angegeben.

Obgleich eine Tendenz zu Zinsfestschreibungen festzustellen ist, überwiegt die laufende Zinsanpassung. In diesem Falle trägt der Kreditnehmer insbesondere bei **roll-over-Krediten** das Zinsänderungsrisiko. Dies gilt auch für Euro-Anleihen mit variabler Verzinsung, den **floating-rate bonds** oder **floating-rate-notes**.

Für Kredite an Euromärkten gilt äußerste Terminstrenge. Es werden deshalb auch **cross default clauses** vereinbart, nach denen der gesamte Kredit zur Rückzahlung fällig wird, falls der Schuldner mit einer Teiltilgung in Verzug gerät. Umgekehrt versuchen Banken sich gegen ihr Liquiditätsrisiko bei der Beschaffung der Kreditwährung durch eine sog. **multicurrency-clause** oder **switch clause** abzusichern, nach der auch eine andere als die ursprünglich vereinbarte Währung bereitgestellt werden kann; manchmal werden sogar **escape clauses** und **availability clauses** vereinbart, nach denen ein Kreditgeber bei Mangel an gewünschter Währung den Kredit vorzeitig kündigen kann. Umgekehrt führt die Konkurrenz auf dem Eurodollarmarkt auch dazu, daß dem Kreditnehmer eine **Währungsoption** eingeräumt wird, nach der er sich nach Vertragsabschluß noch für eine ihm genehmere Währung entscheiden kann.

6. Exkurs: Internationale Verschuldung

Internationale Verschuldung ist die **Netto-Schuldenposition** von Ländern gegenüber internationalen Geschäftsbanken. Auf internationalen Finanzmärkten werden von den Geschäftsbanken Kredite angeboten, die seit den 70er Jahren verstärkt in ganz bestimmten Regionen und insbesondere auch von Staaten zur Finanzierung ihrer öffentlichen Budgets sowie ihrer Zahlungsbilanz nachgefragt werden. Dabei haben Euromarktzentren mit ganz bestimmten Konditionen und Usancen ein erhebliches Gewicht gewonnen.

Je umfangreicher das von den Geschäftsbanken angebotene Kreditvolumen war, desto größer wurde die Verschuldung der Kreditnehmer. Die Auslandsposition von Geschäftsbanken des Berichtsgebietes der **Bank für Internationalen Zahlungsausgleich BIZ (Bank for International Settlements BIS)** – also die Länder der **Zehnergruppe** (Belgien, Deutschland, Frankreich, Großbritannien, Italien, Japan, Kanada, Niederlande, Schweden und USA) sowie weitere europäische, asiatische und lateinamerikanische Länder, außerdem offshore-Filialen von US-Banken – zeigen ein umfangreiches, regional gestreutes Verschuldungspotential von Kreditnehmern, deren Verteilung Tabelle 34 zeigt.

Die in der Tabelle vorgestellten Angaben können jedoch nicht ohne weiteres mit der Gesamtverschuldung innerhalb und außerhalb des Berichtsgebiets gleichgesetzt werden; es sind nur die Angaben der **„berichtenden" Geschäftsbanken** fest-

Tabelle 34 Herkunft und Verwendung internationaler Bankmittel

	Kreditvergabe	Einlagen
1. Innerhalb des Berichtsgebiets		
(a) bankeigen, als Inlandsgeld	758,1	912,7
(davon: outward-switching		(476,2)
inward-switching)	(379,0)	
(b) Nichtbanken	1696,1	1216,4
sonst. (Zentralbanken)		145,2
2. Außerhalb des Berichtsgebiets	715,1	695,2
(darunter: Osteuropa	(84,2)	(17,5)
OPEC	(128,5)	(234,1)
Lateinamerika	(184,1)	(118,0)
3. Summe	3169,3	2969,5

Berichtsgebiet: Zehnergruppe (Belgien, Deutschland, Italien, Frankreich, Großbritannien, Japan, Kanada, Niederlande, Schweden, USA) und Luxemburg, Dänemark, Finnland, Irland, Norwegen, Österreich, Spanien, Bahamas, Bahrein, Hongkong, Kaimaninseln, Singapur, Niederl. Antillen, off-shore centers in Panama

Quelle: BIZ, Entwicklung des Internat. Bankgesch., Aug. 91

gehalten. Außerdem enthält die Summenzeile eine Reihe von Doppelzählungen wegen der **Interbanktransaktionen** innerhalb des Berichtsgebietes.

Die Differenz zwischen den Forderungen F (Kreditvergabe) und Verbindlichkeiten V (Einlagen) der Banken gibt die **Nettoforderungsposition** bei $F - V > 0$ bzw. die **Nettoverschuldung** bei $F - V < 0$ an. So ergibt sich, daß die Mittelherkunft der internationalen Kredite aus dem Berichtsgebiet selbst kommt – durch **outward switching** von Inlandsgeld in Auslandsgeld in den **Internationalen Bankenfreihandelszonen** seit Ende 1981, die bei US-Banken auch **US international banking facilities (IBF)** genannt werden –. Die Mittelverwendung außerhalb des Berichtsgebiets erfolgt insbesondere in die Regionen Osteuropa, Lateinamerika und Asien, daneben aber auch an andere entwickelte Länder, wie aus Tabelle 35 abgelesen werden kann.

Tabelle 35 Forderungen und offene Kreditzusagen der Banken des Berichtsgebietes der BIZ gegenüber nicht zum Berichtsgebiet gehörenden Ländern, Ende 1990, in Mrd. US $

Position / Land	Forderungen: Summe in Mrd. US-$	Forderungen: bis 1 Jahr	Forderungen: über 2 Jahre	offene Kreditzusagen in % der Forderungen
1. Brasilien	55,5	40,0%	60,0%	6,5%
2. Mexiko	50,4	36,8%	63,2%	8,9%
3. Australien	45,5	48,2%	51,8%	37,8%
4. Sowjetunion	41,3	28,3%	71,7%	14,0%
5. Südkorea	28,7	70,9%	29,1%	31,7%
6. Argentinien	26,1	28,0%	72,0%	4,7%
7. Indonesien	24,7	54,5%	45,5%	22,9%
8. Venezuela	19,0	27,1%	72,9%	10,0%
9. Südafrika	14,6	47,2%	52,8%	15,3%
10. Polen	10,8	30,2%	69,8%	7,9%

Bei diesen internationalen Kapitalströmen spielt die internationale Zinsdifferenz für die Kreditverwender – nicht also auch für die Mittelherkunft der verleihenden Banken – eine eher untergeordnete Rolle; für die Verwendung ist das Kreditpotential wesentlich. Die internationale Zinsdifferenz spiegelt dagegen Anspannung und Liquidität internationaler Finanzmärkte wieder.

Eine weiter oben schon angesprochene Evidenzzentrale hat die Funktion, Informationen über eingegangene Risiken zu sammeln, um so, durch größere Transparenz, die anstehende Risiken besser beurteilen zu können. Dabei handelt es sich für **Geschäftsbanken** insbesondere um das Risiko eines

- hohen Kreditvolumens
- Länderkredits.

Die Funktion einer **Evidenzzentrale für Millionenkredite** nehmen in Deutschland die **Landeszentralbanken** als Filialen der **Deutschen Bundesbank** wahr. An sie haben alle Kreditinstitute in Deutschland, die der Bankenaufsicht unterliegen, nach **§ 14 des Kreditwesengesetzes KWG** Kredite an einen einzelnen Kreditnehmer im Umfang von 1 Mio. DM und mehr zu melden.

Zur Informationssammlung von Länderrisiken hat das **Bundesaufsichtsamt für das Kreditwesen** unter Hinweis auf ein **Gentlemen's Agreement** über freiwillige Meldungen zwischen den Geschäftsbanken und der **Deutschen Bundesbank** die Banken gebeten, erstmals für September 1982 konsolidierte Meldungen über bestehende Länderrisiken abzugeben.

Mit dem **Basler Konkordat** haben bereits 1975 die Notenbankpräsidenten der Zehnergruppe und der Schweiz Grundsätze über die Vorgehensweise vorgeschlagen, wie ausländische Stellen von Geschäftsbanken durch die beteiligten Notenbanken überwacht werden sollen. Inzwischen nimmt die **Bank für internationalen Zahlungsausgleich BIZ** in Basel die Funktion einer Evidenzzentrale für die internationale Kreditvergabe von Geschäftsbanken informell wahr. Im Jahre 1983 veranlaßte die weltweite Schuldenkrise die internationalen Geschäftsbanken zur Gründung einer eigenen Evidenzzentrale, dem **Institute of International Finance IFF** in Washington, D.C.

Literatur zum VII. Kapitel

1. Abschnitt

Bagehot, W.: Lombard Street (London 1873), Homewood, Ill. 1962.

Bonin, K. V.: Zentralbanken zwischen funktioneller Unabhängigkeit und politischer Autonomie, Baden-Baden 1979.

Bouveret, A. M.: Die zentralen Lenkungsorgane der franz. Kreditwirtschaft – Strukturwandel im Zentralbank- und Bankenaufsichtssystem Frankreichs, Würzburg 1979.

Bremeier, E.: Strukturanalysen ausländischer Banksysteme: Schweiz, Frankfurt 1969.

Deutsche Bundesbank: Die währungspolitischen Institutionen und Instrumente in der Bundesrepublik Deutschland, Nr. 1, Frankfurt 1980, S. 5ff.

Englert, Michael: Der Handlungsspielraum der amerikanischen Zentralbank im Regierungssystem der Vereinigten Staaten, Diss., Freiburg 1988.

Erhardt, B.: Geldmengenkonzepte in den EG-Staaten, HWWA-Report Nr. 49, Hamburg 1978.

Europäische Gemeinschaften (Währungsausschuß): Die Währungspolitik in den Ländern der Europäischen Wirtschaftsgemeinschaft, Luxembourg 1972.
Fox, U.: Das Bankwesen der europäischen Volksdemokratien, Wiesbaden 1967.
Hawtrey, R. G.: The Art of Central Banking, 2. Aufl., New York 1962.
Hew, F.: Entwicklungstendenzen im amerikanischen Bankensystem, Bankwirtschaftliche Forschungen, Bonn/Stuttgart 1976.
Ketzel, E. u.a.: Die Notenbank, Stuttgart 1976.
Kindleberger, Ch. P.: Mamas, Pamies, and Crashes, New York 1978.
Köhler, Claus: Geldwirtschaft, Bd. 1: Geldversorgung und Kreditpolitik, 2. Aufl., Berlin 1977, S. 372ff.
Könneker, W.: Die Deutsche Bundesbank, 2. Aufl., Frankfurt/M. 1973.
Rittershausen, H.: Die Zentralnotenbank, Frankfurt 1962.
Spindler, J. v./Becker, W./Starke, E.: Die Deutsche Bundesbank, 4. Aufl., Stuttgart 1973.
Stechow, F. L. V.: Die Auflösung der Arbeitsteilung im englischen Bankensystem – dargestellt am Beispiel der Londoner Clearing Banks and Merchant Banks, Würzburg 1973.
Willms, M.: Monetäre Zwischenziele europäischer Zentralbanken, in: Wirtschaftsdienst, 58. Jg. (1978), S. 154ff.

2. Abschnitt

Bundesministerium der Finanzen: Grundsatzfragen der Kreditwirtschaft – Bericht der Studienkommission, Bonn 1979.
Flesch, J. R.: Struktur des Bankensystems und Geldpolitik, Göttingen 1978.
Gergen, K.-H.: Die Bedeutung interner Verrechnungen für die Kreditkapazität einer Bank, Frankfurt 1976.
Kettel, Verhurt: Das Kreditwesen in der Bundesrepublik Deutschland, Köln 1982.
Moesch, J./Simmert, D. B.: Banken – Struktur – Macht – Reformen, Köln 1976.
Monopolkommission: Mehr Wettbewerb ist möglich; Hauptgutachten 1974/75, 2. Aufl., Baden-Baden 1977.
Monopolkommission: Fortschreitende Konzentration bei Großunternehmen; Hauptgutachten 1976/77, Baden-Baden 1978.
Mülhaupt, L.: Strukturwandlungen im westdeutschen Bankwesen, Wiesbaden 1971.
Prost, G.: Das Kreditwesen in der Bundesrepublik Deutschland, Wiesbaden 1975.
Wittgen, R.: Neuzeitliche Bankpolitik – Analysen und Meinungen aus der deutschen Kreditwirtschaft, Frankfurt 1974.
Wolf, Herbert: 30 Jahre Nachkriegsentwicklung im deutschen Bankwesen, Mainz 1980.

3. und 4. Abschnitt

Aschinger, F. E.: Das Währungssystem des Westens, Frankfurt 1973.
Benning, B.: Notenbankpolitik und Kapitalmarkt, hrsg. von **Bruns, G.** und **Häuser, K.**, Frankfurt 1970.
Brehmer, E.: Struktur und Funktionsweise des Geldmarktes der Bundesrepublik Deutschland seit 1948, 2. Aufl., Tübingen 1964.
Bruns, G./Häuser, K. (Hrsg.): Institutionen des deutschen Kapitalmarktes, Frankfurt a.M. 1982.
Eilenberger, Guido: Die Geldpolitik der Kreditinstitute. Inländische und internationale Geldmärkte und Geldgeschäfte. Optimal- und Realbedingungen der Geldposition. 2. neu bearb. und stark erw. Auflage, Frankfurt 1984.
Fuchs, Herbert: Die Geldmarktabhängigkeit des Kapitalmarkts, Hamburg 1989.
Häselbarth, V.: Der Geldmarkt der BRD – Eine experimentelle Untersuchung, Berlin 1970.
Herrmann, A.: Die Geldmarktgeschäfte, 2. Aufl., Frankfurt a.M. 1980.
Issing, O.: Einführung in die Geldtheorie, 7. Aufl., München 1990.

Jander, Sigurd: Der Einfluß der Geldpolitik auf die Kapitalmarktentwicklung, in: Untersuchungen über das Spar-, Giro- und Kreditwesen, Berlin 1986.
Schulz, H.: Volkswirtschaftliche Aspekte des Eurodollarmarktes bei festen und flexiblen Wechselkursen, Diss., Münster 1976.
Woll, A.: Allgemeine Volkswirtschaftslehre, 8. Aufl., München 1984.

5. Abschnitt

Abs, Ludger: Die Verschuldungskrise Lateinamerikas, Diss., Wiesbaden 1988.
Borchert, Manfred: International Indebtedness, London 1990.
Borchert, Manfred: Basic Issues in International Monetary Economics, Berlin 1988.

VIII. Instrumente der Geldpolitik

Die einzelnen geldpolitischen Instrumente sind schon verschiedentlich angesprochen worden; im Prinzip handelte es sich dabei um eine Beeinflussung einmal der **Mengenkomponente der Geldpolitik – Geldmenge und Kreditvolumen** – und zum anderen der Preiskomponente – also des **Zinsniveaus** –. Die Bedeutung des daraus resultierenden **Liquiditätseffektes (Geldmengeneffekt) und des Rentabilitätseffektes** (Kreditkosteneffekt) waren bei der theoretischen Betrachtung von Geldnachfrage und Geldangebot dargestellt worden. Hier geht es jetzt noch um die gesetzlichen Grundlagen und die Bedeutung der einzelnen geldpolitischen Maßnahmen im Transmissionsprozeß monetärer Impulse innerhalb des monetären Bereiches, auf den ja die Geldpolitik in erster Linie abstellt.

Die Übertragung monetärer Impulse in den realwirtschaftlichen Bereich einer Volkswirtschaft ist in der gesamtwirtschaftlichen Analyse behandelt worden. Weitere Probleme im monetären Bereich ergeben sich nun durch bestimmte institutionelle Faktoren, die im vorangegangenen Abschnitt vorgestellt wurden.

1. Wirkungsanalyse der geldpolitischen Instrumente

1.1 Grundlegende Probleme der Geldpolitik

Geldpolitik wird durch eine mit hoheitlicher Gewalt ausgestattete Zentralbank durchgeführt, die zugleich als **lender of last resort** auftritt. Als **letztinstanzlicher Verleiher** hat die Zentralbank **Krisenliquidität** bei **run**-Situationen, aber auch **Trendliquidität** zur Verfügung zu stellen, damit der Zahlungsverkehr reibungslos abgewickelt werden kann. Für die Geldpolitik kann sich daraus ein Dilemma ergeben.

In der kurzen Frist sieht sich die **Deutsche Bundesbank** einer unelastischen Zentralbankgeldnachfrage der Geschäftsbanken gegenüber. Die zu erfüllende Mindestreservepflicht und der Bargeldabfluß spiegeln die monetäre Expansion der Vergangenheit wider. Erwähnenswerte Überschußreserven existieren nicht, und der Bargeldbedarf der Nichtbanken ist kurzfristig völlig starr. Weder auf der Mikro- noch auf der Makroebene sind die Geschäftsbanken in der Lage, unmittelbar ihre Aktiva und Passiva autonom den Reserveerfordernissen anzupassen. Bedeutete dies doch u.a. die spektakuläre, reserveinduzierte Kündigung bestehender Kreditlinien.

Die **Deutsche Bundesbank** kann somit ins Schlepptau der Kreditinstitute geraten; zumal **§ 3 BBankG** ihr die Aufgabe zuweist, den Geldumlauf und die Kreditversorgung der Wirtschaft zu regeln, mit dem Ziel, die Währung zu sichern und **für die Abwicklung des Zahlungsverkehrs Sorge zu tragen**. Es sind also Vertrauenskrisen zu vermeiden, die aus deroutierenden Finanzmärkten resultieren würden. Im Gegenteil: Die Funktionsfähigkeit dieser Märkte ist sicherzustellen. Der geldpolitische Instrumenteneinsatz ist also nicht ausschließlich auf gesamtwirtschaftliche Ziele ausgerichtet, sondern auch banktechnische Faktoren können einen Instrumenteneinsatz auslösen. Außerdem ist eine Reservepflicht, die definitiv nicht erfüllbar ist, geldpolitisch wertlos. Das Notenbankmonopol wäre desavouriert, wenn die Zentralbank die Höhe der von den Kreditinstituten zu haltenden Mindestreserve vorschreibt, ihnen aber gleichzeitig das erforderlich Zentralbankgeld, das nur von ihr selbst geschaffen werden kann, vorenthält. Einige Banken wären trotz größter Mühe nicht in der Lage, ihren Reserveverpflichtungen nachzukommen. Die monetäre Entwicklung, die sich im Mindestreserve-Soll dokumentiert, kann durch die bloße Existenz von Reserve-Defiziten nicht rückgängig gemacht werden.

Das Problem eines – wie auch immer gearteten – Sanktionsmechanismus, liegt in der nicht zwangsläufig gegebenen Identität zwischen den Banken, bei denen der Zentralbankgeldmangel auftritt, und jenen, die ihn durch übermäßige monetäre Expansion hervorgerufen haben.

Die **Deutsche Bundesbank** befindet sich dabei in einem Dilemma. Sie muß der Kreditwirtschaft die Möglichkeit zur Reserveerfüllung geben, auch wenn dies ihren geldpolitischen Zielvorstellungen – zumindest kurzfristig – widerspricht. Sie darf die Anpassungsfähigkeit der Wirtschaft nicht überstrapazieren, und es muß das Faktum von ihr gewürdigt werden, daß es sich bei den Banken lediglich um **Intermediäre** handelt. Anpassungen müssen sowohl bei den Instituten als auch bei deren Kundschaft erfolgen.

Die Reserveerfüllung muß schwierig und teuer gemacht werden, damit die Banken den Reserveaspekt bei Neuengagements berücksichtigen. Die Zentralbank will über die heute eingeräumten (Zins-) Konditionen den Zentralbankgeldbedarf von morgen mit ihren Zielvorstellung in Einklang bringen. Dazu ist die **Deutsche Bundesbank** – wie jede andere Zentralbank – kraft ihrer Monopolstellung fähig. Sie diktiert dem Markt die Konditionen, zu denen sie den Marktausgleich vorzunehmen gewillt ist.

Zur Steuerung der Geldmenge werden Instrumente eingesetzt, die überwiegend den Charakter von Preisgrößen besitzen. Die Angebotsseite setzt den Preis für Zentralbankgeld exogen fest, während die Menge von der Nachfrage endogen bestimmt wird. Die Geldpolitik der **Deutschen Bundesbank** zielt sowohl auf das Nichtbanken- als auch auf das Geschäftsbankenverhalten. Die Geld- und Kreditnachfrage der Nichtbanken soll über die Zinskonditionen beeinflußt werden. Dies ermöglichen Notenbankzinsvariationen, die einen relativ gut prognostizierbaren Einfluß auf Zinsstruktur und Bankzinsen ausüben. Über die eingeräumten Refinanzierungsbedingungen zwingt die Zentralbank die Kreditinstitute, in ihrem Kreditgeschäft analog zu reagieren. Mittels dieses Transmissionsriemens sollen die Nichtbanken zur Revision ihrer Wirtschaftspläne veranlaßt werden. Veränderte Pläne führen zu einer Veränderung ihrer Geldnachfrage. Dieser „neuen“ Geldnachfrage paßt sich das Geldangebot an. Die Zinspolitik hat keinen Einfluß auf die Refinanzierung der Geschäftsbanken, da diese die Konditionen an die Kreditnehmer weitergeben.

Durch den Einsatz der geldpolitischen Instrumente können aber auch Rentabilitäts- und Liquiditätskalküle der Kreditinstitute beeinflußt werden. Die **Deutsche Bundesbank** zielt auf die Opportunitätskosten des Haltens und der Beschaffung von Notenbankgeld für die Geschäftsbanken. Führen bankinterne Überlegungen dann zu Umschichtungsprozessen in deren Portefeuille, so ergeben sich Änderungen im Geld- und Kreditangebot, die die quantitative Verfügbarkeit von Geschäftsbankenkrediten nicht unbeeinflußt läßt. Der **Deutschen Bundesbank** kommt es für die laufende Liquiditätssteuerung vor allem darauf an, die annähernd quantifizierbaren **Schwellenwerte** des kurzfristig fälligen Schuldensockels der Kreditinstitute herauszufinden, bei deren Erreichen oder Überschreiten die Banken sich ihrer Disposition so beengt fühlen, daß die geschilderten Anpassungsreaktionen einsetzen.

1.2 Einlagenpolitik

Nach **§ 17 BBankG** sind der Bund, die Sondervermögen Ausgleichsfonds und ERP-Sondervermögen sowie die Bundesländer gehalten, ihre liquiden Mittel (Kassenmittel, Mittel für die jährliche Tilgung von Anleihen etc.) auf einem Girokonto bei der **Deutschen Bundesbank** einzulegen. Der Grund dafür liegt in der Absicht, das Kreditschöpfungspotential der Geschäftsbanken durch öffentliche Einlagen bei Geschäftsbanken nicht zu steigern. Die **Deutsche Bundesbank** hat jedoch keine Möglichkeit, die Verwendung von Einlagen öffentlicher Stellen zu steuern. Deshalb beeinflussen variierende Einlagen öffentlicher Haushalte bei der **Deutschen Bundesbank** zwar die monetäre Basis – bei Steuerzahlungen werden die Einlagen öffentlicher Haushalte bei der **Deutschen Bundesbank** zunehmen, die der Geschäftsbanken jedoch sinken –, doch erfolgt eine solche Änderung der monetären Basis ohne Zutun der Zentralbank. Eine Verlagerung dieser Mittel oder eine anderweitige Anlage bedarf der Zustimmung der **Deutschen Bundesbank**. Eine solche Zustimmung gibt die **Deutsche Bundesbank** nur unter dem Vorbehalt der jederzeitigen Widerrufbarkeit, auch macht sie ihr Einverständnis davon abhängig, daß die anderweitigen Ein- oder Anlagen **„in die kreditpolitische Landschaft passen"**. Durchaus üblich ist die kurzfristige Verlagerung in den Geldmarkt, um dort unerwünschten Verspannungen entgegenzutreten.

Die Einlagenpolitik dient der Regulierung des Geldangebotes der Geschäftsbanken durch die **Deutsche Bundesbank**, indem öffentliche Haushalte veranlaßt werden, ihre Einlagen bei Geschäftsbanken auf Konten bei der Zentralbank zu übertragen (**kontraktive Wirkung**) oder von der Zentralbank auf Geschäftsbanken zu verlagern (**expansive Wirkung**).

Werden öffentliche Haushalte dazu veranlaßt, ihre Einlagen von Geschäftsbanken – i.d.R. die Landesbanken – auf die Zentralbank zu übertragen, so sinkt bei der

Geschäftsbank	
Einlage bei Zentralbank (–)	Einlage öff. Haushalte (–)

Zentralbank	
	Einlage der Geschäftsbank (–)
	Einlage der öff. Hand (+)

Geschäftsbank deren Guthaben bei der Zentralbank in gleichem Umfang. Zwar besteht nun für die Geschäftsbank um den Anteil des Mindestreservesatzes r eine geringere Mindestreserveverpflichtung, doch geht ihr mit der Umbuchung der öffentlichen Hand der gesamte Einlagebetrag an Zentralbankgeld verloren; per saldo verliert die Geschäftsbank monetäre Basis im Umfang (1 – r) des Umbuchungsbetrages.

Aufgrund der begrenzten Möglichkeiten braucht man die sog. **„Einlagenpolitik"** aber nicht zu den geldpolitischen Instrumenten zu rechnen.

1.3 Kreditplafondierung

Die **Kreditplafondierung** dient der direkten Beeinflussung des Geldangebotes der Geschäftsbanken an Geschäftsbankengeld durch die Zentralbank. Diese ist grundsätzlich in der Lage, durch direkte **Kreditpolitik** die Kreditvergabemöglichkeit zu begrenzen.

Außerdem führt die **Deutsche Bundesbank** die Kassenhaltung für bestimmte öffentliche Haushalte, denen sie nach **§ 20 Abs. 1 Nr. 1 BBankG** auch **Kassenkredite** in Form von Buch- und Schatzwechselkrediten einräumt; der **Kreditplafond** für diese öffentlichen Haushalte beträgt für

• den Bund	6 Mrd. DM
• die Bundesbahn	0,6 Mrd. DM
• die Bundespost	0,4 Mrd. DM
• den Ausgleichsfonds	0–2 Mrd. DM.

Für die Bundesländer gilt bei den Flächenstaaten ein Plafond von 40 DM/Einwohner, bei den Stadtstaaten ein solcher von 80 DM/Einwohner.

Eine **Kreditplafondierung** gegenüber Geschäftsbanken begrenzt den Umfang an Krediten qua Anordnung oder aber als **Gentlemen's Agreement**, d.h. durch eine freiwillige Vereinbarung zwischen den Geschäftsbanken und der Zentralbank. Ein **Kreditplafond** bedeutet in seiner strikten Form einen **Kreditstopp**, bei dem überhaupt keine weitere Kreditgewährungsmöglichkeit für die Geschäftsbanken mehr besteht. Die Festlegung des Kreditvolumens kann aber auch in Form einer **Kreditrationierung** erfolgen, bei der den einzelnen Geschäftsbanken Quoten zugestanden werden, die den Rahmen für ihr maximales Kreditgewährungspotential angeben.

Die **Kreditplafondierung** ist sehr umständlich handhabbar und kaum kontrollierbar. Abgesehen von der Möglichkeit, getilgte Kredite wieder auszuleihen, wird durch diese Kreditplafondierung die Marktanteilsstruktur aller Geschäftsbanken staatlich fixiert. Sie stellt also einen gravierenden Eingriff in die Wirtschaftsstruktur dar.

Neben der mengenmäßigen Festlegung des Kreditvolumens besteht aber auch die Möglichkeit, bestimmte Vorgaben über die Kreditbedingungen zu fixieren. So werden durch die **Regulation W** in den USA, z.B. im Rahmen der Konsumentenkreditpolitik, die Kreditfristen für Konsumentenkredite festgelegt. Eine andere Möglichkeit der direkten Beeinflussung der Kreditbedingungen sind **Selbstbeteiligungsquoten (margin requirements)** für Geschäftsbanken bei der Inanspruchnahme von Lombardkrediten bei der Zentralbank. Sinkt z.B. während der Zeit der Lombardierung von Wertpapieren deren Kurs, so ändert sich das Verhältnis zwischen dem von den Geschäftsbanken aufgenommenen Zentralbankgeld und dem verpfändeten Wertpapierbestand. In diesem Fall muß die den Lombardkredit in Anspruch nehmende Geschäftsbank eine teilweise **Kreditrückführung** vornehmen, um die alte Relation zwischen dem Wert der lombardierten Wertpapiere und dem Kredit in Zentralbankgeld wieder herzustellen. Eine solche **Nachschußpflicht** wäre aber auch in der Weise denkbar, daß die betreffenden Geschäftsbanken zusätzliche Wertpapiere nachreichen, um die ursprüngliche Höhe der Quote wiederherzustellen.

1.4 Moral suasion

Mit einer Politik der **moral suasion** versucht die **Deutsche Bundesbank**, ohne direkte Eingriffe geldpolitische Einflüsse wirksam werden zu lassen. Durch **Überredung** – also durch Appelle an Geschäftsbanken, Mahnungen an das Publikum, Warnungen an die öffentliche Hand –, wird versucht, monetäre Zurückhaltung zu erzielen, etwa bei der

- Kreditvergabe der Geschäftsbanken,
- Forderung der Tarifparteien,
- Finanzierung von öffentlichen Haushaltsdefiziten.

Solche verbalen Beeinflussungen sind der höheren Wirksamkeit wegen mit einer Androhung von Konsequenzen durch die Geldpolitik verbunden.

1.5 Gentlemen's Agreement

Ein **Gentlemen's Agreement** ist eine formlose, auf gegenseitigem Vertrauen beruhende Vereinbarung zwischen privaten und/oder staatlichen Partnern. Man verzichtet dabei auf einen förmlichen Vertrag, um den ansonsten möglicherweise langwierigen Prozeß der Vertragsaushandlung und dessen Ratifizierung zu umgehen oder auch um ihn zu überbrücken. **Gentlemen's Agreements** werden freiwillig und ohne Sanktionen bei Nichterfüllung vereinbart, sie werden dennoch regelmäßig erfüllt, um dem eigenen Ansehen als seriöser Geschäftspartner nicht zu schaden. Im nationalen Rahmen gibt es im Bereich der Geldpolitik **Gentlemen's Agreements** zwischen der **Deutschen Bundesbank** und den Kreditinstituten. Als z.B. durch eine **„vieljährige Hochdynamik des internationalen Bankgeschäfts“** die deutschen Geschäftsbanken eine automatische Zinsanpassung an das ausländische Zinsniveau versuchten, vereinbarte die **Deutsche Bundesbank** mit den inländischen Banken ein **Gentlemen's Agreement**, nach dem die Kreditinstitute keine automatisch variablen Zinsen anwenden und keine auf DM lautende zinsvariablen Anleihen begeben sollten. Eine solche Übereinkunft hätte vertraglich kaum realisiert werden können; die Kreditinstitute kamen dem Wunsch der **Deutschen Bundesbank** dennoch entgegen, weil sie damit später für eigene Vorstellungen auch mit einem Entgegenkommen der **Deutschen Bundesbank** glaubten rechnen zu können.

Bei einem anderen **Gentlemen's Agreement** zwischen der **Deutschen Bundesbank** und den Geschäftsbanken aus dem Jahre 1981 ging es um die zeitliche Überbrückung von Regelungen im damals zu novellierenden **Kreditwesengesetz**. So wurde vereinbart, daß die Geschäftsbanken schon vor Inkrafttreten des novellierten Kreditwesengesetzes freiwillig bestehende Länderrisiken meldeten, oder – wie in einer weiteren Übereinkunft – sich freiwillig gewissen Verhaltensregeln unterwarfen. Im Jahr 1978 wurde ein **Gentlemen's Agreement**, das die jährliche

Einreichung von Prüfungsberichten über das Geschäft der Luxemburger Töchter an die deutschen Bankenaufsicht vorsieht, vereinbart.

Im internationalen Rahmen gibt es insbesondere **Gentlemen's Agreement** zwischen staatlichen Organen, z.B. Zentralbanken.

1.6 Refinanzierungspolitik

Die **Refinanzierungspolitik** ist Teil der Geldpolitik der **Deutschen Bundesbank**, zu der die **Diskontpolitik** und die **Lombardpolitik** gehören. Mit dieser Refinanzierungspolitik soll das Geldangebot der Geschäftsbanken direkt beeinflußt werden, indirekt aber auch über eine Veränderung der Kreditkosten die Geldnachfrage. Dabei werden bestimmte Wertpapiere (Wechsel, festverzinsliche Wertpapiere) durch die **Deutsche Bundesbank** von den Geschäftsbanken übernommen; diese erhalten dafür Zentralbankgeld, behalten jedoch das Risiko jener Wertpapiere.

1.6.1 Gesetzliche Regelungen

Nach **§ 15 BBankG** ist die **Deutsche Bundesbank** ermächtigt, zur Beeinflussung des Geldumlaufs und der Kreditgewährung die jeweils anzuwendenden Zinssätze und Diskontsätze festzulegen; in **§ 19 BBankG** sind das Diskont- und Lombardgeschäft noch näher umschrieben.

Die **Refinanzierungspolitik** unterscheidet in eine

(1) **qualitative** Refinanzierungspolitik, bei der je nach geldpolitischer Zielsetzung unterschiedlich hohe Anforderungen (Bonität, spezifische Handelsobjekte) an die in diese Politik einbezogenen Titel gestellt werden,
(2) **quantitative** Refinanzierungspolitik, bei der je nach geldpolitischer Zielsetzung den Geschäftsbanken unterschiedlich umfangreiche Kontingente (**Kreditplafond**) an Refinanzierungsmöglichkeiten in Zentralbankgeld eingeräumt werden,
(3) **pretiale** Refinanzierungspolitik, bei der je nach geldpolitischer Zielsetzung ein unterschiedlich hoher Zinssatz (**Diskontsatz, Lombardsatz**) festgelegt wird, zu dem sich die Geschäftsbanken bei der **Deutschen Bundesbank** Zentralbankgeld beschaffen können.

Die Refinanzierungspolitik mit Diskont- und Lombardsatzvariationen ist die klassische Zinspolitik der Zentralbank. Die Wirkungsweise der Refinanzierungspolitik zeigt sich in den Bilanzen der betrachteten Marktpartner:

Zentralbank		Geschäftsbank	
(1) Wertpapiere +	(2) Einlagen der Banken +	(2) Guthaben bei der Zentralbank +	
		(1) Wertpapiere −	

Übernimmt die **Deutsche Bundesbank** z.B. Wechsel aus dem Portefeuille der Geschäftsbanken (1), so hat sie diesen als Gegenleistung eine Einlage einzuräumen (2). Damit steigt die monetäre Basis im Besitz der Geschäftsbanken, mit der diese dann zusätzliche Kredite anbieten können. Das Geldangebot steigt; bei gegebener Geldnachfrage wird damit zugleich der Zinssatz sinken.

Besteht umgekehrt eine allgemeine Erwartung steigender Zinsen, so ist es möglich, daß Geschäftsbanken vorübergehend ihr Geld- und Kreditangebot zurückhalten; ihre Liquidität steigt dann. Dies wird nur dann nicht der Fall sein, wenn sie mit ihren Kunden Zinsgleitklauseln vereinbart haben, wodurch sich die Zinsen auch früher bereits gewährter Kredite stets dem aktuellen Niveau anpassen.

Bei der Diskontpolitik kauft oder verkauft die **Deutsche Bundesbank** nach **§ 19, 1 BBankG** vorübergehend Wechsel und Schecks mit einer Fälligkeit von längstens 3 Monaten. Bei der Lombardpolitik nach **§ 19, 3 BBankG** gibt die **Deutsche Bundesbank** gegen Pfänder nach den gleichen Kriterien wie bei der Diskontpolitik ein Darlehen (Lombardkredite).

Neben dem Lombardgeschäft läßt die **Deutsche Bundesbank** von Fall zu Fall beim Handel mit Kreditinstituten nach geldpolitischen Erfordernissen einen **Sonderlombard** zu. Die Möglichkeit, einen **Sonderlombardkredit** zu erhalten, können die Geschäftsbanken also nicht im voraus planen.

1.6.2 Diskontpolitik

Mit der **Diskontpolitik** legt die **Deutsche Bundesbank** im Rahmen ihrer Refinanzierungspolitik die Bedingungen fest, zu denen sich Geschäftsbanken bei der Zentralbank Kredite beschaffen können. Um solche Kredite in Zentralbankgeld gewährt zu bekommen, müssen die Geschäftsbanken der **Deutschen Bundesbank** Wechsel übertragen (**Rediskont**). Die Geschäftsbanken gehen dabei eine **Eventualverbindlichkeit** gegenüber der **Deutschen Bundesbank** ein, denn das Risiko der Nichteinlösung des Wechsels durch den Aussteller bleibt bei der Geschäftsbank (**Indossament**).

Nach **§ 19 Abs. 1 Nr. 1 BBankG** müssen bei den in die Diskontpolitik einbezogenen Wechseln

- drei als zahlungsfähig bekannte Verpflichtete haften,
- eine Fälligkeit von maximal noch drei Monaten bestehen,
- oder auch Bankakzepte (zwei Unterschriften) und Privatdiskonten vorliegen.

Bei der **qualitativen Diskontpolitik** variiert die **Deutsche Bundesbank** die Anforderungen an die in ihre Refinanzierungspolitik einbezogenen Wechsel; sie kann auch **selektiv** die Wechsel einzelner Branchen diskriminieren (z.B. Bauwechsel) oder auch präferieren (z.B. Kontingenterhöhung für Exportbranchen-Wechsel. Der **Diskontsatz** ist der Preis für den Zentralbankkredit, der den Geschäftsbanken beim Weiterverkauf von Wechseln an die **Deutsche Bundesbank** eingeräumt wird. Der Diskont wird in Form eines prozentualen Abzugs von der Kreditsumme erhoben. Mit ihrer **pretialen Diskontpolitik** beeinflußt die **Deutsche Bundesbank** den Diskontsatz, zu dem sich die Geschäftsbanken durch die Hergabe von Diskontpapieren Kredite in Zentralbankgeld beschaffen können; der Diskontsatz stellt zugleich auch den Zinssatz für Kassenkredite der öffentlichen Hand dar (**Einlagenpolitik**). Der Umfang der Inanspruchnahme von Diskontkrediten hängt dann auch von den Zinssätzen am Geldmarkt ab. Wird z.B. der Diskontsatz erhöht, so steigt die Nachfrage nach Zentralbankgeld bei zunächst gegebenen Zinssätzen am Geldmarkt und beeinflußt somit auch dort das Zinsniveau. Der Diskontsatz hat damit als **Leitzins** einen Einfluß auf das gesamte Zinsniveau in einer Volkswirtschaft. Um bei Diskontsatzänderungen ein Ausweichen bei der Refinanzierung auf den Lombardkredit zu vermeiden, werden die Zinssätze für Diskont- und Lombardkredite regelmäßig gleichzeitig verändert.

Durch **Rediskontkontingente**, die den Gesamtbetrag der von einer Geschäftsbank bei der **Deutschen Bundesbank** jeweils rediskontierten Handelswechsel begrenzen, wird das über Wechseldiskontierungen mögliche Refinanzierungsvolumen jeder einzelnen Bank bei der **Deutschen Bundesbank** limitiert. Bei einer Einschränkung dieser Rediskontkontingente spricht man von **Kreditrestriktionen**.

Bei einer **quantitativen Diskontpolitik** wird das Rediskontkontingent, das den Geschäftsbanken als Obergrenze für die Inanspruchnahme von Diskontkrediten bei der **Deutschen Bundesbank** eingeräumt wird, variiert. Grundlage für die Berechnung der **Normkontingente** sind die haftenden Mittel einer Geschäftsbank. Das Rediskontkontingent einer einzelnen Geschäftsbank wird individuell in einem bestimmten Verhältnis zum Normkontingent festgelegt, und zwar von derjenigen Landeszentralbank, in deren Bereich die Bank ihren Hauptsitz hat.

1.6.3 Effekte der Diskontpolitik

Wird der Diskont- und Lombardsatz erhöht (**kontraktive Politik**), steigen natürlich auch die Kreditkosten der Nichtbanken, denn die Geschäftsbanken werden die nun gestiegenen Refinanzierungskosten zumindest teilweise an ihre eigenen Kreditnehmer weitergeben. Damit wird das Zinsniveau am Geldmarkt unmittelbar wie auch indirekt am Kapitalmarkt erhöht; denn es kann nun für die Geschäftsbanken jetzt durchaus rentabler sein, sich liquide Mittel durch Verkauf von Wertpapieren statt über Diskontkredite zu beschaffen. Eine Erhöhung des Diskontsatzes hat also zur Folge, daß die Geschäftsbanken tendenziell weniger Wechseldiskontkredite bei der **Deutschen Bundesbank** nachfragen, womit die **monetäre Basis** sinkt. Wenn die Diskontsatzerhöhung über allgemeine Zinssatzerhöhungen an die Nichtbanken weitergegeben wird, sinkt auch deren Kreditnachfrage, so daß schließlich das Kreditvolumen sowie damit die Geldmenge M1 verringert wird.

Die Inanspruchnahme eines Diskontkredites führt also zu einer Änderung der Zentralbankgeldmenge. Die Wirkungskette des **erhöhten Diskontsatzes d** führt demnach zunächst zu einer Reduktion der **monetären Basis B** und wird bei einer geringeren Inanspruchnahme von **Krediten KN** bei der Geschäftsbank auch das **Kreditvolumen KV** und die **Geldmenge M1** senken: $d\uparrow \rightarrow B\downarrow$, KA, $KN\downarrow$, $KV\downarrow$, $M1\downarrow$.

Diskont- und Lombardpolitik können jedoch nur dann wirksam werden, wenn die Geschäftsbanken Wechsel in ihr Portefeuille aufnehmen bzw. daraus abgeben. Dies ist in erster Linie bei den Kreditbanken der Fall, aber auch bei den Sparkassen und Kreditgenossenschaften, nicht dagegen bei den Girozentralen der Sparkassen und den genossenschaftlichen Zentralbanken, ebensowenig bei den Realkreditinstituten, Kreditinstituten mit Sonderaufgaben, Teilzahlungskreditinstituten oder Postscheckämtern und Postsparkassen. Auf diese Institute wirkt die Diskont- und Lombardpolitik nur indirekt über eine Verknappung bzw. Ausdehnung der Zentralbankkredite insgesamt.

1.6.4 Lombardpolitik

Mit der **Lombardpolitik** legt die **Deutsche Bundesbank** im Rahmen ihrer Refinanzierungspolitik die Bedingungen fest, zu denen die Geschäftsbanken zum Lombardsatz Darlehen in Zentralbankgeld gegen die Hergabe von Pfändern erhalten. Die Höhe des Lombardsatzes liegt i.d.R. 1 v.H.-Punkt über dem Diskontsatz. Ein **Lombardkredit** soll nur für die kurzfristige Überbrückung eines Liquiditätsengpasses gewährt werden; er kann aus geldpolitischen Gründen eingeschränkt oder ganz ausgesetzt werden.

Die **Deutsche Bundesbank** gewährt bei geldpolitischem Bedarf nach Ankündigung auch Lombardkredite zu einem **Sonderlombardsatz**, der täglich geändert werden kann. Die Bereitschaft zum Gewähren eines solchen **Sonderlombardkredites** kann täglich widerrufen werden.

Die für Lombardkredite von der **Deutschen Bundesbank** akzeptierten Pfänder sind solche in **§ 19 Abs. 1 Nr. 3 BBankG** verzeichneten Wertpapiere und Schuldbuchforderungen. Sie und ihre Beleihungsgrenzen werden im **„Verzeichnis der bei der Deutschen Bundesbank beleihbaren Wertpapiere (Lombardverzeichnis)“** aufgelistet. Wechsel, die nicht für Rediskontkredite verwendet werden können, sind auch kein Pfand im Rahmen der Lombardpolitik. Eine Ausnahme davon stellen allein die **Solawechsel der AKA Ausfuhrkredit GmbH-Gesellschaft** – im Rahmen des **Plafonds A** – und der **GmbH zur Finanzierung von Industrieanlagen** – im Rahmen des **Plafonds I** – dar; diese Wechsel können zwar lombardiert (verpfändet), nicht aber auch diskontiert (verkauft) werden.

1.7 Mindestreservepolitik

Durch die Mindestreservepolitik setzt die **Deutsche Bundesbank** je nach Erfordernis ihrer Geldpolitik den **Mindestreservesatz** fest. Er gibt als Prozentsatz den Anteil am Volumen der Sicht-, Termin- und Sparguthaben (Geschäftsbankengeld) an, der in Zentralbankgeld von den Geschäftsbanken gehalten werden muß.

1.7.1 Gesetzliche Regelungen

Nach **§ 16 BBankG** kann die **Deutsche Bundesbank** die Geschäftsbanken veranlassen, in Höhe eines bestimmten Prozentsatzes ihrer Verbindlichkeiten (Sichteinlagen, Termineinlagen und Spareinlagen), unverzinsliche Guthaben auf einem Girokonto bei der **Deutschen Bundesbank** (bzw. den **Landeszentralbanken**) zu unterhalten. Auf sie kann aber seit 1979 auch der Kassenbestand einer Geschäftsbank in inländischem Bargeld (Zentralbankgeld) angerechnet werden, maximal allerdings nur im Umfang von 50 v.H. der gesamten Mindestreserveverpflichtung.

Will die **Deutsche Bundesbank** das Potential an Geldangebot der Geschäftsbanken erhöhen (reduzieren), so senkt (erhöht) sie den Mindestreservesatz. In diesem Fall können die Geschäftsbanken mit der gleichen Menge an Zentralbankgeld, genauer: an monetärer Basis (Zentralbankgeld), eine umfangreichere Menge an Geschäftsbankengeld in Sicht-, Termin- und Sparguthaben dem Publikum zur Verfügung stellen. Wird der Mindestreservesatz erhöht, so müssen sich die Geschäftsbanken durch Auflösen ihrer freien Liquidität Zentralbankgeld besorgen, um die von ihnen zur Verfügung gestellte Geschäftsbankengeldmenge beibehalten zu können, oder aber sie müssen bei gegebenem Bestand an monetärer Basis durch Krediteinschränkung diese Geschäftsbankengeldmenge reduzieren.

Der Mindestreservepflicht unterliegen nach **§ 1 der Anweisung der Deutschen Bundesbank über Mindestreserven AMR** alle Kreditinstitute im Sinne der **§§ 1 Abs. 1, 53 Abs. 1** des **Gesetzes über das Kreditwesen KWG** mit Ausnahme von

(1) Sozialversicherungsträgern, privaten und öffentlich-rechtlichen Versicherungsunternehmen, gemeinnützigen Wohungsbauunternehmen, anerkannten Organen der staatlichen Wohnungspolitik, Unternehmen des Pfandleihgewerbes;
(2) Kapitalanlagegesellschaften;
(3) Wertpapiersammelbanken;
(4) in Liquiditätsschwierigkeiten befindlichen Kreditinstituten;
(5) Unternehmen, die das **Bundesaufsichtsamt für das Kreditwesen** von bestimmten Vorschriften entbunden hat.

Seit dem 1. Januar 1984 sind Kreditinstitute mit überwiegend langfristigem Geschäft – also z.B. **Bausparkassen** – nicht mehr unbedingt von der Mindestreservepflicht freigestellt.

Mindestreserven sind für alle Verbindlichkeiten gegenüber Nichtbanken, nichtreservepflichtigen Kreditinstituten und ausländischen Banken aus Einlagen und aufgenommenem Geld zu unterhalten. Sofern es sich dabei um Buchverbindlichkeiten (einschließlich Verbindlichkeiten aus Schuldverschreibungen) handelt, sind diese bei einer Befristung von weniger als vier Jahren der Mindestreservepflicht unterworfen, wenn sie auf den Namen oder – sofern sie nicht Teil einer Gesamtemission sind – an Order lauten. Handelt es sich dagegen um Verbindlichkeiten aus Schuldverschreibungen, die auf den Inhaber oder – wenn sie Teile einer Gesamtemission sind – an Order lauten, so sind diese mit einer Laufzeitbefristung von weniger als zwei Jahren mindestreservepflichtig. Nicht mindestreservepflichtig sind Verbindlichkeiten gegenüber Instituten, die selbst der Mindestreservepflicht unterliegen.

Die Mindestreservesätze sind gestaffelt nach

(1) Sichteinlagen von Inländern (maximaler Mindestreservesatz $r_{Si} = 30$ v.H.),
(2) Termineinlagen von Inländern mit bis zu 4jähriger Laufzeit sowie von Banken emittierte Inhaberschuldverschreibungen mit bis zu 2jähriger Ursprungslaufzeit (maximaler Mindestreservesatz $r_T = 20$ v.H.),
(3) Spareinlagen von Inländern mit gesetzlicher Kündigungsfrist (maximaler Mindestreservesatz von $r_{Sp} = 10$ v.H.).

Bis zu diesen Grenzen können die Reservesätze gestaffelt werden.

Ab März 1977 gilt das **Progressionsstaffelverfahren**, bei dem für Sicht-, Termin- und Spareinlagen jeweils drei **Progressionsstufen** bei der Festlegung des Mindestreservesatzes für eine bestimmte Geschäftsbank zu Grunde gelegt werden:

- **Progressionsstufe 1**, für die ersten 10 Mio. DM an reservepflichtigen Verbindlichkeiten,
- **Progressionsstufe 2**, für die nächsten 90 Mio. DM bis zu einem Volumen von 100 Mio. DM,

- **Progressionsstufe 3**, für Verbindlichkeiten über 100 Mio. DM;

mit höherer Progressionsstufe steigt der Mindestreservesatz. Die Staffelung der Mindestreservesätze **nach Bankplätzen** (mit Zweigstellen der **Deutschen Bundesbank**) und Nebenplätzen sowie nach unterschiedlichen Reserveklassen ist seit 1977 mit der Einführung des **Progressionsstaffelverfahrens** aufgehoben.

Auf reservepflichtige Verbindlichkeiten gegenüber Ausländern wird ein noch über den Satz der Progressionsstufe 3 hinausgehender Mindestreservesatz angewendet (maximal 100 v.H.).

Ähnlich ist die Wirkung des **Bardepotgesetzes**, nach dem Einlagen von Inländern auf Grund von Auslandskrediten bis zu 100 v.H. bei der **Deutschen Bundesbank** für eine bestimmte Zeit festgelegt werden können. Ferner ist es möglich, daß der Zuwachs an mindestreservepflichtigen Verbindlichkeiten der Kreditinstitute gegenüber dem Durchschnittsstand während eines bestimmten, vorangegangenen Zeitraums mit einer **zusätzlichen Mindestreserve** belegt wird.

Die Mindestreserveverpflichtung der Geschäftsbank ist alternativ aus

- den Endständen der Kalendertage vom 10. des Vormonats bis zum 15. des laufenden Monats oder
- den Endständen der vier Stichtage
  - 23. Tag des Vormonats
  - letzter Tag des Vormonats
  - 7. Tag des laufenden Monats
  - 15. Tag des laufenden Monats

zu berechnen und der **Deutschen Bundesbank** spätestens bis zum 20. eines Monats zu melden. Kreditinstitute mit mindestreservepflichtigen Verbindlichkeiten unter 10 Mio. DM berechnen ihre Mindestreserve nach dem Stand der Verbindlichkeiten am Ende des letzten Tages des Vormonats.

Unterschreitet eine Geschäftsbank in einem Monat ihr **Mindestreserve-Soll**, so ist ein **Sonderzins** zu entrichten, der regelmäßig 3 v.H. über dem Lombardsatz liegt.

Bei wiederholter oder erheblicher Unterschreitung des Mindestreservesolls wird die Geschäftsbank der **Bankenaufsichtsbehörde** angezeigt, was erhebliche Sanktionen nach sich ziehen kann (z.B. Ausschluß vom Scheckeinzugsverfahren). Um der Gefahr dieser Belastung zu entgehen, sind die Einlagen der Geschäftsbanken bei der **Deutschen Bundesbank (Ist-Reserve)** regelmäßig höher als das **Reserve-Soll**; es werden damit **Überschußreserven** in geringem Umfang gehalten.

Kreditinstitute, die nicht – oder nur unwesentlich – selbst Geld in Form von Zahlungsmitteln schöpfen, sondern in erster Linie Kredite nur vermitteln (**reine Kreditvermittler**), sind **Finanzintermediäre**; sie werden auch als **sekundäre Finanzierungsinstitute, intermediäre Finanzinstitutionen** oder **paramonetäre Institutionen** bezeichnet. Finanzintermediäre sind Realkreditinstitute, Teilzahlungsbanken, Bausparkassen, aber auch Kapitalanlagegesellschaften sowie Sozial- und Individualversicherungen, außerdem Kreditinstitute mit Sonderaufgaben (**Kreditanstalt für Wiederaufbau, Lastenausgleichsbank**).

Die Mindestreservekonzeption der **Deutschen Bundesbank** wurde im Hinblick auf Finanzintermediäre in der Vergangenheit einige Male geändert. So wurden Kreditinstitute mit vorwiegend langfristigem Geschäft ab 1. Juli 1965 von der Mindestreserve freigestellt. Dadurch unterlagen die Einlagen dieser von der

Mindestreserve freigestellten Kreditinstitute bei Kreditbanken der Mindestreservepflicht. Ziel dieser Maßnahme war eine bessere Verteilung der Mindestreservelast.

Die Mindestreservepflicht für solche Kreditinstitute mit vorwiegend langfristigem Geschäft wurde mit der Neufassung der **Anweisung der Deutschen Bundesbank über Mindestreserven AMR** vom 20. Januar 1983 zum 1. Januar 1984 wieder eingeführt. Damit wurden die Einlagen dieser Kreditinstitute bei Kreditbanken mindestreservefrei, denn Interbankenverbindlichkeiten unterliegen nicht der Mindestreservepflicht. Seit dieser Zeit werden Finanzintermediäre als mindestreservepflichtige Kreditinstitute behandelt; jedoch sind die Mittel, die den Finanzintermediären zufließen, als deren Verbindlichkeiten zugleich von der Mindestreservepflicht ausgenommen.

Insbesondere sollte die Einbeziehung aller **Bausparkassen** in die Mindestreserveregelung die bis dahin bestehende Bevorzugung der öffentlich-rechtlichen Bausparkassen beseitigen. Diese hatten nämlich als rechtlich unselbständige Teile ihrer Landesbanken die Möglichkeit, Einlagen ohne Mindestreservebelastung über ihre Zentralen in das Bankensystem einzuschleusen.

Durch einen Beschluß des **Zentralbankrates der Deutschen Bundesbank** vom 11. April 1985 wurden in **§ 2 Abs. 4 (d) AMR** die bis dahin von der Mindestreservepflicht freigestellten Verbindlichkeiten aus Bauspareinlagen, **über die ein Bausparer vor Zuteilung der Bausparsumme verfügen kann**, mindestreservepflichtig. Für diese Verbindlichkeiten der Bausparkasse gelten die für Termineinlagen geforderten Mindestreservesätze. Somit sind gegenwärtig Bausparkassen zwar grundsätzlich mindestreservepflichtige Kreditinstitute, doch sind deren Verbindlichkeiten aus Bauspareinlagen von der Mindestreservepflicht freigestellt, es sei denn, daß über Bauspareinlagen vor Zuteilung der Bausparsumme verfügt werden kann.

1.7.2 Effekte der Mindestreservepolitik

Werden die Mindestreservesätze gesenkt (**expansive Politik**), so wird es den Geschäftsbanken bei gleicher absoluter Höhe der **monetären Basis** möglich, mehr Kredite als bisher zu vergeben. Sollte nämlich die Kreditnachfrage in ausreichendem Umfang vorhanden sein, steigt auch das Kreditvolumen. Wenn nun die Kreditnehmer über ihren Kredit durch Zahlungen aus damit zur Verfügung stehenden Sichteinlagen verfügen, steigt auch die **Geldmenge M1**.

Mit der Senkung von Mindestreservesätzen ist bei gleichbleibender monetärer Basis freie Liquiditätsreserve in Form von Überschußreserve entstanden. Gleichzeitig wird der Geldmarktzins reduziert, da sich der freiverfügbare Zentralbankgeldbestand erhöht hat. Diese Überschußreserve wird zu Mindestreservesoll, wenn M1 gestiegen ist. Banken können also durch freiwerdende Liquidität solange Geld schöpfen, bis das **Mindestreservesoll** bei gesunkenen Mindestreservesätzen die alte Höhe erreicht hat.

In einem solchen Fall kann an der Höhe der Zentralbankgeldmenge jedoch nicht mehr abgelesen werden, ob die Zentralbank einen expansiven Impuls einleitete oder nicht. Die **Deutsche Bundesbank** verwendete deshalb bis zum Jahre 1989 bei ihrer Definition der Zentralbankgeldmenge eine **bereinigte monetäre Basis**, also eine **Zentralbankgeldmenge zu konstanten Reservesätzen** eines bestimmten

Stichtages. Dies hatte zur Folge, daß bei reduzierten Mindestreservesätzen und gleichbleibender **monetärer Basis** zunächst das **Mindestreservesoll** sinkt, bei zusätzlicher Kreditnachfrage daraufhin die entstandene **Überschußreserve** solange abnimmt, bis die ursprüngliche Höhe der monetären Basis wieder ausschließlich aus Mindestreserveverpflichtung besteht. An der Höhe der monetären Basis hat sich nun nichts geändert. In der Definition der **Deutschen Bundesbank** war nun aber die Zentralbankgeldmenge – berechnet zu konstanten Mindestreservesätzen – gestiegen, obgleich den Geschäftsbanken gar nicht mehr an Zentralbankgeld bzw. monetärer Basis zur Verfügung stand. Eine solche Zentralbankgeldmenge, die zu konstanten Mindestreservesätzen berechnet wird, bezeichnet man auch als „erweiterte monetäre Basis". Die Zentralbankgeldmenge in der Definition der **Deutschen Bundesbank ZBG** war also ein abstraktes, theoretisches Konstrukt, um monetäre Impulse ablesen zu können.

Schematisch läßt sich der monetäre Impuls reduzierter Mindestreservesätze r wie folgt darstellen:

$$\text{Impuls} \quad r\downarrow, \quad \bar{B} \rightarrow \text{ÜR}\uparrow, \text{KA}\uparrow, i\downarrow, \text{KN}, \text{KV}\uparrow, \text{M1}\uparrow \rightarrow, \text{ÜR}\downarrow, \bar{B}, \text{ZBG}\uparrow.$$

Natürlich ließen sich auch hier Wege verfolgen, wie sie oben bereits dargestellt wurden, also eine Schuldentilgung bei der **Deutschen Bundesbank** mit sinkender **monetärer Basis** bei gleichbleibender **Zentralbankgeldmenge in der Definition der Deutschen Bundesbank** oder aber eine verstärkte Wertpapiernachfrage der Geschäftsbanken mit der Folge einer steigenden **Geldmenge M3** bei Konstanz der **Geldmenge M1**. Auch im letzteren Fall kommt es dann bei gegebener monetärer Basis zu einer Zunahme der **Zentralbankgeldmenge in der Definition der Deutschen Bundesbank**.

Diese Wirkungen sollen noch an einem Beispiel verdeutlicht werden. Angenommen, in der Ausgangssituation hatte eine Geschäftsbank eine Zentralbankeinlage von 100 (**monetäre Basis**), die zugleich auch Mindestreserveverpflichtung bei einem Mindestreservesatz von $r_{So} = 0{,}20$ für Sichteinlagen im Umfang von $S = 400$ und bei einem Mindestreservesatz von $r_{To} = 0{,}10$ für Termineinlagen von $T = 200$ darstellt.

Bank

B	100	S	400
Kredite	500	T	200

Werden nun die Mindestreservesätze jeweils auf die Hälfte gesenkt – $r_{S1} = 0{,}10$ und $r_{T1} = 0{,}05$ –, so entsteht eine Überschußreserve von $\text{ÜR} = 50$. Wird diese Überschußreserve ausschließlich dazu verwendet, um beim Kauf von Wertpapieren den Kunden der Bank Termineinlagen einzuräumen, können maximal zusätzliche Termineinlagen von $T_2 = 1\,000$ geschaffen werden; in diesem Fall geht die ursprüngliche Überschußreserve von $\text{ÜR} = 50$ in Mindestreserveverpflichtung über. Die neue Bilanz hat nun folgende Struktur:

Bank

B	100	S	400
Kredite	500	T_1	200
Wertpapiere	1 000	T_2	1 000

Die monetäre Basis B ist konstant geblieben; die **Zentralbankgeldmenge in der Definition der Deutschen Bundesbank** ist aber gestiegen, denn zu den konstanten Mindestreservesätzen der Ausgangssituation ergäbe sich nun eine Zentralbankgeldmenge von ZBG = 200. Sie stellt den Reflex der konstant gebliebenen Geldmenge M1 = 400 und der gestiegenen Geldmenge M2 von 600 auf 1600 dar.

Hätte die mit der Reduktion der Mindestreservesätze freigewordene monetäre Basis, also die Überschußreserve ÜR = 50, dagegen zur Kreditvergabe eingesetzt werden können, wären die Sichteinlagen von 400 um zusätzliche 500 auf 900 angestiegen. Die Bilanz der Bank hätte nun folgendes Aussehen gehabt:

Bank

B	100	S_1	400
Kredite	500	S_2	500
Kredite	500	T_2	200

Die monetäre Basis wäre auch hier zwar gleichgeblieben, aber die Geldmenge M1 wäre von 400 auf 900 gestiegen und die Geldmenge M2 bei gleichbleibendem Umfang an Termineinlagen hätte ebenfalls wie M1 um 500 zugenommen, nämlich von 600 auf 1100. Die **Zentralbankgeldmenge in der Definition der Deutschen Bundesbank**, also zu den ursprünglichen Mindestreservesätzen, wäre wieder von 100 auf 200 gestiegen.

Die Zentralbankgeldmenge in der Definition der **Deutschen Bundesbank** spiegelt also den expansiven Impuls wieder – Senkung der Mindestreservesätze um die Hälfte verdoppelt die Zentralbankgeldmenge –, kann aber nicht angeben, ob der Impuls auch tatsächlich die das Volkseinkommen unmittelbar betreffende Geldmenge M1 oder kurzfristig als Termineinlage in die Geldmenge M2 eingeht, ohne das Volkseinkommen zu berühren. Je stärker dabei in der Folge die Geldmenge M2 bzw. M3 steigt, desto geringer ist der Anstieg der Geldmenge M1 und damit der Einfluß der Geldpolitik auf die Höhe des Volkseinkommens. Aber auf die konjunkturelle Nutzung ihrer Impulse durch die Wirtschaftssubjekte hat die Zentralbank ohnehin keinen direkten Zugriff.

1.8 Offenmarktpolitik

Bei ihrer Offenmarktpolitik kauft (**expansive Offenmarktpolitik**) und verkauft (**restriktive Offenmarktpolitik**) die **Deutsche Bundesbank** je nach Erfordernis ihrer Geldpolitik am **„offenen“ Markt** auf eigene Rechnung Wertpapiere gegen Zentralbankgeld. Bei Wertpapiertransaktionen im Auftrag und für Rechnung öffentlicher Haushalte handelt die **Deutsche Bundesbank** als **fiscal agent**; solche Aktionen zählen nicht zur Offenmarktpolitik.

1.8.1 Gesetzliche Regelungen

Teilnehmer am Offenmarktgeschäft sind also die **Deutsche Bundesbank** auf der einen (Nachfrager oder Anbieter von Offenmarktpapieren) und Geschäftsbanken (Anbieter oder Nachfrager) auf der anderen Marktseite; selten werden auch

Nichtbanken in Offenmarktgeschäfte einbezogen – einen Sonderfall stellt dabei die **Stabilitätsanleihe** dar, bei der der Erlös der Anleiheemission auf einem Konto der Regierung bei der **Deutschen Bundesbank** stillgelegt (**thesauriert**) wird.

Nach **§ 15 BBankG** und **§ 21 BBankG** kann die **Deutsche Bundesbank** zur Regelung des Geldmarktes am offenen Markt – also mit allen Geldnachfragern und -anbietern – zu Marktsätzen Geldmarktpapiere (Geldmarktpolitik) kaufen oder verkaufen.

Um die Geldmenge zu regulieren, kann die **Deutsche Bundesbank**

(1) bundesbankfähige Wechsel (§ **19 BBankG**)
(2) **Schatzwechsel** mit einer Laufzeit von bis zu 3 Monaten, deren Aussteller der Bund, eines seiner Sondervermögen (Bundesbahn, Bundespost) oder ein Bundesland ist
(3) **unverzinsliche Schatzanweisungen (Kassenobligationen)** mit einer Laufzeit von 3, 6, 9, 12 oder 24 Monaten, deren Aussteller der Bund, eines seiner Sondervermögen oder ein Bundesland ist; diese **U-Schätze** sind in der Regel nicht vor Fälligkeit rückgebbar (**N-Papiere**)
(4) und als Kapitalmarktpapiere (Kapitalmarktpolitik) andere zum amtlichen Börsenhandel zugelassene Schuldverschreibungen

in ihre Offenmarktgeschäfte einbeziehen.

Die **Deutsche Bundesbank** könnte danach Offenmarktpolitik mit jedermann betreiben, tatsächlich führt sie solche Geschäfte jedoch nur mit Banken am Geldmarkt durch, wenn sie auch schon hin und wieder Offenmarktgeschäfte mit langfristigen Titeln (**Kapitalmarkt**) abschloß. Soweit es ihre geldpolitische Zielsetzung erlaubt, kauft und verkauft die **Deutsche Bundesbank** auch Anleihen des Bundes oder seiner Sondervermögen auf eigene Rechnung zur Kurspflege (**Stützungskäufe**) dieser Wertpapiere.

Schatzwechsel und **unverzinsliche Schatzanweisungen** hat der Bund bei Bedarf bis zu einem Nennbetrag von der ihr zustehenden Ausgleichsforderung (**Währungsreform**) bis in Höhe von DM 8,1 Mrd. als sog. **Mobilisierungspapiere** zur Verfügung zu stellen (§ **42 BBankG**). Reicht der Umfang an Mobilisierungspapieren nicht für die Verfolgung geldpolitischer Ziele aus, so kann die **Deutsche Bundesbank** vom Bund weitere Schatzwechsel und U-Schätze bis zu einem Höchstbetrag von DM 8 Mrd. als sog. **Liquiditätspapiere** anfordern (§ **29 Stabilitätsgesetz, §§ 42, 42a BBankG**). Die Offenmarktpapiere werden von der **Deutschen Bundesbank** entweder durch das

- **Zinssatzverfahren** bei dem die Abgabesätze der Offenmarktpapiere, nicht aber auch die Rücknahmesätze festgelegt werden; diese werden allerdings auf Anfrage mitgeteilt. Die **Deutsche Bundesbank** überläßt es dann der freien Entscheidung der Kreditinstitute, die Offenmarkttitel zu kaufen oder nicht. Diese Kaufentscheidung der Geschäftsbanken ist abhängig von einer Renditeüberlegung.
- **Tenderverfahren (Ausschreibungsverfahren)**, bei dem die Angebotsmenge am Offenmarkttiteln festgelegt und höchstbietend verkauft wird,

angeboten.

Um sicherzustellen, daß zumindest die öffentliche Hand bei einer kontraktiven Geldpolitik Offenmarktpapiere erwirbt, kann nach **§ 30 des Stabilitätsgesetzes** die Bundesregierung bestimmen, daß die Rentenversicherung der Arbeiter bis zu

60 v.H. ihrer durchschnittlichen Monatsausgabe in Mobilisierungs- und Liquiditätspapieren anlegt.

Die Wirkungsweise der Offenmarktpolitik zeigt sich in den Bilanzen der betrachteten Marktpartner ebenso wie bei der Refinanzierungspolitik darin, daß die monetäre Basis (**Zentralbankgeld**) im Besitz der Geschäftsbanken und damit deren Potential an Geldangebot variiert wird.

1.8.2 Effekte der Offenmarktpolitik

Sollte die **Deutsche Bundesbank** Offenmarktpapiere verkaufen, entzieht sie den Banken zugleich Zentralbankgeld in Form von Einlagen bei der Zentralbank. Die monetäre Basis sinkt, wodurch die Geschäftsbanken künftig weniger Kredite vergeben können, so daß als Folge das Kreditvolumen und die Geldmenge M1 sinken werden.

Bei Offenmarktoperationen wird natürlich auch das Zinsniveau beeinflußt. Im Zuge einer kontraktiven Offenmarktpolitik verkauft die Zentralbank Geldmarktpapiere, wodurch der Kurs dieser Wertpapiere sinkt und damit der Zinssatz am Geldmarkt steigt. Kauft nun gleichzeitig die Zentralbank langfristige Wertpapiere am Kapitalmarkt – ein solches gleichzeitiges, mit entgegengesetzten Wirkungen durchgeführtes Geschäft nennt man **twist operation** –, so sinkt der Zins am Kapitalmarkt. Der Grund für solche twist operations mag darin liegen, daß die Zentralbank aus außenwirtschaftlichen Überlegungen Kapitalexporte einschränken und gleichzeitig binnenwirtschaftlich die Investition anregen möchte. Eine solche Politik ist allerdings nur ganz kurzfristig erfolgreich, da ja die Zinsentwicklung auf Geld- und Kapitalmarkt sich bald wieder annähern wird.

Die Geschäftsbanken könnten aber auch versuchen, statt ihr Kreditangebot zu reduzieren, auf Kunden einzuwirken, Termineinlagen und Spareinlagen verstärkt durch Wertpapiere zu ersetzen. Damit wird zunächst gebundene Liquidität für die Banken wieder frei. Mit dieser frei werdenden Liquidität wäre es nun den Banken möglich, ohne die Sichteinlagen zu beschränken, Offenmarktpapiere von der **Deutschen Bundesbank** zu erwerben. Die monetäre Basis sinkt jetzt zwar, doch bleibt die Geldmenge M1 und damit die für die Umsetzung des Volkseinkommens relevante Geldmenge konstant. Es hat nun praktisch allein eine Umschichtung im Vermögensbereich stattgefunden mit sinkender Geldmenge M3, aber gleichbleibender Geldmenge M1.

$$\text{Impuls} \quad OMP \rightarrow B\downarrow \; \begin{cases} \rightarrow KA\downarrow, i\uparrow, KN, KV\downarrow, M1\downarrow, M3\downarrow \\ \rightarrow WPA\uparrow, T\downarrow, Sp\downarrow, M3\downarrow \; (\overline{M1}) \end{cases}$$

Entscheidend für den konjunkturpolitischen Erfolg bei einer Beeinflussung von M1 ist es, ob es zum oberen oder unteren Ast in der Wirkungskette kommt. In jedem Falle aber wird die Geldmenge M3 bzw. M2 durch diese kontraktive Offenmarktpolitik beeinflußt. Deshalb wird bei Effizienzüberlegungen und empirischen Untersuchungen häufiger auf diese beiden Geldmengenarten in der Erwartung abgestellt, daß sich Einflüsse auf die Geldmengen M2 und M3 schließlich auch auf die Geldmenge M1 niederschlagen. Nur, dies ist allenfalls mittelfristig zu erwarten und bedeutet dann möglicherweise keinen erwünschten, konjunkturellen Impuls mehr.

Um den Einfluß der Geldpolitik bei einer Aufstockung der Bankenliquidität zu ermitteln, berechnet man die **„bereinigte monetäre Basis"**: Sie ist als **„erweiterte monetäre Basis"** definiert, von der die Refinanzierung abgezogen und die Geldmarktpapiere im Besitz der Geschäftsbanken hinzuaddiert werden. Die **„bereinigte monetäre Basis"** enthält somit die sog. **„korrigierte monetäre Basis"** (monetäre Basis abzüglich der Refinanzierung), der der Bestand an Geldmarktpapieren im Besitz der Geschäftsbanken hinzuaddiert wird. Im übrigen beteiligen sich nicht alle Bankengruppen an dieser Offenmarktpolitik, wie leicht aus ihrem Wertpapierbestand abzulesen ist. Realkreditinstitute, Kreditinstitute mit Sonderaufgaben, Teilzahlungskreditinstitute sowie die Postscheck- und Postsparkassenämter zählen nicht zu Teilnehmern am Offenmarktgeschäft. Die **Deutsche Bundesbank** kann aber auch bestimmte Sonderabmachungen beim Wertpapierhandel mit den Geschäftsbanken treffen und **Wertpapierpensionsgeschäfte, Wechselpensionsgeschäfte, Devisenswapgeschäfte** und **Devisenpensionsgeschäfte** abschließen.

1.8.3 Wertpapierpensionsgeschäfte

Grundlage der **Wertpapierpensionsgeschäfte** sind Wertpapiere, deren Kreis in **§ 21 BBankG** abschließend aufgeführt ist. Ein **Pensionsgeschäft** besteht aus einer **Kassa-** und einer entgegengesetzten **Termintransaktion**. Mit dem **Kassageschäft** verpflichtet sich der **Pensionsnehmer (Deutsche Bundesbank)**, den Pensionsgegenstand zu pensionieren. Der **Pensionsgeber** (Geschäftsbank) erhält im Gegenzug eine Gutschrift auf seinem Zentralbankkonto. Zeitgleich wird das **Termingeschäft** abgeschlossen. Der **Pensionsgeber** verpflichtet sich, den Pensionsgegenstand zu einem bereits heute festgelegten Preis beim **Pensionsnehmer** auszulösen. Der **Pensionssatz** (Zinssatz) resultiert aus der Differenz zwischen **Kassa-** und **Terminkurs**. Durch den Rückkauf wird das zuvor geschaffene Zentralbankgeld wieder bei der Zentralbank stillgelegt. Die **Deutsche Bundesbank** bedient sich bei ihrem Angebot an **Offenmarktgeschäften mit Rückkaufvereinbarung** dem **Ausschreibungsverfahren (Tenderverfahren)**. Es bietet zwei Variationsmöglichkeiten, die in Abhängigkeit von den angestrebten Zielen angewendet werden.

1.8.3.1 Der Mengentender

Bei einem **Mengentender** bietet die **Deutsche Bundesbank** den Kreditinstituten Zentralbankgeld gegen die **Pensionierung** von Wertpapieren für einen festen Zinssatz an (**Festzinstender**). Dieser Zins gilt für alle Banken. Die Kreditinstitute ihrerseits sind nun aufgefordert, ihren Bedarf anzumelden, den sie zu diesen Konditionen befriedigen wollen. In aller Regel kommt es zu einer **Repartierung**, da das angemeldete Volumen die intern gebildete Vorstellung der **Deutschen Bundesbank** um ein mehrfaches übersteigt. Liegen z.B. wie in Abbildung 47 insgesamt Gebote der Banken über 40 Mrd. DM vor, und die **Deutsche Bundesbank** will lediglich 20 Mrd. DM bereitstellen, erfolgt eine Repartierung von 50 v.H. Jedes an der Ausschreibung teilnehmende Institut erhält die **gleiche Zuteilungsquote**. Der Erfolg eines **Mengentenders** ist vom vorgegebenen Zinssatz abhän-

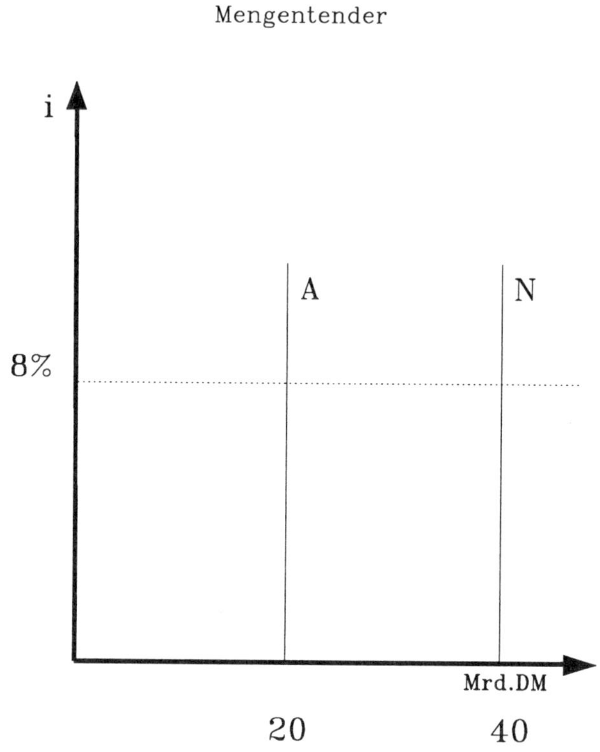

Abbildung 47

gig. Ist er zu hoch, so ist die angestrebte Zentralbankgeldbereitstellung nicht realisierbar. Im umgekehrten Fall – Zentralbankgeld wird dann unter dem Marktpreis angeboten – sinkt der Zuteilungssatz erheblich.

Der spezifische **Vorteil** des **Festzinstenders** ist darin zu sehen, daß die Notenbank den Geldmarktakteuren Informationen über die von ihr angestrebte Zinsentwicklung zukommen läßt. Die Kreditinstitute sind an der Zinsfindung nicht beteiligt.

Ein erheblicher **Nachteil** kann aber durch strategische Gebote entstehen, bei denen die Kreditinstitute in Erwartung einer Repartierung ein höheres als das eigentlich gewünschte Angebot anmelden.

1.8.3.2 Der Zinstender

Bei einem **Zinstender** stehen der **Deutschen Bundesbank** zwei Versteigerungsverfahren, die **holländische** und die **amerikanische Methode**, zur Verfügung. Gemeinsam ist beiden die Bekanntgabe der vorgegebenen Laufzeit. Unterschiede liegen zum einen in der Vorgabe eines **Mindestbietungszinses** und zum anderen in den **Zuteilungszinssätzen**.

Die Banken sind ihrerseits aufgefordert, Gebote bezüglich Volumen und Preis abzugeben. Diese Gebote sind in 0,05 Prozentpunkten staffelbar. Mehrfachgebote einer Bank zu unterschiedlichen Zinssätzen sind zulässig. Unzulässig sind **Billigstgebote** und das Unterschreiten eines eventuell vorgegebenen Mindestzins. Auch beim **Zinstender** verfügt die **Deutsche Bundesbank** über eine interne Mengenvorstellung, die sie realisieren will. Die Preisfindung bleibt aber, unter Beteiligung der Kreditinstitute, den Knappheitsverhältnissen des Marktes überlassen.

Kündigt die Notenbank wie in Abbildung 48 eine Versteigerung nach der **holländischen Methode** an, gibt sie einen Mindestbietungssatz vor, der nicht unterschritten werden darf. Die **Zuteilung erfolgt von oben**, beginnend mit dem höchsten Gebot, **nach unten**. Wenn das angestrebte Volumen erreicht ist, wird die Zuteilung ausgesetzt. Das Gebot, das gerade noch zum Zuge kommt, determiniert den Zins für den gesamten **Tender**. Alle berücksichtigten Gebote werden zu diesem Einheitszins befriedigt. **Repartiert** werden kann maximal das gerade noch berücksichtigte Gebot, wenn es nicht mehr vollständig in das Mengenkontingent hineinpaßt. Gebote, die mit höheren Zinsen ausgestaltet waren, werden vollständig bedient. Den Einheitszinssatz unterschreitende Gebote erhalten keine Zuteilung. Die Wahrscheinlichkeit für ein einzelnes Institut, bei diesem Verfahren im relevanten Zinsbereich zu liegen und damit eine Zuteilung zu erhalten, korreliert positiv mit der Höhe der gebotenen Sätze. Diese Politik betrieben kleinere Institute, die sich sicher sein konnten, daß ihre erhöhten Gebote den Zuteilungssatz

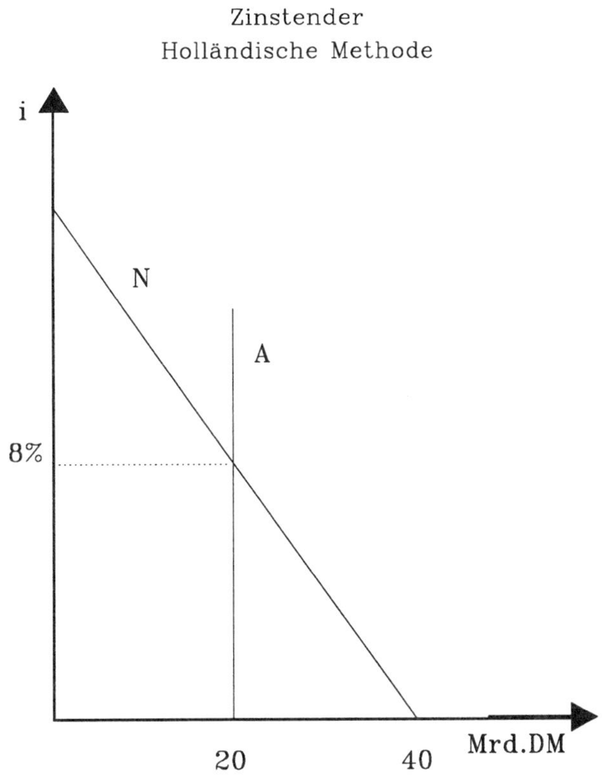

Abbildung 48

nicht wesentlich beeinflussen. So sicherten sie sich den Zugriff auf Zentralbankgeld, ohne ihre marginale Zahlungsbereitschaft offen zu legen.

Um diesem **„Schwarzfahrerverhalten"** (**free rider**) einiger Kreditinstitute vorzubeugen, änderte die **Deutsche Bundesbank** im August 1988 das Versteigerungsverfahren. Sie versteigerte nun wie in Abbildung 49 **amerikanisch**, ohne Vorgabe eines Mindestbietungssatz. Auch hier erfolgt die Zuteilung von oben nach unten. Eine Repartierung kann nur das marginale Gebot erfahren. Zugeteilt wird jedoch nicht mehr zu einem einheitlichen Satz, sondern jedes Institut wird mit dem von ihm gebotenen Zins in Anspruch genommen.

Diese Vorgehensweise diszipliniert das Gebotsverhalten der Banken, da sie jetzt damit rechnen mußten, den gebotenen Zins tatsächlich zahlen zu müssen. Die Zuteilungssätze reflektieren jetzt die aktuelle Geldmarktverfassung, **Mondpreise** werden nicht mehr genannt.

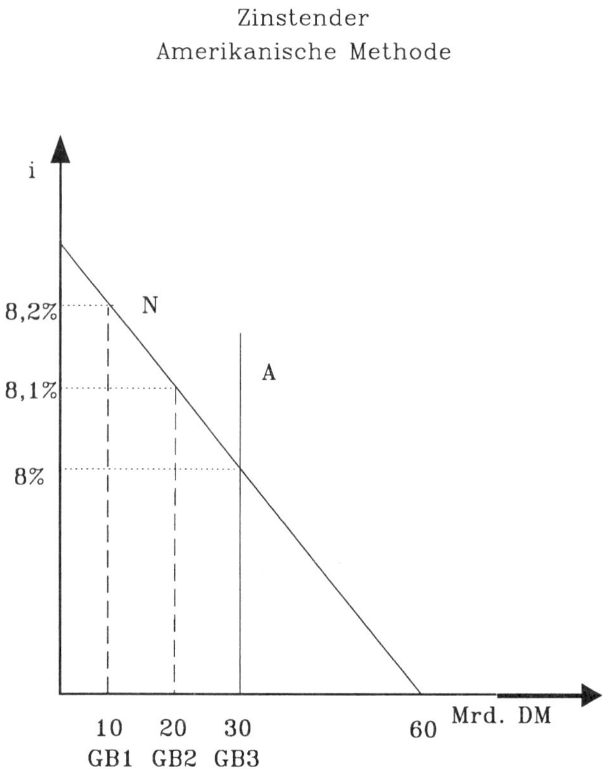

Abbildung 49

Die Kreditwirtschaft steht der Zentralbankgeldbereitstellung über **Pensionsgeschäfte** positiv gegenüber. Als vorteilhaft werden von ihnen folgende Punkte eingestuft:

- Die **verfeinerte Geldmarktsteuerung** ermöglicht eine stetigere Zinsentwicklung, da Engpässe beseitigt und Überschüsse abgeschöpft werden. Dispositionsprobleme zum Ultimo verringern sich.

- Die Teilnahme ist frei vom gesetzlichen Zwang und bei der Anreizstruktur kann sich der Preis(Zins-)mechanismus entfalten. Ein marktkonformes Instrument reduziert somit den Einsatz des administrativen Instruments Mindestreserve.
- **Wertpapierpensionsgeschäfte** sind für die Banken mit einem geringeren technischen Abwicklungsaufwand verbunden. Ihre Wertpapierbestände sind bei der **Deutschen Bundesbank** hinterlegt und brauchen nur abgerufen werden.
- Wertpapierpensionsgeschäfte sind **wettbewerbsneutral**, da sie allen Instituten, unabhängig von Bilanzstruktur oder Eigenkapital, offenstehen.

In der geldpolitischen Konzeption der **Deutschen Bundesbank** waren die Wertpapierpensionsgeschäfte einem Wandel unterworfen. Ursprünglich dienten sie der Vorfinanzierung eines Zentralbankgeldbedarfs, dessen Charakter – transitorisch oder permanent – für die monetären Instanzen noch nicht erkennbar war. Bei der Bestätigung eines andauernden Bedarfs wurde diese Zwischenfinanzierung konsolidiert. Dies geschah mittels Reservesatzsenkungen, Ausschüttung des Bundesbankgewinns und/oder Kontingenterhöhungen.

Desweiteren dienten Wertpapierpensionsgeschäfte der Sterilisation von Liquiditätseffekten, die durch Devisenzuflüsse hervorgerufen wurden.

Im Jahr 1985 änderte die **Deutsche Bundesbank** ihre Konzeption. Sie steigerte die Frequenz ihrer Pensionsgeschäfte und bot der Kreditwirtschaft im Durchschnitt zwei bis drei Geschäfte pro Monat an. Auslaufende Wertpapierpensionsgeschäfte wurden prolongiert, u.U. jedoch zu geänderten Konditionen. Auch in der Fristigkeit ist sie variabler geworden. Pensionsgeschäfte werden heute über Zeiträume von vier bis neun Wochen abgeschlossen.

Ihr Anteil an der gesamten Refinanzierung erhöhte sich von 0 v.H. (1979) auf über 60 v.H. (1989). Der Geschäftsumfang betrug im Oktober 1989 ungefähr 98 Mrd. DM.

Wertpapierpensionsgeschäfte sind zu einer dauerhaften Quelle der Zentralbankgeldversorgung mutiert. Mit ihnen hat die **Deutsche Bundesbank** ein sehr flexibles Instrument in der Hand, um auf temporäre Schwankungen (Marktfaktoren) wie z.B. Steuertermine, erhöhte Kassenkreditinanspruchnahme sowie gestiegenen Barabhebungen reagieren zu können. Zusätzlich kann sie die Liquiditätswirkung ihres eigenen Gewinns ebenso wie die von Devisenbewegungen kompensieren.

Um kurzfristigen Anspannungen am Geldmarkt, die das Spiegelbild eines nur kurzfristigen Liquiditätsbedürfnisses der Kreditwirtschaft sein können, zu begegnen, verfügt die **Deutsche Bundesbank** über kurzfristige, reversible Offenmarktinstrumente.

1.8.4 Sonstige Offenmarktoperationen

Um den Geldmarkt kurzfristig zu **verflüssigen** bzw. um einer Überliquidisierung entgegen zu treten, stehen der **Deutschen Bundesbank** eine Vielzahl von reversiblen Offenmarktoperationen zur Verfügung. Sie stellen eine besondere Art der Geldmarktsteuerung über den offenen Markt dar. Damit weist die **Deutsche Bundesbank** ihnen eine **Pufferfunktion** zu, die dazu dient, unerwünschte Ausschläge der Zentralbankgeldbestände der Banken in die eine wie in die andere Richtung während der laufenden Reserveperiode zu verhindern.

1.8.4.1 Wechselpensionsgeschäfte

Erstmals führte die **Deutsche Bundesbank** im April 1973 **Wechselpensionsgeschäfte** durch, deren Laufzeit auf zehn Tage beschränkt blieb. Letztmalig wurden sie der Kreditwirtschaft im März 1982 angeboten. Von diesem Zeitpunkt an wurden die Pensionsgeschäfte auf der Basis von Wertpapieren durchgeführt. Seither finden **Wechselpensionsgeschäfte** ausschließlich bei kurzfristigen Ausgleichsoperationen mit maximal zehn Tagen Laufzeit am Geldmarkt Verwendung. Der Grund für die Umstellung der Geschäfte auf Wertpapiere, ist in der beschränkten Wechselmanövriermasse zu sehen. Die Kreditinstitute unterhalten nur Wechselbestände in Höhe der ihnen eingeräumten Rediskontkontingente. Damit ist die Flexibilität der **Wechselpensionsgeschäfte** bei der Liquiditätssteuerung eingeschränkt.

1.8.4.2 Devisenswap- und Devisenpensionsgeschäfte

Von 1958 bis 1971 dienten Devisenswapgeschäfte ausschließlich der Förderung des Geldexportes der Banken. Nach Zusammenbruch des **Bretton-Woods-Systems** wurden mit ihrer Hilfe Kursglättungsoperationen am US-Dollarmarkt durchgeführt. Ab 1979 dienten sie dem **Feintuning** des inländischen Geldmarktes. Ein **Swapgeschäft** zerfällt ähnlich wie ein **Pensionsgeschäft** in eine **Kassa-** und eine entgegengerichtete **Termintransaktion**. Mit dem damit verbundenen Eigentümerwechsel gingen – bedingt durch Rückruf und Wiederanlage der Beträge – Irritationen auf den amerikanischen Geldmärkten, an denen die Devisenreserven der **Deutschen Bundesbank** verzinslich angelegt sind, einher. Da dies nicht Ziel einer binnenwirtschaftlich orientierten geldpolitischen Maßnahme sein kann, bot die **Deutsche Bundesbank** ab Sommer 1979 die Pensionierung von Devisenbeständen an. Bei einem **Devisenpensionsgeschäft** findet kein physischer Austausch statt; der **Herausgabeanspruch** auf Auslandsaktiva wird befristet übertragen. Der Pensionsgeber bleibt Eigentümer.

Beide Geschäfte sind in ihrer Laufzeit auf wenige Tage beschränkt. Eine Ausschreibung findet nicht statt. Kontrahiert wird aufgrund der hohen Beträge ausschließlich mit großen Marktpartnern.

1.8.4.3 Der Schnelltender

Im November 1988 bot die **Deutsche Bundesbank** den Geschäftsbanken erstmalig **Schnelltender** als sehr kurzfristige Liquiditätshilfe an. Die Laufzeit ist auf vier Tage beschränkt. Vertragspartner sind in erster Linie geldmarktaktive Banken, die die Liquidität zügig an den Geldmarkt durchleiten. Der Abwicklungszeitraum ist knapp bemessen. Ankündigungen, Gebotsabgabe, Zuteilung und Gutschrift erfolgen innerhalb weniger Stunden.

Vorläufer des **Schnelltenders** waren die sogenannten **„Geldschleusen“**. Die **Deutsche Bundesbank** schleuste **Tagesgeld** über staatliche Kreditinstitute in den

Bankkreislauf ein. Kontrahiert wurde mit der **Kreditanstalt für Wiederaufbau (KfW)**, der **Landwirtschaftlichen Rentenbank** und der **Verkehrskreditbank AG**. Alle Geschäftseckdaten, wie Abgabesätze, die der **„Geldschleuse"** zugebilligte Marge und die Gesamtvolumina waren von der **Deutschen Bundesbank** vorgegeben.

1.9 Einordnung der geldpolitischen Instrumente in die Konzeption der Deutschen Bundesbank

Sowohl die Refinanzierungs- als auch die Offenmarktpolitik dienen der Zentralbankgeldbereitstellung. Die **Deutsche Bundesbank** steuert damit den Geldmarkt entsprechend ihren geldpolitischen Zielen. Im Rahmen der indirekten Steuerung der Zentralbankgeldmenge kommt den Instrumenten die Aufgabe zu, so auf die Konditionen am Geldmarkt einzuwirken, daß es auf diese Weise zwar nicht unbedingt von Monat zu Monat, aber doch über den Verlauf der Zielperiode hinweg zu einem zielgerichteten Verlauf der Zentralbankgeldmenge kommt.

Die **Diskontpolitik** dient der dauerhaften Bereitstellung von Zentralbankgeld. Aufgrund der eingeräumten Vorzugskonditionen sind die gewährten Rediskontkontingente permanent zu 90 v.H. und mehr ausgeschöpft. Eine flexible Liquiditätssteuerung ist mit der Diskontpolitik nicht möglich. Die Ursachen für die Inflexibilität dieses Instrumentes liegen

- einerseits in der dem **Diskontsatz** von der Öffentlichkeit eingeräumten Leitzinsfunktion; Änderungen dieses **Leitzinses** lassen (vermeintliche) Rückschlüsse auf geldpolitische Kurswechsel zu und
- andererseits in der relativ **langen Vorlaufzeit**, die die Kreditinstitute benötigen, bis ihre internen Wechselbestände an Kontingentänderungen angepaßt sind.

Auch **Wertpapierpensionsgeschäfte** werden zur dauerhaften Bereitstellung von Zentralbankgeld genutzt. Im Gegensatz zur Diskontpolitik sind hier aber kurzfristige Variationen durch die **Deutsche Bundesbank** durchaus möglich. Eine aktive Geldmarktsteuerung ermöglicht seit 1985 die gesteigerte Frequenz der **Wertpapierpensionsgeschäfte**. Die Notenbank hat es dadurch in der Hand, innerhalb von ein bis zwei Wochen auf einen schwankenden Liquiditätsbedarf bzw. auf Störeinflüsse kompensierend zu reagieren. Die **Deutsche Bundesbank** hat sich mit ihrer Offenmarktpolitik selbst die Aufgabe auferlegt, den Zentralbankgeldbedarf der Geschäftsbanken innerhalb einer Referenzperiode zu prognostizieren und die benötigte Menge durch Eigeninitiative und Eigenentscheidung bereitzustellen. Dies ermöglicht der Gesamtmarktüberblick der Notenbank, über den ein einzelnes Institut nicht verfügen kann. Fehleinschätzungen äußern sich sofort in der aktuellen Geldmarktverfassung. Ziel der Zentralbank war es, den **Tagesgeld-** vom **Lombardsatz** zu lösen und ihn in einer von Lombard- und Schatzwechselabgabesatz definierten Bandbreite **„geräuschlos"** zu steuern. Damit wurde der **Pensionssatz** der relevante Notenbankzins.

Den **sonstigen Offenmarktoperationen** ist eine **Pufferfunktion** zugeordnet. Sie versetzen die **Deutsche Bundesbank** in die Lage, ganz kurzfristige Liquidität bereitzustellen bzw. sie zu absorbieren. Angestrebt ist eine konstante Entwicklung der Zentralbankguthaben in der laufenden Referenzperiode. Ausschläge in die eine wie in die andere Richtung müssen nicht mehr passiv hingenommen werden. Dies ermöglicht auch kurzfristig eine stetige Entwicklung der **Tagesgeldsätze**.

Mit ihrer Offenmarktpolitik gelang es der Notenbank, den **Tagesgeld- vom Lombardsatz** abzukoppeln. Damit wurde der **Lombardkredit** auf die ihm zugedachte Funktion zurückgeführt. Seine Inanspruchnahme hat einen Ausnahmecharakter, mithin dient der Lombard nicht der dauerhaften Refinanzierung. Er stellt auf die individuelle Situation einer Bank ab, die beispielsweise durch überraschend hohe Barabhebungen oder Fehldispositionen gekennzeichnet sein kann. Ein Lombardkredit wird nur dann gewährt, wenn er nach Dauer und Umfang angemessen erscheint. Aus einzelwirtschaftlicher Sicht ist der Pfandkredit, da täglich tilgbar, ein perfektes Substitut zur Tagesgeldaufnahme. Folglich ist der Lombardkredit das **Überlaufventil** für den Geldmarkt. Erreicht der Geldmarktsatz das Lombardniveau, öffnet sich das **Lombardfenster**. Die Nachfrage nach Zentralbankgeld verlagert sich vom Geldmarkt zur **Deutschen Bundesbank**.

Mit der Aussetzung des Lombards und der Einführung eines **Sonderlombards** hat die **Deutsche Bundesbank** die Möglichkeit, eine übermäßige und/oder dauerhafte Lombard-Inanspruchnahme zu verhindern. Der Lombardkredit stellt für ein einzelnes Kreditinstitut also die **ultima ratio** dar.

1.10 Außenwirtschaftliche geldpolitische Maßnahmen

Die bisher vorgestellten geldpolitischen Instrumente betreffen stets eine inländische Beeinflussung des Geldumlaufes, auch wenn von Zeit zu Zeit spezielle Mindestreservevorschriften und auch global die Diskontpolitik zur Abwehr ausländischer Einflüsse eingesetzt werden. Bei der Diskontpolitik hat dies aber den Nachteil, daß die Abwehr ausländischer Einflüsse auch den inländischen Geldumlauf treffen; dies gilt z.B. für die außenwirtschaftlich orientierte Zinspolitik der **Deutschen Bundesbank** in den Jahren 1979 bis 1981. – Spezielle außenwirtschaftliche Maßnahmen der Geldpolitik sind die **Swapsatzpolitik** und **Devisenmarktinterventionen**.

1.10.1 Swapsatzpolitik

Die **Swappolitik** ist ein außenwirtschaftlicher Ansatzpunkt der Geldpolitik, um indirekt Geldmenge und/oder den Zins in einer Volkswirtschaft zu beeinflussen. Die Swapsatzpolitik ist eine geldpolitische Maßnahme, wie sie in **§ 19 BBankG** geregelt ist. Dabei sollen Einflüsse aus dem Ausland auf das Inland abgeschirmt werden. Mit der Swappolitik werden die Konditionen an der Devisenbörse beeinflußt, um entweder einen nicht erwünschten Devisenzufluß oder -abfluß einzudämmen, der die inländische Geldmenge und den Wechselkurs verändert.

An der Devisenbörse unterscheidet man grundsätzlich zwischen einem **Devisenkassamarkt** (Kontrakt und das Devisengeschäft werden heute abgewickelt) und einem **Devisenterminmarkt** (Kontrakt mit Festlegung des Wechselkurses heute, Abwicklung des Geschäfts per Termin, in der Regel nach 3 Monaten). Der Devisenkassakurs und der Devisenterminkurs können dabei voneinander abweichen.

Abweichungen zwischen dem **Devisenkassakurs** $\mathbf{w_K}$ und dem **Devisenterminkurs** $\mathbf{w_T}$ gleicht die **Arbitrage** aus. Ist z.B. das ausländische Zinsniveau niedriger als das inländische, wird Geldkapital aus dem Ausland zur Anlage im Inland angelockt, so daß ins Inland hereinströmende Devisen insbesondere bei festen Wechselkursen in inländisches Geld bzw. Zentralbankgeld **konvertiert** werden müssen. Die inländische Geldmenge steigt damit von der Zentralbank unkontrolliert an.

Da aber auch bei im Prinzip festen, jedoch anpassungsfähigen Wechselkursen ein Kursrisiko besteht, werden sich die Kapitalimporteure gegen dieses Wechselkursrisiko absichern. Sie werden deshalb zum Zeitpunkt des Geldimportes bereits einen Kontrakt abschließen, durch den der spätere Verkauf des im Inland angelegten Geldes zu einem heute ausgehandelten Wechselkurs, dem Devisenterminkurs w_T, geregelt wird. Die Kapitalimporteure konvertieren heute also Devisen zum Devisenkassakurs (**spot rate of exchange**) in inländische Währung und kontrahieren den im Inland angelegten Betrag einschließlich der anfallenden Zinserträge wieder zum Devisenterminkurs (**forward rate of exchange**) in ausländische Währung. Das Wechselkursrisiko ist damit ausgeschaltet.

Bei international gleich hohen Zinssätzen ist es für Arbitrageure solange sinnvoll, Devisen gegen DM auf dem Kassamarkt und gleichzeitig diese DM wieder gegen Devisen auf dem Terminmarkt anzubieten, wie $w_K > w_T$ gilt; bei $w_K < w_T$ gilt das analog umgekehrte.

Bei international unterschiedlichen Zinssätzen gilt, daß eine **Arbitrage** solange rentabel ist, wie eine Kursdifferenz zwischen w_K und w_T nicht durch die Differenz zwischen inländischem Zinsniveau i_i und dem ausländischen Zinsniveau i_a ausgeglichen wird. Ein solches Geschäft ist für den **Kapitalimporteur** daher solange sinnvoll, wie der Anlagebetrag x (in ausländischer Währung) einschließlich des Zinsertrages und der Berücksichtigung der Wechselkurse bei einer Anlage im Inland einen höheren Ertrag bringt als bei einer solchen im Ausland, also

$$x \cdot w_k (1 + i_i) \cdot \frac{1}{w_T} > x (1 + i_a),$$

mit w = Wechselkurs in der Definition **„inländische Währung bezogen auf die ausländische Währung"**.

Aus dieser Bedingung für Kapitalimporte ins Inland folgt nach einigen Umformungen

$$\frac{w_k - w_T}{w_T} > \frac{i_a - i_i}{1 + i_i},$$

wobei der sich auf die Wechselkursrelation beziehende Ausdruck als **Swapsatz** bezeichnet wird; der Ausdruck auf der rechten Seite der Gleichung ist die **Nettozinsdifferenz**.

Eine **Arbitrage** ist dann nicht mehr lohnend, wenn

$$\frac{w_K - w_T}{w_T} = \frac{i_a - i_i}{1 + i_i}$$

gilt.

Die Zentralbank kann nun eine **Swapsatzpolitik** betreiben, indem sie einen **offiziellen Swapsatz** fixiert, der über oder unter dem **freien Marktswapsatz** liegt. Ist der offizielle Swapsatz höher (niedriger) als der Marktsatz, so wird der Kapitalimport verstärkt (eingeschränkt oder in einen Kapitalexport gewandelt).

Formal wird zwar ein Swapsatz genannt und publiziert, **praktisch** schließt dabei die Zentralbank als Partner von Arbitrageuren auf der Marktgegenseite zwei gleichzeitige Geschäfte ab, ein Devisenkassa- und ein Devisentermingeschäft. Gilt dabei $w_T > w_K$, so wird von ihr ein **Report** (Aufschlag, **premium**) gegenüber dem Devisenkassakurs gezahlt; gilt $w_T < w_K$, so berechnet die Zentralbank einen **Deport** (Abschlag, **discount**) auf den Devisenkassakurs.

Die Effizienz einer solchen Swapsatzpolitik ist begrenzt, da die Geschäftsbanken bei einem Abweichen des offiziellen vom freien Swapsatz sog. **Karussellgeschäfte** durchführen: Liegt z.B. der offizielle über dem freien Swapsatz, werden Geschäftsbanken Kapital auf kurze Frist importieren und den offiziellen Swapsatz in Anspruch nehmen; gleichzeitig werden sie in gleichem Umfang Kapital exportieren und dabei den freien Swapsatz in Anspruch nehmen. **Per saldo** findet mit diesem Karussellgeschäft überhaupt kein Nettokapitalverkehr statt und die Geschäftsbanken erzielen Gewinne in Höhe der Differenz der Umsätze mit der Zentralbank und der Umsätze am freien Markt.

Wird ein Devisentermingeschäft ohne ein gleichzeitiges Devisenkassageschäft (**Sologeschäft**) durchgeführt, so spricht man von einem **Outright-Termingeschäft** und einer **Outright-Transaktion** bzw. **Outright-Geschäft**. Eine solche **Outright-Operation** ist nur als Kurssicherung für Exporteure oder Importeure sinnvoll, die in ausländischer Währung fakturieren, oder aber für Spekulanten, die eine Änderung des **künftigen Devisenkassakurses** erwarten. Spekulanten betreiben eine „Arbitrage" zwischen **gegenwärtigem** Devisenterminkurs und **künftigem** Devisenkassakurs; sie haben also **offene Positionen**, da das künftige Geschäft heute ja noch nicht fixiert werden kann.

1.10.2 Interventionspolitik

Nach **§ 23 des Außenwirtschaftsgesetzes** hat die **Deutsche Bundesbank** die Aufgabe übertragen bekommen, den Außenwert der Deutschen Mark, also bei festen Wechselkursen die **Parität**, zu sichern bzw. festzulegen. Sie tritt dabei an der Devisenbörse als Nachfrager nach oder Anbieter an Devisen auf, um den von ihr anzustrebenden Kurs zu erreichen. Eine solche Interventionspolitik ist bei festen Wechselkursen zwingend vorgesehen, bei freien aber manipulierbaren Wechselkursen nicht. Die Intervention der Zentralbank an der Devisenbörse hat aber gravierende Auswirkungen auf die Geldmengenentwicklung im Inland.

Besteht z.B. ein Nachfrageüberhang $DN_0 - DA_0$ nach Devisen zum bestehenden Kurs w_0 an der Devisenbörse, so kann dieser Kurs nur dann gehalten werden, wenn die Zentralbank diesen Nachfrageüberhang durch ein zusätzliches Angebot an Devisen befriedigt.

Diese Intervention der Zentralbank führt in Abbildung 50 praktisch zu einer Devisenangebotskurve DA*, die neben dem privaten Devisenangebot DA noch das Interventionspotential der Zentralbank enthält. Ohne diese Intervention müßte der Wechselkurs auf w_1 steigen, also die inländische Währung **abwerten**.

Mit dem zusätzlichen Devisenangebot der Zentralbank erhält die Zentralbank als Gegenleistung von den die Devisen nachfragenden Geschäftsbanken Liquidität in inländischer Währung übertragen; die Einlagen der Geschäftsbanken bei der Zentralbank werden reduziert, damit sinkt die monetäre Basis. Die **Stützung** eines abwertungsverdächtigen Wechselkurses durch die Zentralbank führt also

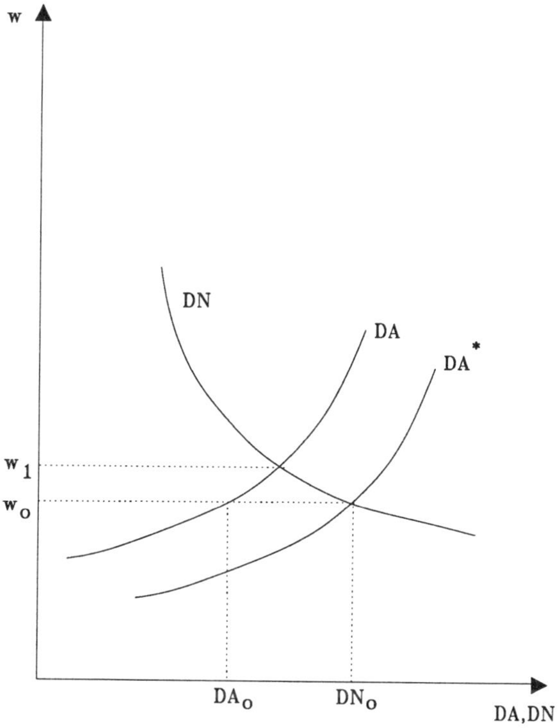

Abbildung 50

zu kontraktiven Geldmengenwirkungen im Inland. Die Stützung eines aufwertungsverdächtigen Wechselkurses hätte genau die umgekehrte Folge. Devisenmarktinterventionen haben also die gleiche Wirkung wie eine Offenmarktpolitik.

In einem Währungssystem mit vereinbarungsgemäß festen Wechselkursen hat die Notenbank eine **Interventionspflicht**, sobald der Wechselkurs an der Devisenbörse einen bestimmten **Interventionspunkt** erreicht hat.

Eine Interventionspflicht bestand im System von **Bretton Woods** (1944) für die **Deutsche Bundesbank** bis 1973, ab 1979 besteht sie innerhalb des **Europäischen Wirtschaftssystems EWS**. Innerhalb des **EWS** besteht für den bilateralen Wechselkurs der einzelnen Teilnehmerstaaten noch eine Schwankungsbreite von ±2,25 v.H., jeweils bezogen auf den **ECU-bezogenen Leitkurs**. Sollte der Wechselkurs an der Börse 75 v.H. der Schwankungsbreite in einer Richtung erreicht haben, so ist im EWS die **Abweichungsschwelle**, d.h. der **Interventionspunkt**, erreicht. In diesem Falle müssen die Notenbanken beider Länder, deren Währung diese Wechselkursänderung verursachen, ihrer **Interventionspflicht** nachkommen und je nach Erfordernis die eigene Währung gegen die beteiligte andere aus dem Markt nehmen oder sie anbieten. Diese Interventionspflicht besteht solange, wie der Wechselkurs am Interventionspunkt verharrt.

Tendiert z.B. die DM gegenüber einer Partnerwährung im **EWS**, z.B. dem holländischen Gulden hfl, zu fallen (**aufzuwerten**), so muß sowohl die **Deutsche Bundesbank** wie auch die holländische Zentralbank an der Devisenbörse jeweils hfl nachfragen und damit DM anbieten, sobald der Interventionspunkt erreicht ist. Die inländische Geldmenge steigt dann in Deutschland und sinkt in Holland.

Zwischen den Zentralbanken verschiedener Volkswirtschaften werden manchmal auch **Swapabkommen** vereinbart, bei denen sich die Zentralbanken gegenseitig sog. **Swaplinien** einräumen. Damit kann eine beteiligte Zentralbank vorübergehend einen Kredit in der Währung der Partner-Zentralbank in Anspruch nehmen.

2. Effizienzprobleme der Geldpolitik

Es ist nicht immer möglich, daß Geschäftsbanken einen geldpolitischen Impuls der Zentralbank in einen konjunkturpolitischen Impuls umsetzen können, weil die Kreditnachfrage auf eine Variation des Kreditangebotes nicht entsprechend reagiert. Aus monetaristischer Sicht sollte die Zentralbank ja auch eine solche Politik erst gar nicht durchzuführen versuchen, da Geldpolitik nach dieser Auffassung die Struktur der Wirtschaft nicht beeinflußt und deshalb allenfalls das Preisniveau dadurch unerwünscht tangiert wird.

2.1 Allgemeine Effizienzprobleme

Eine entscheidende Größe, die die geldpolitischen Impulse über den Bankensektor hinaus nicht an den realwirtschaftlichen Bereich weiterzugeben veranlaßt, ist die Bankenliquidität. Die Geldpolitik der Zentralbank muß deshalb bei ihren Zwischenzielen nicht allein die monetäre Basis beachten, sondern darüber hinaus die Entwicklung der freien Liquiditätsreserven der Geschäftsbanken.

Aber auch im realwirtschaftlichen Bereich sind Verhaltensweisen möglich, die die beabsichtigte Wirkung der Geldpolitik konterkarieren: Dafür waren Lieferantenkredite und ein geändertes Zahlungsverhalten der Nichtbanken angeführt worden, was die Umlaufgeschwindigkeit des Geldes – vor allem im Konjunkturverlauf – beeinflußt. Dazu gehört aber auch das **Industrie-Clearing**, durch das Großunternehmungen und insbesondere multinationale Unternehmen bankähnliche Funktionen im Abrechnungsverkehr übernehmen; statistisch führt dies zu einem Wegfall von mit Geld bewegten Umsätzen. Ein geändertes Investitions- und Konsumverhalten der privaten Nichtbanken schließlich kann die geldpolitischen Intentionen obsolet werden lassen.

Die Unterscheidung der geldpolitischen Instrumente nach ihrem Wirkungsbereich durch die Zentralbank – binnen- und außenwirtschaftliche Beeinflussung – führt zu dem Problem, daß global eingesetzte geldpolitische Maßnahmen auch auf andere Bereiche unerwünscht einwirken können. Eine außenwirtschaftlich motivierte Diskontsatzerhöhung z.B. wirkt nicht allein indirekt, sondern sogar sehr direkt auf den realwirtschaftlichen Bereich im Inland ein.

2.2 Der Einfluß der Finanzintermediäre

Bei der Behandlung von Bankengruppen war darauf hingewiesen worden, daß eine Reihe von Kreditinstituten geldpolitisch nicht direkt beeinflußt werden können. So sind z.B. die Realkreditinstitute, Kreditinstitute mit Sonderaufgaben (**Kreditanstalt für Wiederaufbau, Landwirtschaftliche Rentenbank, Industriekreditbank, Lastenausgleichsbank**) und Teilzahlungsbanken seit 1985 der Mindestreservepflicht unterworfen, ihre Verbindlichkeiten jedoch sind mindestreservefrei. Diese Kreditinstitute schöpfen zwar kein Giralgeld, wohl aber stellen sie Kredite zur Verfügung.

Neben diesen Kreditinstituten, die also kein Giralgeld schöpfen, gibt es auch weitere **Kapitalsammelstellen**, die ebenfalls kein Geld schöpfen können: Private und öffentlich-rechtliche Bausparkassen, Individual- und Sozialversicherungen sowie Investmentfonds. Alle diese Kapitalsammelstellen faßt man zu der Gruppe der **Finanzintermediäre (financial intermediaries)** zusammen.

Finanzintermediäre können natürlich nicht zusätzlich Geld schaffen, wohl aber Kredite. Dies läßt sich an einem einfachen Beispiel für eine Bausparkasse zeigen, die neben **traditionellen Bauspareinlagen (gegenwärtig mindestreservefrei)** auch solche mit vorzeitiger Verfügbarkeit, also **disponible Bauspareinlagen (Tarif D**, gegenwärtig **mindestreservepflichtig**), anbietet.

2.2.1 Die typischen Zahlungsbeziehungen zwischen Nichtbanken, Banken und Bausparkassen nach dem Tarif D

Die typischen Zahlungsvorgänge des Bauspargeschäfts sollen an einem einfachen Beispiel dargestellt werden: Eine Nichtbank NB1 soll eine Einlage (zunächst als Spar-, später als Sichteinlage) von DM 100 bei einem primären Kreditinstitut (Bank) auflösen und eine Einlage mit Tarif D-Charakter bei einer Bausparkasse BSK einrichten; davon wird die Nichtbank NB1 im Laufe der Zeit über DM 40 disponieren und DM 60 weiterhin als Einlage bei der Bausparkasse halten. Würde die Nichtbank NB1 nicht über ihre Tarif D-Einlage verfügen, wäre diese in ihrer geld- und kreditpolitischen Wirkung identisch mit einer traditionellen Bauspareinlage. Die frei disponiblen Einlagen bei der Bausparkasse in Höhe von DM 60 verwendet diese für ein Bauspardarlehen an einen Bausparer NB2, der damit eine Sichteinlage bei der Bank erwirbt.

Die hierbei entstehenden Buchungsvorgänge sollen an einem stilisierten Bilanzschema deutlich gemacht werden:

(1a) Die Nichtbank NB1 zieht Geld im Umfang von DM 100 (zunächst vom Sparkonto, später auch vom Girokonto) bei ihrer Bank Bk1 ab,

(1b) indem die Nichtbank NB1 diesen Betrag auf ein Tarif D-Konto bei der Bausparkasse BSK überweist.

(2) Durch diese Überweisung der Nichtbank NB1 vom Bankkonto auf ein Bausparkonto erwirbt die Bausparkasse BSK eine Einlage von DM 100 bei der betreffenden Bank Bk1.

(3a) Die Nichtbank NB1 zieht tarifgemäß von ihrer Tarif D-Einlage bei der Bausparkasse BSK den Betrag von DM 40 ab, um mit ihm Zahlungen leisten zu können;

(3b) dazu räumt die Bausparkasse der Nichtbank NB1 diesen Betrag als Sichteinlage bei einer Bank Bk1 ein.

(4) Die Überweisung der Nichtbank NB1 vom Bausparkonto mit Tarif D-Charakter auf ein Bankkonto verringert die Einlage der Bausparkasse BSK bei der Bank Bk1 um den Betrag von DM 40.

(5a) Die Bausparkasse BSK kann also bei Bauspareinlagen mit Tarif D-Charakter nicht über den gesamten, ursprünglichen Überweisungsbetrag von DM 100 verfügen, sondern nur über den verbleibenden Restbetrag von DM 60. Über diesen Betrag räumt die Bausparkasse BSK einer Nichtbank NB2 ein Bauspardarlehen ein, das diese zu Zahlungen verwenden kann;

(5b) dazu ist es erforderlich, daß die Bausparkasse BSK der Nichtbank NB2 eine Einlage bei der Bank Bk1 im Umfang von eben DM 60 einräumt.

(6) Durch diese Bauspardarlehens-Gewährung verringert sich die Einlage der Bausparkasse BSK bei der Bank Bk1 um DM 60, so daß die Bankeinlage der Bausparkasse bei voller Ausnutzung des Kreditschöpfungsspielraumes auf Null sinkt.

NB1

(1a)	D (Bk1)	– 100			
(3b)	D (Bk1)	+ 40			
(1b)	Q (BSK)	+ 100			
(3a)	Q (BSK)	– 40			

BK1

			D (NB1)	–100	(1a)
			D (NB1)	+ 40	(3b)
			D (BSK)	+ 100	(2)
			D (BSK)	– 40	(4)
			D (BSK)	– 60	(6)
			D (NB2)	+ 60	(5b)

BSK

(2)	D (Bk1)	+ 100	Q (NB1)	+100	(1b)
(4)	D (Bk1)	– 40	Q (NB1)	– 40	(3a)
(6)	D (Bk1)	– 60			
(5a)	L (NB2)	+ 60			

NB2

(5b)	D (Bk1)	+ 60	L (BSK)	+ 60	(5a)

Allein bei der Bausparkasse sind Kredite geschaffen worden, die Geldmenge im Bankenbereich ist konstant geblieben. Ob sich die Geldmenge auch gesamtwirtschaftlich geändert hat, hängt davon ab, ob die Verbindlichkeit der Bausparkasse als Geld definiert wird oder nicht. Dabei ist es völlig gleichgültig, ob der Bauspartarif eine freizügige Abhebbarkeit des Bausparguthabens (Tarif D) vorsieht oder nicht (traditionelles Bausparguthaben).

Dieses Ergebnis ist zu modifizieren, wenn die Mindestreserveregelungen mitberücksichtigt werden. Es wird deshalb angenommen, daß Mindestreserven auf Sicht- und Spareinlagen zu halten sind, wobei der Mindestreservesatz für Sichteinlagen höher als der für Spareinlagen sein soll; Termineinlagen werden – weil sie das gestellte Problem nicht berühren – vernachlässigt. Um den Rechengang möglichst übersichtlich zu halten, wird der Einfachheit halber unterstellt, daß der Mindestreservesatz für Sichteinlagen $r_D = 0{,}10$ und der für Spareinlagen $r_S = 0{,}05$ betragen soll. Es ist deshalb nicht gleichgültig, ob man von der Substitution einer Spareinlage bei einer Bank in eine Tarif D-Einlage bei einer Bausparkasse durch die Nichtbank NB1 (**1. Fall**) oder aber von einer normalen Banküberweisung von einem Sichtkonto auf das Bausparkonto einer Bausparkasse (**2. Fall**) ausgeht. Für beide Fälle sollen jeweils drei Unterfälle betrachtet werden:

(a) Die Bausparkasse und auch deren Bauspareinlagen sind nicht mindestreservepflichtig – diese Annahme entspricht der Mindestreserveregelung von 1965 –,

(b) die Bausparkasse ist ein mindestreservepflichtiges Kreditinstitut, dessen Bauspareinlagen von der Mindestreservepflicht befreit sind – diese Annahme entspricht der Mindestreserveregelung von 1983 –,

(c) die Bausparkasse und deren Bauspareinlagen sind mindestreservepflichtig – diese Annahme entspricht der Mindestreserveregelung für Tarif D-Einlagen von 1985 –. Für disponible Bauspareinlagen gilt der Mindestreservesatz für Termineinlagen r_T, der hier der Einfachheit halber dem für Spareinlagen r_S entsprechen soll, also $r_S = r_T$.

Es wird weiterhin unterstellt, daß die Zentralbank die monetäre Basis in keinem Fall ändern wird; sie wird das mit der Einführung der Mindestreservepflicht für eine Institutsgruppe zwar tun, in der Folgezeit jedoch nicht auf Grund von Aktivitäten der zum Halten von Mindestreserven Verpflichteten.

2.2.2 Geld- und kreditpolitische Wirkungen einer Mindestreserveverpflichtung von Bauspareinlagen nach dem Tarif D

Für alle im folgenden diskutierten Fälle werden nur die Verbindlichkeiten der mindestreservepflichtigen Kreditinstitute des Beispiels auf Seite 266 betrachtet, wie sie durch die typischen Zahlungsbeziehungen zwischen Nichtbanken, Banken und Bausparkassen bei Tarif D-Einlagen entstehen. Das Bild der Passivseite der Bilanz der mindestreservepflichtigen Kreditinstitute wird deshalb stets in der Form, wie oben dargestellt, übernommen. Auf der Aktivseite der Bilanz der mindestreservepflichtigen Kreditinstitute wird nun der Einfachheit halber ausschließlich die Mindestreserveverpflichtung R der auf der Passivseite aufgeführten Positionen festgehalten; da diese Mindestreserveverpflichtung wegen der besseren Übersichtlichkeit jeweils den einzelnen Passivpositionen gegenübergestellt wird, erscheint sie in Klammern gesetzt.

Fall 1 (a): In diesem Fall stellt die Einlage des Kunden NB1 bei der Bank eine Spareinlage dar, die Bank muß Mindestreserven für Einlagen der Bausparkasse halten. Mindestreserven werden nur bei der Bank gehalten:

Bk1

(R − 5)	S (NB1)	− 100
(R + 4)	D (NB1)	+ 40
(R + 10)	D (BSK)	+ 100
(R − 4)	D (BSK)	− 40
(R − 6)	D (BSK)	− 60
(R + 6)	D (NB2)	+ 60

Die Mindestreserveverpflichtung R der Bank steigt insgesamt um DM 5. Gesamtwirtschaftlich zwingt dies in der Folgezeit zu einem Abbau der Kreditgewährung des Bankensystems von DM 50, wenn Tilgungen von ehemals gewährten Krediten über Sichtkonten abgewickelt werden.

Die Bausparkasse hat (ob Tarif D oder nicht) die Kreditsumme um DM 60 ausgedehnt, die Bank muß sie um DM 50 einschränken; gesamtwirtschaftlich ist dann das Kreditvolumen also um DM 10 gestiegen. Die „Geldmenge" M3 ist nach dem Abbau der Kreditgewährung durch die Bank um DM 50 gesunken, die Geldmenge M1 dagegen um DM 50 gestiegen (sie steigt im – hier nicht dargestellten – Bild der Bilanz zunächst durch die Umschichtung von Spareinlagen in Sichteinlagen um DM 100, wird dann aber durch den erzwungenen Kreditabbau wieder um DM 50 eingeschränkt).

Fall 1 (b): In diesem Fall sind die Bankeinlagen der Bausparkasse als mindestreservepflichtigem Kreditinstitut, dessen Einlagen nicht der Mindestreservepflicht unterliegen, mindestreservefrei. Dies aber ist unerheblich, da die Einlagen der Bausparkasse bei der Bank wieder für Darlehen verwendet werden, so daß sich auch im Fall 1 (a) die Mindestreserveverpflichtung der Bank für Einlagen der Bausparkasse ohnehin Zug um Zug ausgleichen; hier entfielen im dargestellten Bilanzbild die in Klammern festgehaltenen Mindestreserveänderungen für Einlagen der Bausparkasse bei der Bank. Geldpolitisch zeigen sich aber die gleichen Konsequenzen wie im Fall 1 (a).

Fall 1 (c): In diesem Fall sind die Einlagen der Bausparkasse als mindestreservepflichtigem Kreditinstitut bei der Bank mindestreservefrei, ihre Einlagen unterliegen jedoch – anders als bei traditionellen Bauspareinlagen (oder bei den Fällen 1 (a) und 1 (b)) – nunmehr der Mindestreservepflicht:

Bk1

(R − 5)	S (NB1)	− 100
(R + 4)	D (NB1)	+ 40
	D (BSK)	+ 100
	D (BSK)	− 40
	D (BSK)	− 60
(R + 6)	D (NB2)	+ 60

BSK

(R + 5)	Q (NB1)	+ 100
(R − 2)	Q (NB1)	− 40

Die Mindestreserveverpflichtung R der Bank steigt zunächst wieder um DM 5, die der Bausparkasse um DM 3. Die Kreditbanken werden in der Folgezeit den Finanzintermediären auf dem Geldmarkt Zentralbankgeld zu den herrschenden Konditionen zur Abdeckung der Mindestreserveverpflichtung zur Verfügung stellen. Die Bausparkasse selbst kann sich theoretisch an einem Abbau der Kreditgewährung nicht beteiligen, weder bei einer Aktiv- noch bei einer Passiv-Mindestreserve. Die Refinanzierung der Bausparkasse über Bankeinlagen ihrer Bausparer zwingt sie – anders als etwa Realkreditinstitute, die sich vorwiegend über Inhaberschuldverschreibungen refinanzieren –, ihre durch Bauspareinlagen erworbenen Bankeinlagen gänzlich zur Kreditgewährung weiterzugeben. Gesamtwirtschaftlich zwingt die zunächst bestehende, zusätzliche Mindestreserveverpflichtung von insgesamt DM 8 nun die Kreditbanken zu einem Abbau der Kreditgewährung um DM 80, da die Bausparkassen ja keinen geringeren Umfang an Krediten vergeben können (dürfen), als sie zuvor an Einlagen erhalten haben.

Dieses Ergebnis stellt sich selbst dann ein, wenn die Bausparkasse die ihr zugeflossenen Bauspareinlagen zur Abdeckung des Mindestreservesolls verwendet und so die Zuteilungsfristen für Bauspardarlehen verlängert. Die Mindestreserveverpflichtung zwingt ja zur Beschaffung von monetärer Basis auf dem Geldmarkt, und dies kann nur zu einer Beanspruchung von monetärer Basis zur Erfüllung des Mindestreservesolls zu Lasten der Kreditbanken in gleichem Umfang führen.

Die Bausparkasse hat dann die Kreditgewährung um DM 60 ausgedehnt, die Bank muß sie dagegen wegen der um insgesamt DM 8 gestiegenen Mindestreserveverpflichtung um DM 80 einschränken, gesamtwirtschaftlich ist das Kreditvolumen also um DM 20 gesunken. Die „Geldmenge“ M3 ist ebenfalls um DM 20 gesunken (um DM 80 bei der Bank gesunken, um DM 60 bei der Bausparkasse gestiegen), die Geldmenge M1 dagegen um DM 20 gestiegen (sie wurde zunächst durch die Auflösung der Spareinlage um DM 100 erhöht, anschließend auf Grund der erzwungenen Krediteinschränkung um DM 80 reduziert).

Fall 2 (a): In diesem Fall stellt die ursprüngliche Einlage der Nichtbank NB1 bei der Bank eine Sichteinlage dar. Die Bank muß wieder Mindestreserven für Einlagen der Bausparkasse halten:

Bk1

(R – 10)	D (NB1)	– 100
(R + 4)	D (NB1)	+ 40
(R + 10)	D (BSK)	+ 100
(R – 4)	D (BSK)	– 40
(R – 6)	D (BSK)	– 60
(R + 6)	D (NB2)	+ 60

Die Mindestreserveverpflichtung R der Bank bleibt nun konstant.

Die Geldmenge M1, wie natürlich die „Geldmenge“ M3, hat sich nicht geändert. Allein das gesamtwirtschaftliche Kreditvolumen hat sich durch die Aktivität der Bausparkasse um DM 60 erhöht.

Fall 2 (b): Die Bausparkasse ist wieder ein mindestreservepflichtiges Institut, dessen Einlagen bei einer Bank von einer Mindestreserveverpflichtung freigestellt sind. Damit entfällt allein die rechnerische Erfassung der Bank von Mindestreserven für Bausparkasseneinlagen, die sich ohnehin ausgleichen. Geldpolitisch ergeben sich die gleichen Konsequenzen wie im Fall 2 (a).

Fall 2 (c): Die Bausparkasse wird wieder als mindestreservepflichtiges Kreditinstitut unterstellt, dessen Bauspareinlagen mindestreservepflichtig sind; sie hat daher selbst Mindestreserven R zu halten:

Bk1

(R – 10)	D (NB1)	– 100
(R + 4)	D (NB1)	+ 40
	D (BSK)	+ 100
	D (BSK)	– 40
	D (BSK)	– 60
(R + 6)	D (NB2)	+ 60

BSK

(R + 5)	Q (NB1)	+ 100
(R – 2)	Q (NB1)	– 40

Die Mindestreservepflicht R der Bank bleibt zunächst unverändert, die der Bausparkasse steigt allerdings um DM 3. Die Beschaffung von monetärer Basis zur Abdeckung der Mindestreserveverpflichtung durch die Bausparkasse führt in der Folgezeit wieder gesamtwirtschaftlich bei den Kreditbanken zu einem Abbau der Kreditgewährung um DM 30, da die Bausparkassen sich daran nicht beteiligen können.

Die Bausparkasse hat dann also die Kreditgewährung um DM 60 ausgedehnt, die Bank muß sie um DM 30 einschränken; gesamtwirtschaftlich ist das Kreditvolumen also um DM 30 gestiegen. Die „Geldmenge" M3 ist um DM 30 gestiegen (um DM 30 bei den Banken gesunken, um DM 60 bei den Bausparkassen gestiegen), die Geldmenge M1 ist wegen des Abbaus der Kreditgewährung durch die Bank um DM 30 gesunken.

2.2.3 Schlußfolgerungen für eine Mindestreserveverpflichtung des Tarifs D

Der 1. Fall und der 2. Fall unterscheiden sich durch die verschiedenen Einlagearten, mit denen die Nichtbank NB1 eine Tarif D-Einlage bei einer Bausparkasse finanziert. Im 1. Fall löst die Nichtbank eine Spareinlage bei einer Bank auf, um eine Tarif D-Bauspareinlage zu erwerben; im 2. Fall erwirbt die Nichtbank die Tarif D-Bauspareinlage durch Übertragung ihrer Sichteinlage bei einer Bank an die Bausparkasse. Auf dieses unterschiedliche Vorgehen der Nichtbank hat die Zentralbank keinen Einfluß. Die Aktivität der Nichtbank und die anschließende Aktivität der Bausparkasse – Kreditgewährung an die Nichtbank NB2 – sowie die darauf folgende (nicht im Bilanzbild festgehaltene) Reaktion der Bank auf die zunächst gestiegene Mindestreserveverpflichtung führen im 1. Fall dazu, daß die Geldmenge M1 steigt und die „Geldmenge" M3 sinkt. Im 2. Fall kommt es dazu, daß die Geldmengen konstant bleiben, es sei denn, die Bausparkasse muß für

Tabelle 36 Monetäre Wirkungen von Tarif D-Geschäften bei alternativen Mindestreserveregelungen

monetäre Einflußgrößen / Unterfälle	(a)	(b)	(c)
1. Fall:			
Kreditvolumen, gesamt	+ 10	+ 10	– 20
Kreditvolumen, Bank	– 50	– 50	– 80
Geldmenge M1	+ 50	+ 50	+ 20
„Geldmenge“ M3	– 50	– 50	– 20
2. Fall:			
Kreditvolumen, gesamt	+ 60	+ 60	+ 30
Kreditvolumen, Bank	0	0	– 30
Geldmenge M1	0	0	– 30
„Geldmenge“ M3	0	0	+ 30

Bauspareinlagen Mindestreserven halten, was die Geldmenge M1 reduziert und die „Geldmenge“ M3 erhöht; diese Wirkungen sind in Tabelle 36 zusammengefaßt.

Die auf der Seite 267 beschriebenen Unterfälle (a), (b) und (c) beruhen auf ordnungspolitischen Aktivitäten der Zentralbank. Bei diesen Maßnahmen ist es jeweils gleichgültig (1. und 2. Fall), ob die Bausparkassen als mindestreservepflichtige Kreditinstitute deklariert werden oder nicht, sofern nur deren Einlagen von der Mindestreservepflicht befreit sind. Dies war in der Bundesrepublik Deutschland die Situation bis April 1985. Werden Bausparkassen allerdings mindestreservepflichtig, so sinkt in beiden Fällen (Fall 1c und Fall 2c) die Geldmenge M1 gegenüber den beiden Unterfällen (a) und (b) um denselben Betrag; das gleiche gilt ebenso für das volkswirtschaftliche Kreditvolumen. Die „Geldmenge“ M3 steigt gegenüber den beiden Unterfällen (a) und (b) um denselben Betrag.

Die Kreditgewährung der nicht unmittelbar betroffenen Kreditbanken wird im 1. Fall stets eingeschränkt – im Unterfall (c) am stärksten –, sie bleibt im 2. Fall unberührt bis auf den Unterfall (c), bei dem sie wie im 1. Fall reduziert wird. Die Verpflichtung zum Halten von Mindestreserven auf Tarif D-Einlagen belastet nicht allein die Bausparkassen mit Opportunitätskosten der Reservehaltung, sie bringt auch erhebliche Nachteile für nicht unmittelbar betroffene Kreditbanken. Da die Kreditgewährung der Bausparkassen von den Maßnahmen im Fall (c) – also durch die Mindestreserveregelung vom April 1985 – überhaupt nicht berührt wird, hat die Maßnahme kreditpolitisch nur Auswirkungen auf die Kreditbanken, was mit der Abhebbarkeit von Bauspareinlagen des Tarifs D nichts zu tun hat. Es ist jedoch nicht anzunehmen, daß eine Einbeziehung von Tarif D-Einlagen bei Bausparkassen in die Mindestreservepflicht die Kreditgewährung von Banken treffen sollte. Die Maßnahmen des Unterfalles (c) bewirken aber einen negativen Rentabilitätseffekt bei Bausparkassen und einen negativen Liquiditätseffekt bei den nur mittelbar betroffenen Kreditbanken.

Die Wirkungen einer Mindestreserveverpflichtung der Verbindlichkeiten von Finanzintermediären ist hier am Beispiel einer Bausparkasse erläutert worden, die disponible Bauspareinlagen anbietet. Dafür gibt es in der Bundesrepublik Deutschland einen Präzedenzfall.

Tarif D-Einlagen und traditionelle Bauspareinlagen unterscheiden sich jedoch hinsichtlich ihres Einflusses auf das Einlagen- und Kreditvolumen bei Bausparkassen überhaupt nicht; sie sind daher funktional absolut gleich. Wenn sich unterschiedliche geld- und kreditpolitische Wirkungen ergeben sollten, so liegt dies ausschließlich an ihrer unterschiedlichen Behandlung durch die Zentralbank, die sich ökonomisch nicht rechtfertigen läßt. Tarif D-Einlagen und traditionelle Bauspareinlagen sind daher aus gesamtwirtschaftlicher Sicht absolut gleich zu behandeln.

2.3 Vorschläge für eine effizientere Ausgestaltung des geldpolitischen Instrumentariums

Um die Wirkungsweise der geldpolitischen Instrumente auf Geschäftsbanken und Finanzintermediäre effizienter zu gestalten, wurden eine Reihe von Vorschlägen gemacht. Eine Aufstockung der Höchstsätze für Mindestreserveverbindlichkeiten wäre nur eine Modifikation bestehender Regelungen und läßt die Finanzintermediäre unberührt; das gleiche gilt für die Beseitigung der Durchschnittsberechnung des Mindestreservesolls.

Wichtiger ist der Vorschlag für eine andere Bemessungsgrundlage bei der Ermittlung der Mindestreserveverbindlichkeiten. Die gegenwärtigen Regelungen der **Mindestreservepolitik** in Deutschland stellen auf Passivpositionen der Geschäftsbanken ab; es handelt sich dabei um eine **Passivmindestreserve**. Eine stärkere Wirkung verspricht man sich teilweise von einer **Aktivmindestreserve**, bei der das Mindestreservesoll auf Aktiva, z.B. Kreditvolumen und/oder Wertpapierbestände bei den Kreditinstituten – möglicher Weise auch bei den Finanzintermediären –, zu berechnen ist.

Da bei einem einheitlichen Mindestreservesatz auf das Kreditvolumen und den Wertpapierbestand ein Aktivtausch und damit Geldschöpfung vorgenommen werden kann, ohne daß die Mindestreserve sich ändert, werden verschiedene Mindestreservesätze für unterschiedliche Aktivposten vorgeschlagen. Ein Reservesatz ausschließlich auf Kredite kommt dabei der gegenwärtigen Regelung mit der Passivmindestreserve am nahesten; außerdem würde zumindest auch ein Teil der Finanzintermediäre damit zusätzlich erfaßt (z.B. Realkreditinstitute, Bausparkassen, Versicherungen). Weiter gehen die Vorschläge, Kredite und Wertpapiere mit unterschiedlichen Mindestreservesätzen zu belasten, oder aber auch nur eine Mindestreserve auf spezielle Aktiva zu erheben, was dann aber auf eine **selektive Kreditlenkung** hinausläuft (einige Wirtschaftszweige werden begünstigt, andere benachteiligt).

Die Belastung von Wertpapieren mit einer Mindestreserve bedeutet gegenüber der Passivmindestreserve eine erhebliche Verschärfung der Geld- und Kreditpolitik für die Geschäftsbanken, da bei der Passivmindestreserve ja nur direkt die Geld- und erst indirekt die Kreditschöpfung beeinflußt wird, während das Halten von Wertpapieren unbelastet bleibt. Dies könnte jedoch dadurch neutralisiert werden, daß die Struktur der Mindestreservesätze auf Aktivpositionen entsprechend gestaltet wird und/oder Mindestreservebeträge bei der Zentralbank verzinst werden. Eine generelle Verzinsung von Mindestreserveeinlagen dagegen – in Deutschland gesetzlich ausgeschlossen – führt zu keinen neuen Wirkungen, da der gleiche Effekt bereits heute mit einer entsprechend gestalteten Offenmarktpolitik erreicht werden könnte. Man könnte deshalb auch bei der bisherigen Regelung der Passivmindestreserve bleiben und eine zusätzliche Aktivazuwachsreserve einrichten, mit der der Zuwachs an Krediten in bestimmten Konjunkturphasen beeinflußt werden kann.

Alle diese Vorschläge richten sich praktisch auf eine stärkere Manipulierbarkeit der freien Liquidität der Geschäftsbanken, was mit einer Passivmindestreserve nicht möglich ist.

Literatur zum VIII. Kapitel

1. Abschnitt

Bachmann, G.: Die geldpolitische Rolle der Bundesbank, Bad Honnef 1981.

Bechler, E.: Geld und Währung, Bd. 1: Theorie des Geldes und der Geldpolitik, 1. Aufl., München 1978.

Bofinger, Peter/Kloten, Norbert: Geldpolitik in einem europäischen Finanzbinnenmarkt, in: Kredit und Kapital Beiheft 10, Berlin 1988.

Bockelmann, Horst: Hauptsachen und Nebensachen – Der Kurswechsel in der Geldpolitik der Bundesbank 1973/74, in: Geldwertsicherung und Wirtschaftsstabilität, Festschrift für **Helmut Schlesinger** zum 65. Geburtstag, Frankfurt am Main 1989.

Borchert, M.: Mindestreservekonzeptionen, Wiesbaden 1987.

Borchert, M.: Außenwirtschaftslehre, 4. Aufl., Wiesbaden 1992.

Caesar, Rolf: Kontrollierbarkeit der Geldversorgung bei festen Wechselkursen, in: **Köhler, Claus; Pohl, Rüdiger** (Hrsg.), Aspekte der Geldpolitik in offenen Volkswirtschaften, Berlin 1987.

Carsten, Meinhard: Gedanken zur Mindestreservepolitik aus Sicht der Geschäftsbanken, in: Kredit und Kapital Beiheft 10, Berlin 1988.

Deutsche Bundesbank: Die währungspolitischen Institutionen und Instrumente in der Bundesrepublik Deutschland, Nr. 1, Frankfurt 1980, S. 35ff.

Deutsche Bundesbank: Geldpolitische Aufgaben und Instrumente, 5. Auflage, Sonderdruck Nr. 7, Frankfurt am Main 1989.

Deutsche Bundesbank: Monatsberichte der Deutschen Bundesbank, Mai 1983.

Deutsche Bundesbank: Monatsberichte der Deutschen Bundesbank, Oktober 1985.

Deutsche Bundesbank: Geschäftsbericht der Deutschen Bundesbank für das Jahr 1990.

Dickertmann, D.: Liquiditätspolitik durch Offenmarktpolitik I, in: WiSu, 2. Jg. (1973), S. 11ff.

Dickertmann, D.: Liquiditätspolitik durch Offenmarktpolitik II, in: WiSu, 2. Jg. (1973), S. 65ff.

Dickertmann, D.: Die Gewinn- und Verlustrechnung der Deutschen Bundesbank, in: Wirtschaftsdienst 1981 VI.

Dickertmann, D./Siedenberg, A.: Instrumentarium der Geldpolitik, 4. Aufl., Düsseldorf 1984.

Dudler, Hermann-Josef: Instrumente und quantitative Hilfsmittel der kurzfristigen Geldmengenkontrolle, in: Schriften des Vereins für Socialpolitik, N.F., Band 138, Berlin 1983.

Dudler, Hermann-Josef: Geldpolitik und ihre theoretischen Grundlagen, Frankfurt am Main 1984.

Duwendag, D./Ketterer, K./Kösters, W./Pohl, R./Simmert, D. B.: Geldtheorie und Geldpolitik, 3. Aufl., Köln 1985.

Filc, W.: Devisenmarkt und Geldpolitik, Berlin 1981.

Friedmann, Willy: Die Mindestreserven im Deutschen Finanzsystem, in: Kredit und Kapital Beiheft 10, Berlin 1988.

Gaude, B.: Die Mechanismen der Zentralbankgeldschöpfung und ihre Kontrollierbarkeit durch die Zentralbank, Berlin 1969.

Geiger, Helmut: Instrumentelle Aspekte der Geldpolitik, in: Kredit und Kapital, Beiheft 7, Berlin 1982.

Geiger, Helmut: Das Verhältnis von Refinanzierungs- und Offenmarktpolitik, in: Kredit und Kapital, Beiheft 10, Berlin 1988.

Giersch, H.: Konjunktur- und Wachstumspolitik in der offenen Wirtschaft, Allgemeine Wirtschaftspolitik, zweiter Bank, Wiesbaden 1977.

Gleske, Leonhard: Wandlungen in der Geldpolitik, in: AaPA, Nr. 42, vom 13.6.1986, Frankfurt am Main 1986.

Hein, M.: Die internationalen Geldmarktgeschäfte westdeutscher Banken, Berlin 1966.

Issing, O.: Einführung in die Geldpolitik, 3. Aufl., München 1990.

Issing, O.: Das geldpolitische Instrumentarium unter dem Aspekt der Wettbewerbsneutralität, in: Kredit und Kapital, Beiheft 10, Berlin 1988.

Jacob, K-D.: Geldlehre, Theorie und Politik, Wiesbaden 1981.

Jarchow, H.-J.: Theorie und Politik des Geldes, Bd. II: Geldmarkt und geldpolitische Instrumente, 6. Aufl., Göttingen 1984.

Kloten, N.: Das Europäische Währungssystem – Eine europapolitische Grundentscheidung im Rückblick, Opladen 1980.

Kloten, N.: Maximen einer europäischen Geldpolitik, in: Festschrift zum 65. Geburtstag von **Helmut Schlesinger**, Frankfurt am Main 1989.

Köhler, Claus: Geldwirtschaft, Bd. 1: Geldversorgung und Kreditpolitik, 2. Aufl., Berlin 1977, S. 232ff.

Maier, Gerhard: Die neue Offenmarktpolitik der Bundesbank, in: Wirtschaftsdienst 1981 VII, Hamburg 1981.

Neldner, M.: Die Kursbildung auf dem Devisenterminmarkt und die Devisenterminpolitik der Zentralbanken, Berlin 1970.

Rhode, Armin/Simmert, Diethard: Mindestreserven: Ein überflüssiges Instrument, in: Wirtschaftsdienst Nr. 8, 66 Jg., Hamburg, August 1986.

Richter, F.: Die Zentralbankgeldmärkte der Bundesrepublik Deutschland., Diss. Münster 1992.

Schlesinger, Helmut: Das Konzept der Deutschen Bundesbank, in: Kredit und Kapital, Beiheft 10, Berlin 1988.

Schröder, J.: Zur Theorie der Devisenmärkte, Berlin 1969.

Siebke, J./Willms, M.: Theorie der Geldpolitik, Berlin-Heidelberg-New York 1974, S. 145ff.

Spindler, J.v./Becker, W./Starke, O.-E.: Die Deutsche Bundesbank, 4. Aufl., Stuttgart 1973.

Thomas, Karl: Das Verhältnis von Refinanzierungs- und Offenmarktpolitik, in: Kredit und Kapital, Beiheft 10, Berlin 1988.

Veit, O.: Grundriß der Währungspolitik, 3. Aufl., Frankfurt 1969.

Woll, A./Vogl, G.: Geldpolitik, Stuttgart 1976.

2. Abschnitt

Badura, J. R.: Time lags der Geldpolitik, in: WiSt, 4. Jg. (1975), S. 557ff.

Basler, H.-P.: Die Bundesbank zwischen Autonomiesicherung und effizientem Instrumenteneinsatz, in: Wirtschaftsdienst, 59. Jg. (1979), S. 514ff.

Borchert, M.: Mindestreservekonzeptionen, Wiesbaden 1987.

Bräuer, N.: Sektorale Geldpolitik, Konzeption eines sektor-monetären Stabilisierungssystems, Frankfurt a.M. 1979.

Dickertmann, D./Siedenberg, A.: Instrumentarium der Geldpolitik, 4. Aufl., Düsseldorf 1984.

Dürr, E.: Die Wirkungsverzögerung der Notenbankpolitik, in: **H. E. Büschgen** (Hrsg.), Geld, Kapital und Kredit, Stuttgart 1968, S. 99ff.

Dürr, E.: Gelungene Durchkreuzung der restriktiven Geldpolitik. Die Kontrolle der Kreditinstitute und Finanzintermediäre, in: Macht und Ohnmacht der Bundesbank; Hrsg. **D. Duwendag**, Frankfurt 1973, S. 84ff.

Ehrlicher, W.: Zur Neuordnung des Intrumentariums der Deutschen Bundesbank, in: Kredit und Kapital, 6. Jg. (1973), S. 11ff.

Engels, W.: Notenbanktechnik, Instrumente und Verfahren der monetären Stabilitätspolitik, Frankfurt-New York 1979.

Gehrig, B.: Geldmenge und Mindestreserven – Aktiven und Passiven als Bemessungsgrundlage? Berner Beiträge zur Nationalökonomie, Bd. 26, Bern 1976.

Herz, Bernhard: Geldpolitik bei finanziellen Innovationen, Diss. Frankfurt am Main 1988.

Issing, O.: Die Unabhängigkeit der Bundesbank. Bemerkungen zur geplanten Novellierung des Bundesbankgesetzes, in: Strukturwandel und makroökonomische Steuerung, Festschrift zum 65. Geburtstag von F. Voigt, Hrsg. **S. Klatt/M. Willms**, Berlin 1975, S. 365ff.

Kath, D.: Aktiva-Reserve und Offenmarktpolitik in kontroversen geldtheoretischen Konzepten, in: Kredit und Kapital, 6. Jg. (1973), S. 444ff.

Müller, H.: Die Bedeutung der time lags für die Wirksamkeit der Geld- und Kreditpolitik in der Bundesrepublik Deutschland, in: Weltwirtschaftliches Archiv, Bd. 100 (1968), S. 272ff.

Pohl, R.: Geldtheoretische Analysen der Deutschen Bundesbank als Elemente einer Strategie der Überredung, Volkswirtschaftliche Schriften, Hrsg.: **J. Broermann**, Berlin 1971.

Ruckriegel, Karlheinz: Finanzinnovationen und nationale Geldpolitik, Diss., Bayreuth 1989.

Schanz, G.: Wäre die Einbeziehung der Versicherungswirtschaft in die Mindestreservepolitik kredittheoretisch gerechtfertigt? in: Kredit und Kapital, Nr. 1, 1981.

Schirmer, U.: Der Einfluß paramonetärer Institutionen auf die Vermögensbildung, das Kreditangebot und die Geldpolitik, Berlin 1971.

Simmert, D. B./Zweig, G.: Instrumente auf dem Prüfstand, in: Wirtschaftsdienst, 60. Jg. (1980), S. 226ff.

Steeb, G.: Time lags der Geldpolitik; Ursachenanalyse und wirtschaftspolitische Implikationen, Europäische Hochschulschriften, Reihe V: Volks- und Betriebswirtschaftslehre, Bd. 199, Frankfurt-Bern-Las Vegas 1978.

Voß, P.: Zielkonforme Ausgestaltung der Mindestreservenpolitik, Neuere Vorschläge zur Reform des traditionellen Systems, Untersuchungen über das Spar-, Giro- und Kreditwesen, Bd. 61, Berlin 1972.

Woll, A./Vogl, G.: Geldpolitik, Stuttgart 1976, S. 92ff.

Stichwortverzeichnis

Namensverzeichnis